国家哲学社会科学成果文库

NATIONAL ACHIEVEMENTS LIBRARY
OF PHILOSOPHY AND SOCIAL SCIENCES

中国城市公用事业民营化绩效评价与管制政策研究

王俊豪　周小梅　王建明　李云雁　著

中国社会科学出版社

作者简介

王俊豪 浙江财经大学校长、教授、经济学博士、博士生导师。曾先后在英国斯特拉斯克莱德大学和美国哥伦比亚大学做学术研究工作。国家"百千万人才工程"第一批第一、二层次人选，享受国务院政府特殊津贴专家。主要社会兼职有：国家社会科学基金学科评审组专家、国家自然科学基金委员会管理科学专家评审组专家、中国工业经济学会副会长、国家发改委价格咨询委员会委员、住房和城乡建设部城镇水务专家组成员。已出版16部学术著作；在《经济研究》等杂志上发表学术论文130多篇。获第十届"孙冶方经济科学著作奖"和第三届"薛暮桥价格研究奖"；获国家级教学成果二等奖、教育部高等学校科学研究（人文社会科学）优秀成果二等奖以及省部级一、二等奖12项。主要研究领域是产业组织与政府管制理论。主持国家社会科学基金重大招标项目、重点和一般项目6项，国家自然科学基金项目3项，国家重大科技专项子课题 2 项，教育部、工业和信息化部、住房和城乡建设部、浙江省等省部级研究项目20多项。

周小梅 浙江工商大学经济学院教授、博士、硕士生导师。主要研究方向是产业组织与政府管制理论、公共政策、卫生经济学等。参与或主持国家级、省部级研究项目 10 多项，出版专著 2 部，参加撰写专著、教材 7 部，其中，《中国自然垄断经营产品管制价格形成机制研究》一书，2004 年获第三届"薛暮桥价格研究奖"。发表学术论文 60 余篇，其中多篇被《新华文摘》、《人大复印资料》全文转载。

王建明 浙江财经大学工商管理学院副教授、管理学博士、硕士生导师，校中青年学科带头人，浙江省新世纪 151 人才工程第二层次培养人员。主要研究环境管制理论与政策。出版专著 4 部，在 *Journal of Environmental Planning and Management*（*SSCI*）、《管理世界》、《中国工业经济》、《经济学家》等权威及核心期刊发表论文 50 余篇。主持国家自然科学基金和国家社会科学基金项目各 1 项，省部级项目 6 项。

李云雁 浙江财经大学政府管制研究院副研究员、管理学博士。主要研究方向是环境管制、公用事业管制理论与政策。在《中国工业经济》、《学术月刊》等权威及核心期刊发表论文 10 余篇。参与国家科技重大专项、国家社会科学重大招标项目等国家级研究项目 6 项，主持住房和城乡建设部、浙江省自然科学基金、浙江省哲学社会科学基金研究项目多项。

《国家哲学社会科学成果文库》
出版说明

为充分发挥哲学社会科学研究优秀成果和优秀人才的示范带动作用，促进我国哲学社会科学繁荣发展，全国哲学社会科学规划领导小组决定自2010年始，设立《国家哲学社会科学成果文库》，每年评审一次。入选成果经过了同行专家严格评审，代表当前相关领域学术研究的前沿水平，体现我国哲学社会科学界的学术创造力，按照"统一标识、统一封面、统一版式、统一标准"的总体要求组织出版。

全国哲学社会科学规划办公室
2011 年 3 月

目　　录

Contents

前　言

　　城市公用事业是为城镇居民生产生活提供必需的普遍服务的行业，主要包括城市供水排水和污水处理、供气、集中供热、城市道路和公共交通、环境卫生和垃圾处理以及园林绿化等。城市公用事业具有基础性、垄断性、网络性、外部性、公益性和地域性等基本技术经济特征，因此，传统理论认为，城市公用事业是一个典型的市场失灵领域，不可能发挥市场竞争机制的作用，并主张在一定的地域范围内，由一家或极少数家国有企业垄断经营。但是，在城市公用事业传统管理体制下，普遍存在经营效率低，垄断经营使企业缺乏竞争活力，较为单一的投资渠道造成投资严重不足，价格形成机制不能刺激企业提高生产效率等体制性问题。因此，城市公用事业改革势在必行。

　　改革开放以来，中国民营经济快速发展，经济实力不断增强，充分显示了民营企业家的能力和企业家精神。同时，党和政府支持民营企业进入城市公用事业的政策导向日趋明确，政策措施不断具体化。例如，作为城市公用事业的行业主管部门，建设部先后颁布了《关于加快市政公用行业市场化进程的意见》、《市政公用事业特许经营管理办法》和《关于加强市政公用事业监管的意见》等规章，以推动并规范城市公用事业民营化。特别是在 2010 年 5 月，国务院颁布了《关于鼓励和引导民间投资健康发展的若干意见》（简称"新三十六条"），针对城市公用事业明确指出，鼓励民间资本参与城市公用事业建设。支持民间资本进入城市供水、供气、供热、污水和垃圾处理、公共交通、城市园林绿化等领域。鼓励民间资本积极参与城市公用企事业单位的改组改制，具备条件的城市公用事业项目可以采取市场化的经营方式，向民间资本转让产权或经营权。同时，要进一步深化城市公用事业体制改革，积极引入市场竞争机制，建立健全城市公用事业特许经营制度。建立规范的政府监管和财政补贴机制，加快推进市政公用产品价格和收费制度改革，为鼓励和引导民间资本进入城市公用事业领域创造良好的制度环境。这些都使城市公用事业民营化改革具有坚实的经济基础和明确的政策导向。

从实践的角度分析，城市公用事业是中国经济体制改革相对滞后的领域，在20世纪90年代末21世纪初才开始重视对这一领域实行以民营化为主要内容的改革，经过十多年的改革，改革的成效如何？在改革过程中产生了哪些问题？怎样推进并规范这一领域的改革？这些都是需要研究的重要实践问题。为此，2010年度国家社会科学基金课题指南之一就是"我国城市公用事业民营化实践问题研究"，考虑到政府管制与民营化的高度相关性，本研究项目以"我国城市公用事业民营化与管制政策研究"为题而立项，这也意味着本书是围绕中国城市公用事业民营化实践问题这一主题进行研究的。本书的研究表明，总体而言，城市公用事业民营化促进了城市公用事业的政企分离，减轻了政府的财政负担，大大增强了城市公用产品的供给能力，引进并强化了市场竞争机制，提高了城市公用事业的效率。但在城市公用事业民营化中也暴露出缺乏与民营化相适应的有效政府管制，价格上涨过快，公共利益受到损害等问题，在少数城市甚至出现国有资产流失和腐败、政府缺乏应有的责任和控制力等负面效应。这在相当程度上影响了城市公用事业民营化改革的成效。因此，为深化并规范城市公用事业民营化改革，迫切需要对中国城市公用事业民营化实践进行客观评估，在此基础上明确深化改革政策思路，建立与社会主义市场经济相适应的政府管制体制，对城市公用事业实行有效管制。

本书作者在国家住房和城乡建设部的支持下，对31个省级建设厅（局）、391个城市的公用事业主管部门和1917家城市公用企业（其中，城市水务企业976家，城市燃气企业609家，城市垃圾处理企业332家）进行了问卷调查，并赴部分典型城市作了实地调研，掌握了大量的第一手资料。本书正是基于这种大规模的城市公用事业调查研究，对城市公用事业民营化的成效和问题作了较为客观的评价，在此基础上，提出了深化城市公用事业民营化改革，加强政府有效管制的基本政策思路与具体政策措施，以期对政府有关部门科学地制定城市公用事业民营化改革政策提供理论依据与实证资料。这也是本书的实践意义和应用价值。同时，本书运用管制经济学、产业经济学和公共管理学等学科理论，结合中国城市公用事业民营化实践，对这些理论作出一定的理论创新，以期丰富并推动这些学科理论的发展，产生一定的学术价值。

本书以新兴的管制经济学为基本理论，以中国城市公用事业民营化改革实践为基础，强调理论联系实际，并努力在以下方面有所创新：

其一，论证了城市公用事业民营化不能等同于私有化的理论观点。从理论上看，"民营"是一个与"政府直接经营"（或称"官营"）相对应的概念，在生产资料国有的条件下，也可以实行"国有民营"，"民营"与生产资料所有制没有必然的联系，"民营"不等于"私有"，民营化也就不等于"私有化"。从中国城市公用事业民营化实践看，最普遍的形式是对城市公用事业实行特许经营，如果是对城市政府所有的公用事业实行特许经营，即使新的经营者是私人企业，也只是"国有民营"；如果是对某一城市公用事业的新项目（如污水处理厂）实行特许经营，特许经营期满后，其资产无偿归城市政府所有，资产的终极所有权还是归城市政府所有，特许经营期满实行新一轮特许经营后，又属于"国有民营"。因此，作为中国城市公用事业民营化主要形式的特许经营，应该属于"民营化"，而不是"私有化"，"民营化"不能等同于"私有化"。这为深化城市公用事业民营化改革提供了重要的理论基础。

其二，探索并构建了城市公用事业民营化绩效评价的具体指标体系。构建符合中国国情和城市公用事业实际的绩效评价体系是检验城市公用事业民营化成效的客观要求。本书提出，城市公用事业民营化绩效评价的内容包括过程评价和结果评价。前者主要评价民营化过程的公正性、公平性、公开性和科学性，后者主要评价民营化对行业发展水平、产品价格水平、生产效率水平、服务质量水平和普遍服务水平五方面的影响。本书探索并构建了民营化过程和民营化结果评价的具体指标体系，包括9个一级指标，28个二级指标。这可以为进一步推进城市公用事业民营化提供借鉴，同时有助于完善城市公用事业民营化的理论体系。

其三，分析了城市公用事业民营化的负面效应与政府管制需求。本书在肯定中国城市公用事业民营化已取得一定改革成效的同时，客观地分析了在民营化中出现的国有资产流失、价格过快上涨、普遍服务难以保障、政府承诺缺失和政府高价回购等负面效应。并分析了导致上述负面效应的原因，包括对民营化的目标认识模糊、缺乏有效的法规政策、对特定的民营化项目缺乏科学论证、缺乏对民营企业的有效管制等。在此基础上论证了许多负面效应和政府缺乏对民营化的有效管制相关，并深入分析了城市公用事业民营化对政府管制的客观需求。

其四，构建并论证了以实现有效管制为目标的城市公用事业管制体系。为适应城市公用事业民营化对政府管制的新需求，实现有效管制，需要建立城市公用事业的管制体系，科学地制定与实施有关管制政策。城市公用事业管制体系主要由城市公用事业管制的法律制度、管制机构和监督机制构成。其中，法律制度是城市公用事业有效管制的基础，相对独立的管制机构是城市公用事业有效管制的前提，多层次的监督机制是城市公用事业有效管制的保障。城市公用事业管制机构建设的基本思路是，设立国家与地方分层管制机构，国家与地方管制机构之间实行合理职权配置，理顺城市公用事业管制机构与其他政府部门的关系。管制机构的多层次监督机制包括立法监督、司法监督和社会监督等。

其五，对典型城市公用行业民营化改革的实践、绩效进行了深入的实证分析，并提出了针对性的管制政策建议。本书以城市水务、管道燃气和垃圾处理这三个典型城市公用行业为例，通过问卷调查（调查涉及31个省市的1917家城市公用企业）和实地调研对民营化现状进行了深度的分析。基于本课题组设计的民营化绩效评价的指标体系，从行业发展水平、产品价格水平、生产效率水平、服务质量水平、普遍服务水平等方面对具体行业民营化改革的绩效进行了深入的实证分析和客观的评价。并针对不同行业的特点，提出了相应管制政策的具体思路和对策建议。

其六，提出并论证了深化城市公用事业民营化改革的基本思路。在总结前期改革经验教训的基础上，深化城市公用事业民营化改革首先要有明确的基本思路，本书提出并论证了形成城市公用事业民营化的法规政策体系（包括民营化的法规政策和实施细则），城市公用事业结构重组是民营化的基础，对城市公用事业实行分类民营化政策（根据不同城市公用行业和同一行业不同业务领域的特点实行分类民营化），选择城市公用事业民营化的有效途径，加强城市公用事业民营化的政府责任等重要观点，可作为深化城市公用事业民营化改革的基本思路。

本书在结构框架上可分四个部分，第一部分由第一章至第三章组成，从总体上探讨了中国城市公用事业民营化的背景与动因，分析了民营化的历程与现状，构建了城市公用事业民营化绩效的评价体系。第二部分由第四章和第五章组成，鉴于城市公用事业民营化与政府管制的高度关联性，这部分内容从探讨城市公用事业民营化的负面效应及其原因入手，分析了民营化对政府管制的需求，并从管制体系、管制机构和管制政策为基本内容讨论了政府管制供给问题。第三部分由第六章至第八章组成，对城市水务、管道燃气和垃圾处理这三个主要的城市公用行业作了专题研究，分析了这三个行业的技术经济特征、民营化改革的现状，评价了特定行业的民营化绩效，并针对行业特点探讨了政府管制政策的重点内容。本书第九章是一个相对独立的部分，在前面总结和分析中国城市公用事业民营化成效与问题的基础上，提出了深化城市公用事业民营化改革的基本思路。

本书的原稿是国家社会科学基金项目"我国城市公用事业民营化与管制政策研究"（批准号：10BGL101）的研究报告。2012 年，本人申报的国家社科基金重大项目"中国城市公用事业政府监管体系创新研究"立项（批准号：12&ZD211），为此，针对该重大项目的研究背景和内容，本书作了扩展性研究。因此，本书也是该重大项目的阶级性的研究成果。

本书是课题组成员合作研究的成果。在本书中，王俊豪撰写前言和第一、四、五、九章；周小梅撰写第二、七章；王建明撰写第三、八章；李云雁撰写第六章。除本书作者外，王岭、刘承毅、王芬、龚军姣、张传富、蒋晓青、李阳、杨守彬等研究生在课题调研、资料收集和整理分析、发表阶段性研究成果等方面做了大量的工作。

无论从理论还是从实践的角度看，在中国城市公用事业民营化改革方面都有大量问题需要认真研究和探索，本书的内容只是"冰山一角"，有许多问题还有待后续研究，尽管课题组成员尽了最大的努力，仍难免存在不少缺陷，敬请专家学者批评指正。

王俊豪

2013 年 3 月于杭州

第一章
城市公用事业民营化的背景与动因

　　城市公用事业具有基础性、垄断性、网络性、外部性、公益性和地域性等基本技术经济特征，因此，传统理论认为，城市公用事业是一个典型的市场失灵领域，不可能发挥市场竞争机制的作用，并主张在一定的地域范围内，由一家或极少数家国有企业垄断经营。但在以城市公用事业传统理论为指导的管理体制下，普遍存在经营效率低，垄断经营使企业缺乏竞争活力，较为单一的投资渠道造成投资严重不足，价格形成机制不能刺激企业提高生产效率等体制性问题。因此，城市公用事业改革势在必行。改革开放以来，中国民营经济快速发展，经济实力不断增强，充分显示了民营企业家的能力和企业家精神；同时，党和政府支持民营企业进入城市公用事业的政策导向日趋明确，政策措施不断具体化。这些都使城市公用事业民营化改革具有坚实的经济基础和明确的政策导向。发达国家城市公用事业民营化的理论与实践也为中国的改革产生了一定的示范效应。城市公用事业民营化能促进城市公用事业的效率，减轻政府对城市公用事业的财政负担，增强城市公用事业的有效供给。这在中国城市公用事业民营化的初步改革中得到了印证。本章在讨论城市公用事业传统管理体制的基础上，分析城市公用事业民营化的背景和主要动因，重点探讨城市公用事业民营化的若干重要理论问题，为深入研究城市公用事业民营化与管制政策作必要的铺垫。

第一节　城市公用事业的传统管理体制

一　城市公用事业的基本特征

城市公用事业的范围比较广泛，本书讨论的城市公用事业，主要是指可市场化的城市供水、供气、供热、公共交通、污水与垃圾处理等经营性行业。尽管这些行业存在很大的差别，但存在以下基本特征：

（一）基础性

城市公用事业在城市经济发展和社会生活中具有基础性地位，主要体现在两个方面：一是城市公用事业所提供的产品和服务是城市生产部门进行生产和人们生活的基础性条件，城市公用事业不但为制造业、加工业、商业和服务业等各产业的生产活动提供必要的供水、供气、城市道路等基础条件，也为城市居民提供必要的生活基础。二是城市公用事业所提供的产品和服务的价格构成了其他部门产品和服务的成本，其性能和价格的变化，必然对其他部门产生连锁反应。同时，城市公用事业的基础性，意味着城市公用事业具有先导性，要发展城市经济，提高城市文化、生活水平，就要求优先发展城市公用事业。

（二）垄断性

城市公用事业具有投资额大，投资回报期长、资产专用性强、沉淀成本大、规模经济与范围经济显著等特点，因此，从技术经济的角度看，城市公用事业存在成本弱增性（subadditivity），表现为在特定的业务范围内，由一家企业提供一定数量的产品比两家或两家以上的企业提供相同数量的产品具有更高的生产效率，即具有自然垄断性。同时，由于城市公用事业在整个社会中具有十分重要的地位，对国计民生具有重大影响，为避免重复和浪费，通常以法律或行政手段赋予特定企业垄断经营权。这些都是城市公用事业不可能实现充分竞争，政府必须实行准入管制，采取特许经营的基本理论依据。

（三）网络性

许多城市公用事业具有生产、输送、销售等业务垂直一体化的特点，其中，网络输送业务是核心业务，许多产品只有通过物理网络才能进入消费领域。因此，这些城市公用事业必须有一个完整统一的网络，并实行全程全网联合作业，实现网络的有效协调和高效运行。为此，政府应鼓励企业投资、扩大网络，并提高网络运行效率，以增强城市公用事业的供给能力，更好地满足城市生产和生活的需要。

（四）外部性

作为城市基础设施行业，城市公用事业的发展，不仅会相互促进这些行业的自身发展，而且为推动整个城市社会经济发展提供基础条件，从而产生巨大的正外部性。但除正外部性外，城市公用事业的某些活动也会产生负外部性，例如，未经完全处理的污水流入江河、海洋会造成水污染；又如，如果缺乏适当的生产工艺和装备，在生产燃气的过程中，会产生大气污染。因此，政府管制的一个重要目标，就是要鼓励企业采取能产生正外部性的行为，防止企业采取产生负外部性的行为。

（五）公益性

城市公用事业所提供的许多产品，与其他产品不同，一般不是为特定对象服务，而是为大众服务，而且在使用和服务过程中通常不能独占或排他性消费，具有明显的公用性。更为重要的是，城市公用事业所提供的许多产品，不仅是城市居民的生活必需品，需求弹性较小，而且是那些介于公共物品和私人物品之间的准公共产品，具有公益性的特点。这些都决定了城市公用事业还具有较强的政策性，即使对城市公用事业实行民营化改革后，也不能完全根据市场机制定价，政府仍然需要采取低价政策，切实保护广大居民消费者的利益。

（六）地域性

这是城市公用事业区别于电信、电力、铁路等具有全国性网络的自然垄断行业的一个重要特征。由于各地区在自然条件、经济发展水平、地方政府财政状况、居民消费水平和城市公用事业管理体制等方面存在较大差异，这决定了各地城市公用事业具有较显著的地域性。这也决定了不可能在全国城市公用事业采取一种完全统一的管制模式。

二　城市公用事业传统管理体制的理论基础和基本特点

长期以来，许多经济学家认为，城市公用事业的垄断性和公益性等特征意味着，在城市公用事业不可能存在多家竞争性企业，否则，就会造成规模经济损失，大大增加成本，甚至造成企业不能维持简单再生产。因此，城市公用事业是一个典型的市场失灵领域，不可能发挥市场竞争机制的作用，并主张在一定的地域范围内，由一家或极少数家国有企业垄断经营。如一些学者认为[1]，在包括城市公用事业在内的垄断性行业，社会最优目标是实现较高的生产效率和社会分配效率，即垄断企业以较低的成本向社会提供产品或服务，并按照包括正常利润在内的成本定价。那么，如果由私人企业垄断经营，固然，私人企业在追求利润最大化的过程中，有可能存在较高的生产效率，但不能保证私人垄断企业会自觉地按照成本定价。相反，私人垄断企业往往会制定大大高于成本的垄断价格，以取得垄断利润，从而造成消费者剩余的严重损失。当然，政府可以通过一些管制手段以制约企业制定垄断高价的行为，如政府可以在垄断性行业设立专门的管制机构，通过制定管制价格，使垄断企业只能获得正常的投资回报。但由于政府管制者与被管制私人企业之间存在信息不对称问题，政府管制者难以制定合理的管制价格，同时，对利润的限制会导致私人垄断企业降低生产效率。如在传统的投资回报率价格管制下，垄断企业会缺乏努力降低成本的动力，并会刺激企业多用资本少用劳动力，以扩大资本投资基数，在规定的投资回报率下取得较多的利润，从而造成低效率的A—J效应[2]。因此，由私人企业垄断经营城市公用事业，难以实现社会最优目标，特别是难以保证社会分配效率。为了从根本上解决这一问题，可由国有企业来经营城市公用事业，因为国有企业是代表社会利益的政府所有并通常由政府经营的企业，因而不像私人企业那样以追求利润最大化为目标，而是以追求社会福利最大化为目标。国有企业会自觉按照成本（甚至低于成本）制定价格。因此，国有企业是处理自然垄断问题的一种较优方法。对此，英国著名经济学家詹姆士·E. 米德（James E. Meade）也持相同的观点，他列举了政府有必要采取干预与控制措施的八种情形，其中第三种情形是："在某些

---

① Viscusi, W. K., J. M. Vernon and J. E. Harrington, Jr., 2000, *Economics of Regulation and Antitrust*. Massachusetts: The MIT Press, pp. 433 - 434.

② 对A—J效应较为详细的讨论，请参见王俊豪《政府管制经济学导论——基本理论及其在政府管制实践中的应用》，商务印书馆2001年版，第87—91页。

方面，比如铁路运输、电力供应，以及诸如此类的公用事业方面，必须追求规模经济的效益，因此，这些行业的垄断是无法避免的。有鉴于此，我们主张将这些行业收归国有，由国家来经营。"①

长期以来，与国外传统理论相类似，中国理论界也以国有企业应该对城市公用事业实行垄断经营为主流经济理论。如有的学者认为②，自然垄断行业由独家垄断经营效益最高。大部分公用事业，如电力、煤气、供水、邮政、电信、铁路等是典型的自然垄断行业。由于这些行业特征，政府不应把它推到竞争市场中去，而应保证其行业的独家垄断地位，使其生产成本最低，达到规模经济。一些学者在分析西方国家国有企业的功能时指出③，限制私人垄断是国有企业的一个重要功能。在供气、供水、供电等自然垄断行业，对私人垄断加以限制，有其多方面的经济合理性和社会必要性，也是弥补和纠正"市场缺陷"的一个重要措施。因此，在一些自然垄断行业有必要设立国有企业，以国家垄断取代私人垄断，以保证这些行业的效用和公共服务。

在上述传统理论的指导下，在新中国成立后的相当长一段时期里，中国对城市公用事业沿续国有企业垄断经营的管理体制。其主要特征是：企业由政府建，企业领导由政府派，资金由政府拨，价格由政府定，企业盈亏由政府统一负责，不存在任何经营风险。即实行政企合一的管理体制。

三　城市公用事业传统管理体制存在的问题

传统体制在新中国成立后处于资源普遍短缺，城市公用事业建设任务重的时期里，在集中使用资源建设与发展城市公用事业方面曾经发挥了重要的历史作用。但随着社会经济和城市公用事业的发展，整个国家经济体制改革的深入，这种体制的弊端日益明显。主要表现在以下几个方面：

（一）传统管理体制存在低效率问题

在政府直接投资、国有企业垄断经营、政企合一的管理体制下，城市

---

① 詹姆士·E. 米德：《明智的激进派经济政策指南：混合经济》，上海三联书店 1989 年版，第 3 页。

② 陈尚前：《规模经济：市场选择的结果抑或有效竞争的起点》，《经济学家》1997 年第 6 期。

③ 马建堂、刘海泉：《中国国有企业改革的回顾与展望》，首都经济贸易大学出版社 2000 年版，第 117—118 页。

公用事业的投资、价格等重大决策都是由政府制定的，这就使国有企业不是真正的生产经营决策者，而只是决策执行者。国有企业不能以利润为主要目标，而是以实现"公共利益"为目标，而"公共利益"又是一个比较模糊、难以界定的概念。在正常的情况下，利润最大化要求成本最小化，国有企业缺乏利润目标就不可能有足够的刺激去追求成本最小化，结果使生产成本膨胀。同时，国有企业还要按照上级的要求履行多种目标，在这些目标中，利润目标（假定它存在）被排在相当次要的位置。政府为了达到一定的政治目的，可以指令国有企业执行非盈利性目标。由于国有企业不是真正的决策者，也不以利润目标为主要目标，自然不承担市场风险，一切亏损都由政府财政补贴，不存在破产倒闭的压力①。因此，由于国有企业没有市场主体地位，这必然造成国有企业经营的低效率。

（二）垄断经营使企业缺乏竞争活力

在传统管理体制下，城市公用事业的主要业务是由地方政府的企业（或机构）垄断经营的，地方政府既是管理政策的制定者，又是具体业务的实际经营者，这就决定了这种垄断的性质是一种典型的行政性垄断，而不是基于自然垄断的经济性垄断。在这种行政性垄断状况下，往往会导致企业组织管理效率低的问题，其结果使企业实际达到的生产成本大大高于按企业能力可能获得的最小生产成本，从而存在资源运用的低效率。由于不存在外部竞争压力，企业内部就没有追求成本极小化的刺激，因此，在许多方面企业浪费现象十分严重，致使企业成本费用膨胀，最终使产品的平均成本大大高于"最低可能成本"。其重要原因就是由于企业普遍缺乏市场竞争的外部压力，从而在相当程度上抑制了通过技术和组织创新，以提高生产经营效率的动力。其结果必然导致经济效率低下。

（三）较为单一的投资渠道造成城市公用事业投资严重不足

传统管理体制下地方政府是城市公用事业的主要投资者，由于受财政支出的限制，无力对城市公用事业进行大规模投资，以适应这些行业的发展需要，其结果使这些行业的供应能力与需求存在很大的缺口，许多生产企业由于不能及时得到城市公用事业的产品或服务，影响正常生产，从而

---

① Asha Gupta, 2000, *Beyond Privatization*. London：Macmillan Press, p. 6.

造成巨大的经济损失。同时，也对城市居民生活造成严重影响。

（四）城市公用事业的价格形成机制不能刺激企业提高生产效率

在城市公用事业中，政府基本采取"成本加成定价法"，即以企业的实际成本为基础，加上一定的利润。这种价格形成机制不能刺激企业努力降低成本，通过提高效率而取得更多的利润。这是因为，由于国有企业在特定的地区内具有独家或极少数家企业垄断经营权，不存在由多家企业的平均成本决定的社会成本，这样，企业的实际成本就成为"社会成本"，在利润率一定的情况下，企业降低成本就意味着降低价格。因此，以企业实际成本作为政府定价的基础，就不能促使企业努力降低成本，反而会刺激企业增加成本或虚报成本，这就必然导致生产经营低效率。

第二节　城市公用事业民营化的背景

一　城市公用事业民营化改革的经济基础

城市公用事业通常是资金、技术较为密集的行业，具有显著的规模经济特征。这是被传统理论认为民营企业不宜进入城市公用事业的一个重要理由。但事实上，中国民营经济进入城市公用事业的时机已经趋于成熟，这为城市公用事业实行民营化改革奠定了经济基础。具体表现在以下两个方面：

（一）民营企业已具有相当的经济实力

就民营企业的主体私营企业而言，其数量持续快速增长，经营规模不断扩大，经济实力明显增强。主要表现在：到 2009 年年底，（1）全国登记注册的私营企业已达 740.15 万户，占全国登记注册企业总数的 70%，较上年增加 82.73 万户，增长 12.6%；个体工商户已达 3197.37 万户，较上年增加 280.07 万户，增长 9.6%。（2）私营企业注册资本总额 14.64 万亿元，比上年同期增加 2.9 万亿元，增长 24.7%，户均注册资本 197.8 万元，增长 10.8%；个体工商户注册资本总额 10856.6 亿元，较上年增加 1850.6 亿元，增长 20.55%，户均注册资本 3.4 万元，增长 9.7%。（3）截至 2009 年年底，全国社会固定资产投资累计完成 19.41 万亿元，其中，内资民营企业完成 9.35 万亿元，增长 32.5%。（4）个体私营企业从业人员总数已达

15192.4 万人，比上年同期增加 1512 万人，增长 11.1%，城镇新增就业的 90% 以上都是由民营经济解决的。（5）在中国企业 500 强中，民营企业数量和营业收入所占比重已从 2003 年的 13.8% 和 5.6%，上升到 2009 年的 20.8% 和 9.2%。民营上市公司已达到 640 家，比上年增加了 77 家；截至 2010 年 4 月 30 日，民营上市公司达到 735 家，在 2010 年短短的 4 个月中，就上市了 95 家。（6）从资产规模看，2009 年民营企业 500 家的总资产达到 3.9 万亿元，户均 77.96 亿元，资产总额较上年增长 1.07 亿元，增长 37.99%，大规模民营企业的发展速度较一般规模企业更快，部分企业的规模已经处于国内领先水平[1]。

可见，中国已经涌现了一大批有实力的民营企业。虽然这些民间企业有强烈的投资愿望，但目前的投资渠道相对较少，如果通过合理的机制把这些民营企业引向城市公用事业领域，则可解决资金和供给不足等问题，更为重要的是扩大民营企业的经营范围，更好地发挥民营企业的作用。

（二）民营企业家的能力和企业家精神得到了较为充分的显示

从 20 世纪 70 年代末中国实行改革开放政策以来，中国的民营企业的成长是一个从小到大、从弱到强的过程，民营企业的企业家们通过自身的努力，在发展的过程中不断地摸索、积累经验。随着企业的壮大，民营企业家们也逐渐成熟，企业家精神也正是在这个过程中得到培养。同时，许多民营企业积极承担社会责任，涌现出一批以强国富民为己任，为促进社会和谐作出积极贡献的民营企业家，仅光彩事业就实施项目 6425 个，到位资金 978.86 亿元，安排就业 292.03 万人，带动 786.63 万人脱贫致富，显示出强烈的社会责任感[2]。因此，只要政策许可，民营企业家完全有能力、有责任心经营城市公用事业。

二 城市公用事业民营化改革的政策导向

（一）宏观层面的政策导向

随着中国改革开放的不断深入，党和国家对非公有制经济（民营经济）

---

① 参见黄孟复主编《中国民营经济发展报告》（2009—2010），社会科学文献出版社 2011 年版，第 3—14 页。

② 同上书，第 14 页。

的支持态度也日益明确。

1993 年党的十四届三中全会指出，必须坚持以公有制为主体、多种经济成分共同发展的方针。1997 年党的十五大全面阐述了社会主义初级阶段的基本路线和基本纲领，第一次提出："公有制为主体、多种所有制经济共同发展，是中国社会主义初级阶段的一项基本经济制度。"

2002 年党的十六大又进一步明确指出："根据解放和发展生产力的要求，坚持和完善公有制为主体、多种所有制经济共同发展的基本经济制度。必须毫不动摇地巩固和发展公有制经济，必须毫不动摇地鼓励、支持和引导非公有制经济发展。坚持公有制为主体，促进非公有制经济发展，统一于社会主义现代化建设的进程中，不能把这两者对立起来。各种所有制经济完全可以在市场竞争中发挥各自优势，相互促进，共同发展。"

2003 年 10 月党的十六届三中全会公布的《中共中央关于完善社会主义市场经济体制若干问题的决定》（以下简称《决定》）中指出：坚持公有制的主体地位，发挥国有经济的主导作用。积极推行公有制的多种有效实现形式，加快调整国有经济布局和结构。要适应经济市场化不断发展的趋势，进一步增强公有制经济的活力，大力发展国有资本、集体资本和非公有资本等参股的混合所有制经济，实现投资主体多元化，使股份制成为公有制的主要实现形式。个体、私营等非公有制经济是促进我国社会生产力发展的重要力量。清理和修订限制非公有制经济发展的法律法规和政策，消除体制性障碍。放宽市场准入，允许非公有资本进入法律法规未禁入的基础设施、公用事业及其他行业和领域。《决定》强调对垄断行业要放宽市场准入，引入竞争机制。有条件的企业要积极推行投资主体多元化。加快推进铁道、邮政和城市公用事业等改革，实行政企分开、政资分开、政事分开。对自然垄断业务要进行有效管制。

（二）直接与城市公用事业民营化相关的政策导向

与党和国家支持民营经济的宏观政策导向相适应，政府有关部门对推进城市公用事业民营化的政策导向也日趋明确，主要表现为：

2001 年 12 月，原国家计委印发了《关于促进和引导民间投资的若干意见的通知》，指出要逐步放宽投资领域，除国家有特殊规定的以外，凡是鼓励和允许外商投资进入的领域，均鼓励和允许民间投资进入；明确鼓励和引导民间投资以独资、合作经营、参股、特许经营等方式，参与经营性的基础设施和公益事业项目。

2002 年 1 月，原国家计委发出《"十五"期间加快发展服务业若干政策措施的意见》，指出要积极鼓励非国有经济在更广泛的领域参与服务业发展，放宽外贸、教育、文化、公用事业、旅游、电信、金融、保险、中介服务等行业的市场准入。国务院有关部门要尽快制定并公示有条件准入的领域、准入条件、审批确认等准入程序以及管理监督办法。

2002 年 3 月，国家发改委公布的《外商投资产业指导》中，原禁止外商投资的电信和燃气、热力、供排水等城市管网首次被列为对外开放领域，国家在城市公用事业及基础设施行业扩大开放的政策已逐步到位。

2002 年 10 月，国家发改委、建设部、环保总局等部门颁发了《关于推进城市污水、垃圾处理产业化的意见》，鼓励民营经济积极参与这些行业的投资和经营，实现投资主体和运营主体多元化。

2002 年 12 月，建设部出台的《关于加快市政公用行业市场化进程的意见》指出，市政公用行业是城市经济和社会发展的载体，它直接关系到社会公共利益，关系到人民群众生活质量，关系到城市经济和社会的可持续发展。为了促进市政公用行业的发展，提高市政公用行业运行效率，应加快推进市政公用行业市场化进程，引入竞争机制，全面开放城市供水、供气、供热、污水处理、垃圾处理、公共交通等经营性市政公用设施的建设、运营市场和市政、园林绿化、环境卫生等非经营性设施的日常养护作业市场，建立和完善市政公用行业特许经营制度，鼓励社会资金、外国资本采取独资、合资、合作等多种形式，参与市政公用设施的建设。市政公用行业主管部门要进一步转变管理方式，从直接管理转变为宏观管理，从管行业转变为管市场，从对企业负责转变为对公众负责、对社会负责。另外，允许企业跨地区、跨行业参与市政公用企业经营。

2004 年 7 月，国务院颁布了《关于投资体制改革的决定》（国发〔2004〕20 号），进一步提出：放宽社会资本的投资领域，允许社会资本进入法律法规未禁入的基础设施、公用事业及其他行业和领域。鼓励和引导社会资本以独资、合资、合作、联营、项目融资等方式，参与经营性的公益事业、基础设施项目建设。

2005 年 3 月，国务院颁布了《关于鼓励支持和引导个体私营等非公有制经济发展的若干意见》（简称"三十六条"），通过有关条款，强调平等准入、公平待遇原则，允许非公有资本进入法律法规未禁入的行业和领域。允许外资进入的行业和领域，也允许国内非公有资本进入，并放宽股权比例限制等方面的条件。国家有关部门与地方人民政府要尽快完成清理和修订限制非公有制经济市场准入的法规、规章和政策性规定工作。

2010 年 5 月，国务院又颁布了《关于鼓励和引导民间投资健康发展的若干意见》（简称"新三十六条"），针对城市公用事业明确指出：鼓励民间资本参与市政公用事业建设。支持民间资本进入城市供水、供气、供热、污水和垃圾处理、公共交通、城市园林绿化等领域。鼓励民间资本积极参与市政公用企事业单位的改组改制，具备条件的市政公用事业项目可以采取市场化的经营方式，向民间资本转让产权或经营权。同时，要进一步深化市政公用事业体制改革。积极引入市场竞争机制，大力推行市政公用事业的投资主体、运营主体招标制度，建立健全市政公用事业特许经营制度。改进和完善政府采购制度，建立规范的政府监管和财政补贴机制，加快推进市政公用产品价格和收费制度改革，为鼓励和引导民间资本进入市政公用事业领域创造良好的制度环境。

从上述政策内容看，鼓励民营企业进入城市公用事业的政策目标日益明确，政策措施不断具体化，已成为大势所趋。在进入方式上，民营企业既可以通过与公有制企业合资、合作等方式进入城市公用事业，也可以独立进入城市公用事业。

三　发达国家城市公用事业民营化改革的示范效应

（一）发达国家城市公用事业民营化改革的背景

在 20 世纪 70 年代，以英国为代表的主要经济发达国家在高失业率、高通货膨胀率和低经济增长率的冲击下，在意识形式上对政府干预理论发生了很大的变化，国有化后国有企业的低效率和严重亏损问题也随之凸显出来，政府财政负担日益增加，越来越难以支持包括城市公用事业在内的电信、电力、铁路运输、城市自来水、管道天然气供应等国有垄断性产业的生存和发展。这些因素都共同促进了国有垄断性产业的民营化改革。具体地说，主要体现在以下三个方面：

1. 政府干预理论的变化

从第二次世界大战结束到 20 世纪 70 年代，主要经济发达国家都在不同程度上奉行凯恩斯主义，强调政府在实现供需总量平衡，促进经济发展中的积极作用，主张通过政府投资和开支，加强政府干预以刺激生产和消费，从而推动经济增长。因此，这些国家通过制定积极的财政金融政策和产业政策，并直接参与社会经济活动，以全方位地加强政府对市场的调控。而国有企业是政府干预经济的最直接的手段。正是在这种政策环境下，许多经济发达国家出现了国有化运动，特别重视在关系国计民生的垄断性产业组建国有企业。从实践效果看，在一定程度上弥补了存在于垄断性产业的市场失灵，缓解了由资本主义固有矛盾所引起的严重供求不平衡问题，从而促进了经济的发展。但到了 20 世纪 70 年代，出现了高失业率、高通货膨胀率和低经济增长率问题，这打破了人们对传统凯恩斯主义实行宏观调控，能自动达到供需总量平衡的信念。一种经济理论的衰落，必然为另一种新理论的兴起提供机会，这在政府干预理论方面也不例外。凯恩斯主义的强调政府干预理论失灵后，现代货币主义、供给学派等新自由主义经济理论便应运而生。新自由主义是以四个基本原则为核心内容的：一是在所有领域尽可能运用市场机制；二是鼓励能促进效率和以消费者为导向的有效竞争；三是强调个人选择优先的原则；四是把政府干预控制在最小的范围内①。可见，这种理论强调充分发挥市场机制的自组织功能，尽可能减少政府对经济的直接干预。其主要经济理由是：政府的经济目标是促进可持续的经济增长和提高人民的生活水平。为实现这一目标，需要对造成经济滞胀的微观经济进行改革，改革的思路是改进市场效率和增强经济的长期供给效能。而政府为增强供给效能的战略思路是使经济适应市场规律。这就要求扩大市场调节的范围，强化竞争机制。在市场经济中，政府干预的经济合理性是建立在效率标准基础上的。政府干预的必要性在于它能否补偿市场失灵所产生的效率损失。效率与平等之间的替代关系意味着，公共部门的增长是以牺牲经济增长为代价的。因此，公共部门的增长会最终导致

---

① Flynu, Norman, 1989, The New Right and Social Policy. *Policy and Politics* 17（2）：pp. 97 - 109.

生活水平增长缓慢。进一步说，如果存在一个庞大的政府，并按照自己的（而不是公众）的利益行动，那么，经济就会失去发展潜力。这种政府干预理论为经济发达国家采取"缩减政府边界"政策提供了基本理论。而英国等经济发达国家对城市公用事业的民营化改革便是这种理论的一次重大实践。

2. 国有企业效率低，亏损严重，加大了政府财政负担

在经济高涨时期，国有企业的低效率问题往往被经济高涨所掩盖。但在经济衰退时期，国有企业的低效率、亏损严重问题就日益暴露出来。国有企业的低效率，特别是在经济衰退的宏观环境下，必然造成日益严重的亏损，需要政府财政补贴才能维持国有企业的简单再生产。根据有关资料，1979—1980 年度，英国政府仅对国有铁路和国有煤炭企业的亏损补贴就高达 18 亿英镑，1984—1985 年度则上升到 40 亿英镑，约占当年财政赤字总额的 20%。法国国有的工业、交通企业也几乎都是亏损企业，20 世纪 70 年代平均每年亏损 60 亿—70 亿法郎，1982 年亏损猛增到 320 亿法郎。意大利的伊里、埃尼和埃菲姆三大国有企业集团在 1974—1984 年间，几乎年年亏损，仅 1980 年的亏损额就高达 53900 亿里拉。1981 年，西班牙的 244 家国有企业有 200 家亏损，亏损面达 82%[1]。日本也存在国有企业严重亏损的情况，以日本国铁（JNR）为例，从 1964 年就开始亏损，而且亏损额日益扩大，1986 年，累计债务 30 万亿日元，占同年中央财政收入总额（53.6 万亿日元）的 1/2 强[2]。

3. 政府难以支持国有城市公用事业的生存和发展

国有企业亏损严重，需要大量的财政补贴，而政府财政在国防安全、环境保护、文教卫生、政府机构运行等方面的财政支出又具有刚性，其结果导致财政赤字的长期化，中央财政陷入困境。高额财政赤字使中央财政难以正常运转，这又迫使政府超额发行货币，这导致通货膨胀不断恶化。即使这样，政府对国有企业亏损的财政补贴，充其量只能维持垄断性产业的简单再生产。由于垄断性产业都是重要的基础设施产业，随着社会经济

---

① 参见赵守日《西方国有经济体制革命》，广东经济出版社 2000 年版，第 145—146 页。
② 参见童年成、蔡文浩、陈运涛《国有企业改革》，中国人民大学出版社 1999 年版，第 70—71 页。

的发展，对垄断性产业的需求不断增加，这就客观上要求垄断性产业加速发展。而垄断性产业由国有企业独家经营，政府单一的投资渠道无法满足城市公用事业的巨大投资需求。同时，1976 年国际货币基金组织强化了紧缩预算控制和贷款政策，这就使英国等国家更无足够的财政对国有城市公用事业进行投资。事实上，不少经济发达国家对垄断性产业实行民营化改革政策，在相当程度上也是出于政府财政困难，难以维持国有垄断性产业的生存与发展而作出的一种选择。

（二）发达国家城市公用事业民营化改革的主要形式

从英国等发达国家的民营化改革实践看，民营化有三种主要形式：

1. 出售国有资产是经济发达国家民营化的最重要形式

出售国有资产又有以下三种主要途径：一是通过向社会公众发行股票出售国有资产，把国有企业改造成为股份制企业。这是最为主要的途径。根据政府是否保留一定的股份，这种股份制企业又可分为政府与企业合资的股份制企业和纯民营的股份制企业。对于那些关系国计民生的大企业，许多国家虽然需要吸收民间资本，但又不愿放弃控制权，因而往往采取通过发行股票，出让部分国有资产，但又掌握控制权的民营化改革形式。二是将国有企业资产整体出售给一家民营企业。这主要适用于规模较小的国有企业或大企业的附属企业。三是将国有企业资产卖给企业管理阶层或职工。如英国水路运输集团就是采取这种途径实行民营化的。

2. 通过特许投标将国有资产承包或租赁给民营企业，实现国有民营

这一民营化形式的特点是不改变国有资产所有制，只改变其经营权。这是美国等国家民营化的主要形式。它对城市自来水供应、污水处理、公共交通、收集和处理垃圾等都有广泛的适用性。其基本做法是：政府事先规定并公布收费标准（或政府补贴额）和产品或服务质量标准，然后动员民营企业通过投标竞争某项产品或服务的经营权。可见，这种民营化形式的效果，在相当程度上取决于特许投标的有效性①。

3. 政府放松进入管制，允许民营企业进入

在民营化改革前，英国等经济发达国家的城市公用事业基本上是由国

---

① 对特许投标的有效性的详细讨论，可参见王俊豪《政府管制经济学导论——基本理论及其在政府管制实践中的应用》，商务印书馆 2001 年版，第 162—170 页。

有企业垄断经营的。因此，政府通过放松进入管制，允许民营企业进入城市公用事业，就能在城市公用事业直接增加民营企业的比重，相应地减少国有企业的比重，从而达到城市公用事业民营化的目标。事实上，许多国家在采取上述出售国有资产和通过特许投标实行国有民营的同时，都实行放松管制政策，允许大量的民营企业进入城市公用事业，从而大大推动了城市公用事业民营化改革的进程。

（三）发达国家城市公用事业民营化的影响

如何评价经济发达国家民营化的绩效及其对社会经济产生的影响？这是学术界长期以来一直争论不休的问题。对此，我们至少可以从以下几个方面进行讨论：

1. 民营化改革对社会经济效率的影响

许多研究结果都证明，经济发达国家的民营化改革，在相当程度上提高了社会经济效率[1]。有不少数据能说明这一点，如图 1-1 反映了在 20 世纪七八十年代英国 9 个最大国有企业劳动生产率的总体发展情况和作为比较的全英国生产率发展情况：

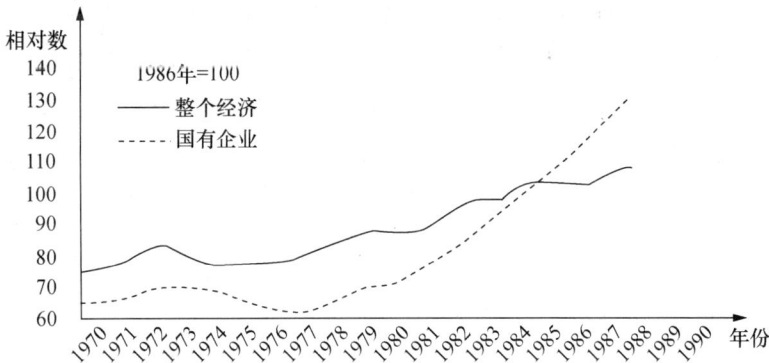

图1-1　劳动生产率变化情况

① 有兴趣的读者可参见赵守日《闯关：西方国有经济体制改革》，广东经济出版社 2000 年版，第168—173 页；徐传谌、郑贵廷主编《国有经济理论前沿报告》，经济管理出版社 2001 年版，第410—413 页。

表 1 - 1 则反映了这 9 个国有企业在 20 世纪七八十年代的劳动生产率发展速度。

表1-1 **劳动生产率年平均发展速度**

单位:%

企业名称	1970—1980 年	1981—1990 年
英国航空公司	7.4	6.0
英国机场管理局	0.6	2.7
英国煤炭公司	- 2.4	8.1
英国煤气公司	4.9	4.9
英国铁路公司	- 2.0	3.2
英国钢铁公司	- 1.7	13.7
英国电信公司	4.3	7.1
英国电力供应局	3.7	2.5
英国邮政局	- 0.1	3.4
平均	1.63	5.73

从图 1 - 1 和表 1 - 1 不难发现,第一,在整个 20 世纪 70 年代,这 9 个国有企业的总体劳动生产率增长速度低于全英劳动生产率的增长速度;第二,在实行国有垄断性产业民营化的 80 年代,全英劳动生产率的增长速度高于 70 年代水平,这被一些人称为 "撒切尔夫人生产率奇迹"[1],但特别引人注目的是,这 9 个国有企业的劳动生产率增长速度尤其明显,从 80 年代中期后,其增长率就高于全英劳动生产率的增长率。

2. 民营化改革对政府财政的影响

民营化改革对政府财政的影响是十分明显的,这至少表现在:(1) 在民营化改革过程中,政府通过出售国有资产而取得了大量的财政收入,如表 1-2 所示:英国对几个主要垄断性产业实行民营化的结果,为英国政府增加了 449.09 亿英镑。其他经济发达国家也不同程度地增加了政府财政收入。(2) 通过民营化改革,原来的国有企业改造成为股份制企业,新的股

---

① Kay, J. A. and Haskel, J., 1990, *Mrs. Thatcher's Economic Experiment: Lessons from the UK*. Centre for Business Strategy Working Paper, London Business School.

份制企业主要从资本市场上融资以满足投资需求。（3）更为重要的是，民营化改革转变了原来国有企业的运行机制，新的股份制企业强化了利润目标，在竞争性环境下提高了经济效率和效益。这不仅逐步减少直至取消政府财政补贴，而且，新企业为政府增加了税收和利润。例如，英国电信公司在 1981 年从英国邮政局分离出来，成为一个独立的法人企业，到 1984 年实行民营化改革前，不但没有向政府上缴税利，而且要求政府提供大量的补贴和贷款，但在 1984 年实行民营化改革到 1996 年为止，该公司累计向政府提供各种税收、分红 330 多亿英镑[①]。

表 1 - 2　　　　　　　　英国城市公用事业民营化改革过程

企业名称	时间	出售股份（％）	政府集资额（百万英镑）	主要业务
英国电信公司	1984 年 12 月	50. 2	2626	电信
	1991 年 12 月	25. 9	5240	
	1993 年 7 月	20. 7	5335	
英国煤气公司	1986 年 12 月	96. 6	7720	煤气
10 个自来水公司	1989 年 12 月	97.4—98. 4	3740	自来水
12 个地区电力公司	1990 年	97.0—98. 4	7907	输配电
国家电力公司与发电公司	1991 年 3 月	60. 0	2954	发电
国家电力公司与发电公司	1995 年 3 月	40. 0	3594	发电
苏格兰水电与苏格兰电力公司	1991 年 6 月	96. 5	3481	发电与输配电
北爱尔兰电力公司	1993 年 6 月	96. 5	362	发电与输配电
英国铁路公司	1996 年 5 月	98. 0	1950	铁路运输
合计			44909	

资料来源：Michael Pollitt, 2000, A Survey of the Liberalization of Public Enterprise in the UK since 1979, in Mitsuhiro Kagami and Masatsugu Tsuji（ed.）, *Privatization*, *Deregulation and Economic Efficiency*: *A Comparative Analysis of Asia*, *Europe and the Americas*. Cheltenham: Edward Elgar Publishing Limited, pp. 106 - 107。

3. 民营化改革对产品或服务质量、消费者价格的影响

民营化改革后，原来的国有企业成为民营企业，在利润最大化原则下，这些企业可能会产生降低产品或服务质量，以减少成本，并提高价格，以增加企业利润的动机。但有两个重要因素在很大程度上刺激企业提高产品

---

① 参见王俊豪《英国政府管制体制改革研究》，上海三联书店 1998 年版，第 354 页。

或服务质量，降低消费者价格：

第一个因素是，在民营化改革过程中，许多经济发达国家在主要垄断性产业都设立了专门的政府管制机构，加强对民营企业产品或服务质量和价格的管制。如英国电信管制办公室要求英国电信公司以 6 个月为期，公布服务质量统计信息，并针对低劣的服务质量采取一定形式的经济制裁，产生了较好的实际效果；同样，英国的自来水和管道天然气等城市公用事业的服务质量也有明显提高。在消费者价格管制方面，实行民营化改革后，英国等国家都采取能促使企业降低成本，从而降低消费者价格的管制模型与相应的管制机制①，除英国自来水质量必须达到欧盟标准而使价格略有上升外，其他城市公用事业消费者价格都有较大幅度的下降。

第二个因素是，经济发达国家的民营化改革是与放松管制，引进与强化竞争机制同步进行的，民营化改革后，许多民营企业处于竞争性环境中，而竞争机制能自动促使企业提高产品或服务质量，降低成本和价格。而且这一因素是比第一个因素更为长期有效的因素。

当然，经济发达国家的民营化改革也带来了不少消极影响，如民营企业大量裁员，使失业问题更为严重；又如原来国有企业的大量股票被少数富人所购买，股价大幅度上涨后，进一步分化了社会阶层，贫富更为悬殊。此外，实行民营化改革后，政府必然要加强对民营企业的管制，新的政府管制体制的运行成本很高，这实际上增加了政府的财政支出，等等。但从总体上而言，经济发达国家的民营化的积极影响大于其消极影响，并为其他国家的民营化改革产生了示范效应。

第三节　城市公用事业民营化的主要动因

一　提高城市公用事业的效率

城市公用事业民营化对效率的促进作用，一是表现在民营化促使城市

---

①　如英国在 1984 年开始，在城市公用事业普遍采取零售价格指数与企业生产效率增长率挂钩的最高限价模型，对此的详细讨论可参见王俊豪《英国政府管制体制改革研究》，上海三联书店 1998 年版，第 16—22 页。

公用事业的管理体制从政企合一的体制转变为政企分离的体制，从而解决政企合一体制下的低效率问题；二是通过国有企业与民营企业的效率比较，证明至少在竞争性领域，民营企业的效率高于国有企业的效率，因而，民营化能提高城市公用事业的效率。

（一）民营化倒逼城市公用事业实现政企分离的管理体制

目前，由于许多城市公用事业实质上还是实行政企合一的管理体制，企业的主要生产经营活动，特别是较大的投资项目一般都由政府计划安排，企业没有实质性的生产经营决策权；企业的生产经营成果与企业自身物质利益没有密切联系；如果企业发生亏损，则由政府财政进行填补，企业感受不到经营风险。这使企业缺乏有效地开展市场经营活动的活力、动力和压力，从而必然存在体制性低效率问题。因此，要使城市公用事业的经营企业具有适应市场经济特点的经营机制，一个重要的前提条件就是把政企合一的管理体制改革成为政企分离的体制。在政企分离的管理体制下，企业才能形成作为市场主体所必需的经营机制；政府则从城市公用事业的垄断经营者转变为竞争性经营的组织者，从而提高政府管理的效率。因此，为彻底转变政府职能和企业经营机制，应允许民营企业进入城市公用事业，民营化改革的结果是，一些民营企业进入城市公用事业，原有的国有企业也改造成为股份制企业，形成多种所有制并存的企业经营主体，这使政府不能像以前管理国有企业那样直接管理民营企业和股份制企业，从而倒逼城市公用事业从政企合一的体制改革成为政企分离的管理体制，减少政府对企业的干预，企业也才能真正成为市场竞争的主体，从而提高城市公用事业的体制性效率。

（二）民营企业在竞争性领域比国有企业具有更高的效率

中国改革开放以来的实践证明，在竞争性产业，民营企业的效率通常高于国有企业。但城市公用事业在传统体制下，其主要业务通常是由国有企业经营的，因此，在研究国有企业与民营企业的比较效率时，在同一领域就缺乏被比较的对象。根据这一实际情况，本书将着重讨论经济发达国家在包括城市公用事业在内的垄断性产业中，国有企业与民营企业的相对效率，因为在这些国家的垄断性产业中，国有企业与民营企业是并存的。

经济发达国家的学者对国有企业与民营企业的效率比较问题已作了大

量的研究。但对于国有企业与民营企业的相对效率，不仅在不同的研究领域有相异的结论，在同一领域，不同的研究者也有不同的结论。表 1 - 3 列出了一些学者在电力、自来水、铁路和航空运输等领域所作的研究。

表 1 - 3   国有企业与民营企业效率比较

研究领域、研究者和年份	基本结论
电力	
Wallace 和 Junk（1970）	国有企业的经营成本与投资成本分别比民营企业高 40%—75% 和 40%
Meyer（1975）	国有企业比民营企业具有较低的经营成本，较高的电力运输成本
Spann（1977）	民营企业与国有企业具有相同的效率，在经营成本方面民营企业通常具有较高的效率
Junker（1975）	国有企业与民营企业不存在成本差异
Neuberg（1977）	国有企业的成本比民营企业低 23%
Pescatrice 和 Trapani（1980）	国有企业的成本低于民营企业
Primeaux（1977，1978）	竞争降低国有企业的成本
DeAlessi（1974）	民营企业的成本低于国有企业
DiLorenZO 和 Robinson（1982）	国有企业的生产效率略低于民营企业
Atkinson 和 Halvorsen（1986）	国有企业和民营企业同样存在成本低效率
自来水	
Mann 和 Mikesell（1976）	国有企业的成本比民营企业高 20%
Morgan（1977）	国有企业的成本比民营企业高 15%
Crain 和 Zardkoohi（1978）	国有企业的生产效率比民营企业低 40%
铁路	
Oelert（1976）	与民营企业的合同价格相比较，国有企业的平均成本高 160%
Caves、Christensen 和 Swanson（1980）	在生产效率方面国有企业与民营企业不存在实质性差别
航空	
Davies（1977）	民营企业的效率明显高于国有企业

资料来源：Viscusi, W. K., J. M. Vernon and J. E. Harrington, Jr., 2000, *Economics of Regulation and Antitrust*. The MIT Press, pp. 448 - 449。

从表 1 - 3 看，在电力领域，基本结论的差异很大，既有认为国有企业的效率高于民营企业的，也有认为民营企业的效率高于国有企业的，还有认为国有企业与民营企业具有相同效率的；而在自来水、铁路和航空运输三个领域中，其基本结论倾向于民营企业的效率高于国有企业。

综合上述对国有企业与民营企业效率比较的讨论，已有的研究结果基本上支持民营企业比国有企业具有较高的效率这一观点，这也是英国等发达国家自 20 世纪 80 年代以来，对垄断性产业纷纷实行民营化改革的一个重要理论依据。但是也应当认识到，国有企业与民营企业有许多不可比的因素，特别是国有企业要比民营企业承担更多的社会责任，因此，从成本、利润等容易观察的指标看，国有企业的效率低于民营企业，这完全是可以理解的。因此，如果要公平地客观评价国有企业与民营企业的效率，就应该剔除那些不可比因素。但遗憾的是，在这方面的前期研究成果太少，这就使国有企业与民营企业的效率比较问题成为一个研究难题。但笔者从已有的研究成果中，倾向于这样一个基本观点：在垄断性环境中，国有企业与民营企业的整体效率（生产效率与社会分配效率的综合）不存在多大的差别，而在竞争性环境中，民营企业通常比国有企业具有较高的效率。因此，主张在垄断性产业的竞争性业务领域实行民营化改革，允许部分民营企业进入；而在竞争机制难以发挥作用的自然垄断性业务领域，则应由国有企业为经营主体，以保证国有经济对整个城市公用事业的控制力（对此，我们将在本书第九章第三节作较为详细的讨论）。因此，从总体上而言，城市公用事业民营化改革，能增强经营主体的活力，提高城市公用事业的经营效率。

二　减轻政府对城市公用事业的财政负担

（一）政府对城市公用事业性质的认识已发生变化

由于城市公用事业具有公益性，在相当长的时期里，许多城市政府将城市公用事业提供的产品或服务视为准公共产品甚至纯公共产品，因此，在相当程度上出于政治考虑，对城市公用产品制定较低的管制价格，其结果是城市公用产品的固定成本（主要是投资额）基本上由政府负担，管制价格构成中的成本主要是可变成本。因此，这种管制价格实际上不仅低于由固定成本和可变成本共同构成的平均成本，而且往往低于边际成本。由于城市公用企业很少考虑投资，主要核算日常运行成本，即使在企业的财务账目上略有盈利，但实际上政府要负担巨大的亏损额（外在表现形式是政府对城市公用事业的无偿投资）。改革开放以来，国民经济和城市化的快速发展，客观上要求以城市公用事业为主体的城市基础设施产业加速发展，以提高城市公用事业的供应能力。但在传统的城市公用事业管制价格形成机制下，僵化的价格机制不能发挥优化配置社会资源的功能，管制价格缺乏对经济效率的刺激作用，这些都使城市公用产品的供应增长缓慢，这就使城市公用产品需求的剧增性和供应能力增长的缓慢性的矛盾十分突击，成为城市社会经济发展的"瓶颈"。为缓解这一矛盾，迫使城市政府重新认识城市公用事业，即在认识上减少了城市公用产品的公益性而增加其商品性因素，并在20世纪80年代特别是90年代后，各城市政府较大幅度提高了城市公用产品的管制价格水平。一些城市政府甚至将城市公用事业通过改制、拍卖等途径而增加财政收入，更有甚者，少数城市政府将城市公用事业一卖了之，完全将其推向市场。

（二）政府财政从建设性财政到公共财政的转变

在市场经济体制下，政府财政主要用于公共福利，随着国家公共服务职能的转变，国家财政将更多地投向教育、医疗、公共卫生等准公共物品领域，逐步退出经济建设领域，对城市公用事业的财政补贴和直接投资都呈现减少趋势。表1-4反映了2006—2009年政府财政用于公共服务、公共安全、教育、科学技术、文化体育与传媒、社会保障和就业、医疗卫生、环境保护、城乡社区事务等公共福利领域的支出情况。由表1-4可知，近几年来，政府财政用于和民生有关的公共福利领域的支出有较大幅度增长，多数项目的增长率超过50%，其中医疗卫生和环境保护的增长率超过100%。显示出政府财政向公共财政转化的趋势。

（三）民营化对减轻政府财政负担的作用

从政府的认识上，减少了城市公用产品的公益性而增加其商品性因素，政府财政又从建设性财政转变为公共财政，这两者相结合，既为城市公用事业民营化创造了经济基础，民营化结果又反过来减轻政府对城市公用事业的财政负担。这是因为，只有当城市公用产品的价格能使经营者补偿成

表1-4　　　　　　　　2006—2009 年财政支出比例的变化

单位：亿元

项目	2006 年	2007 年	2008 年	2009 年	2009 年比 2006 年的增长率（%）
一般预算支出合计	1471.86	1806.79	2208.58	2653.35	80.27
其中：一般公共服务	272.88	328.91	372.46	397.69	45.74
公共安全	146.53	173.79	199.62	216.98	48.08
教育	310.77	383.89	453.99	519.33	67.11
科学技术	54.93	71.54	86.79	99.30	80.77
文化体育与传媒	39.47	49.35	63.76	64.09	62.38
社会保障和就业	88.30	107.98	141.52	153.08	73.36
医疗卫生	88.23	112.28	142.87	177.05	100.67
环境保护	20.32	29.75	46.52	55.42	172.74
城乡社区事务	127.37	154.63	193.95	224.61	76.34

资料来源：《中国统计年鉴》（2010），中国统计出版社 2010 年版。

本，并能取得预期的利润时，才能吸引民营企业进入城市公用事业。而政府对城市公用产品增强了商品性的认识，并较大幅度提高了城市公用产品的管制价格，这无疑为吸引民营企业进入创造了经济基础。同时，民营企业进入城市公用事业后，进行必要的投资和技术创新，并随着经营规模的扩大不断增加投资，在管制价格约束下，以实现利润最大化为目标，优化生产要素组合，努力降低成本。这大大减少了政府对城市公用事业的投资和价格补贴，从而减轻了政府对城市公用事业的财政负担，有利于实现由建设性财政转变为公共财政，将更多的财政支出用于公共服务和社会管理，逐步实现公共福利均等化，提高全社会的福利水平。

三　增强城市公用事业的供给能力

按照联合国开发计划署推荐的标准，发展中国家城市基础设施（城市公用事业）投资应占 GDP 的 3%—5%，或占固定资产投资的 9%—15%。而中国在 1952—2000 年的 49 年里，城市基础设施投资占 GDP 的比例平均只有 1.37%，仅为联合国推荐指标的 27%—46%；占固定资产投资比例只有 4.3%，仅为联合国推荐指标的 29%—48%。可见，在中国城市基础设施领域历史欠账巨大。另外，中国城市基础设施的投资会伴随城市化、工业化而不断扩大。据有关专家测算，城市化每提高 1 个百分点，城市基础设施投资约需增加 2600 亿元。2003 年，中国城市化率为 40.5%，城市基础设施投资约为 3200 亿元；"十二五"期间，中国城镇化水平将超过 50%，到 2020 年，中国城市化率将提高到 60% 左右，按上述比例估算，城市基础设施投资将增至 27900 亿元（经 CPI 调整后的 2000 年价格为 27600 亿元）。根据国家 2020 年 GDP 比 2000 年翻两番的目标，那时中国 GDP 将达约 40 万亿元（2000 年价格），如果财政收入占 GDP 的比例保持目前 20% 的水平，可达 8 万亿元左右。届时，如果中国社会事业支出占 GDP 的比例达到 15%，行政管理支出占 GDP 的比例从 2006 年的 2.6% 下降 2%，国防支出占 GDP 的比例维持 1.5% 左右的较低水平，那么这三项支出就将达到 7.4 万亿元，剩下的 6000 亿元只及城市基础设施所需投资的 21.7%，存在至少 2.16 万亿元的资金缺口[①]。诚然，政府可以通过发行城市公用事业债券等形式融资以填补资金缺口，但这要以政府财政作担保，最终还是政府财政支出。

如前所述，中国民营经济的发展为城市公用事业民营化改革奠定了经济基础，党和国家鼓励民营企业进入城市公用事业的政策目标日益明确，政策措施不断具体化，因此，面对城市公用事业的巨大需求和政府有限供给的矛盾，一种比较现实的选择就是通过城市公用事业民营化，增强城市公用事业的有效供给。事实上，从中国已有城市公用事业的民营化实践看，国内外民营企业已为中国城市公用事业提供有效供给方面作出了巨大贡献。例如，根据有关资料，法国威立雅集团自 1997 年进入中国到 2007 年这 10 年间，已为天津、上海、北京、成都、昆明、海口等城市承担了 20 多个以水务为主的基础设施项目，并在能源行业有 6 个城市项目，在废弃物管理行业有 14 个城市项目，此外还承担了其他行业的多个城市项目[②]。又如，中国河北廊坊的民营企业新奥燃气公司进入河南新乡市燃气市场便是民营企业进入城市公用事业领域较成功的案例。该公司在 1992 年进入城市管道燃气领域，是国内最早从事管道燃气经营的民营企业，也是目前国内最大

---

① 参见剧锦文《非国有经济进入垄断产业研究》，经济管理出版社 2009 年版，第 226—227 页。
② 参见柳学信《中国基础设施产业市场化改革风险研究》，科学出版社 2009 年版，第 64—65 页。

的管道燃气运营商之一。2001 年 5 月，新奥燃气在香港联交所成功上市。同年 10 月，新奥燃气被《福布斯》评选为"全球 200 家最佳小企业"。该公司主要从事投资、经营、管理城市燃气管道基础设施，分销管道燃气、燃气器具及提供后期服务。目前，公司在全国拥有 75 个城市管道燃气项目，超过 300 万居民用户及 8000 余家工商业用户，天然气最大日供气能力达 1500 万立方米，市场覆盖城区人口超过 4300 万。汽车加气业务发展迅速，已获得国家批准建设权的加气站 212 座，已建成并运营的汽车加气站 120 余座，在加气站市场开发利用、工程建设和运营服务等方面积累了丰富的经验。2009 年上半年销售天然气 13.4 亿立方米，液化石油气 24.8 万吨。截至 2009 年 6 月 30 日，新奥燃气总资产 153.4 亿元，2009 年上半年总收入 40.2 亿元，净利润 3.74 亿元[①]。

不难预见，随着中国城市公用事业民营化的有效推进，民营企业将成为城市公用事业的生力军，为城市公用事业提供有效供给发挥更大的作用。

第四节　城市公用事业民营化的若干理论问题

城市公用事业民营化是一个在城市公用事业领域逐渐扩大民营企业的经营范围和比重，相应缩小国有企业经营范围和比重的过程。本节在前面讨论城市公用事业民营化的背景和动因的基础上，着重讨论与城市公用事业民营化相关的五个颇有争议的重要理论问题，即城市公用事业民营化是否等同于私有化？城市公用事业民营化与促进竞争是什么关系？城市公用事业民营化最终是完全实行民营企业经营吗？城市公用事业民营化应是一个激进的还是一个渐进的过程？城市公用事业民营化为什么需要有效政府管制的支持？

一　城市公用事业的民营化是否等同于私有化

从大量文献资料分析，"民营化"或"私有化"在中国的使用主要源于对英国等一些经济发达国家的借鉴。如前所述，从 20 世纪 80 年代开始，

---

① 转引自中国国际金融有限公司研究部《中国燃气行业投资策略报告》，2010 年 1 月 5 日。

以英国为代表的一些经济发达国家对原国有企业的所有制和经营体制进行了重大改革，从英国的改革实践看，其改革政策主要采取了三种形式：一是出售国有资产，实现国有资产从公共部门向私人部门的转移。英国政府又是通过以下三种途径出售国有资产的：（1）通过股票交易所向社会公众发行股票出售国有资产。如英国电信公司、英国燃气公司和自来水公司等城市公用事业的大型国有企业都是通过这一途径实现所有制改革的，因此，这是出售国有资产的主要途径。（2）将国有资产整体出售给一家私人企业，这主要适用于规模较小的国有企业或大型国有企业的附属企业，如英国铁路旅社等。（3）将国有企业资产卖给企业管理阶层或职工。如英国水路运输集团就是采取这种方式出售国有资产的。二是放松政府管制，打破国家对原有产业垄断的格局，取消新企业进入产业的行政法规壁垒。这既可以在出售国有资产的情况下实现，也可以在不出售国有资产的情况下实现，以形成鲍莫尔（Baumol）所倡导的"可竞争市场"的理想格局①。只要垄断市场是完全可竞争的，政府消除进入壁垒后，就能促使垄断企业采取理想的市场行为。因此，为约束垄断企业的市场行为，消除人为的进入壁垒是比政府管制更为有效的方法。三是通过特许投标、合同承包、鼓励私人部门提供可市场化的产品和服务，它不涉及国有资产所有权的转移，而是通过市场竞争机制选择更有效的公用事业产品和服务的提供者。具体选择哪种改革政策，这决定于政府的目标和产业特点等因素。

由于英国将上述三种国有企业的所有制和经营体制改革政策都放在"privatization"这个大的政策框架中，而"privatization"的字面意思是"私有化"，因此，介绍英国等经济发达国家在这方面改革的文献多半也采用"私有化"一词。但从英国的改革实践可见，第一种改革政策属于"私有化"，值得注意的是，大型国有企业私有化后的所有者是广大股民和各种机构，而不是少数私人企业。而其他两种改革政策是在国有资产所有权不变的前提下，由不同所有制企业（主要是私人企业）竞争性经营，因此称之为"民营化"更为合适。

中国是一个社会主义国家，在中国城市公用事业改革中，当然不能提

---

① Baumol, W. J., Panzar, J. C. and Wiling, R. D., *Contestable Markers and the Theory Tructure.* New York: Harcourt Brace Jovanovich, 1982.

倡"私有化",但即使"民营化"也是一个比较敏感的词,特别是一些学者和实际工作者将"民营化"等同于"私有化",对"民营化"就必然持过于谨慎的态度,通常用"市场化"来代替"民营化",甚至还以"运用市场机制"来代替市场化。

从理论上分析,"民营"是一个与"政府直接经营"(或称"官营")相对应的概念,"民营"的实质在于"非政府"、"非官方"直接经营①。在生产资料民有的情况下,当然实行"民有民营",但即使在生产资料国有的条件下,也可以实行"国有民营"。也就是说,"民营"与生产资料所有制没有必然的联系,"民营"不等于"私有",民营化也就不等于"私有化"。

从中国城市公用事业改革实践看,一些城市政府采取与非公有制企业合资、合作经营城市公用事业的做法,但多数城市政府通常在所有权结构上掌握控股权。只是少数城市政府将公用事业的原有部分国有资产卖给私人企业经营。而中国城市公用事业改革最为普遍的形式是对城市供水、供气、供热、公共交通、污水处理、垃圾处理等主要城市公用事业实行特许经营,即城市政府按照有关法规,通过市场竞争机制选择城市公用事业的投资者或经营者,明确其在一定时期(最长不超过30年)和范围内(一般是在特定城市范围内)经营某项城市公用事业②。城市公用事业的特许经营主要有两大类型:一是对原来城市政府所有的国有企业经营的城市公用事业实行特许经营,无论新的特许经营者是公有制企业还是私人企业,国有资产属于城市政府的性质不变,不存在国有资产所有权的转移,只发生经营权的转让,因此,即使新的经营者是私人企业,也只是"国有民营"。二是对某一城市公用事业的某一新项目(如自来水厂、污水处理厂等)实行特许经营,获得特许经营权的中标企业既是新项目的建设者又是特定时期内的经营者,但特许经营期满后,其资产无偿归城市政府所有。可见,采取这种类型的特许经营,其资产的终极所有权还是归城市政府所有,只是在特许经营期内属于"民有民营",特许经营期满实行新一轮特许经营后,又属于"国有民营"。因此,作为中国城市公用事业改革的主要形式的特许

---

① 刘迎秋:《中国经济"民营化"的必要性和现实性分析》,《经济研究》1994年第6期。
② 为推进和规范城市公用事业特许经营,建设部在2004年3月还专门制定了《市政公用事业特许经营管理办法》。

经营，应该属于"民营化"，而不是"私有化"，"民营化"不能等同于"私有化"。

二 城市公用事业民营化和促进竞争是什么关系

竞争对城市公用事业的经济效率具有很强的刺激作用，在一个竞争性环境中，只有效率较高的企业才能生存和发展，优胜劣汰规律迫使企业自觉优化生产要素组合，努力降低生产成本，提高效率；竞争鼓励企业抢先采用新技术，以创造技术优势。这些都有利于促进技术进步，提高生产效率。同时，在不完全信息的现实世界中，竞争还能产生一种信息发现机制，打破任何垄断者对信息的垄断，迫使企业按照包括正常利润在内的成本定价，从而促进社会分配效率。而且，城市公用事业的竞争还使政府管制者能获得较多的管制信息，缓解管制双方的"信息不对称"问题，从而有利于提高政府管制效率。可见，竞争能打破垄断者对产品的垄断和对信息的垄断，刺激企业提高生产效率和社会分配效率，从而促进整个社会的经济效率。因此，城市公用事业的民营化改革应以促进竞争为重要内容，以最终实现较高的经济效率。但在民营化、竞争与效率的关系问题上，在国内外理论界存在相当大的分歧，如在城市公用事业先行改革的经济发达国家，有的学者认为，即使不考虑竞争因素，民营化也可能会提高效率[①]。一些学者还认为，民营化与竞争具有先天的共存性，政府对私人企业比国有企业更能有效地实施竞争政策[②]。但许多学者更强调竞争对经济效率的促进作用，如有的学者认为，虽然不能简单地推论私人部门的效率总是高于国有部门的效率，但有足够的证据说明，竞争性环境能提高所有企业（私人企业或国有企业）的效率。不存在竞争对手的被管制私人企业有时会扭曲刺激机制，导致比直接受政府控制的国有企业更高的成本水平。他们的结论是：在竞争性环境下，私人企业具有较高的效率，但如果不存在竞争，被管制的私人企业效率并不一定高于国有企业，也可能会低于国有企业，因

---

① Mattew Bishop, John Kay and Colin Mayer, Introduction: Privatization in Performance, in their edited, *Privatization and Economic Performance*. Oxford University Press, 1994.

② Michael Beesley and Stephen Littlechild, "Privatization: Principles, Problems and Priorities". *Lloyds Bank Review*, 1994.

此，在不存在竞争的领域实行民营化容易产生有害的影响①。有的学者还论证了这样一种观点：所有制的变革可能会促进生产效率，但没有理由认为它也会自动促进分配效率，因为分配效率是一个市场结构的函数，不是所有制的函数，民营化要促进分配效率就必须同时运用竞争政策以消除市场障碍。进一步说，迫使企业千方百计寻找机会取得更多的利润，以减少破产倒闭风险的刺激主要是来自竞争压力而不是所有制的变革，竞争是实现生产效率的更重要源泉②。一些学者进一步认为，理论与实践都说明了对经济效率最重要的影响力是竞争，而不是企业的所有制形式。由于缺乏竞争导致国有产业低效率，并不能推断民营化是提高效率的灵丹妙药。民营化的经济合理性主要是以它能促使市场更具有竞争性或可竞争性这一假定为基础的，但事实上，没有证据能说明民营化本身就能刺激竞争。伴随民营化产生的竞争程度，主要取决于民营化的形式和有关的市场结构重组程度。把垄断企业简单地从公共部门转入私人部门丝毫不会刺激竞争，因为这没有影响市场结构③。

　　国内学者在总结发达国家经验教训的基础上，对于城市公用事业民营化与竞争的关系问题具有比较一致的认识，如有的学者认为，城市公用事业的民营化和竞争是具有互补性又有所区别的政策，民营化改革可以在维持垄断的情况下实施，也可以在竞争环境下实施，中国城市公用事业改革要把引入竞争和民营化有机结合起来，在开放竞争的基础上实施民营化改革④。即强调先竞争后民营化。而有的学者对于中国城市公用事业民营化的改革取向，则强调民营优先竞争的观点，其主要理论依据：一是城市公用事业出现供求缺口，形成所谓"硬约束"，客观上要求民营企业进入城市公用事业领域，以增加供给；二是没有民营企业参与的竞争是伪竞争，甚至是恶性竞争，效率不会有改善。同时还指出，民营优先竞争并不排斥竞争，

---

　　① J. A. Kay and D. J. Thompson, "Privatization: A Policy in Search of A Rationale". *The Economic Journal* 96, 1986.

　　② Richard Hemming and Ali M. Mansoor, *Privatization and Public Enterprises.* Washington, D. C., International Monetary Fund, 1988.

　　③ Stephen J. Bailey, *Public Sector Economics: Theory, Policy and Practice.* Macmillan Press Ltd., 1995, pp. 305 – 306.

　　④ 刘戒骄：《公用事业：竞争、民营与监管》，经济管理出版社 2007 年版，第 25—26 页。

竞争对民营化来说，仍是至关重要的①。

从国内外学者关于民营化与促进竞争对提高经济效率的争议中可见，不少学者不是强调竞争的作用，就是强调民营化的作用。笔者强调的一个重要观点是：单纯国有经济内部的竞争不能实现市场经济体制下的高效率竞争，而单纯的民营化也不能从根本上促进效率，促进竞争与民营化是共同推进城市公用事业改革的两个轮子。这是因为，市场经济是多种所有制经济，城市公用事业中的国有企业也将是混合所有制企业，因此，原有国有企业之间的竞争是同一所有制下的竞争，不能实现市场经济中的高效率竞争。而单纯的民营化只能将国有城市公用事业转变为民营城市公用事业，不能形成竞争性市场结构，从而不能促进效率。因此，只有将竞争与民营化相结合，两者并驾齐驱，才能实现高效率的竞争，提高城市公用事业的效率，并使消费者分享效率提高的利益。

从中国一些垄断性产业的现实看，虽然电信、电力、民航等产业已在多年前就开始改革，在形式上目前已形成多家企业竞争的格局，但这些产业中的主导企业基本上是国有企业，这些企业之间的竞争还是同一国家所有制下的竞争，不存在破产倒闭的经营风险，难以形成市场经济中优胜劣汰的竞争机制，竞争对提高经济效率的促进作用比较有限。因此，中国城市公用事业改革的一个重要内容是实行民营化改革，而在民营化改革的同时，政府要相应制定与实施一系列促进竞争的政策，形成有效竞争的格局。竞争与民营化相互促进、相互协调，这是推动中国城市公用事业改革缺一不可的两个轮子。

三 城市公用事业民营化最终是完全实行民营企业经营吗

在中国城市公用事业实行民营化，并不意味着城市公用事业都应由民营企业经营。从所有制角度看，在相当长的时期内，中国许多城市公用事业应实行国有企业为主，多种所有制并存的所有制结构。其主要原因是，城市公用事业是城市中关系到保障生产和居民生活的基础设施产业，政府需要掌握对这些产业的控制力，而国有经济无疑是政府实施其控制力的最

---

① 陈明：《中国城市公用事业民营化研究》，中国经济出版社 2009 年版，第72—75页。

直接、最有效的所有制形式。但如何实现国有经济对城市公用事业的有效控制呢？对此，著名经济学家张卓元教授认为①，国有经济控制力概念意味着，国有经济控制关系国民经济命脉的重要产业和关键领域，并不都要求国家独资。除极少数承担特殊任务需要由政府垄断经营的企业外，大多数企业可以由国家控股，吸收部分非国有资本参加。国有经济通过运用股份制这种现代企业的财产组织形式，发展混合所有制经济，使国有资本渗入和控制更多的社会资本，扩大国有资本支配范围，可以放大国有资本的功能，这既有利于提高国有经济的控制力，同时，也有利于发挥非国有资本的积极作用。这就为民营企业的部分资本进入国有经济，形成混合所有制企业提供了理论依据。同时，这也意味着，中国城市公用事业民营化的主要特点是"国有民营"或"国有国营"。

在中国城市公用事业民营化改革中，必然面临的另一个问题是：哪些领域应该允许民营企业进入，哪些领域应该仍由国有企业控制？对此，笔者认为，国有企业与民营企业的分布应取决于城市公用事业业务领域的性质。管道燃气、自来水和污水处理等产业通常被认为是典型的城市公用事业，但并不等于这些产业的所有业务领域都是具有自然垄断性的。也就是说，对特定城市公用事业而言，总是既有自然垄断性业务，又有竞争性业务，自然垄断性业务主要是指那些固定网络性业务（如燃气管道网、自来水管网、污水管网等），其他领域的业务则属于竞争性业务。由于自然垄断性业务是城市公用事业的核心业务，其规模经济与范围经济非常显著，在相当程度上决定整个城市公用事业的运行效率，因此，自然垄断性业务领域应由一家或少数几家国有企业控制。竞争性业务的规模经济和范围经济并不显著，可由多家企业竞争性经营，由于在竞争环境下，民营企业具有较高的效率，所以，竞争性业务领域应首先向民营企业开放。这样，国有企业与民营企业在城市公用事业分布的总体格局是：国有企业主要分布在自然垄断性业务（网络性业务）领域，而民营企业主要分布在竞争性业务领域。当然，如前所述，即使在某些自然垄断性业务领域，也不是要求完全由国有企业所有并实行垄断经营，在国有企业掌握控制力的前提下，可

---

① 参见张卓元主编《国企改革建言》，广东经济出版社 2000 年版，第 78—79、133—135 页。

允许民营企业适度进入，以产生"鲶鱼效应"，激活国有企业的竞争活力。

四 城市公用事业民营化应是一个激进的还是一个渐进的过程

城市公用事业民营化具有一个边界，即民营企业经营范围和比重的最大值，它决定于特定城市领导者管理城市公用事业的基本理念、管理体制、经济发展水平等多种因素，而达到这一边界的过程或长或短，如果在短期内达到这一边界就是激进式民营化；反之，如果这一过程较长，就是渐进式民营化。激进式民营化的特点是，在较短的时期将国有企业所有权或经营权转移给私人企业，实现私人所有或国有民营。苏联、东欧一些国家的教训是，激进式民营化似乎能实现"一步到位"的改革，有利于避免改革反复和利益集团对改革过程的阻力，但实践证明，由于它们忽视本国的国情，盲目搬用经济发达国家的民营化改革理论，试图在短时间内完成民营化改革，其结果造成了很大的混乱和社会动荡，从而产生灾难性危害。因此，有的学者在总结发展中国家民营化改革的教训时指出，在那些尚未建立成熟的市场经济制度，缺乏社会安全保障系统的国家，过快地实行民营化改革可能会引起灾难性的后果①。这种教训特别值得中国重视。

事实上，即使在一些经济发达国家，对包括城市公用事业在内的民营化也是逐渐推进的，如英国在 1984 年首先对电信产业实行民营化，然后在 1986 年和 1989 年分别对天然气产业、自来水与电力产业实行民营化，最后在 20 世纪 90 年代才对铁路运输产业实行民营化。对特定公用事业的民营化改革也是逐步深入的，如在 1984 年，英国政府首先将英国电信公司 51% 的股份向社会公开出售，在 1991 年和 1993 年才将剩余的股份向社会出售。但尽管如此，英国的民营化还是存在操之过急的问题，其经验教训值得中国借鉴。如一些学者指出，英国公用事业民营化改革的一个沉重教训是：英国政府对民营化的热情过高，在制定民营化改革政策时，经常在对竞争和管制政策的一些基本问题没有进行必要的考虑前，就急于对原来的国有企业实行民营化，这使后来对市场结构的调整，即把原来垄断性市场结构改变为竞争性市场结构造成了很大的障碍，从而增加了政府管制体制进一步

---

① Asha Gupta, *Beyond Privatization*. London：Macmillan Press Ltd.，2000，pp. 153 – 154.

改革的难度①。一些学者还认为，英国民营化的一大失败在于：没有在电信、电力、煤气和自来水等公用事业中最大限度地抓住运用竞争机制的机会。一些民营化后建立的私人企业仍然拥有垄断特权，它们或是受到法律的保护，或是因为没有在民营化时将原有的国有企业重组为若干独立的业务单位，致使它们具有足够的垄断力量以排斥竞争对手②。一些学者甚至认为，撒切尔夫人执政的政府在过去犯了"短期主义"的严重错误，它过快地改变了对国有城市公用事业政策的"颜色"，政府在没有完成设计合适的竞争和管制政策措施之前，就急于加速民营化，扩大股份制的范围③。

对还属于发展中国家的中国来说，城市公用事业的民营化改革过程更应按照循序渐进的原则进行。正像一些学者所指出的那样：城市公用事业中企业的所有制关系在经济发达国家和发展中国家应该存在差别，在发展中国家，由于经济发展水平较低，市场制度不完善，市场失败问题比发达国家更为突出，这就要求发展中国家的政府较多地考虑社会目标和其他非商业性目标。因此，在发展中国家，在城市公用事业中，国有企业的规模就应该较大，发达国家的某些民营化政策措施在发展中国家就未必适合④。有的学者进一步指出，不同形式的民营化适合不同的社会文化环境，某些民营化形式在特定环境下可能产生好的结果，但在不同环境下可能产生很坏的结果。在某些状态下，民营化还可能导致腐败行为和欺骗广大公众。更普遍地说，民营化存在一定的合理的边界，一旦超过了这一边界，就会产生负面结果，导致成本大于收益⑤。

从中国的现实情况看，城市公用事业的民营化改革还受以下几个主要因素的制约：（1）对城市公用事业民营化改革需要有一个观念转变过程。在包括不少政策制定者看来，城市公用事业应该由国有企业垄断经营，民

---

①　John Vickers, George Yarrow, *Privatization：An Economic Analysis.* Massachusetts：The MIT Press，1988，p. 315.

②　Cento Veljanovski, *Privatization & Competition：A Market Prospectus.* Billings & Sons Limited，1989，pp. viii－ix.

③　John Vickers and George Yarrow, *Privatization：An Economic Analysis.* The MIT Press，1988，p. 428.

④　Richard Hemming and Ali M. Mansoor, *Privatization and Public Enterprises.* Washington，D. C.，International Monetary Fund，1988，pp. 19－20.

⑤　Ernst Ulrich von Weizsacker, Oran R. Yong, Matthias Finger, *Limits to Privatization：How to Avoid too Much of a Good Thing.* London：Earthscan，2006，p. 10.

营企业应局限于竞争性产业，这已成为一种思维定式，因此，要使民营化改革顺利进行，就必须转变观念，客观评价民营企业进入城市公用事业的必要性。而这一观念转变过程需要一定的时间。（2）城市公用事业的法律制度建设严重滞后。在经济发达国家的城市公用事业，都已形成较为成熟的法律制度，而中国尽管在几年前就着手改革城市公用事业管理体制，但法律制度建设还不能适应民营化改革的需要，这就必然阻碍中国城市公用事业民营化改革的进程。（3）尚未形成有效的市场竞争秩序。由于城市公用事业具有投资额大、资产专用性强、沉淀成本大等特点，这就决定了城市公用事业的竞争不同于一般竞争性产业的竞争，如果发生无序竞争，必然会导致破坏性竞争，引起社会动荡。目前，中国还没有形成有效的市场竞争秩序，这也必然影响中国城市公用事业的民营化改革。所有这些因素都决定了中国城市公用事业民营化改革应该是一个渐进的过程。

五　城市公用事业民营化为什么需要有效政府管制的支持

传统经济理论认为，由城市公用事业的技术经济特性所决定，城市公用事业的特定行业（如自来水、管道燃气行业）只能由一家或极少数家企业垄断经营，市场竞争机制不能发挥作用，是市场失灵的一个最为典型的领域，而以社会公共利益为重要经营目标的国有企业则是对付这种市场失灵的最有效手段。在这种传统理论影响下，在长期的实践中，中国对城市公用事业实行政企合一的管理体制，表现为政府既是城市公用事业管理政策的制定者，也是城市公用事业的实际经营者。但理论与实践证明，国有企业垄断经营往往导致低效率现象。这也是城市公用事业民营化改革的基本动因。城市公用事业实行民营化改革后，相当数量的民营企业进入城市公用事业，成为城市公用事业的经营主体。但民营企业主要以利益最大化为经营目标，怎样既保护民营企业的正当经济利益，又维护社会公共利益，如何有效实现两者的动态均衡，这是政府必然面临的新问题。显然，政府不能像过去管理国有企业的方式去管理民营企业，从先行改革国家的实践看，城市公用事业实行民营化改革后，必然进行制度创新，改革原有管理体制，建立与市场经济体制相适应的新型的城市公用事业管制体制，对城市公用事业实行有效管制。如国外一些学者在分析民营化的局限性时指出，民营化要求政府建立有效的管制体制，促使民营企业重视广大消费者的需要。强调"民营化要求加强政府管制"，并以许多案例支持和论证了这一观点①。

　　管制是具有法律地位的、相对独立的政府管制者（机构），依照一定的法规对被管制者（主要是企业）所采取的一系列行政管理与监督行为②。在市场经济体制下，管制是一种重要的政府职能。可见，国有制与管制具有一定的替代关系，城市公用事业民营化客观上需要政府制定科学的管制政策，以规范民营企业的行为，维护社会公共利益③。

　　综上所述，民营化是一个很有争议的重要概念，民营化比私有化具有更为广泛的内涵，城市公用事业的民营化不能等同于私有化。民营化和促进竞争是推动城市公用事业改革的两个轮子，缺一不可。城市公用事业改革的目标是实现多种所有制企业的竞争，国有企业与民营企业在城市公用事业分布的总体格局是：国有企业主要分布在自然垄断性业务（网络性业务）领域，而民营企业主要分布在竞争性业务领域。由中国的国情所决定，城市公用事业民营化应是一个渐进的过程。民营化的结果是，一方面减少甚至消除政府对城市公用事业的直接经营，另一方面需要有效的政府管制政策的支持。

---

　　①　Ernst Ulrich von Weizsacker, Oran R. Yong, Matthias Finger, *Limits to Privatization*：*How to Avoid too Much of a Good Thing*. London：Earthscan，2006，p. 9.

　　②　"管制"是英文 Regulation 的翻译，通常被译为"管制"、"规制"或者"监管"。在学术界较多地使用"管制"或"规制"，而在实际部门，习惯使用"监管"。

　　③　关于城市公用事业民营化对政府管制的需求，实现有效管制所需的管制体系和管制政策等内容的详细讨论请见本书第四章和第五章。

第二章

城市公用事业民营化的历程与现状分析

　　自 20 世纪 80 年代以来，中国对城市公用事业采取了渐进式的民营化改革。随着城市公用事业改革的不断深化，部分城市的公用事业投融资体制改革取得了突破性进展。在稳定政府投资渠道的同时，积极获取新的投融资渠道。根据国家相关政策，一些城市积极尝试向外商和国内民营企业转让城市公用事业设施的经营权、使用权和股权等资产权益，有的还组建了上市公司，通过证券市场发行股票。通过各种形式的民营化，在城市公用事业领域，已经逐步实现政企分开，政府财政补贴逐步减少，各行业的供应、服务和管理水平均得到提升。中国城市公用企业逐步走上了自主经营、自负盈亏、自我约束和自我发展的道路。本章主要分析中国城市公用事业民营化的历程和现状，简要地评价改革成效以及所暴露出来的问题，为进一步改革总结经验教训。

第一节　城市公用事业民营化的历程

　　与其他领域改革相似，中国城市公用事业改革可追溯到 1978 年。但早期尽管在经营方式和融资体制方面均作了改革的尝试，但就城市公用事业总体格局而言，真正意义上的民营化始于 20 世纪 90 年代初。从城市公用事业民营化历程看，呈现渐进性、逐步深化的特点。根据制度创新的历程，可大致分为三个阶段。

一　城市公用事业开始逐步引入民间资本，并建立现代企业制度（1993—2001 年）

　　20 世纪 90 年代初，城市公用事业领域开始进行民营化改革。各城市政府在城市公用事业领域的管理职能开始发生变化，即由对城市公用事业的直接投资和经营管理逐渐转变为对企业和市场进行管制。

这个阶段的主要特征和实践内容是：以市场为导向、招商为主导、项目融资为载体。由于在中国改革开放初期，招商引资是经济建设和发展的主流思路，以项目为依托的招商引资活动是经济发展的总体思路。因此，在城市公用事业投融资的模式上，也是沿袭这个思路，主要是以项目为载体，招商引资为主导。由于这个时期在城市公用事业领域还是以国有经济为主导，而且资本存量规模小，部分城市（如深圳市）开始打破了国有经济包揽城市公用事业的格局，但这个时期的城市公用事业投融资改革活动，仍然是零星式、探索性的。

首先，一批城市公用企业按照公司法的要求成立了有限责任公司，并以产权为纽带，组建大型城市公用事业集团。20世纪90年代初，中共十四届三中全会的《关于建立社会主义市场经济体制若干问题的决定》提出要建立现代企业制度。这个时期，深圳公用事业以此为契机，大力发展企业集团。以深圳水务集团为例，深圳水务集团是建立大型城市公用事业集团的典型。随着特区人口的增长和经济的高速发展，对自来水的需求量也不断增加，自来水的供求矛盾十分尖锐。1996年10月，原自来水企业改制为深圳市属国有大型独资有限责任公司，为国家大型一类供水企业。1998年，深圳市政府决定，市自来水建设投资体制由过去政府投资为主改为由企业投资为主，积极实施跨区域经营战略。2001年，深圳市以自来水公司为基础，牵头组建了总资产约60亿元的大型水务集团。经过不断发展，形成了公用事业的几大集团，如深圳市能源集团、深圳市水务集团、深圳市燃气集团、深圳市公共交通集团等，从而迅速提高了深圳公用事业领域的资本存量规模，提高了公用服务的供给能力。在建立现代企业制度的同时，开始打破部分城市公用事业的垂直一体化垄断经营格局。部分城市对自来水行业和管道燃气行业进行了分割重组，把诸如自来水和管道燃气的设备生产等具有竞争性的业务推向市场，并对具有竞争性特点的业务进行分割重组。例如，上海管道燃气行业经过两次分割重组，把燃气制气和销售企业分解为几个企业，分别在不同的区域经营。虽然这种改革尚未形成真正的有效竞争，但是，这为进一步改革打下了很好的基础。

其次，各地开始推行经营城市的理念，借助资本市场为平台，开拓多元化融资渠道，吸引了大量民间资金进入到城市公用事业的经营和管理中去。20 世纪 90 年代初，中国资本市场开始起步发展，深圳公用事业开始借助资本市场力量来发展自己。从 1993 年深赤湾公开发行股票募集发展资金以来，深圳公用事业类的公司就开始相继发行国内 A 股以及 H 股等。

另外，在引入民间资本的同时，适应市场经济要求和行业特点的相关法律体系框架也在逐步建立，促进了城市公用事业的发展。

二 中央政府推动下的城市公用事业民营化，民间资本全面渗透城市公用事业（2002—2005 年）

中国城市公用事业民营化的大规模开展是进入 21 世纪之后。如第一章所分析，正是在这个时期，城市公用事业的主管部门出台了一系列政策和法规，明确地鼓励民间资本进入城市公用事业的建设、运营和管理。中国城市公用事业的民营化改革正是在这一系列法规政策的引导下得到迅速发展。显然，这一阶段是以中央政府为主导，引导、推动和规范城市公用事业民营化改革的时期。

（一）民间资金和外资直接进入城市公用事业

这个时期，民间资金和外资直接进入部分城市公用事业领域经营。例如，上海第一家进入社区的民营燃气服务中心——梅园社区燃气服务中心于 2002 年 3 月在浦东梅园新村街道内开业。梅园社区燃气服务中心隶属新成立不久的民营企业上海东气燃气工程有限公司。这样的改革在上海整个燃气行业中属于首创[①]。又如在浙江省，"洋水务"进入浙江省新昌水市场，2002 年 3 月，中外合资新昌中法供水有限公司正式在浙江新昌落户，这是该县首次引进外资开发引水工程项目和经营供水市场，据悉，这在全省也属首例。此举打破了长期以来城市用水由国有单位独家经营的局面。随着经济社会的迅速发展，新昌县原有 4 万吨/日的供水规模已不能满足要求。为改善这一状况，新昌县通过引进资金和技术，组建企业化的供水公司，解决生产和生活用水紧张问题。新昌县通过多方招商，将世界上规模最大

---

① 佚名：《上海：燃气服务走民营之路 首家服务中心今在梅园新村开业》，《新民晚报》2002 年 3 月 22 日。

的水务集团之一的法国里昂水务集团下属的子公司中法水务投资有限公司引来作为合作伙伴，并与新昌水务发展有限公司共同组建了新昌中法供水有限公司，负责开发建设投资 1 亿多美元的引水供水工程项目。该项目投产后，新昌县城市日供水能力达到 16 万吨①。

（二）在城市公用事业领域开始广泛推行特许经营制度

为了缓解市政公用资金严重不足的矛盾，这些年来，中国城市公用事业注重把政府引导与市场运作结合起来，把政府投入与招商引资结合起来，积极运用 BOT 等方式盘活存量、优化增量，加大了利用外资和各类社会资金的力度，多元化投资的步伐进一步加快。通过特许投标的城市公用事业经营权改革主要采用 BOT（建造—运营—移交）和 TOT（转让—经营—转让）模式。此外，还有 PPP（公共民营合作制）、MBO（管理层收购）、BT（建设—移交）、BOO（建设—经营—拥有）、ROO（改造—经营—拥有）等。特许权经营是没有固定程式的一种投融资方式，可以因地制宜、因时制宜，发展出许多品类。

BOT 投融资方式在世界范围内都处在探索阶段。1984 年，中国第一个 BOT 基础产业项目是由中国香港合和实业公司和中国发展投资公司等作为承包商在深圳建设的沙角 B 电厂。自 2002 年，广东、福建、广西、四川、湖北、江西、上海等地出现一批 BOT 项目。

在城市公用事业中，国内民营经济参与 BOT 项目融资的典型案例是 2002 年 6 月，民间资本占到 85% 的上海友联联合体，在中国最大规模污水处理企业——上海竹园第一污水处理厂国内投资人招商中一举中标，以 BOT 形式，在 20 年专营期内，投资建设、运营这家日处理能力达 170 万吨的大型污水处理厂。中标的友联联合体，是由私营企业友联企业发展公司为主，联合另两家企业组合而成的。据专家分析，由于此次污水处理项目建设以民间资本投入为主，有利于建立投资约束机制。在保证达到政府规定的技术、工艺标准的情况下，投资方将会尽可能使投资额控制在最合理的范围内。

2002 年 5 月，受南昌市政府授权，南昌市市政公用事业局向社会公开

---

① 佚名：《打破城市供水国有单位独家经营局面——"洋水务"进入新昌水市场》，《浙江日报》2002 年 3 月 22 日。

招标，选择青山湖污水处理厂一期工程的设计、投资、建设和运营的投资商。经综合评议，最终确定由德国柏林水务国际股份有限公司和北京城建第三建设发展有限公司组成的联合体中标。该项目是德国在中国城市基础设施建设领域投资的第一个 BOT 项目，也是江西省第一个 BOT 项目。2004年9月竣工后只经过一个月的试运行，污水处理的出水水质即达到了特许权协议中规定的国家排放标准。正式运行以来，处理着南昌市约40%的城市污水，生物处理段污水处理能力为33万立方米/天，每年可处理约1.2亿吨污水，为中国其他城市基础设施建设的投资多元化提供了样板①。

2002年7月，成都市市政公用局将6条公共汽车线路的特许经营权进行拍卖。将原有国有公交公司独家经营的公共汽车线路有偿出让。

（三）城市公用事业加快了融资改革的步伐

随着中国资本市场的快速发展，这个时期城市公用事业领域的融资改革步伐也在加快。例如，2002年8月，深圳五大国有企业以国际招标方式转让部分股权。五大国有企业分别是能源集团、水务集团、燃气集团、公共交通集团以及食品总公司，转让比例在25%—70%之间。深圳市政府开始就能源、水务、燃气、公共交通等公用事业类企业向国际招标。

2004年年初，南京市政府出让液化气公司剩余资产，合资组建了华润液化气公司；并拿出自来水总公司、煤气总公司、公交总公司的全部资产，以及江心洲污水处理厂扩建工程、城北污水处理厂工程等4个污水处理项目，总计40亿元的资产和项目对外公开招商。2004年6月，南京市公用控股公司与法国威望迪、北京首创等境内外企业签订了4项合作意向书，市煤气总公司与香港中华煤气公司，市公交总公司与香港新世界、九龙巴士等进行了合资合作谈判。

北京市还将新建轨道交通运营权面向全球投资者公开招商，除国家有特殊规定外，北京市所有投资领域将一律向社会资本开放。公共交通、轨道交通、收费公路、供水、供气、供热、污水处理、垃圾处理等经营性基础设施领域和文教卫生体育等经营性社会事业领域，打破了地区、所有制、内外资界限和行业垄断，推行项目法人招标投标制。北京市积极支持城市

---

① 许晓明、欧阳兵：《地方政府公共服务模式的成功探索》，《江西行政学院学报》2010年第1期。

公用企业拓宽融资渠道，进行债券市场直接融资。2004—2005 年，北京市共向国家争取了 50 亿元的企业债券发行规模，所筹集资金全部用于基础设施建设。截至 2005 年第一季度，北京市共有 10 余个基础设施建设项目实施了市场化运作，累计吸引境内外各类社会资金 110 多亿元①。

根据一项由远景投资和指标数据发布的关于城乡居民对中国公共事业民营化程度及民营化社会效果的认知与评价的研究结果，广州市城市公共事业民营化发展最快、最均衡，在许多地区民营化进程缓慢的领域，如自来水、管道燃气等产业，广州的民营化呈现出均衡、稳健、良好的发展态势。广州市政府通过合资、合作、参股、项目法人招标、TOT、BOT 等方式为城市公用事业融资。在广州，个体、私营经济主体可投资经营城市轨道交通、公共交通、公路、桥梁、隧道、港口、站场、停车场、生态修复、污水处理、垃圾处理、排污管道、电力、绿化、园林、道路、能源、水利、公共信息网络、公共文化设施等基础设施和公共事业。

在这个阶段，上海市则致力于推进公用事业企业上市融资，已建成的项目以公司上市方式筹资超过了 100 亿元②。

从城市公用事业民营化的步伐来看，各地区进程存在区别。而在各地推进公用事业民营化实践的同时，鼓励公用事业民营化的法规也相继出台。在 2005 年 2 月国务院公布的被称为"三十六条"的《国务院关于鼓励支持和引导个体私营等非公有制经济发展的若干意见》中，第一条明确了非公有资本的市场准入"贯彻平等准入、公平待遇原则"，第二条则规定"允许非公有资本进入垄断行业和领域"，并且指出这些行业包括城市公用事业等。

鉴于这个时期民营经济已开始较全面地渗透城市公用事业，政府对城市公用事业的控制从直接管理转变为管制，从管企业转变为管市场；从对企业负责转变为对公众、对社会负责。从企业具体的经营活动中解脱出来，变市场的参与者为市场的组织者。政企分开后的中国城市公用事业管制体制的结构如图 2-1 所示。

---

① 丁向阳：《加快基础设施市场化步伐　努力提高市政公用事业服务水平》，北京市推进基础设施建设市场化国际论坛，http://www.bjpc.gov.cn/zt/sheshi/fayan01.htm，2005 年 12 月 12 日。

② 杨琴：《民营化不是公用事业的灵丹妙药》，《中国投资》2003 年第 11 期。

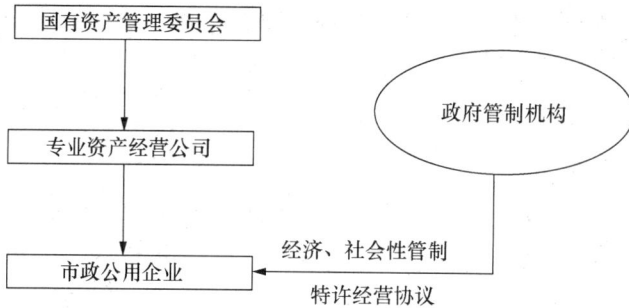

图 2-1　政企分开后的政府管理结构

三　加强政府对城市公用事业的管制，避免民营化过程中产生的市场失灵（2006 年到现在）

自 2002 年以来，中央政府推动下进行的城市公用事业民营化改革，让民营经济全面渗透城市公用事业领域。这个过程中，逐渐暴露出来由于民营经济的进入而出现的市场失灵问题。中国在城市公用事业上欠账太多，而面对公众对城市公用产品在数量和质量上不断增长的要求，政府财政显得力不从心，资金短缺问题显得非常紧迫。这种局面的出现，资金短缺是一个方面，而更为重要的是由于城市政府部门主导下的城市公用事业效率低下，正是这种低效率才导致了公用事业难以为继。在城市公用事业民营化改革过程中，部分政府因为急于将现有资产套现，为新建项目筹集资金，而采取了协议方式实施产权转让和特许经营权的授予，没有经过公开的招投标，以至于难以实现合理的资产或经营权价格。同时，这种理念上的错位，还导致了许多政府行为的短期化，对许多城市公用企业的资产一卖了之，当成包袱甩掉，没有承担起相应的责任。这种做法的后果是，一方面政府缺乏与私人部门长期合作的精神，在公私合作的过程中对私人投资者支持、协调和监督不足，不利于公用事业的稳定发展。另一方面，公众的利益被忽视了，甚至有的政府与投资者合谋，通过提高价格、无偿划拨土地等来维持投资者的不合理回报，却将风险或债务负担转嫁给了公众。这种理念下的民营化还会导致政府管制不到位，政府责任范围之内的控制力减弱，从而危及公共安全。尤其是一些城市公用行业（例如管道燃气行业）

的运营涉及安全问题，在民营经济进入后，追逐利润的民营经济，可能会忽视对安全的投入，这种情况下，如果政府管制不到位，就会直接危害公众的财产和生命安全。鉴于此，2005 年 10 月建设部发布了《关于加强市政公用事业监管的意见》的通知，各城市主管部门开始注重对城市公用事业领域的管制。进入该时期，城市公用事业民营化改革以完善法律法规为依托，重点放在推动城市公用事业管制体制建立与完善的制度设立方面。

第二节　城市公用事业民营化的现状分析

城市公用事业民营化有三种主要形式。其一，所有权改革。包括将国有城市公用企业资产整体出售给民营企业或被民间企业、外资兼并，以及允许民营企业（包括外资）进入城市公用事业。其二，经营权改革。即通过特许投标将国有资产承包或租赁给民营企业，实现国有民营。这一民营化形式的特点是不改变国有资产所有制，只改变其经营权。其三，融资改革。即由政府直接融资改为通过股票市场、债券市场等资本市场融资。下面将从这三方面对中国城市公用事业民营化现状进行分析。

一　城市公用事业所有权改革

城市公用事业所有权改革就是要设计符合经济规律的产权制度，有利于节约交易费用，有利于竞争，有利于资源配置效率的整体提高。政府按照民主和法治的程序制定基本政策，对产权的权利束进行合理组合，创新产权制度，在确保公平和公共利益的前提下，切实注重效率的提高；同时要改革所有制形式，吸收多元投资主体，创造城市公用事业领域的竞争性格局，利用私人部门管理和技术特长，确保高效率地提供优质产品和服务。也就是说，要调动政府和企业的双重积极性，既保障公平又获得效率。

（一）民营企业收购城市公用事业中的国有企业资产

对于城市公用事业中的竞争性领域，应该可以按照一般竞争性产业的国有企业的民营化改革一样，按照国有国营向民有民营的方式转变。民有民营就是使国有企业通过拍卖或由私营企业兼并、收购等方式改组成私营企业。也就是通过产权置换、转让等，将一部分国有资产出售，转变产权关系，出售所得上缴国库。积极鼓励城市公用事业中竞争性业务投资多元化，加速资产民营化进程。

在政府相关政策的支持下，城市公用事业首先进行主辅分离改革，精干壮大主业，放开搞活辅业，以提高国有企业核心竞争力。就国有大中型企业辅业改制分流的形式而言，可通过合资、合作、出售等方式，逐步实施产权主体多元化。而且，具备一定市场生存能力的改制企业，可直接改制为非国有法人控股的法人实体；暂时不具备条件的改制企业，可保持国有法人的控股地位，但必须产权明晰、独立核算、面向市场、自负盈亏。也就是说，待条件具备后，可以再改制为非国有法人控股的法人实体。

而对于一些国有资本增资能力不足或经营不善的城市公用企业，则鼓励民间企业或外资进行兼并。例如，2002 年上海浦东自来水公司 50% 国有股股权以高出底价 2.63 倍的价位溢价转让于法国威望迪集团，成为中国第一个集制水、输配、销售为一体的中外合资的自来水公司。2006 年 7 月，厦门市燃气总公司在厦门市产权交易中心发布招商公告，8 月，香港华润集团以人民币 6.5 亿元的报价中标，取得了新的合资公司 49% 的股权；同时成立厦门华润燃气有限公司特许经营厦门城市管道燃气建设和管理。

（二）民营企业直接进入城市公用事业

在中国城市公用事业中，竞争性业务领域应该可以向民营企业完全放开，允许民营企业独资进入经营。这里包括放松对国外企业和国内民营企业进入的限制。对于多数国外经营城市公用事业的企业，直接进入竞争性业务领域在经济实力上应该不存在障碍。而至于国内民营企业，正如第一章所分析的，经过 30 多年的改革开放，中国民营经济发展迅速，许多民营企业也已经有了相当的经济实力，涌现了一大批有实力的民营企业。不仅如此，民营企业还拥有较完善的激励机制，更适应市场运行的规则。因此，应该尽快向国内民营企业开放城市公用事业中的竞争性的行业或业务，允许民营企业以独资形式进入这些行业或业务进行经营。

尽管中国目前民营企业有能力进入城市公用事业，但完全以独资的方式进入城市公用事业的民营企业还比较少，这个问题主要出在人们对民营企业的认识上。根据传统观念，由于城市公用事业属于基础设施领域，通常认为，如果民营企业（包括国外企业和国内民营企业）独资进入城市公用事业，民营企业所提供产品的质量和安全可能难以得到应有的保障。但是，正如前面所强调的，民营企业以独资形式进入的是城市公用事业中具有竞争性的生产环节，这部分生产经营活动与一般竞争性产业一样，由于竞争的存在，对于经营企业而言，为能在产业中生存下来并获得相应的利润，必然存在内在的约束，确保所提供产品的质量和安全，并且通过竞争，还可进一步降低产品或服务的价格。事实证明，只要在政府管制政策的监督下，民营企业进入城市公用事业经营不仅不会对产品供给的质量和安全产生负面影响，而且应有利于城市公用事业经营绩效的提高。以合资经营方式进入城市公用事业的民营企业的经营绩效在一定程度上也证实这一点。

河北廊坊的民营企业新奥燃气公司进入城市燃气市场便是民营企业进入城市公用事业领域较成功的案例。2003 年 5 月，新奥集团旗下的新奥燃气控制有限公司，依靠专业优势和雄厚的资本作后盾，在中国中小城市燃气市场上一路抢得先机，在河南市场又与新乡市政府签订了 30 年的特许经营权协议，为民营资本进入燃气市场作了很好的示范。目前，新奥燃气在全国拥有 75 个城市管道燃气项目，超过 300 万居民用户及 8000 余家工商业用户，天然气最大日供气能力达 1500 万立方米，市场覆盖城区人口超过 4300 万。汽车加气业务发展迅速，已获得国家批准建设权的加气站 212 座，已建成并运营的汽车加气站 120 余座，在加气站市场开发利用、工程建设和运营服务等方面积累了丰富的经验①。

市场经济比较发达的广东省，公用事业领域已向民间投资开放。凡对外资开放的领域和国家未明确限制的投资领域，都要对民间投资开放，鼓励和引导民间投资参与能源、交通、供水、污水处理等公共事业建设。据资料反映，上海对公用事业投资的资金有 50% 来自民间。目前在深圳，除国家有关政策、法规限制开放的领域外，所有经营性领域的投资均已向社会资本开放。尤其是过去未"放开"的水务、公交、燃气等公用事业领域，如今各种资本都可参与投资运营。

国外水务公司进入中国实际上早在改革开放初期已经开始。现在，全球最大的三家水务公司，法国苏伊士里昂水务集团和威望迪集团、英国泰

---

① 转引自中国国际金融有限公司研究部《中国燃气行业投资策略报告》，2010 年 1 月 5 日。

晤士水务公司都进入了中国，介入的程度和区域都相当广泛。1999 年列入
全球 500 强第 70 位的苏伊士里昂水务集团已参与了中国 100 多家水厂的建
设。苏伊士里昂水务集团与香港新世界集团合资组建的中法水务投资有限
公司从 1992 年进入中国以来，已参与了沈阳、南昌、中山、重庆等地区的
水厂项目。

2002 年 9 月，由香港亚太环保有限公司独家投资的广州亚太生活垃圾
有限公司，与广州市市容环境卫生局签署了合作协议。根据该协议，香港
亚太环保有限公司 2004 年投资约 2.8 亿元，在广州建立起一座日综合处理
生活垃圾 1000 吨的垃圾厂。拉开了外资进军中国垃圾产业的序幕。

近十年来，城建领域实际利用外资已达 526 亿元，占全国同期利用外
资规模的 10.6%。利用外资的方式有国外政府和金融机构贷款、与国外企
业合资合作、外商直接投资等，具体涉及供水、燃气、地铁、道桥、污水
处理、垃圾处理等不同行业。表 2 - 1 是近年来燃气和供水（包括电力）外
商直接投资及其增长速度的基本情况。从表中可以看出，外商直接投资金
额基本呈现出上涨趋势。

表 2 - 1　　　电力、燃气及水的生产和供应业外商直接投资及其增长速度

年份	企业数（家）	实际使用金额（亿美元）	比上年增长（%）
2004	455	11.4	
2005	390	13.9	22.7
2006	375	12.8	- 8.1
2007	352	10.7	- 16.6
2008	320	17.0	58.1
2009	238	21.1	24.5

资料来源：中华人民共和国统计局网站（http://www.stats.gov.cn/tjgb/）。

另外，我们课题组对非国有资本进入城市水务、管道燃气和垃圾处理
等城市公用事业的时间进行调研。从获得的有效问卷来看，在 2003 年以
后，由于政府出台了一系列鼓励民间资本进入城市公用事业的政策，加快
了民间资本进入城市公用事业的步伐，如图 2 - 2 所示。但 2006 年以后民间
资本进入的速度有所放缓。原因在于，前期大量民间资本进入后，管制制

度建设尚未完全到位，从而导致了市场失灵。面对这种情况，政府在引入民间资本的节奏上有所调整，并开始注重管制制度建设，以避免由于民间资本进入城市公用事业带来的市场失灵。

单位(个)

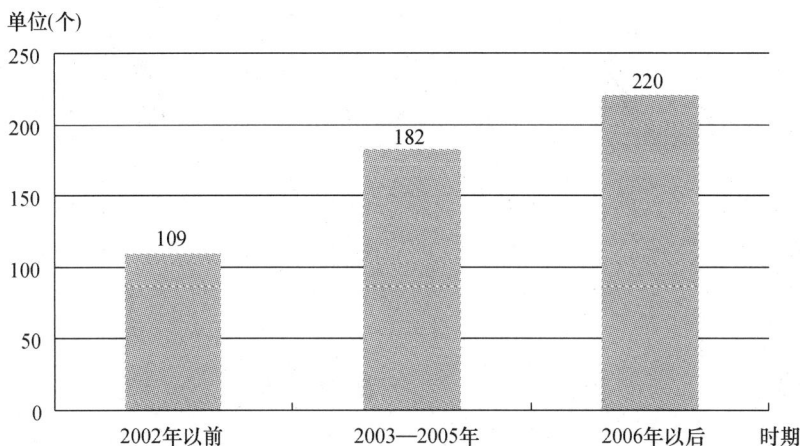

图2－2　不同时段非国有资本进入城市公用事业的数量

二　城市公用事业经营权改革

通过特许投标将国有资产承包或租赁给民营企业，实现国有民营。这一民营化形式的特点是不改变国有资产所有制，只改变其经营权。实施特许经营权制度应包括已经从事这些行业经营活动的企业和新设立企业、在建项目和新建项目。通过特定的程序，由政府特别授权许可符合条件的企业在一定时间和范围内经营某项城市公用事业，并由城市公用事业主管部门代表政府与被授予特许经营权的企业签订特许经营协议，明确各自的权利、责任和义务。城市公用事业特许经营应优先保证社会公共利益不受损害，特许经营者确保提供持续、安全、优质、高效、价格合理的服务，通过合法经营取得合理回报并承担相应的经营风险和法律责任。凡投资建设特许经营范围内的城市公用项目，项目建设单位须首先获得特许经营权，按规定签订协议后方可实施建设。由于特许经营权制度采取了竞争性招投标的方式引进了效率较高的私营部门参与，因而能够降低成本、提高效率。

这种运营模式对城市自来水供应、污水处理、公共交通、收集和处理垃圾等都具有适用性。目前，城市公用事业经营权改革在不同地区间其进程还存在差异，但多数地区民营经济参与 BOT 模式的条件基本成熟，而在特许经营模式选择上不同城市应本着因地制宜的基本原则。

（一）经营权改革的地区差异性

由于城市公用事业经营权改革存在区域性差异，以下根据我们 2009 年的调研，选择几个代表性的省市以反映中国目前城市公用事业经营权改革现状。

从东部较发达的江苏省的情况看，2009 年 6 月底，省辖城市的 5 大公用事业改革进展情况是：14 个供水企业中有 8 个企业实行了股权出让、中外合资、股份制等市场化改革，占 57.2%，通过改革方式实现融资 14.3 亿元。24 个供气企业中有 20 个企业实行了股权出让、中外合资、股份制等市场化改革，占 83%。通过改革方式实现融资 17 亿元。6 个供热企业中有 2 个实行了股权出让、中外合资、股份制等市场化改革，占 33%。通过改革融资近 1 亿元。在污水处理行业，23 个污水处理单位中有 12 个单位实行了事改企、股权出让、BOT、TOT 等市场化改革，占 52%，公共改革方式实现融资 18 亿元。14 个垃圾处理单位中有 7 个单位实现了事改企、股权出让、BOT、TOT 等市场化改革，占 50%。通过改革方式实现融资 16 亿元。南京市在城市公用事业中具有经营特性的行业（包括公交、燃气和自来水等）等方面进行全面开放，通过 BOT 和 TOT 等模式进行运作。

在中部的湖南省，国有天然气企业是较早实行市场化运作的市政公用行业之一，尤其是在天然气项目建设运作中，市场运作程度较高，管道天然气已全面实行特许经营。2004 年 10 月，长沙市将当时仅有的 2 个污水处理厂 20 年特许经营权，以 2.67 亿元的价格转让给了四川、安徽两家民营企业。这是长沙打破垄断，引入社会资本，加快发展公用事业的又一成功之举。目前，在供水、排水、供气、公交 4 个公用事业领域，长沙通过建立"市政公用行业特许经营制"，在保证广大市民利益的前提下，已全部对社会资本开放[①]。与新奥燃气控股有限公司合资，分别组建成立了长沙、湘

---

① 天则公用事业研究中心：《长沙公用事业成功"变脸"：供水排水供气公交经营全部放开》，湖南在线，2004 年 10 月 23 日。

潭、株洲新奥燃气有限公司，取得三市的天然气特许经营权。截至 2009 年
6 月，14 个市州管道燃气、公共交通项目已基本实行特许经营，污水和垃
圾处理项目分别有 34%、22% 实行特许经营，全省城镇污水三年行动计划
119 个项目中 63% 以上采用 BOT、TOT 方式转让经营权。

　　而在安徽省，城市公用事业民营化改革在 2000 年先后起步，至 2005 年
基本结束。安徽省的基本特点是，由于各地市之间、各行业之间的现状、
水平不一，改革进程出现了分化。例如，合肥市供水、燃气、供热和公交
四大集团，始终坚持国有独资或控股为主，走按照市场化运作模式做大做
强的国企改革路子。根据有关数据统计，2009 年，安徽省城市公用事业中
已经签订特许经营协议的企业仅占已改企业总数的 33.7%。而且各行业间
也差别较大，污水处理行业最高，签订特许经营协议的企业占行业已改企
业总数的 58.7%；供热行业最低，仅占行业已改企业总数的 14.3%。尽管
供气行业改革程度最高（已改企业占行业企业总数的 65.8%），但已签订特
许经营协议的企业只占行业改革企业总数的 26.6%，不到 1/3①。

　　（二）民营经济参与 BOT 模式的条件已成熟

　　从国内民营经济为 BOT 项目融资的现状可以看出，目前中国吸引国内
的民营经济参与 BOT 模式的推广已经具有较成熟的条件：

　　（1）民营企业是良好的市场主体。民营企业是独立的法人，有明晰的
产权，符合"自主经营、自负盈亏"的原则。由于它有良好的激励机制和
约束机制，所以在市场经济条件下它能自觉地按照市场信号开展业务活动。
在对待风险的问题上，它能客观地分析、理性地决策。

　　（2）现阶段中国的民营经济成分已经初具规模，具有一定承担 BOT 项
目的能力。从资金实力来看（第一章已作分析），让中国的私营经济在 BOT
上施展才能在现阶段是完全有可能的。BOT 方式应由过去吸引外资为主向
吸引本国民间资本转变。

　　（3）与外资相比，本国民间资本投入，既不存在外汇支付问题，也不
涉及对国家主权的影响。并且，国内民营企业在国内的经营经验和对国内
情况的充分了解，较容易与政府沟通，对一些具体问题能较快地与政府达

---

① 贾海峰、张文文：《供气供水供暖和垃圾处理四大行业将引入民资》，《21 世纪经济报道》，
2009 年 9 月 1 日。

成共识。

（4）BOT 本是国外已经发展成熟了的模式，而且中国已经进行过尝试并取得了经验，中国完全有能力依靠自己的力量推广 BOT 模式。

（三）不同城市应选择不同的特许经营模式

总结各城市公用事业发展模式的经验有三点：

其一，对不同的城市区域选择不同的投资模式。比如在城市的新城区和开发区建设公用事业项目，由于基础设施需新建，新开工的工程量多和投资规模庞大，就宜用 BOT 模式；而老城区基础设施只是部分保留或改造，新老管网系统更替复杂，利益相关方协调难度大，就宜用 TOT 模式。

其二，对不同层级的城市运用不同的投资模式。比如在大城市，由于投资理念和投资环境的优势，运用 BOT 模式往往能奏效，而在小县城，由于项目建设量小和现代投资条件的欠缺，就应运用 TOT 模式甚至直接由政府主持项目建设，这一点对目前全国正在进行的县城污水处理项目开工建设尤其具有现实意义。

其三，对发达程度不同的城市运用不同的投资模式。比如在东部沿海城市运用 BOT 模式较有可行性，这是由于在这些城市开工建设，投资商有利可图，而在中西部城市运用 TOT 模式较有可行性，这是由于在这些城市尤其是西部城市开工建设新项目不但周期长，而且风险较大，如果选择直接把项目交给投资商去运营，经若干年后再收回，对投资商和政府而言都会产生双赢的回报。

三 城市公用事业融资改革

中国城市公用事业民营化很重要的内容是把由政府财政性投入改为通过市场融资。由于城市公用事业投资回报的稳定和安全，通过资本市场（股票和债券市场等）有较为明显的优势。

（一）通过股票上市融资

目前，中国城市公用事业的改革大多数仍在保留国有独资的资产关系前提下，通过两权分离实行的民营化，这只是一种浅层次的制度边际调整，企业的经营活动不时地要受到来自政府方面的行政约束，而政府又作为有多元目标的利益集团，它的决策不可避免地要使企业经营活动偏离市场运营轨道。而公司股份制的出现，改变了国有独资的企业组织形式，通过吸纳非国有股东，引进民间非政府力量来制衡国有股东的权力以牵制国有独资的管理行为。因此，在城市公用事业中，必须积极按国际惯例试行股份制，进行市场化经营和股票市场融资。应当充分估计股份制改造在促进民营经济进入城市公用事业中的重要作用，并采取切实的改革措施和步骤，通过股份制改革，尽快打破城市公用事业国家控制、产业垄断、效率低下的局面。

股份制是民营经济进入城市公用事业的基本形式，应在中国经济转轨的关键时期，加快城市公用事业的股份制改革。这有利于引进民营化经营模式，增强企业的市场竞争能力，以达到实现两权分离、政企分开以及解决投资不足和提高运营效率的目的。城市公用事业的股份制改革应分类进行，根据条件成熟程度，采取多种形式，逐步地、广泛地进行股份制改造，对于能够改造为规范的股份公司的，应争取在股票市场上市，筹集资金，增加资本金的配套能力。

目前，中国已经有一些城市公用事业的经营企业在沪、深两地上市。1996 年上海凌桥自来水公司公开向社会发行股票，筹集资金 2 亿多元，开辟了中国自来水产业股份制运营的先例。由于中国城市公用事业建设资金短缺，更多的企业通过上市从股票市场筹措资金应是必然趋势。这是因为，与其他板块上市公司相比，城市公用事业上市公司具有明显的产业优势。较为严重的城市公用事业产品和服务的供求矛盾，使城市公用事业具有长期发展的潜力，国家产业政策支持，使其具备了政策面的宏观背景，对城市公用事业产品和服务价格形成机制的适度调整，促使市政企业的经营业绩有更好的上升空间。总体看，城市公用事业上市公司的经营业绩表现良好，效益大多稳定。

总之，这些年来城市公用事业中各行业均有多家上市公司直接从资本市场上募集资金，实现了投资主体多元化，并获得了高速发展。根据上市公司年报统计，从事基础设施建设的上市公司（不含能源电力）平均每股收益 0.37 元，平均净资产收益率 13.8%，分别比沪、深两市平均水平高出87% 和 73%。因此，近年来国内外城市公用事业的改革实践证明，城市公用事业在长期内具有稳定的投资价值和收益。放宽城市公用事业运用资本市场的条件，不仅有利于形成民营经济进入城市公用事业的途径，而且有利于促进中国资本市场的完善和稳定。因此，以发展的眼光来看，国家在股票发行额度分配上应向以城市公用事业为主的基础项目倾斜，支持更多的项目上市。并且，对股票发行的方式和时机要审慎研究。因为股票发行方式和时机直接关系到股票发行的成功与否，因而直接关系到改革的进程。

由于股票市场对于迅速筹集资金、改善企业经营机制有重大的推动作用，为此，必须对城市公用事业中的企业按现代企业制度要求运作，条件成熟时进行股份制改造，让更多的企业通过股票市场融资，以建立国有经济的退出机制。

截至2010年11月，中国已有30家市政公用行业上市公司，涉及水务、城市公交、热力供应热电、燃气领域，其中，18家公司在20世纪90年代已上市。如表2-2所示，包括股票上市在内的扩股融资，国内资本市场越来越多地成为城市公用事业的融资手段。显然，这些上市公司通过股票发行筹集到了大量社会资金，从而增强了自身的发展后劲，为其扩大经营范围和规模提供了条件，也为中国城市公用事业通过企业上市进行民营化改革提供了很好的经验。

表2-2   **市政公用行业上市公司融资情况表**

上市公司名称及公司代码	上市情况		再融资情况	
	时间	融资金额（亿元）	时间	融资金额（亿元）
原水股份（600649）	1993年	0.7	1998年、2008年，共2次	112.1
大众公用（600635）	1993年	0.2	1993年、1994年、1995年、1997年、1998年、2002年，共6次	47.9
城投控股（600649）	1993年	0.7	1998年、2008年，共2次	112.1
申通地铁（600834）	1994年	3.6	1997年	5.0
岁宝热电（600864）	1994年	0.8	2000年	1.8
创业环保（600874）	1995年	1.6	2005年、2006年、2007年，共7次	4.4
巴士股份（600741）	1996年	1.2	1998年、2000年、2009年，共3次	89.5
大连热电（600719）	1996年	1.2	1999年	2.1
兴蓉投资（000598）	1996年	1.5	1997年、1999年、2001年、2010年，共4次	35.6

上市公司名称及 公司代码	上市情况		再融资情况	
	时间	融资金额 （亿元）	时间	融资金额 （亿元）
大通燃气（000593）	1996 年	0.1	1998 年	6.8
惠天热电（000692）	1997 年	1.3	1998 年、2001 年，共 2 次	13.4
燃气股份（000793）	1997 年	2.8	2000 年、2003 年，共 2 次	13.8
锦龙股份（000712）	1997 年	1.2	没有再融资	0
国中水务（600187）	1998 年	2.2	2000 年	4.1
武汉控股（600168）	1998 年	5.7	2000 年	3.9
东方热电（000958）	1999 年	2.4	2002 年	5.9
沈阳新开（600167）	1999 年	3.6	没有再融资	0
南海发展（600323）	2000 年	4.2	2008 年	6.4
首创股份（600008）	2000 年	26.7	没有再融资	0
钱江水利（600283）	2000 年	4.9	没有再融资	0
长春燃气（600333）	2000 年	3.4	没有再融资	0
北京巴士（600386）	2001 年	7.7	没有再融资	0
金山股份（600396）	2001 年	2.6	2006 年	3.1
天富热电（600509）	2002 年	4.0	2007 年	25.3
京能热电（600578）	2002 年	4.8	没有再融资	0
洪城水业（600461）	2004 年	2.6	没有再融资	0
陕天然气（002267）	2008 年	10.1	没有再融资	0
深圳燃气（601139）	2009 年	8.7	没有再融资	0
重庆水务（601158）	2010 年	34	没有再融资	0

资料来源：据上市公司年报整理得到。

当然，与一般竞争性产业不同的是，由于城市公用事业属于关系到国计民生的基础性产业，政府对其应有一定的控制，而控制程度取决于不同领域中产业的业务的竞争程度。像管道燃气和自来水产业等自然垄断产业，其网络的运营具有典型的自然垄断特点，国家应重点控制；而对于其他竞争性业务，政府应尽量减少控制，或完全退出。

（二）通过发行企业债券融资

在中国的资本市场中，企业债券市场和产业投资基金的发展相对滞后。从企业债券市场来看，中国从 1984 年开始出现企业债券的萌芽，一些企业自发地向社会或企业内部发行不同形式的有价证券进行集资活动。1987 年 3 月，国务院开始对企业债券进行统一管理，颁布实施了《企业债券管理暂行条例》；1993 年 3 月，国家修订颁布了《企业债券管理条例》，中国企业债券发行基本走上正轨。截至 2011 年 8 月，企业债券的余额达到 16074. 98 亿元①。图 2 – 3 中 1999—2009 年企业债券发行量反映了这些年债券市场的快速发展趋势。

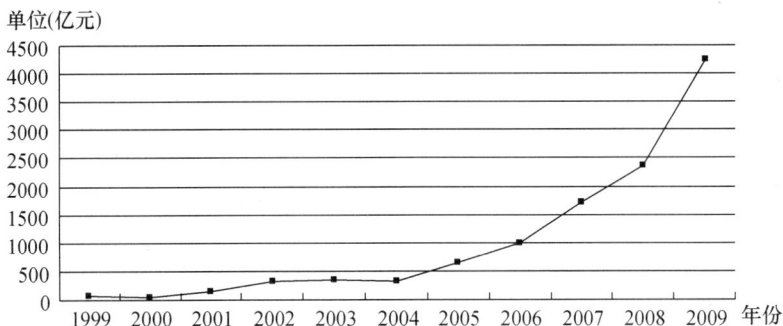

图 2 – 3　1999—2009 年企业债券发行量

资料来源：江苏鸿林投资管理公司：《中国企业债券发行情况分析报告》（2009）。

中国城市公用事业发展资金需求巨大，不充分利用各种融资渠道不足以弥补资金缺口，债券市场应是城市公用事业融资的重要渠道。利用债券进行筹资是当前金融市场融资的主要渠道和常用做法。企业债券是以企业为发行主体的有固定收益的债券。

从企业的融资效率来看，目前正在逐步加大城市公用事业的企业债券融资比例。在统一规则下，公共工程建设单位可以直接向社会公众发行长期、中期、短期债券的专项建设债券，用于加强城市公用企业等自然垄断

---

① 中国债券信息网（http: //www. chinabond. com. cn/jsp/include/EJB/document. jsp? sLmId = 137&sId = 0300&sBbly = 201108&sMimeType = 4）。

产业的建设。政府对关系国计民生的一些大工程应给予必要的担保，利用
政府的信誉，公共工程建设就可以筹集到足够的资金。表 2 - 3 是 2009 年企
业债券发行人产业特征。其中，在 168 只企业债券中，中央企业 25 只，地
方企业 143 只。在地方企业债券中，属于城投类的企业共有 114 个，融资金
额为 1819.3 亿元，占全部地方企业债券融资金额的 81.83%；非城投类企
业仅有 29 家，融资金额为 404.03 亿元，占全部地方企业债券融资金额
的 18.17%。

表 2 - 3   **2009 年企业债券发行人产业特征**

类型		家数（个）	所占比重（%）	发行金额（亿元）	所占比重（%）
中央企业		25	14.88	2029.00	47.72
地方企业	小计	143	85.12	2223.33	52.28
	城投类	114	79.72	1819.30	81.83
	非城投类	29	20.28	404.03	18.17

资料来源：江苏鸿林投资管理公司：《中国企业债券发行情况分析报告》（2009）。

从企业债券募集资金投向来看，分布最多的行业是包括城市公用事业
的基础设施，共有 117 家，发行金额为 2685.3 亿元，占总发行金额的
63.15%。其次是电力，包括火电、水电，共有 16 家，发行金额为 855.88
亿元，占总发行金额的 20.13%。其他行业还包括金属冶炼、煤炭、航空、
电子信息、房地产、化工、农业、汽车、医药、商业、工程承包、创投等。
如表 2 - 4 所示。

表 2 - 4   **2009 年企业债券募集资金项目行业分布统计表**

项目类型	家数（个）	所占比重（%）	发行金额（亿元）	所占比重（%）
基础设施	117	70.05	2685.30	63.15
电力	16	9.58	855.88	20.13
金属冶炼	5	2.99	185.00	4.35
煤炭	8	4.79	113.00	2.66
航空	2	1.19	113.00	2.66
电子信息	3	1.79	76.00	1.79
房地产	4	2.39	72.00	1.69

续表

项目类型	家数（个）	所占比重（%）	发行金额（亿元）	所占比重（%）
化工	4	2.39	62.00	1.46
农业	2	1.19	32.00	0.75
汽车	2	1.19	20.00	0.47
医药	1	0.59	10.00	0.24
商业	1	0.59	10.00	0.24
工程承包	1	0.59	8.00	0.19
创投	1	0.59	5.00	0.12

资料来源：江苏鸿林投资管理公司：《中国企业债券发行情况分析报告》（2009）。

中国企业债券近期和未来的发展方向是国家将加大企业债券在资本市场的地位，从一个完整的资本市场来看，这个市场应由国债、企业债、股票和基金4个部分组成，它们相互联系，相互制约，缺一不可，而且从世界范围来看，企业债券在市场的份额越来越大。

总之，随着 GDP 的不断增长，中国社会的总财富更多地以存款形式向金融机构集中。2010 年，各项存款余额达到 718238 亿元①。这是一个巨大的潜在资本来源，完全可以通过资本市场，通过直接向居民发行股票、企业债券等，把一部分剩余资金直接导入生产领域。

需要注意的是，由于中国经济现存的东部、中部、西部三大区域经济具有不平衡的特征，中国城市公用事业民营化因所处地域不同而有不同的发展态势。这是因为，从需求层面看，东部地区已经处在一个较高的经济发展水平，民营经济的力量雄厚。另外，一些新技术也一般是率先在东部地区应用，并且东部地区的城市化水平远比中西部要高，其公用事业的市场规模要比其他地区大得多，更容易满足公用事业民营化的规模经济要求。东部由于是最早实行市场经济的地区，人们更容易从传统的公共物品政府提供观念转变到由市场提供的观念上来；东部的人均生活水平也是最高的，对公用事业民营化后可能引起的价格上调也具有更强的经济承受能力。鉴于此，东部民营化改革的社会阻力会更小。从供给层面来看，东部地区政府的市场观念也较强，对公用事业民营化所需的政府管制能力、法规建设

---

① 《中国统计年鉴》（2011），中国统计出版社 2011 年版。

能力、制度设计能力都已经积累了一定的经验，因此，向国有民营过渡所需的时间更短。这些决定制度创新的供给与需求因素的强度几乎都呈现出从东到西这样逐渐减弱的趋势，这就必然决定了中国城市公用事业民营化是一个从东部到西部的渐进过程，各地的民营化具有不平衡发展的特征①。

（三）"十一五"期间城市公用事业设施建设投资中所有者情况

课题组专门针对"十一五"期间城市公用事业设施建设投资中所有者情况进行了统计。表2-5至表2-8为"十一五"期间设施建设投资中不同所有者情况。可以看出，国有资本在"十一五"期间设施建设投资中所占比例最大。民营资本和外资比例相对较小。鉴于此，在引入非国有资本进入城市公用事业方面，政府应该在政策和具体措施方面给予更多的支持。

表2-5　　　　"十一五"期间设施建设投资中不同所有者情况

资本比例	国有资本	民营资本	外资
0—10%	7	10	6
11%—25%	5	5	1
26%—50%	15	8	5
51%—70%	16	4	2
71%—100%	128	16	7
合计	171	43	21

表2-6　　　　"十一五"期间设施建设投资中国有资本比例情况

资本比例	样本量（家）	百分比（%）	累积百分比（%）
0—10%	7	4.1	4.1
11%—25%	5	2.9	7.0
26%—50%	15	8.8	15.7
51%—70%	16	9.4	25.2
71%—100%	128	74.9	100.1
合计	171	100.1	

注：表中百分比数据中保留小数点后一位数并四舍五入，故百分比合计存在较小的误差。表2-7和表2-8中数据均按此方法处理。

---

① 王自力：《对公用事业民营化趋势的制度供求分析》，《财贸经济》2004年第10期。

表2-7 "十一五"期间设施建设投资中民营资本比例情况

资本比例	样本量（家）	百分比（%）	累积百分比（%）
0—10%	10	23.3	23.3
11%—25%	5	11.6	34.9
26%—50%	8	18.6	53.5
51%—70%	4	9.3	62.8
71%—100%	16	37.2	100.0
合计	43	100.0	

表2-8 "十一五"期间设施建设投资中外资比例情况

资本比例	样本量（家）	百分比（%）	累积百分比（%）
0—10%	6	28.6	28.6
11%—25%	1	4.8	33.4
26%—50%	5	23.8	57.2
51%—70%	2	9.5	66.7
71%—100%	7	33.3	100.0
合计	21	100.0	

从以上的中国城市公用事业引入民营经济的成果看，城市公用事业正在逐渐有规律地走向开放。有了这样一个基础，在一定政策和具体措施支持下，相信城市公用事业民营化改革将会不断地深入下去。

第三节　城市公用事业民营化的成效和问题

城市公用事业民营化有力地推进了城市公用事业的发展，也有利于政府从具体的生产经营活动中解脱出来。不仅如此，在城市公用事业进行民营化改革的过程中，由于产权界定和竞争引入，在一定程度上提高了整个行业的发展水平。实践证明，中国城市公用事业在进行民营化改革过程中，确实取得了明显成效，而与此同时，改革过程中也暴露出不少有待解决的问题。

一　城市公用事业民营化的主要成效

（一）民营化使财政补贴大幅度削减，财政压力得到有效缓解

经过城市公用事业民营化改革，由于企业的盈利动机和效率动机不断增强，特别是城市公用事业规模效益递增性，引导企业扩大规模，从而使企业生产和经营边际成本降低，收益率提高。因此，企业投资动机增强，促进了公用事业的发展，同时也减少了政府财政补贴。例如，自 20 世纪 80 年代以来，北京市政府每年都要为自然垄断性公用事业提供大量的亏损补贴，而且，呈现出城市公用事业规模越大，补贴越大的趋势。1998 年北京市管道煤气补贴 1 亿多元，管道天然气补贴 3600 万元，液化石油气补贴近 1.2 亿元，自来水补贴 1 亿多元。大量的财政补贴给北京市政府的财政造成巨大压力。1999 年改制以后，随着三大集团的成立，北京市政府为自然垄断性公用事业的补贴开始大量削减。2001 年和 2002 年北京市政府为供热和供气系统补贴 2 亿多元，但这 2 亿多元的补贴是由于强制实行各种环保指标造成的，而不是由于单纯生产和经营管理造成的[①]。又如，根据调研，青岛、沈阳、鞍山等市对排水、道路保洁、绿化等服务实行竞争招标后，在服务质量不降低的前提下，节省资金达到 20%—50%。南京、青岛、贵阳等市在公交行业实行民营化改革后，在竞争的压力下，人车比由原来的 16 : 1 左右达到 4 : 1 左右，车况改善、服务质量明显提高，公交行业由亏损转为盈利，同时则可减少政府的财政补贴。

根据课题组调研数据，目前仅有很少的城市公用企业享受政府财政补贴。例如，城市管道燃气行业中，仅 4.3% 企业享受政府财政补贴。城市公用企业的融资基本摆脱了对财政的依赖，政府财政压力得到有效缓解。通过表 2-9 中所反映的城市管道燃气和垃圾处理企业融资渠道可看出，由于改革进程的差异，城市管道燃气企业融资主要依靠自有资金和商业贷款，财政拨款比例仅占很小的比例（3.8%）。而尽管垃圾处理企业资金来源有 52.4% 的比例仍靠财政拨款，但从融资结构看，已有较大比例通过自有资金以及商业贷款进行融资。

---

① 杨冠琼：《北京市自然垄断性公用事业政府管制改革的社会经济绩效分析》，《经济管理》2004 年第 3 期。

表 2 - 9   城市公用企业的融资渠道

单位:%

融资类型 ＼ 企业类型	城市管道燃气企业	垃圾处理企业
自有资金	66.9	22.0
财政拨款	3.8	52.4
商业贷款	20.6	16.4
政策贷款	2.4	6.9
企业债券	1.1	0.3
信托资金	0.1	——
上市	3.3	0.3
其他	1.8	1.8
总计	100	100.1

注:表中百分比数据中保留小数点后一位数并四舍五入,故百分比总计存在较小误差。

（二）民营化有助于满足城市化过程中公众对公用产品的需求

城市公用事业市场化开创了市政公用服务供给的新模式。从实践绩效来看,城市公用事业改革也取得了巨大的成就。1978 年之后,随着改革的逐步推进,城市公用事业取得了较快的发展。尤其是在第二阶段的民营化改革之后,各项指标突飞猛进,表明中国城市公用事业的规模、数量和水平得到大幅度提高,供给能力明显增强。

近几年,中国城市化进程在不断加速,公众对城市公用事业提供的产品和服务的需求随之增加（第一章已作分析）,这迫使必须加大城市公用事业的投资力度。以北京市为例,1999 年以来,北京市自然垄断性公用事业的固定资产名义投资增长迅速,年投资额由 1995 年的 55.92 亿元,增长到1999 年的 119.24 亿元,增加了一倍多,占当年北京市国民生产总值的5.48%,占当年固定资产投资总额的 19.22%,远远超过了联合国有关组织建议的,发展中国家的城市基础设施投资比例应在同期国内生产总值 3%—5%的水平上,或为固定资产投资的 10%—15%的水平。在投资规模有了巨大增长的情况下,2000 年的投资虽然有所降低,但 2001 年以后仍保持在 80亿元以上,投资额占当年固定资产投资总额的 13%以上,平均占当年北京

市国民生产总值的 3% 以上①。随着城市公用事业投入的增加，城市自来水
管网、燃气管网等几乎覆盖了所有的大中型城市。又如，在东北三省，
2006—2008 年，东北三省城市公用事业的一些基础指标水平长足进步。
2006 年辽宁省城市用水普及率为 92.14%，2007 年达到 96.94%，2008 年为
96.89%。吉林省公用事业一些基础指标的绝对水平虽然低于辽宁省，但是
增长速度在东北三省中是最快的。2006 年吉林省城市用水普及率为 80.53%，
2008 年则达到 88.63%；2006 年吉林省城市燃气普及率为 75.03%，2007 年
达到 82.88%，2008 年继续增长到 84.82%。黑龙江省城市用水普及率和城
市燃气普及率水平在东北三省中是最低的，不过这几年增长也很快。同
2006 年相比，城市用水普及率和城市燃气普及率分别增长了 5.04% 和
8.73%，增长速度分为 6% 和 12.3%②。从全国总体情况看（见表 2 – 10），
不论是供给总量水平，还是普及率，这 20 年都有很大提高。而这么高的城
市自来水管网、燃气管网的建设投资基本是由社会各种资金自行解决。

表 2 – 10   城市公用事业供给能力的变化

	1990 年	2000 年	2010 年
全年供水总量（亿立方米）	382.3	469.0	507.9
城市排水管道长度（万公里）	5.8	14.2	37.0
用水普及率（%）	48.0	63.9	96.7
供气管道长度（万公里）	2.4	8.9	30.9
燃气普及率（%）	19.1	45.4	92.0
生活垃圾清运量（万吨）	6767	11819	15805

资料来源：1991 年、2001 年和 2011 年《中国统计年鉴》。

可以说，如果没有民营化，即没有所有权改革，没有经营权改革，没
有融资改革，解决中国绝大多数城市公用事业基础设施的投资问题是难以
想象的。许多城市的水务、燃气进行了民营化改革后，做强做大了水务集

---

① 杨冠琼：《北京市自然垄断性公用事业政府管制改革的社会经济绩效分析》，《经济管理》2004
年第 3 期。

② 吴妍：《东北城市公用事业发展现状分析》，《经营管理者》2011 年第 1 期。

团、燃气公司，竞争能力进一步加强，同时强大的物力、财力又支持了城市的发展，城市发展到哪里，水、气就保障到哪里，水、气保障供应能力和服务水平都大大增强了，企业的社会效益、经济效益提高了。

（三）民营化促进了城市公用事业的政企分离

政资不分是政企不分的基础。为彻底转变政府职能和企业经营机制，应改变政府对企业的出资者地位，特别是改变政府对企业的大股东地位。只有切断政府与企业资本方面的联系，才能真正减少政府对企业的干预，企业也才能够真正成为自主经营、自负盈亏、自我约束、自我发展的商品生产者和市场竞争的主体。

通过前面对中国城市公用事业民营化现状的分析，我们意识到，从城市公用企业所有权和经营权主体的构成来看，民营经济已经渗透到各个领域。可见，城市公用事业民营化，本质上也是让经济活动主体逐步摆脱政府对其直接控制的过程。民营化有效地促进了城市公用事业的政企分离。

根据课题组调研，城市公用事业在对国有企业进行改革以及引入非国有资本进入的过程中，政府已经逐步摆脱了与企业之间直接的控制与被控制的关系，多数企业已成为市场中独立生产经营的主体，如表 2 - 11 所示。

表 2 -11　　　　　　　　城市公用企业类型占比

单位:%

行业类型 ＼ 企业类型	水务行业	管道燃气行业	垃圾处理行业
事业单位	11.0	2.0	42.7
国有及国有控股企业	54.9	27.0	32.6
民营企业	19.4	41.0	13.7
外资企业	4.1	12.0	3.3
港澳台资企业	2.8	9.0	2.0
其他	8.0	9.0	5.9
合计	100.2	100.0	100.2

注：表中数据中保留小数点后一位数并四舍五入，故百分比总计存在较小误差。

诚然，城市公用行业的政企分离对于改变政府管理经济的方式也有促进作用。在计划体制下，政府对企业的干预表现在决策、收益分配等一系列环节，严重干预了企业的独立运营。政企分离的城市公用事业可使政府逐步淡化对企业具体运作的干涉，专注于宏观经济层面的管理。另外，民营经济进入城市公用事业后，迫使政府尽快学会和习惯用法律和经济手段规范企业行为，从而加快了城市公用事业的管制体制改革的进程。

（四）民营化打破了城市公用行业的垄断格局，促进了竞争

从中国城市公用事业民营化现状可以看出，在不同的城市公用行业，均以不同的民营化方式引入了民营资本。民营资本进入城市公用事业领域的重要目的之一就是打破行业垄断，引入市场竞争机制。经过这些年的民营化，鉴于各城市公用行业技术经济特征的差异，各城市公用行业进入民营资本的程度有所不同，其结果，不同城市公用行业竞争格局存在区别。我们可以从表2－11中看出，在城市公用事业中，尽管不同行业非国有资本进入的程度不同（例如，民营化程度较高的城市管道燃气行业，而城市垃圾处理和水务行业民营化程度较低），但从目前情况看，在市场中生产经营的企业已经由不同经济成分企业构成，基本改变了国有企业在市场中的垄断地位，不同企业间是竞争关系。也就是说，在非国有资本进入城市管道燃气行业的过程中，已经带来了城市管道燃气市场结构的调整，竞争格局基本形成。

对于民营资本进入较充分的城市公用行业，在位公用企业的竞争压力来自市场的直接竞争者。而民营资本进入较少的城市公用行业，尽管在位公用企业没有面对来自市场的直接竞争，但由于市场的开放性，在位公用企业的竞争压力将来自市场外的潜在竞争者。

综上所述，正是由于城市公用事业向民间资本开放，全面促进了该领域的竞争。

（五）民营化提高了城市公用企业的生产效率

理论与实践证明，比较而言，民营企业生产效率要高于国有企业生产效率。例如，根据课题组调研，在城市管道燃气行业中，国有企业劳动生产率水平是40.8万立方米/人，非国有企业是50.8万立方米/人。另外，通过对城市公用事业的民营化改革，引入市场竞争机制，对提高公用企业的经营效率起着决定性的作用。例如，曾经一年亏损8亿元的上海自来水行业，原计划到2001年年底消灭"赤字"，扭亏目标不仅提前实现，而且

2001年1—4月全行业还盈利上千万元；长期以来靠政府补贴吃饭的燃气行业，也在裂变重组近一年后的今天，摘去了亏损4亿元的帽子。两大行业的巨变，折射出上海公用事业体制改革初显成效①。

而城市公用事业民营化过程中，基于公用企业效率的提高，民营化也未必意味着涨价成为必然。例如，从新奥燃气的经营业绩来看，近两年新奥所投资近30个城市的燃气市场中，除了安徽蚌埠因一些特殊原因由政府给予一定的补贴外，其余全都是自主经营，价格均没有高过当地前期水平。事实上，由于公用市政行业原来的体制机构臃肿，粗放经营，它的成本费用未必低。为新奥燃气作旁证的是廊坊市民。由于新奥燃气的服务质量好，有问题打完电话几分钟就到，服务态度好，尽管2010年下半年单价上涨0.30元，公众没有怨言。

从中国城市公用事业这些年的民营化改革来看，公用企业总体上呈现出生产效率提高的趋势。例如，传统体制下，在城市燃气价格没有完全理顺的情况下，生产经营企业基本上是微利或亏损经营，在政府财政的支持下，国有独立核算工业企业均处于亏损状态。进入21世纪，随着民营化进程的加快，私营工业企业与国有及国有控股工业企业均有较高的利润水平。从表2－12中可以看出，2005—2009年，不论是私营工业企业还是国有及国有控股工业企业均处于获利状态，且利润水平不断增长。

表2－12　　　　　　　　　燃气生产和供应业主要经济效益指标

年份	工业成本费用利润率（%）		利润总额（亿元）	
	私营工业企业	国有及国有控股工业企业	私营工业企业	国有及国有控股工业企业
2005	3.10	1.46	0.46	6.06
2006	2.52	1.19	0.58	6.37
2007	6.82	4.36	2.81	25.34
2008	9.11	4.30	6.10	34.32
2009	12.03	6.41	11.75	53.88

资料来源：2005—2009年《中国统计年鉴》。

---

① 郑红：《打破体制垄断　上海公用事业引来"活水"》，《解放日报》2001年6月3日。

鉴于在本书第六章、第七章和第八章将分别评价城市自来水行业、管道燃气行业和垃圾处理行业的民营化绩效，本章就不针对具体的城市公用事业民营化改革成效进行分析。

总之，借助于不断引入民营经济，近年来的中国城市公用事业正在逐渐有规律地走向开放，并取得了较好的成效。在政府相应政策的支持下，未来中国城市公用事业民营化改革将不断深化。

二　城市公用事业民营化过程中存在的问题

虽然中国城市公用事业民营化改革取得了一定的成效，然而，由于这种改革仍在摸索中进行，不可避免地存在一些问题。

（一）政府管制体制改革的滞后

1. 尚缺乏较为完善的法规政策体系

城市公用事业民营化改革需要法规体系作为管制的依据，但中国目前尚缺乏相应的法规来确保管制机构履行其对企业的管制。其一，作为中国城市公用事业主管部门的建设部已颁布了一些法规，各城市政府也相继出台了一些行业管理办法。但这些法规由行业主管部门起草，缺少权威性和系统性，且适用面窄、权限边界不清等。此外，已颁布的一些法规中缺乏明确、统一、具有权威性的专门执法机构进行统一执法，而是交给现有的行政管理部门执法，但这些部门之间又存在着职能交叉现象，必然引起管理部门职责不清，执法严度不一，相互推诿和有法不依的问题。其二，尽管国家鼓励城市公用事业民营化，但民营经济在哪些领域介入，在多大程度上介入，均处于模糊阶段。因此，应当尽快出台民营企业平等进入城市公用事业的法规政策。其三，中国有关 BOT 的专门法规尚未出台，无法通过专门的法规来保障甲乙双方的权利。其四，相关法规尚未明确确定管制的内容以及系统的管制标准。由于管制内容和标准的缺乏，使得管制的随意性很大。

根据课题组的调研，大多数城市（75.9%）都建立了特许经营制度，59.4%的城市建立了城市公用事业的管制制度，如表 2 - 13 所示。对于市场准入、退出制度，产权转让制度，投融资制度等制度，则只有不到 20%的城市明确制定了相应的制度。这表明，各城市对于城市公用事业改革的相关法规政策还有待进一步完善。

表 2 - 13 城市市政公用事业改革的相关制度

制度类型	样本量（家）	总体百分比（%）	百分比（%）
特许经营制度	189	35.9	75.9
产权转让制度	37	7.0	14.9
管制制度	148	28.1	59.4
价格政策	70	13.3	28.1
投融资制度	34	6.5	13.7
市场准入、退出制度	49	9.3	19.7
合计	527	100.1	211.6

注：由于调查对象可以多项选择"制度类型"，故最后一列"百分比"大于100%。表中百分比数据保留小数点后一位数并四舍五入，故百分比合计存在较小误差。

2. 尚未建立职责明确的管制机构

在中央层面，中国目前尚没有设立相对独立且专业的城市公用事业管制机构，对城市公用事业进行管制的各项功能分散于各政府部门。这就导致不同管制机构间的职能交叉。例如，在城市供水、排水及节约用水方面，建设部与水利部存在职能交叉。在污水处理方面，与环保部门存在职能交叉，其中，城市排水机构收取污水处理费，环保部门收取排污费。此外，在城市公用事业的 BOT 项目的工程的批准、建设、管理上，更与发改委、财政部、商务部、国家安全生产监管总局、国家质检总局、审计总署等部门存在相关的职能交叉。

而在地方层面上，虽然部分城市成立了城市公用事业管制机构，但仍有许多职能分散于其他管制机构。城市公用事业管制机构虽为管制主体，但既不能协调相关部门管制，自己独立承担的管制内容又非常少，仅仅限于项目的行政、运营等方面。而资本运营、成本核算、价格等核心管制内容则属于国资委、物价局的职责范围，难以介入。显然，城市政府管制机构各自为政，有利的项目争着管，没利的相互推诿，仅水务的管制就涉及环保、卫生、水务、水利等多个部门。目前缺乏相对独立、统一的管制机构对城市公用事业实施统一的管制。管制机构设置的不合理必然导致政府管制不规范，从而造成协调难度大、管制成本高，且导致相互推卸责任，降低管制效率。尤其是权力多重设置增加了部门之间的协调难度，增加了企业负担。在谈判、签订合同时，无法确定哪个部门具有合法的代表资格；出现违约时，无法确认哪个部门承担法律责任，这都增大了企业投资风险①。

尤其需要注意的是，在城市公用事业民营化改革过程中，目前缺乏对行业上下游进行协调的机构和协调机制。部分需要上下游协调的行业（如城市燃气等行业），由于存在部分环节的国家垄断，使民营企业在市场中处于不平等和不利的地位。由于城市公用事业的行业特点决定了企业需要与当地政府的良好沟通，但由于管制和被管制的对立性质使企业和政府的协调面临困难。例如，从目前一些污水处理 BOT 工程来看，污水处理是一个系统工程，管网的配套是污水处理厂可以正常运作的前提，但究竟应该谁来修建污水的入网工程，现在还存在分歧。BOT 的承包商所修建的都是污水处理设施而非入网系统。因此，现在的情况是，一些污水处理厂由于污水收集系统的不完善，很多处于设备闲置、无水可处理的状况。污水入网工程和处理工程间缺乏有效协调的情况下，不管是政府还是企业，都为此承担了巨大损失。

另外，中国尚未建立对管制机构的管制效果进行评价的专业机构和指标体系。管制效果的好坏没有客观的衡量标准。因此，政府管制机构滥用权力的情况时有发生②。虽然目前也存在诸如听证会等对管制机构形成约束的社会监督，但这种监督有些仅仅是流于形式，没有真正起到监督的作用。

（二）改革政策的不平等性

目前真正取得国民待遇的是国有垄断企业、外资企业和在权力资本化过程中产生的个人资本和企业，而那些在国内经济改革过程中逐步成长壮大的真正的民营企业，实际上还在为争取国民待遇而奋斗。部分地方政府在项目招商过程中存在对民营企业的歧视性问题，包括对国有企业、外资企业和民营企业在政策上的不平等，还有在审批环节上经办部门办事效率低下等。因此，如果要鼓励民营经济的发展，就必须切实落实民营企业的

---

① 张丽娜：《我国城市公用事业市场化中实施合同规制的问题分析》，《中国行政管理》2009 年第 11 期。

② 吴庆玲：《对中国市政公用事业政府监管体制改革的思考》，《首都经贸大学学报》2008 年第 1 期。

公平待遇，包括平等筹资问题的解决。

（三）价格形成机制不科学

为广泛吸引各类资本参与城市公用事业的投资和运营，相关产品和服务的价格必须达到补偿成本以及偿还投资的水平。目前，中国城市公用事业的产品或服务都在不同程度上带有一定的福利性，政府管制机构尚没有按照较为科学的价格形成机制对其价格进行管制。一方面，如果城市公用产品价格没有调整到位，公用企业则处于经营亏损或保本状态，这必然导致企业缺乏提高其产品和服务质量的激励。例如，许多城市供水、燃气行业因价格倒挂等原因，多年一直亏损，这必然阻碍企业缺乏自我积累的能力和自我发展的后劲，制约其供水或供气能力的提高。另一方面，在城市公用事业民营化改革过程中，有的企业为了拿到项目，往往出高价中标。从企业角度讲，追求利润最大化是最终的目的，如果没有合理的价格管制，就可能出现价格盲目上涨的现象。

（四）实施特许经营制度过程中普遍存在的问题

城市公用事业在实施特许经营制度过程中普遍存在的问题有：

1. 特许经营制度推行的程序有待规范

城市公用事业通过特许经营进行市场化运作，大多以招商引资为主，边谈判、边合作、边完善，政府多以会议纪要形式明确投资运营主体。目前尚未真正按照公开、公平、公正的市场竞争程序，公开招标并择优选择投资运营主体。出让方代表不统一（有的是政府建设主管部门，有的是政府国有资产管理部门，有的是城建投资公司），合同备案少。

2. 合同设计、谈判和执行问题

在城市公用事业民营化过程中，政府与企业签订的各种特许经营合同，是其实施管制的主要依据。但因缺乏合同以及相关的法律知识，政府在合同的设计、谈判和执行过程中，存在诸多问题。合作中的合同本身设计过于粗糙，存在不少漏洞，难以应对实施过程中情况的变化，以至于实施过程中的利益分享和风险承担有失公平，不利于公私合作制的长期健康发展。而在合同谈判阶段，为了引进外资，有些地方政府甚至在合同文本中有意回避关键问题，盲目求同存异。曾经出现的"固定回报"清理问题，已使许多特许经营项目被迫终止。政府不仅为此付出了代价，且声誉也遭受很大的损害。到了合同执行阶段，一旦合同出现争议，由于合同缺乏必要的风险保障制度安排，加上缔约双方往往又缺乏长期合作的精神，均表现出机会主义倾向，最终导致无法继续履行合同，项目中途夭折。一方面，政府利用其信息优势，不断地修改合同，由此导致合约重新签订、谈判和执行的交易成本增加；另一方面，被管制企业也可利用其信息优势压榨管制者，对政府"敲竹杠"，减少自身的投资风险。这种情况下，政府失信、企业失信就会屡屡发生。政府承诺不能兑现是导致特许项目终止的常见原因。而项目的终止将直接损害公众的利益。

综上所述，中国城市公用事业的民营化改革，其目的是满足公众对城市公用产品和服务不断增长的需求，同时提高相应公用企业的生产经营效率。而向城市公用事业引入民间资本的民营化改革，实质上就是对原有计划体制下的管理体制进行改革。为使城市公用事业民营化改革顺利进行，必须及时建立并完善相应的制度。

第三章

城市公用事业民营化绩效的评价体系

城市公用事业民营化实践中一个非常重要的环节是对民营化的实际绩效进行评价。然而目前中国理论界对于民营化绩效评价的研究文献还相对缺乏，特别是缺乏对城市公用事业民营化的实际绩效进行科学评估的评价体系。本章阐述绩效评价对于城市公用事业民营化的重要意义，讨论民营化绩效评价的原则、内容，重点构建民营化绩效评价的指标体系，以期为进一步推进城市公用事业民营化提供借鉴。

第一节　城市公用事业民营化绩效评价的重要性

一　检验城市公用事业民营化成效的客观要求

自 20 世纪 90 年代以来，中国就开始进行了城市公用事业的民营化。2002 年，建设部颁发《关于加快市政公用行业市场化进程的意见》（建城〔2002〕272 号）的通知。2003 年以来，外资和民营资本开始大规模进入城市公用事业市场，掀起了公用事业民营化的浪潮。

对于中国城市公用事业民营化的成效，很多学者也进行了理论探讨。有的学者研究指出[①]，中国城市公用事业民营化的成功之处主要表现为：公共服务生产与供给成本有所降低；公共服务质量有所提高，同时增加了消费者的选择机会；利用民营资本建设基础设施，解决了地方财政困难与城

---

① 　王乐夫、陈干全：《我国政府公共服务民营化存在问题分析——以公共性为研究视角》，《学术研究》2004 年第 3 期。

市发展的矛盾；通过引入竞争促进了企事业单位的转制。与此同时，民营化实践中也不可避免地存在一些问题，如民营化的经济性损失、民营化引发公平性问题、民营化引发腐败与私人垄断问题、民营化带来公共责任缺失、民营化带来新的社会稳定问题、民营化可能引发政府管理危机等。还有的学者指出①，中国城市公用事业民营化探索引进了 BOT、TOT、合资与股权出让等民营化模式，以投资和生产主体多元化、政府与生产者角色分离、政府管制与市场竞争有机结合、契约约束取代行政管理投资的风险责任和回报分散等特征，取得了较好的实践效果。例如，实现了建设资金来源的多渠道、资金使用高效率，引进了先进经营理念和管理经验，减轻了财政补贴压力，分担了政府投资公用设施的风险，提高了企业的市场竞争力，等等。但在民营化中也存在一些问题，突出体现在以下几个方面：民营化的步伐还不够大，没有在全国范围展开；民营化的立法比较滞后，一直缺乏一个权威的法律规定为民营化提供制度保障；监管力度不够；政府对行业的监管（市场准入监管、价格监管、质量监管等）相对滞后；政府的诚信约束机制不够健全；政府破坏游戏规则，损害投资者的利益；政府的政策支持力度不够等。王海龙认为②，以 BOT、TOT 及国家和民营资本合营等形式为代表的民营化模式迅速进入中国公用事业领域，为转型期中国城市公用事业民营化提供了范例。然而，一些地方的公用事业民营化实践过程中，公共利益损失、职工权益受到侵犯、国有资产流失、腐败等亦成为人们普遍关注的焦点。这些问题使民营化陷入困境，并受到较大的质疑。还有些学者对城市自来水行业的民营化进行实证研究后发现③，民营化打破了国有垄断，拓宽了融资渠道，引进了先进的管理技术，提高了企业经济效率，促进了政府角色的转换，但也存在着监管体系落后、有效制度缺失等问题。陈明对公用事业民营化研究得出这样的结论④，中国城市公用事业民营化的方向是正确的，但是由于城市政府、民营企业等相关方面对于公

---

① 任强：《我国城市公用事业民营化的现状及发展趋势分析》，《未来与发展》2004 年第 2 期。

② 王海龙：《公用事业民营化的困境与出路——河南 L 县自来水公司整体出售的案例分析》，《中国制度经济学年会精选论文》，2005 年。

③ 王正儒、张小盟：《自来水业民营化改革与政府管制的实证分析》，《宁夏社会科学》2007 年第 1 期。

④ 陈明：《城市公用事业民营化改革的复杂性研究》，《经济管理》2008 年第 14 期。

用事业民营化的理论准备不足,操作中又缺乏现成的、符合国情的模式可资模仿,因而在实际运作中出现了一系列矛盾和问题,包括民营化与固定回报问题、价格调整与普遍服务问题、特许经营中的垄断与竞争问题、市场准入门槛的高低等一系列问题。这说明了城市公用事业民营化的艰巨性和复杂性,同时也使城市公用事业民营化陷入"两难"境地。

总体上说,多数学者的研究都表明,中国城市公用事业改革既存在成功方面,也存在不足之处。但是,学者们多数从理论上定性地对中国城市公用事业民营化的成效进行理论描述,很少有学者从实证角度对城市公用事业民营化的实际绩效进行有效的评价。城市公用事业民营化的实际绩效到底如何,这是问题的关键。而目前对此实际上并没有较为深入的实证分析和绩效评价。

对城市公用事业民营化的实际绩效进行评价,可以有效地检验城市公用事业民营化的成效。具体来说是:(1)监测和评估公用事业民营化的情况,分析和测定公用事业民营化的实际效果(而不是宣称的理论效果)和利弊得失。根据支持民营化的学者们观点,城市公用事业可以通过一系列具体的民营化方式,引入竞争机制,提高城市公用事业的运营和管理效率,从而更好地达到提高社会福利效果。但是民营化是否真的能实现上述理论效果?如何评价这些年来民营化的成效?显然,这需要从实证角度对城市公用事业民营化的绩效进行有效地评价。(2)通过绩效评价可以进行行业、地区、城市之间公用事业民营化效果的比较,发现存在的差距和薄弱环节。例如,不同行业民营化的效果是否存在差别,哪些行业的民营化效果比较理想,哪些行业不够理想?又如,不同城市民营化的效果是否存在差别,哪些城市的民营化效果比较理想,哪些城市不够理想?这些也需要从实证角度对城市公用事业民营化的绩效进行有效地评价。(3)通过定量分析和评价公用事业民营化的绩效,可以发现和揭示公用事业民营化中存在的主要问题和关键矛盾,并剖析产生的深层原因,将民营化成效的相关信息提供给相关政府部门,以便采取相应的政策措施。

总的来说,对城市公用事业民营化的实际绩效进行评价,可以检验城市公用事业民营化的成效。而对城市公用事业民营化绩效进行检验则需要构建相应的指标体系。换言之,构建符合中国国情和城市公用事业实际绩效评价体系是检验民营化成效的客观要求。

二　为推进城市公用事业民营化提供导向

国内外绝大多数理论研究者都认同应该大力推进城市公用事业的民营化。在实际部门，中国政府对推进城市公用事业民营化非常重视，出台了一系列文件法规，如本书第一章所述。问题在于，如何进一步推进民营化？这只有在评价民营化绩效的基础上才能更有效地进行。一方面，通过对民营化绩效的客观评价，有利于我们发现哪些领域的民营化比较成功、什么情况下的民营化比较成功，以及成功的民营化需要什么配套措施、有什么成功经验等一系列关键性问题；另一方面，通过对民营化绩效的客观评价，有利于我们发现哪些领域的民营化不太成功、什么情况下的民营化不太成功，以及不成功的民营化背后的深层次原因、教训等一系列关键性问题。由此，评价民营化的绩效可以为进一步推进城市公用事业的民营化提供方向指引。

三　完善城市公用事业民营化的理论体系

目前对于城市公用事业民营化的相关理论研究中，研究民营化的方式、途径、路径和管制政策的文献相对较多，但是，对于民营化绩效评价的文献还并不多见。

一些学者对城市公用事业的绩效评价及其指标体系进行了探索。有学者选取 12 项财务指标作为评价企业绩效的指标对公用事业类上市公司经营绩效进行了分析与评价[①]。具体包括：每股收益、每股净资产、资产负债率、净资产收益率、每股公积金、每股未分配利润、主营业务收入增长率、净利润增长率、每股经营活动净现金流量、存货周转率、流动比率、应收账款周转率。但他们主要是按照竞争性行业的评价指标体系来评价公用事业类上市公司经营绩效的，特别是尚未考虑公用事业企业的价格公平性、服务质量、普遍服务等社会福利指标。还有些学者研究了城市公用事业经营绩效评价指标体系的建立原则、总体框架和指标选择。从城市公用事业的盈利能力、偿债能力、运营能力、内部管理能力和社会效益创造能力五个方面评价

[①]　纪宣明、陈似海：《公用事业类上市公司经营绩效的实证分析与评价》，《宏观经济研究》2004年第 8 期。

城市公用事业的经营绩效[①]。他们考虑到了城市公用事业的社会效益创造能力，并设计了相应的指标。包括社会贡献率、就业岗位比率、环保资本性支出比率等。但同样没有考虑公用事业的价格公平性、服务质量、普遍服务等社会福利指标。汪贵浦对中国电信、电力、民航和铁路四大垄断行业的改革进行了考察，并从经济、财务、运营等方面对特定行业构建了民营化绩效评价的指标体系[②]。以电信业为例，其绩效评价指标包括政府管制指标、市场结构指标、服务质量指标、资费指标和生产率指标四个。但其设计的指标体系主要适用于具体的电信、电力、民航或铁路行业，其普遍性尚不够。肖兴志等从总量、利润、价格和公平四大方面设计了垄断行业改革的绩效评价体系，并以电力行业为例对垄断行业改革绩效评价进行了实证研究，并且提出了垄断行业改革绩效评价支持体系的构建思路[③]。这对于深化城市公用事业改革具有重要价值。当然，肖兴志等人的研究主要从整体角度考察垄断行业改革的绩效评价，鉴于垄断行业改革涉及很多方面，包括产权改革（民营化就是其中的一种）、竞争改革（引入竞争）、管制改革（放松或加强管制）等。而对于城市公用事业民营化的绩效评价体系，则尚未专门涉及。

从现有的研究文献看，目前中国城市公用事业民营化的相关理论研究中，对民营化绩效评价的原则、内容和指标体系等都缺乏相应的研究。由此，对城市公用事业民营化的绩效评价进行研究，有利于完善城市公用事业民营化的理论体系。构建符合中国国情和城市公用事业实际的绩效评价体系对于完善城市公用事业民营化的理论体系具有重要意义。

第二节　城市公用事业民营化绩效评价的原则

一　过程评价和结果评价相结合原则

过程评价是对民营化的操作程序进行观察、分析，以评估和判断民营

[①] 宋平平：《中国城市公用企业经营绩效评价研究》，博士学位论文，吉林大学，2010 年。

[②] 汪贵浦：《改革提高了垄断行业的绩效吗？对我国电信、电力、民航、铁路业的实证考察》，浙江大学出版社 2005 年版，第 1 页。

[③] 肖兴志等：《中国垄断产业规制效果的实证研究》，中国社会科学出版社 2010 年版，第 54—65 页。

化的程序是否规范、高效。结果评价是对民营化的实施结果进行观察、分析，以评估和判断民营化的实施结果是否增加了全社会最大多数人的福利，亦即是否实现帕累托改进（Pareto improvement）①。

一方面，对城市公用事业民营化绩效的评价，结果评价是一个主要评价标准，因为城市公用事业民营化必须以增加最广大消费者的福利为基石。而结果反映了民营化前后社会福利的变化情况，结果是否高效（帕累托改进）是检验民营化绩效的关键和中心。从理论上说，城市公用事业民营化的结果有三种可能：社会福利上升、社会福利下降、社会福利不变。如果城市公用事业民营化后的社会总福利显著上升，那么民营化显然是有效的；如果民营化后的社会总福利没有发生显著变化甚至出现下降，那么民营化则可以认为是无效的。当然，也可能存在这样的情况，即如果不实行民营化，城市公用事业的社会福利水平还会更低，由此即便民营化后的社会总福利没有发生显著变化甚至出现下降，民营化也是可能有效的。当然这还需要具体情况具体分析。

另一方面，除了对城市公用事业民营化的结果进行评价外，对城市公用事业民营化过程评价也绝不是无关紧要的。过程是否规范、高效检验是民营化绩效的前提和基础，民营化的过程决定了民营化的效率。如果城市公用事业民营化的过程不能被国家法律法规和社会道德观念认可（例如通过"黑箱"操作的方式实行民营化），那么不管最终结果如何，民营化绩效都是很低的。因为它至少可能导致资本权力化、权力资本化，甚至贫富差距和两极分化，影响社会和谐与稳定。

城市公用事业民营化绩效评价要遵循过程评价和结果评价相结合的原则。在民营化实践中，可能存在两种不同倾向：一种仅仅注重结果评价，另一种仅仅关注过程评价。在我们看来，"结果评价"以"过程评价"为前提基础，"过程评价"以"结果评价"为最终目标。仅仅关注结果是片面的，仅仅关注过程则属于本末倒置。

---

① "帕累托改进"是以意大利经济学家帕累托（Vil‐fredoPareto）命名的。它是指一项改革政策能够至少增进一个人的福利，而不会对社会上任何其他人的福利造成损害。"帕累托最优"就是上述一切帕累托改进的机会都用到了，再要对任何一个人的福利有所改善，就不得不损害另外一些人的利益，达到这样的状态就是帕累托最优。

二 普遍适用性和行业针对性相结合原则

一方面，民营化绩效评价要有一定的普遍适用性。即指标设计要符合城市公用事业民营化的客观规律，评估口径、度量方法等都应该符合科学的规范标准，从而对城市供水及污水处理、城市管道燃气、城市供热、城市垃圾处理等各个不同的城市公用事业行业都有一定的适用性。

另一方面，民营化绩效评价对特定行业要有一定的针对性，要能够适应于特定行业的技术经济特征。从行业来看，城市供水及污水处理、城市管道燃气、城市供热、城市垃圾处理等不同行业有不同的生产技术、产品供给和市场需求、消费特点等特征，必须根据不同行业的实际情况，设计出与各特定行业实际密切结合的绩效评价指标，才能有效地对民营化进行评价。以服务质量水平来说，大致可能有这样一些一般性指标，如供应充足性和稳定性、缴费便利性、消费者满意度、产品或服务质量水平达标率、产品质量标准提高率、售后或维修服务及时率等。但是，这些指标在具体行业存在不同的术语名称，特定的指标在有些行业非常重要，在其他行业则不是特别重要。例如，售后或维修服务及时率这一指标对城市垃圾处理行业就不是特别重要，而对于城市管道燃气、城市自来水等行业则非常重要。因此，对特定行业的民营化绩效进行评价时一定要针对特定行业的具体特征设计相应的专门性指标。

三 体系完整性与简单实用性相结合原则

一方面，城市公用事业民营化的绩效评价体系要完整、全面、系统地反映城市公用事业民营化的实际情况。这就要求绩效评价体系要通过各级指标（包括一级指标、二级指标乃至三级指标、四级指标）间的相互配合、相互补充，系统、全面地反映城市公用事业民营化绩效各组成部分之间的相互联系及其内在规律性。如果评价指标过少，或者存在重大遗漏，评价结果必然不能真实、全面地反映民营化的实际业绩。例如，不能仅仅评价政府、企业的福利变化，而且还要评价社会大众的福利变化。另外，不仅要评价某个群体的福利增长情况，而且要评价弱势群体的福利损失情况。一般来说，城市公用事业的民营化不能以牺牲少数人的利益为代价。当然，体系完整性也要求指标体系中同一层面上的各指标之间相互独立，不能交叉重叠。具体来说，各一级指标之间要相互独立，不能交叉重叠。在一级指标下的各二级指标之间也应该相互独立。此外，体系完整性还要求指标体系中的各个具体指标之间在指标含义、口径范围、计算方法方面要有一定的统一性，要保持相互衔接。

另一方面，民营化评价的指标体系也不能过于繁杂，而是应遵循简单实用的原则。首先，如果城市公用事业民营化绩效的评价指标太过繁杂，这虽然看起来更全面，但很可能会因陷入过多细节问题的纠缠而不能有效把握评价对象的本质。而且评价指标过多，就可能抓不住关键性因素。其次，城市公用事业民营化绩效的评价指标要具有可操作性，特别是要能够有效地测量。可操作性是指评价指标的含义明确、不含糊，同时具备可测量性，便于在实践中收集定量化数据。对特定评价内容可选择的评价指标有很多种，可设计的指标体系方案也许不止一个，但可操作性、可测量性是设计任何指标体系必须考虑的一项重要因素。如果缺乏可操作性，不论指标体系设计得多么全面、完善，在实践中都难以适用。

第三节　城市公用事业民营化绩效评价的内容

一　民营化过程的绩效评价

民营化绩效评价要求做到过程的完善，具体来说，主要评价其公正性、公平性、公开性和科学性。

（一）过程公正性

过程公正性主要是指民营化的过程要合乎法律法规政策的基本精神和基本逻辑的要求。一个简单的例子就是城市公用产品的固定回报问题。固定回报是指民营企业进入城市公用事业事先就确定一个固定的通常也是较高的投资回报率。这种做法使民营企业完全避免了风险，并使政府财政独担风险。显然，这种固定回报率或变相的固定回报率既不符合过程公正性要求，也不符合相关法规文件的要求。目前固定回报已被中央政府明令禁止，但是，在地方政府的民营化操作中仍然存在各种变相的固定回报，如确定最低供水量、确定供水价格等。

（二）过程公平性

过程公平性主要是指民营化的过程要合乎不能损害特定群体的利益和要求。一般来说，城市公用事业民营化至少涉及以下群体的利益：公众（消费者）、企业员工、资产所有者、相关利益群体（如银行等债权人）等。因此，民营化过程必须有这些利益群体代表的参与，征求他们的意见。

（三）过程公开性

过程公开性主要是指民营化的过程要尽可能公开披露，包括民营化的信息公开披露、程序公开披露。城市公用事业民营化的过程公开可以使消费者和社会各界能够及时了解城市公用产品民营化的缘由、过程和结果。这可以切实保障广大消费者的知情权和参与权，接受公众、媒体及社会各界的监督，同时避免"暗箱"操作和决策失误，提高民营化的科学性、规范性和透明度。

根据2004年广州市社情民意研究中心对广州市民的调查，市民对垄断企业公布的生产成本情况，认为"可信度不高"和"没有可信度"的比例达33.1%。超过七成的市民要求垄断企业公开生产情况、成本构成和审计结果，超过六成的市民要求公开管理状况、财务状况[1]。这从一个侧面凸显了城市公用产品的相关基础信息还有待进一步披露。所以，对城市公用事业的成本、收益、需求、供给等相关基础信息要进一步充分公开，并确保社会公众和其他相关人员有权利（法律权利）、有条件（经济、技术、时间等条件）对城市公用事业企业进行深入调研以取得相关信息。以听证会为例，政府必须把听证会的最终调定价结果（包括定价方案、听证会笔录和有关材料等）在一定范围内向社会公开，接受社会监督。而且，国家发改委2008年7月发布的《政府制定价格听证办法（征求意见稿）》也明确了信息公开的要求，如"定价机关作出定价决定后，应当通过政府网站、新闻媒体向社会公布定价决定和对听证会参加人意见采纳情况及理由"。

（四）过程科学性

过程科学性主要指民营化的程序应该符合科学和客观规律的要求。过

---

[1] 王建明：《城市公用产品价格听证会制度的有效性探讨——目标导向、关键问题和对策思路》，《价格理论与实践》2006年第8期。

程科学性至少表现在人员科学性、程序科学性和时间科学性三个方面。人员科学性是指政府机构及其工作人员是否具有专业知识和业务能力，如果政府机构人员不具备相应的专业知识和业务能力，那么民营化过程中政府机构应该聘请外部专业人员参与，否则不可能有效地实行民营化。程序科学性是指民营化过程中是否遗漏了特定的必备程序。显然，如果遗漏了特定的法定程序（如听证会等），那么民营化过程也是低效的。时间科学性是指民营化的过程是否充裕。传统的城市公用事业民营化等改革程序有时缺乏科学性，不够科学完备。甚至出现这样的情况，今天出台文件，短短几天就执行，很多公众或消费者完全感觉到非常被动。如果民营化过程过于仓促，也不能算是有效合理的民营化。

二　民营化结果的绩效评价

结果评价主要评价民营化对社会福利的影响。具体包括民营化对行业发展水平、产品价格水平、生产效率水平、服务质量水平、普遍服务水平五方面的影响。

（一）行业发展水平

行业发展水平主要是衡量特定城市公用行业总体发展程度的指标。行业发展水平可以大致表明特定城市公用事业行业总体发展是否存在问题，以及未来的发展需要。目前中国城市公用事业的发展还相对滞后，供给的稳定性还不高，供求矛盾仍突出，有的行业还是制约整个国民经济发展的瓶颈行业。以城市污水和垃圾处理行业为例，2008 年中国城市生活垃圾清运量达 15437.7 万吨，无害化处理厂 509 个（其中，卫生填埋场 407 个，垃圾堆肥厂 14 个，垃圾焚烧厂 74 个），无害化处理能力为 315153 吨/日，无害化处理量为 10306.6 万吨（其中卫生填埋 8424.0 万吨、垃圾堆肥 174.0 万吨、垃圾焚烧 1569.7 万吨）[①]。尽管中国城市生活垃圾处理行业已经有了很大发展，但城市生活垃圾的无害化处理率仍旧只有 66.8%，大量的生活垃圾得不到有效处理，造成严重的环境污染和破坏。对于城市污水处理行业来说，2008 年中国生活污水排放量达到 3300290 万吨，2009 年中国污水

①　参见国家统计局《中国统计年鉴》（2009），中国统计出版社 2009 年版，第 395—403 页。

处理率仅为 73%，只达到美国 1985 年的水平。而且，随着中国社会经济的发展和城市化进程的继续，对城市公用产品的需求有加速增长的趋势。以杭州市为例，2010 年杭州市区垃圾量突破 250 万吨，平均日产 6850 吨，年增长 11.6%。如果不采取措施，预计"十二五"末期，市区生活垃圾量将达到 12500 吨/日[1]。为满足这种大规模的、不断增长的公用产品需求，就需要城市公用产品的总供给量不断稳步增长。换言之，需要各类企业不断对城市公用事业行业进行大规模投资，提高市场供给能力。这就要求考虑鼓励资本投资（现有企业投资或新企业投资），稳定和提高公用产品供给。

（二）产品价格水平

产品价格水平反映特定城市公用产品的平均价格情况。我们知道，价格是市场机制的核心，是市场发挥作用的最基本、最有效的形式，也是对公众和消费者福利影响最大的一个直接因素。因此，让最广大消费者以公平、合理的价格获得符合一定质量标准的产品和服务，是城市公用事业民营化的重要任务，也是保障社会公平、促进社会和谐的基本要求。

对于特定公用事业来说，既可能只有单一产品（服务），如城市自来水业只有单一的自来水这一种产品，也可能有多产品（服务），城市管道燃气可能有管道天然气、管道煤气、瓶装液化气等多种产品。对于单一产品（服务）的城市公用事业来说，产品价格水平评价相对简单，只需要评估其平均价格即可。当然由于城市公用产品可能采用非线性定价（如高峰负荷定价、两部制定价等），或对消费者提供价格折扣，因而需要评估其加权平均价格。对于多产品（服务）的城市公用事业来说，产品价格水平评价则需要评估不同产品的加权平均价格。此外对于产品价格水平，除了应关注和评价城市公用产品的平均价格水平外，还应该关注和评价城市公用事业的基本产品或关键产品的平均价格水平。例如，假设城市管道燃气实行的是阶梯式定价，即在合理核定居民用气及各类企业营业用气基本用量的基础上，对基本用量范围内的用气收取一个相对低的价格，超过基本用量的部分实行超量累进加价方法。在这种情况下，除了评估管道燃气的总体平均价格外，还应该进一步评估基本用量范围内管道燃气的平均价格情况，

---

① 参见刘焜《政府的答复，你看满意不满意》，《钱江晚报》2011 年 2 月 4 日第 5 版。

因为这部分产品属于基本产品或关键产品，它们对于普通消费者（弱势消费者）的直接影响会更大。

（三）服务质量水平

对于城市公用事业来说，服务质量和产品价格是紧密连接在一起的。维护和增进公众的福利除了要求城市公用产品和服务价格低以外，还要求产品和服务质量较高（至少不能大幅度下降）。在竞争性行业，市场竞争机制会促使企业自觉提高产品和服务质量，以吸引消费者，扩大市场，从而增加企业利润。但在城市公用事业，由于只有一家或少数几家企业在一定地区范围内经营，企业拥有相当的垄断力量，同时公众和消费者往往也缺乏对不同企业产品和服务质量的比较和判断，这使消费者处于被动接受城市公用产品和服务质量的地位。鉴于服务质量水平与产品成本高度相关，在城市公用事业实行民营化的情况下，经济上独立、追求个体利益的民营企业为了降低生产成本，很可能通过降低服务质量来达到提高利润的目的。

（四）生产效率水平

中国长期以来在城市公用事业实行政企合一、国有企业垄断经营的体制，电力、管道燃气、自来水等行业的主要业务是由中央政府或地方政府的企业（或机构）垄断经营的，政府既是管制政策的制定者和监督者，又是具体业务的实际经营者。在这种垄断状况下，往往会导致企业组织管理效率低的问题，其结果使企业实际的生产成本远远高于按企业能力可能达到的最低生产成本，从而存在资源利用的低效率。之所以对城市公用事业实行民营化，其一个主要理论依据就是民营化可以有效刺激企业优化生产要素组合，充分利用规模经济，不断进行技术革新和管理创新，努力实现最高生产效率。由此，生产效率水平评价也是评估民营化绩效的一个主要方面。

概括地说，城市公用事业内部生产效率（或生产要素组合优化）具体体现为[1]：（1）在现有可以利用的技术条件下，实现投入品的最优组合所带来的技术效率；（2）以最优的生产规模进行生产所带来的生产效率；（3）以最优的配送系统进行发送所带来的配送效率；（4）实现尽可能高的设备利

---

[1]　［日］植草益：《微观规制经济学》，中国发展出版社 1992 年版，第 58 页。

用率（负荷率）所带来的设备利用效率。评价城市公用事业民营化的生产效率水平也要大致从这些方面入手。

（五）普遍服务水平

城市公用事业的一个重要目标是要保障全体人民的基本权益，分享社会进步和科学技术发展带来的成果，缩小贫富差距，以可承受的价格享受公用事业所提供的基本服务。对于正着力建设社会主义市场经济体制的中国来说，统筹兼顾，缩小贫富差别，逐步实现共同富裕，这是一个长远的奋斗目标。因此，确保城市公用事业的普遍服务，促进农村和边远落后地区社会经济发展，关注弱势群体，普遍提高人民生活水平和生活质量，对中国建设社会主义和谐社会具有特别重要的意义。在当前贯彻落实科学发展观，全面建设小康社会，建设和谐社会的背景下，城市公用事业行业的普遍服务尤为重要。因此，普遍服务水平评价也是评估民营化绩效的一个主要方面。

具体来说，普遍服务水平评价主要包括以下内容：产品总体普及率、欠发达城市或地区的产品普及率、欠发达城市或地区的关键性基础设施、对弱势群体的补贴等。

需要指出的是，在上述评价内容中，有些是可以直接量化的评价内容，有些则是不能直接量化的评价内容，只能采用间接量化的方法进行评价，甚至有些只能采用定性评价。例如，城市公用事业民营化对普遍服务和公平性的影响无法直接进行定量分析。因此，定性指标与定量指标的结合有时是必须的。

第四节　城市公用事业民营化绩效评价的指标体系

一　指标体系设计的简要说明

指标体系实际包括两个层面：一是民营化过程评价的指标体系，二是民营化结果评价的指标体系。每一层面又包含若干的一级指标。例如，民营化过程评价的一级指标包括过程公平性指标、过程公正性指标、过程公开性指标、过程科学性指标。民营化结果评价的一级指标包括行业发展水平指标、产品价格水平指标、服务质量水平指标、生产效率水平指标、普遍服务水平指标。在各一级指标下面还包括一些二级指标。从可操作性角度看，我们尽可能简化二级指标的数量，以避免二级指标体系过于庞杂。我们原则上要求每个一级指标下面的二级指标不超过 7 个。由此，虽然有些指标对于评价民营化绩效也有一定意义和作用，但是考虑到简单实用原则，我们没有加入这些指标。当然，对于特定城市公用事业行业来说，二级指标下甚至还可能包括三级指标甚至四级指标。我们这里主要考虑能够普遍适应于各城市公用行业的二级指标，不考虑更细的三级或四级指标。

具体设计指标时，我们尽可能选择能够获得权威统计数据的指标，特别是能够从《中国统计年鉴》、《中国城市建设统计年鉴》等公开出版物获得相应数据的指标。这将有利于各实际部门对特定公用事业民营化绩效评价时能方便地获取相应的数据。对于实在不能获得权威统计数据但又非常重要的指标，我们尽可能设计能通过问卷调查或通过专家访谈来获得相应数据的指标。

对于指标的测量量表（尺度），有些指标是定类量表，它是根据定性的原则区分总体各指标类别的变量，即将指标对象分类。例如"对弱势群体的补贴"分为"1 表示有补贴"和"0 表示没有补贴"两类。这些数据一般可以通过对特定公用事业民营化前后的观察获得或者可以通过对特定公用事业进行专项调查获得。用定类量表反映特定指标虽然相对粗糙、不是特别精确，但亦具有一定的参考价值。定序量表是区别同一具体指标中等级次序的变量，亦即变量的值能把研究对象排列高低或大小，它比定类量表的层次更高。例如，"消费者满意度"分为"非常满意"、"大致满意"、"一般或中等"、"不太满意"和"非常不满意"五个层次。定序量表通常没有确切的尺度来测量不同层次之间的间隔距离，但毕竟要优于定类量表，而且这类数据一般可以通过对消费者进行问卷调查获得，具有可获得性和可操作性。定距量表则区别同一类别个案中等级次序及其距离的变量，它除了具有定序量表的特征外，还能确切地测量同一类别各层次高低、大小次序之间的距离。定比量表也是区别同一类别个案中等级次序及其距离的变量，它除了具有定距量表的特征外，还有一个真正的零点，因而它具有乘与除的数学特点。例如，"产品供应量"这一变量不但是定距变量，同时还是定比变量，因为其零点是绝对的，还可以作乘除的运算，如民营化前产品供应量为 500 单位，民营化后产品供应量是 1000 单位，由此可以计算出后者是前者的两倍。

民营化绩效评价时，要尽可能运用定量化的指标，以增强绩效评价的客观性、科学性。但是有些指标数据确实难以获得时，也可以采用定性指标（定类指标或定序指标）来衡量。

二　民营化过程评价的指标体系

（一）过程公正性评价的指标体系

过程公平性评价的指标体系包括竞争充分性、政府公信度、准入条款公正性等内容。这些量表都是定类量表，且可以通过对特定城市公用事业民营化前后的观察或专家访谈、问卷调查获得相应的数据。以竞争充分性指标为例，当通过专家访谈、问卷调查得知民营企业进入时（如招投标时）存在充分的竞争，则得分为 1，否则为 0。其他的指标也是如此获得相应的数据。表 3－1 为过程公正性评价的指标体系。

表3－1　　　　　　　　　　过程公正性的评价指标体系

一级指标	二级指标	指标说明及测量方式
过程公正性	竞争充分性	民营企业进入时的竞争充分性，定类量表（1 为是、0 为否）
	政府公信度	政府在民营化前后是否约束自己行为不违约，定类量表（1 为是、0 为否）
	准入条款公正性	是否对特定民营企业公正、不歧视，定类量表（1 为是、0 为否）

（二）过程公平性评价的指标体系

过程公平性评价的指标体系包括以下内容：征询公众和消费者意见情况、征询企业员工意见情况、征询资产所有者意见情况、征询相关利益者意见情况等。表 3－2 为过程公平性评价的指标体系。

（三）过程公开性评价的指标体系

过程公开性的评价指标包括：信息披露完备程度、信息披露及时程度、信息披露准确程度等。这些指标既可以用定类量表（1 为是、0 为否）的形

表3-2　　　　　　　　　　过程公平性的评价指标体系

一级指标	二级指标	指标说明及测量方式
过程公平性	征询公众和消费者意见	是否征求过公众和消费者的意见，定类量表（1为是、0为否）
	征询企业员工意见	是否征询过企业员工的意见，定类量表（1为是、0为否）
	征询资产所有者意见	是否征询过资产所有者的意见，定类量表（1为是、0为否）
	征询相关利益者意见	是否征询过银行等相关利益者意见，定类量表（1为是、0为否）

式进行度量，也可以更精确地采用定序量表（里克特五级量表）进行度量。以信息披露完备度指标为例，当通过专家访谈、问卷调查得知民营化时信息披露非常完备则记为1分，大致完备记为0.5分、中等或一般记为0分、不太完备记为-0.5分、很不完备记为-1分。表3-3是过程公开性的评价指标体系设计。

表3-3　　　　　　　　　　过程公开性的评价指标体系

一级指标	二级指标	指标说明及测量方式
过程公开性	信息披露完备度	信息披露完备程度，定序量表（1为非常完备、0.5为大致完备、0为中等或一般、-0.5为不太完备、-1为很不完备）
	信息披露及时度	信息披露及时程度，定序量表（1为非常及时、0.5为大致及时、0为中等或一般、-0.5为不太及时、-1为很不及时）
	信息披露准确度	信息披露准确程度，定序量表（1为非常准确、0.5为大致准确、0为中等或一般、-0.5为不太准确、-1为很不准确）

注：这里我们用的是定序量表（里克特五级量表）进行度量，在实际操作中也可以视情况采用定类量表（1为是、0为否）的简化形式进行度量。

（四）过程科学性评价的指标体系

过程科学性的评价指标包括：时间充裕性、政府机构人员的专业性、法定程序遗漏情况等。表3-4是过程科学性的评价指标体系设计。

表3-4   过程科学性的评价指标体系

一级指标	二级指标	指标说明及测量方式
过程科学性	时间充裕性	民营化过程是否过于仓促，定序量表（1为非常充裕、0.5为大致充裕、0为中等或一般、-0.5为不太充裕、-1为很不充裕）
	政府机构人员的专业性	政府机构及其人员是否专业（包括民营化过程中是否聘请了专业人士进行），定类量表（1为是、0为否）
	法定程序遗漏情况	是否遗漏特定的必备程序（如听证会等），定类量表（1为否、0为是）

三　民营化结果评价的指标体系

（一）行业发展水平的评价指标体系

从行业发展水平视角对公用事业民营化结果进行评价时，主要包括行业的产品或服务供应量、产品人均使用量或消费量、行业吸纳的就业人员数量、关键性基础设施存量等指标。这些指标大致能反映民营化前后城市公用事业总体发展水平程度是否存在较大变化。表3-5是行业发展水平的评价指标体系。

表3-5   行业发展水平的评价指标体系

一级指标	二级指标	指标说明及测量方式
行业发展水平	产品供应量	总体生产规模大小或生产能力大小，定比量表
	产品人均消费量	人均消费水平，定比量表
	就业人员数量	行业吸纳的就业人员数量，定比量表
	关键性基础设施存量	关键性基础设施存量，定比量表

（二）产品价格水平的评价指标体系

产品价格水平的评价指标包括以下内容：产品和服务的总体价格水平（静态水平价格）、产品和服务的价格增长率（动态价格水平）、基本产品或关键产品价格水平、基本产品或关键产品的价格增长率。当然，评估产品价格水平时要扣除公用事业的投入价格指数和社会通货膨胀率等外生因素导致的价格变动。表3-6为产品价格水平的评价指标体系。

表3-6　　　　　　　　　　　产品价格水平的评价指标体系

一级指标	二级指标	指标说明及测量方式
产品价格水平	产品总体价格水平	静态价格水平、定比量表
	产品价格上涨率	动态价格水平、定比量表
	基本产品或关键产品的价格水平	基本产品或关键产品的静态价格水平、定比量表
	基本产品或关键产品的价格增长率	基本产品或关键产品的动态价格水平，定比量表

注：评估产品价格水平时要扣除公用事业的投入价格指数和社会通货膨胀率等外生因素导致的价格变动。

（三）服务质量水平的评价指标体系

服务质量水平的评价指标应包括产品供应的充足性和稳定性（特别是高峰期的充足性、稳定性）、缴费便利性、消费者满意度、产品或服务质量水平达标率、产品质量标准提高率、售后或维修服务及时率等。表3-7为产品服务质量的评价指标体系。

表3-7　　　　　　　　　　　服务质量水平的评价指标体系

一级指标	二级指标	指标说明及测量方式
服务质量水平	供应充足性和稳定性	产品供应的充足性和稳定性，定序量表（1为非常稳定、0.5为大致稳定、0为中等或一般、-0.5为不太稳定、-1为很不稳定）
	缴费便利性	缴费的方便程度，定序量表（1为非常便利、0.5为大致便利、0为中等或一般、-0.5为不太便利、-1为很不便利）
	消费者满意度	消费者或公众对产品服务质量的满意度，定序量表（1为非常满意、0.5为大致满意、0为中等或一般、-0.5为不太满意、-1为很不满意）
	产品或服务质量水平达标率	产品或服务的静态质量标准，定比量表
	产品质量标准提高率	产品质量标准是否存在逐步提高情况，定类量表（1为是、0为否）
	售后或维修服务及时率	售后或维修服务及时情况，定序量表（1为非常及时、0.5为大致及时、0为中等或一般、-0.5为不太及时、-1为很不及时）

（四）生产效率水平的评价指标体系

反映生产效率水平的评价指标有工业增加值率、总资产贡献率、资产负债率、流动资产周转次数、工业成本费用利润率、全员劳动生产率、产品销售率等。这些指标能够较合理地反映民营化对城市公用事业生产效率水平的影响，而且这些指标也易于获得。当然，还有其他反映生产效率水平的评价指标，但考虑到简单实用性和数据可获得性，我们没有加入。表3－8是生产效率水平的评价指标体系。

表3－8　　　　　　　　生产效率水平的评价指标体系

一级指标	二级指标	指标说明及测量方式
生产效率水平	工业增加值率	直接反映企业降低中间消耗的经济效益，反映投入产出的效果，定比量表
	总资产贡献率	反映企业全部资产的获利能力，定比量表
	资产负债率	评价企业负债水平，定比量表
	流动资产周转次数	反映流动资产的周转速度，定比量表
	工业成本费用利润率	反映工业生产成本及费用投入的经济效益，定比量表
	全员劳动生产率	考核企业技术水平、管理水平的综合表现，定比量表
	产品销售率	反映产品已实现销售的程度，定比量表

（五）普遍服务水平的评价指标体系

具体来说，普遍服务水平的评价指标主要包括产品总体普及率、欠发达地区或城市的产品普及率、欠发达地区或城市的关键性基础设施、对弱势群体的补贴等。表3－9是普遍服务水平的评价指标体系。

表3－9　　　　　　　　普遍服务水平的评价指标体系

一级指标	二级指标	指标说明及测量方式
普遍服务水平	产品普及率	总体普遍服务水平，定比量表
	欠发达地区或城市的产品普及率	欠发达地区的普遍服务水平，定比量表
	欠发达地区或城市的关键性基础设施	欠发达地区或城市的关键性基础设施完备程度，定序量表（1为非常完备、0.5为大致完备、0为中等或一般、－0.5为不太完备、－1为很不完备）
	对弱势群体的补贴	是否存在对弱势群体的补贴，定类量表（1为有、0为无）

四　绩效评价指标体系设计的基本总结

城市公用事业民营化绩效的评价指标体系设计总结如表 3－10 所示。

表 3－10　　　　　　城市公用事业民营化绩效的评价指标体系设计

	一级指标	二级指标	测量方式及数据来源
民营化过程评价指标	过程公正性	竞争充分性	定类量表，直接观察或调研获得
		政府公信度	定类量表，直接观察或调研获得
		准入条款公正性	定类量表，直接观察或调研获得
	过程公平性	征询公众和消费者意见	定类量表，直接观察或调研获得
		征询企业员工意见	定类量表，直接观察或调研获得
		征询资产所有者意见	定类量表，直接观察或调研获得
		征询相关利益者意见	定类量表，直接观察或调研获得
	过程公开性	信息披露完备度	定序量表，直接观察或调研获得
		信息披露及时度	定序量表，直接观察或调研获得
		信息披露准确度	定序量表，直接观察或调研获得
	过程科学性	时间充裕性	定序量表，直接观察或调研获得
		政府机构人员的专业性	定类量表，直接观察或调研获得
		法定程序遗漏情况	定类量表，直接观察或调研获得
	行业发展水平	产品供应量	定比量表，二手统计数据
		产品人均消费量	定比量表，二手统计数据
		就业人员数量	定比量表，二手统计数据
		关键性基础设施存量	定比量表，二手统计数据
	产品价格水平	产品总体价格水平	定比量表，二手统计数据
		产品价格上涨率	定比量表，二手统计数据
		基本产品或关键产品的价格水平	定比量表，二手统计数据
		基本产品或关键产品的价格增长率	定比量表，二手统计数据
	服务质量水平	供应充足性和稳定性	定序量表，二手统计数据或者调研获得一手数据
		缴费便利性	定序量表，调研获得一手数据
		消费者满意度	定比量表，调研获得一手数据

	一级指标	二级指标	测量方式及数据来源
民营化过程评价指标	服务质量水平	产品或服务质量水平达标率	定比量表，二手统计数据
		产品质量标准提高率	定类量表，调研获得一手数据
		售后或维修服务及时率	定序量表，调研获得一手数据
	生产效率水平	工业增加值率	定比量表，二手统计数据
		总资产贡献率	定比量表，二手统计数据
		资产负债率	定比量表，二手统计数据
		流动资产周转次数	定比量表，二手统计数据
		工业成本费用利润率	定比量表，二手统计数据
		全员劳动生产率	定比量表，二手统计数据
		产品销售率	定比量表，二手统计数据
	普遍服务水平	产品普及率	定比量表，二手统计数据
		欠发达地区或城市的产品普及率	定比量表，二手统计数据或调研获得一手数据
		欠发达地区或城市的关键性基础设施	定序量表，二手统计数据或调研获得一手数据
		对弱势群体的补贴	定类量表，直接观察或调研获得

在以上评价指标体系中，民营化过程的评价指标体系共包括四个一级指标，13 个二级指标。这些二级指标都是标准化的定类量表或定序量表，可以直接加总。总分最高为 13 分。如果对特定公用事业民营化过程进行评价后得出总分为满分 13 分或略低于 13 分（如 11—13 分），那么民营化的过程非常有效、非常理想。如果评价后得出总分为略低于 10 分（如 8—10 分），此时需要具体情况具体分析。假如是由于竞争不充分导致失分，那么则要区分是主观原因还是客观原因导致，如果是客观上没有足够的民营企业参与竞争，那么依然可以认定此次民营化的过程绩效相对理想。假如是主观原因导致竞争不充分，那么此次民营化的过程绩效至少在某个或某几个环节还存在问题。当然，如果评价后得出的总分远远低于 13 分（例如得分在 7 分以下），那么不论是主观原因导致还是客观原因造成，都可以认定此次民营化过程的绩效很低。表 3－11 列出了对过程评价的判断标准。

表 3－11　　　　　　　　垃圾处理行业民营化过程评价分析

得分情况	民营化过程绩效评价
11—13 分	民营化的过程非常有效、绩效非常理想
8—10 分	客观原因导致→民营化的过程绩效相对理想
	主观原因导致→民营化过程中至少还有环节存在问题
7 分或以下	民营化的过程绩效很低

资料来源：笔者根据实证研究指标体系的设置确定。

　　民营化结果的评价指标体系共包括 5 个一级指标、25 个二级指标。这些二级指标有些是定类量表，有些是定距量表，有些还是定比量表。甚至在同一个一级指标下，有的二级指标是定比量表，有的二级指标是定序量表，有的二级指标则是定类量表。不同指标间不能直接标准化换算。以服务质量水平这个一级指标为例，它共有 6 个二级指标：供应充足性和稳定性、缴费便利性、消费者满意度、产品或服务质量水平达标率、产品质量标准提高率、售后或维修服务及时率。假如供应充足性和稳定性、缴费便利性、消费者满意度提高了，但是产品或服务质量水平达标率、产品质量标准提高率、售后或维修服务及时率却下降了，这就很难判断其服务质量水平是提高还是下降。此时，评估民营化结果的绩效只能根据专家意见，从定性的角度进行权衡，确定其结果是"高效"、"低效"还是"无效"。此时的民营化绩效评价不可避免地带有一定的主观性。

　　最后，由于城市公用事业行业范围广泛，不同行业间也是千差万别，不同行业数据可获得性也不一样。因此，在评估特定城市公用事业行业的民营化绩效时，一定要根据特定行业的实际情况选择相应合理的评价指标。有些指标可能需要充实，有些指标则可以简化。

第四章

城市公用事业民营化的负面效应与管制需求

城市公用事业民营化在促进城市公用事业经济效率，减少政府财政负担，提高产品和服务质量，缓解产品和服务供求矛盾等方面发挥了重要作用，但在城市公用事业民营化过程中也必然会产生一定的负面效应。如何看待这些负面效应？本书的基本观点是，由于缺乏城市公用事业民营化所必需的法规政策体系和对民营企业实行有效管制的专门机构以及社会公众监督机制等制度条件，在城市公用事业民营化中产生一些负面效应是不可避免的。我们不能因此而否定城市公用事业民营化的积极作用，而是要在总结前期城市公用事业民营化基本经验教训的基础上，分析各种负面效应产生的原因，重要的是通过制度创新，为推进城市公用事业民营化的顺利发展提供良好的制度环境。本章将重点讨论在城市公用事业民营化过程中产生的负面效应，分析其深层次的原因，在此基础上，探讨城市公用事业民营化对政府管制的需求。

第一节　城市公用事业民营化产生的负面效应

虽然中国城市公用事业民营化始于20世纪80年代，但较大规模的民营化在进入21世纪后才开始，这既需要民营企业具有较强的经济实力，更需要国家政策的鼓励和支持。因此，中国城市公用事业民营化的时间还不长，许多城市政府缺乏经验；而且，城市公用事业具有区域性，不同城市对民营化的认识和采取的政策措施存在较大的差距，少数城市政府对民营化的目标模糊，缺乏科学的决策程序等。这些因素综合作用的结果是，在城市公用事业民营化中存在多种形式的负面效应。

一　国有资产流失和腐败问题

国有资产流失是指对国有资产负有管理或者经营责任的单位或者个人，以低于真实价值的价格出售国有资产，导致国有资产遭受损失。这可分为两种情况：一是由于低估国有资产的真实价值而低价出售造成的国有资产流失；二是明知国有资产的真实价值而出于某种目的而低价出售造成的国有资产流失。在城市公用事业民营化过程中，这两种情况都是存在的，有时两者交织在一起。如一些城市政府偏重眼前利益，试图通过国有资产的出让、转让和资产变现，以期解决由于财政资金短缺造成的城市公用设施建设不足问题，在缺乏对国有资产科学评估的情况下，急于对特定城市公用企业或项目实行民营化，结果使一些民营企业通过低价收购国有资产。

需要特别警惕的是，有的国有资产流失和腐败有关。对此，斯蒂格利茨在研究世界上许多国家的民营化实践后曾形象地指出："当政府官员认识到民营化意味着他们不再需要局限于每年获取利润，他们就会通过低于市场价格出售国有企业，为自己攫取一大笔资产价值，而不是将资产留给下一任官员。"①如果一些政府官员出于这种动机，就会设租招徕寻租企业，通过和企业合谋，有意低估国有资产，将国有资产低价转让给民营企业，然后双方从中获利，腐败因此而产生。这种现象在中国反腐败案件中并不少见。

二　固定投资回报与价格过快上涨

在城市公用事业民营化中，对政府和企业来说，投资回报率是一个十分敏感的问题。如果投资回报率较高，固然对民营企业会有较大的吸引力，并使民营企业获得较多的利润，但会增加价格上涨的压力；而如果投资回报率较低，就难以吸引民营企业进入。这一矛盾在城市公用事业民营化中普遍存在。对此，不少城市政府为吸引民营企业投资，在城市公用事业特许经营合同中，明确规定较高的投资回报率，而政府又没有实力给予财政补贴，其结果是根据"成本加成定价法"，城市公用产品价格往往不断上涨。因此，固定回报与价格上涨有着紧密的关联性。对此，沈阳市水务的

---

①　Ernst Ulrich von Weizsacker, Oran R. Yong and Matthias Finger, 2006, *Limits to Privatization: How to Avoid too Much of a Good Thing*. London: Earthscan, p. 263.

民营化就是一个典型的例子：1995 年沈阳自来水公司新建成第八水厂，全部投资采用世界银行贷款，总投资为 2.5 亿元。为进一步筹集城市基础设施建设资金，1996 年沈阳市政府与中法水务谈判第八水厂股权转让，结果中法水务以 1.25 亿元的转让价格取得了第八水厂 50% 的股权，注册成为沈阳中法供水有限公司，同时取得了第八水厂 30 年的特许经营权。双方协议还规定中法水务将获得 18% 的平均回报率。为确保政府对中法水务固定回报承诺，沈阳市自来水公司当时的售水价格为 0.88 元，但合资公司卖给自来水公司的价格却达到 1.08 元，造成沈阳市自来水公司的购销倒挂价格为 0.2 元①。这成为后来沈阳市自来水售价上涨的一个重要推动因素。

此外，除了明确规定的固定投资回报外，还存在不少隐性的固定投资回报现象。如规定无论市场需求如何变化，首先采购民营企业一定数量的产品，有的还承诺定期调整产品价格。例如，1998 年，法国威利雅通过招投标以 BOT 方式承租了成都第六水厂 B 厂的建设经营项目，成都市政府在与法国威利雅签订的协议中作出的其中一个承诺是，市政府指定成都市自来水总公司按照固定的价格向项目公司收购 40 万立方米/日符合标准质量的净水，并签订购水协议。2002 年 2 月以来，随着六厂 B 厂的竣工投产，成都市自来水总公司日产自来水的能力大幅增加，但由于供水市场已由紧缺转为过剩，售水量则大幅下降。由于市场供水严重过剩，自来水公司将部分水厂改为用水高峰期的调剂水厂用，第六水厂 B 厂投产后一年，成都市自来水总公司就变盈为亏，成都市财政每年的 1 亿多元补贴也不能填补 1.5 亿元的亏损额，这也成为后来成都市提高供水价格的一个重要因素。

三　普遍服务难以保障

城市公用事业的普遍服务通常是指：为维持社会公众的基本权利，缩小贫富差距，政府通过制定与实施相关法规政策，促使城市公用事业的经营者向所有存在现实或潜在需要的消费者，以可承受的、无歧视的价格提供的基本服务。其基本内容是：（1）可获得性。即只要消费者需要，城市公用事业的经营者都应该高效率地向消费者提供有关服务。（2）非歧视性。

---

① 余晖：《公私合作制在城市水务的中国实践》，世纪出版集团、上海人民出版社 2005 年版，第 234 页。

对所有消费者一视同仁，在服务价格、质量等方面不因地理位置、种族、宗教信仰等方面的差别而存在歧视。（3）可承受性。即服务价格应该合理，使大多数消费者都能承受。在政府垄断经营城市公用事业的时期，通常是对各地区、各层次的消费者实行交叉补贴或财政补贴办法实现普遍服务的。但在城市公用事业实行民营化后，特定城市公用行业（如供水、供热等）可能由两家或更多家民营企业经营，这些民营企业主要以利润最大化为经营目标，为了降低成本，往往会减少向成本较高、用户较少的地区投资，从而难以保证城市公用事业的普通服务。另一种更为普遍的现象是，不少低收入的消费者因水价、燃气价格太高而不用或尽可能少用自来水、燃气等，更多地使用未经处理的井水、溪水等取代自来水，或以柴火、煤饼等取代管道燃气，这实际上是普遍服务难以保障的隐性形式。

四　政府承诺缺失

民营企业进入城市公用事业，投资建设基础设施后，就会产生大量的沉淀成本，当企业投资而形成的资产转作他用时，就会大大贬值甚至毫无价值。相比较而言，政府对民营企业的价格和产量等管制政策却容易调整。这就存在政府和企业的调整成本的不对称性。这反映在实践中，一些城市政府为了吸引投资者，对价格和产量作出某些承诺。但随着市场和技术等因素的变化，或者由于政府决策者的调整，致使政府承诺难以实现，造成政府承诺缺失。有的学者认为，政府承诺缺失实际上是由于无法对政府进行长期有效的制度性监管和约束，政府代理人可利用这一缺陷，为追求自身利益而盲目承诺或不承诺所形成的制度性的有效承诺缺位[①]。主要表现在滥用承诺和承诺不连续性。一些城市政府把城市公用事业特定项目的民营化作为完成招商引资的重要途径，看做是显示改革开放意识的政绩工程，为急于求成，缺乏对市场的前瞻性预测而盲目承诺，结果这种短期化的、缺乏法律依据的承诺往往难以长期实施。而在城市政府领导人换届后，新的领导人经常会否认上届领导人所作的承诺，从而对民营企业而言造成政府承诺缺失。对此，在长春汇津北郊污水处理厂（简称"长春汇津"）发

---

① 周耀东、余晖：《政府承诺缺失下的城市水务特许经营——成都、沈阳、上海等城市水务市场化案例研究》，《管理世界》2005 年第 8 期。

生的诉讼案中，就反映了在政府承诺方面存在的问题：长春汇津北郊污水
处理厂由长春市人民政府1999年通过招商引资方式，与汇津公司①达成一
致意见，决定成立长春汇津北郊污水处理厂，双方共同投资建设并经营。
2000年3月8日，长春市排水公司与汇津公司签署了《合作企业合同》，
2000年7月14日，长春市政府颁布了《长春汇津污水专营管理办法》。
2000年年底，该项目投产后运行正常。2002年年中开始，排水公司开始拖
欠合作公司污水处理费。直到2003年，长春汇津在追讨污水处理费的过程
中发现，长春市政府在2003年2月28日已废止了《长春汇津污水专营管理
办法》，汇津公司认为《长春汇津污水专营管理办法》是政府作为支持污水
处理企业而作出的行政许可和行政授权行为，废除《长春汇津污水专营管
理办法》等于摧毁了"长春汇津"成立及运营的基础，长春市政府单方面
取消《长春汇津污水专营管理办法》，影响了企业的正常经营权力和利益。
自2003年3月起，排水公司停止向合作企业支付任何污水处理费，截至
2003年10月底，累计欠费高达9700多万元人民币。为解决争议，汇津公
司于2003年8月21日以长春市人民政府为被告向长春市中级人民法院提出
行政起诉，希望长春市政府纠正其违法行政行为，并请求判令被告长春市
人民政府承担对拖欠污水处理费及滞纳金的赔偿责任。在此过程中，长春北
郊污水处理厂曾一度停产，导致大量污水直接排入松花江。直到2005年8月，
这场官司最终以长春市政府回购而结束，回购金额为2.8亿元人民币②。

五 政府高价回购

随着城市化进程的加快，国家对节能减排、污水和垃圾处理等强制性
要求不断提高，而政府财政将更多地用于社会公共福利领域，一些城市对
供水和污水处理等投资较大的基础设施无能为力。在这种财政压力下，不
少城市政府开始对城市公用事业进行民营化。但民营化并不是政府可以对
城市公用事业撒手不管，而是仍然要负应有的责任。在实践中，一些城市

①　汇津公司系在英属维尔京群岛登记的商业公司。英国泰晤士水务公司于2002年6月成为该公司
大股东，占48.8%股权。
②　本案例主要参考周建亮《城市基础设施民营化的政府监管》，同济大学出版社2010年版，第
31—32页；《二审中长春北郊污水处理厂停产》，《中国建设报》2004年3月5日。

政府对民营化缺乏正确判断，对部分公用事业实行民营化后，由于生产资料价格上涨等因素，民营企业要求政府提供较多的补贴；或是要求政府较大幅度提高城市公用产品价格，引起价格上涨幅度过大；或是由于政府需要对城市公用事业实行战略性重组等，政府对已实行民营化的城市公用事业实行回购，由民营再变为国营。但由于特许经营合同尚未到期，民营企业往往会提出较高的补偿要求，从而造成政府高价回购现象。对此，我们又以沈阳市第八水厂作为案例分析①：如前所述，1996 年，中法水务出资1.25 亿元人民币购买沈阳市第八水厂 50% 的股权，注册成立沈阳中法供水有限公司，同时取得了第八水厂 30 年的特许经营权。但在两年后，沈阳市政府开始着手沈阳发展股份公司的香港上市工作，决定将全市大小 8 个水厂的资产捆绑在一起上市，提出回购第八水厂 50% 的股权并收回其特许经营权。经过双方谈判达成的回购条件是：付给中法水务 1.5 亿元人民币作为 50% 股权的回购价；沈阳发展股份公司委托中法水务作为第一到第八水厂这 8 个水厂的运营技术顾问。在此交易中，中法水务取得了巨大收益，当初投入 1.25 亿元人民币，两年后除获得每年 18% 的固定回报（约 4500万元人民币）外，转让收入超过投资 2500 万元人民币，而且获得了 8 个水厂长达 10 年的技术服务合同（总收入为 5000 万元人民币）。仅这三项中法水务就赚了 1.2 亿元。与此相对应，沈阳市政府支付的回购成本是很大的，造成了较为严重的经济损失。

第二节　城市公用事业民营化负面效应的原因分析

一　民营化的目标认识模糊

在中国城市公用事业实行民营化的基本目标是，坚持和完善社会主义市场经济体制，发展混合所有制经济，推动各种所有制经济平等竞争、共同发展，建立公平竞争的市场环境，充分发挥市场配置资源的基础性作用。而更为直接的目标是，通过激发民营企业在城市公用事业中的创新精神，提高城

① 徐宗威：《公权市场——中国市政公用事业特许经营》，机械工业出版社 2009 年版，第 44—45页。

市公用事业的效率；通过投资主体多元化，减轻政府对城市公用事业的财政负担；增强城市公用事业的供给能力，以更好地满足城市化的需要。最终让社会公众分享改革成果，确保并增加社会公众利益。但在城市公用事业民营化实践中，不少城市政府对民营化的目标认识模糊，主要表现为：（1）一些城市政府将增加财政收入，减少财政补贴为首要考虑，像"土地财政"一样转移城市公用事业产权或经营权，并将这种财政收入挪作他用，不是用于进一步发展城市公用事业。（2）有的城市政府将具有公益性、需要政府不断投入的城市公用事业视为"包袱"，一卖了之，推卸政府责任。（3）有的城市政府对城市公用事业盲目进行招商引资，搞"政绩工程"，表现为融资冲动，只要能圈来钱，政府就给企业特许经营权；只要某个企业给的钱比其他企业多，政府就给这个企业特许经营权；只要短期内某个企业能提供很多钱，政府就给这个企业特许经营权。其结果增加了对城市公用事业的融资成本，削弱了政府对城市公用事业的控制力。在城市公用事业民营化中产生的许多负面效应的案例，都导源于一些城市政府偏离了民营化的目标，表现出对民营化目标认识模糊。例如，郴州市政府在委托管道燃气项目特许经营过程中，就明显暴露出融资冲动的问题。为发展城市管道燃气，郴州市城管局和香港华焱签订了合作开发协议，授予其管道燃气特许经营权。短期内香港华焱同意投资 4000 万元，这对一个小地方的小项目来说，可是个大数目。其代价是特许经营期限是 50 年。由于委托经营期限过长，势必削弱政府对城市公用事业的控制力，对社会稳定和城市安全带来重大隐患因素。由于投资者的目标和发展城市管道燃气的目标发生严重背离，不久双方就产生了矛盾①。

二　缺乏有效的法规政策准则

从国内外城市公用事业民营化实践中可以总结出的一个基本经验教训是，为保证城市公用事业民营化的有效性，必须要有相应的法规政策为依据。但从中国城市公用事业民营化有关的现行法规政策看，虽然在宏观层面上，党和国家已相继出台了有关鼓励民营经济发展，扩大民营企业经营范围，非公有资本进入法律法规未禁入的基础设施、公用事业及其他行业

---

① 参见徐宗威《公权市场——中国市政公用事业特许经营》，机械工业出版社 2009 年版，第231—234 页。

和领域的政策。建设部还先后颁发了《关于加快城市公用事业市场化进程的意见》等法规，对中国城市公用事业民营化具有一定的导向性，并发挥了指导作用。但由于中国国土面积大，地域辽阔，城市公用事业又具有地域性，各城市之间在城市基础设施、经济发展水平等方面存在较大差别，因此，国家有关促进城市公用事业民营化的法规政策的效果如何，关键决定于各城市政府能否制定切实可行的"地方性法规政策"。同时，对特定城市而言，城市自来水、管道燃气、污水和垃圾处理、公共交通等特定城市公用行业在技术经济特征、发展阶段等方面存在一定差别，在民营化法规政策制定与实践中也应有所区别。但在政策实践中，不少城市政府过于强调"上下对接"，缺乏政策创新，只是"改头换面"，基本搬用上级的法规政策，更没有考虑不同城市公用行业的特点，制定出适合当地城市、不同行业实际的民营化政策，从而在政策层面和政策实践之间存在较大的自由决策空间，使民营化缺乏有效的法规政策准则，从而弱化了法规政策对城市公用事业民营化中产生负面效应的制约作用。

三　对特定的民营化项目缺乏科学论证

城市公用事业民营化的改革效果，需要通过具体的城市公用行业特定项目民营化体现出来，因此，特定项目民营化是城市公用事业民营化的基础。而任何一个项目都是城市公用事业的物质基础，关系到一个城市生产和居民生活的保障问题。这决定了任何一个特定城市公用事业民营化项目都是一项综合性和系统性的工作，涉及规划、决策、组织、实施、多方参与、监控、绩效评估等方面；从时间跨度看，许多民营化项目的特许经营期为20—30年，同时还要考虑到特许经营期满后项目回收后的有效使用问题。这些都要求对特定的民营化项目实行科学论证。经济发达国家在这方面的经验值得我们借鉴，如有的学者根据民营化改革实践，把特定项目的民营化程序划分为四个阶段12个步骤（见表4-1），这为民营化项目的成功实施提供了基本保证。

显然，完成一个民营化项目的所有阶段和步骤需要相当长的时间。对此，世界银行经济学家 Prajapati Trivedi 博士在他设计的特定民营化项目中10个步骤所需要的大致时间作了估计（见表4-2）。

表4-1 特定项目民营化的阶段和步骤

阶段＼步骤	步骤1	步骤2	步骤3
第一阶段	由政府官员、商业银行和管理专家合作进行可行性研究	向有关政府高层官员报告民营化的可行性、可供选择的方案和基本条件	政府高层官员对民营化的程序、最优方案等作出原则决定
第二阶段	从商业银行、咨询机构等选择专家顾问，提出民营化改革的建议	做好有关准备工作，如建立民营化改革的管理机构，设计吸引民营企业的办法，制定有关法规和管制措施	制定和调整民营化对象的资产负债表，以反映其资产质量
第三阶段	最终选定资产质量较好的民营化对象。为资产出售选择商业银行、经纪人和律师	对出售股份的数量、出售地点、出售方式等作出决策	在广告促销前考虑预期买主，建立民营化对象的良好形象
第四阶段	制定价格等方面的最终决策	在某一时间内，民营化对象的资产全部或部分出售	民营化过程结束

资料来源：John Moore, 1986, *Privatization in the United Kingdom.* London：Aims of Industry, pp. 18 – 21。

表4-2 民营化项目的基本步骤及所需时间

	基本步骤	所需时间
1	向社会公众发出民营化改革通告	0
2	接收感兴趣的购买者（投标者）的意见和建议	30—45 天
3	将购买（投标）计划的要件送交给被选择的企业	5—7 天
4	收集关于购买（投标）计划的问题	15—20 天
5	组织召开潜在购买者（投标者）会议	5—7 天
6	将修改后的购买（投标）计划要件送交给被选择企业	2—3 天
7	接收购买或投标计划书	15—20 天
8	评价购买或投标计划书	16—20 天
9	宣布中标的购买或投标计划书	7—8 天
10	签订合同	5—30 天
	整个过程所需时间	100—160 天

资料来源：Prajapati Trivedi, 2000, *How to Implement Privatization Transactions：A Manual for Practitioners.* Danbury：Rutledge Books, Inc., p. 8。

表 4 - 2 反映了完成一个典型的民营化项目大约需要 100—160 天时间。如果要完成一个相当复杂和较大规模的民营化项目，则可能需要 9—18 个月。特别是那些政治敏感性强，政府又缺乏实施民营化改革经验的项目，从开始到结束往往需要更长的时间。

以此比较中国城市公用事业民营化实践，不少城市政府表现为急于求成，忽视对特定民营化项目的科学论证，注重眼前利益，缺乏长远的、动态的考虑，在较短的时间内就完成一个城市公用事业项目的民营化程序[①]，这必然在民营化后政府与企业发生争端留下隐患，其损失最后还是由城市政府买单，但最终真正受损者是纳税人和广大消费者。大量的城市公用事业民营化负面效应案例都说明了这一点。事实上，在城市公用事业民营化的方案设计、招标准备及其过程、时间安排等各个环节都有可能产生腐败问题，因此，科学、透明的民营化程序也是防治腐败的一个重要措施。

四 缺乏对民营企业的有效管制

城市公用事业实行民营化改革后，在一些城市公用行业或某一行业中的特定业务领域中，民营企业成为实际的经营主体。但民营企业主要以利益最大化为经营目标，怎样既保护民营企业的正当经济利益又维护社会公共利益，如何有效实现两者的动态均衡，这是城市政府必然面临的新问题。而这一问题的核心内容是对具有一定垄断性的民营企业的进入、价格、质量、环境等实行有效管制。但在城市公用事业政府管制实践中存在的主要问题是：（1）缺乏现代管制理念。管制是城市公用事业民营化后必需加强的政府职能，但许多城市政府对管制这一新的政府职能缺乏认识，还是沿用过去管理国有企业的办法管理具有独立地位的民营企业。（2）缺乏高效率的、具有相对独立性的管制机构。许多管制职能分散在城市公用事业局或类似机构、物价局、水利局、环保局、发改委、卫生局、建设局等政府部门，难以实现一体化的综合管制。（3）缺乏实行有效管制的法规政策依据。在有关法规政策中，对管制权限的分配、管制责任的分工、管制方法和手段的运用无章可循。这些问题的综合反映就是对民营企业缺乏有效管

---

① 据我们调查，不少城市公用事业项目在一个月左右就完成整个民营化程序。

制。城市公用事业民营化中在价格、产量、质量等方面反映出来的负面效应，实质上都是政府缺乏有效管制的外在表现。

第三节　城市公用事业民营化的管制需求

根据前面二节讨论的在中国城市公用事业民营化中存在的各种负面效应以及原因分析，为减少城市公用事业民营化的负面效应，可采取许多对策措施，例如，建立与完善有关民营化的法规政策体系，对城市公用事业民营化的实施程序、准入制度、定价制度、管制制度等作出详细的规定，从而使城市公用事业民营化具有明确的法规政策准则，使政府对民营企业实行有效管制具有法规政策依据。又如，加强对城市公用事业的政府责任，明确城市公用事业民营化的目标。对此，本书在第九章讨论深化城市公用事业民营化的政策思路时，将在第一节和第五节分别论证建立与完善城市公用事业民营化的法规政策体系和加强对城市公用事业的政府责任的基本政策思路和具体政策措施。此外，为减少民营化的负面效应，还应加强城市公用事业民营化程序的科学性，为民营化项目的成功实施提供了基本保证。而科学的民营化程序本身应包括对民营化的事前、事中和事后的政府管制。事实上，许多民营化负面效应都和政府缺乏对民营化的有效管制有关。因此，为提高问题讨论的针对性和集中度，本节的主要任务是讨论城市公用事业民营化对政府管制的需求，为后面章节探讨加强对城市公用事业民营化的有效管制作必要的铺垫。

一　对城市公用事业民营化政府管制需求的理论观点

回顾关于包括城市公用事业在内的公共部门所有制问题的争论，曾存在两种极端的观点。在20世纪80年代以前，许多中央集权论者的基本观点是，政府应该拥有财产所有权并提供公共服务，由于公共部门没有利益动机促使它进行其他活动，因此，公共部门会自动按照公共利益运作，进而认为不需要任何外部管制。而自由论者的基本观点是，主张将财产所有权从公共部门转到私人部门，由于以利益为导向的竞争机制可以保证私营企业积极提供用户所需的服务，否则，就会被那些这样做的成功企业挤出市场，因此，同时主张最大程度地减少对私有企业的政府管制。可见，尽管这两种观点对公共部门所有制存在完全相反的认识，但都主张基本不需要政府管制①。

但许多国家的民营化实践证明，无管制或弱管制下的私有权会产生一系列的问题。例如，有的学者根据在英国城市公用事业民营化中存在的问题，指出英国民营化改革的一个沉重教训是，英国政府对民营化的热情过高，在制定民营化改革政策时，经常对竞争和管制政策的一些基本问题没有进行必要的考虑，就急于把国有企业转变为私人企业，由于急于对原来国有企业实行民营化，这使后来对市场结构的调整，即把原来垄断性市场结构改变为竞争性市场结构造成了很大的障碍，从而增加了政府管制体制进一步改革的难度。因此，许多学者的基本研究结论是，只有当一个强有力的管制框架来确保民营企业的行为以满足广大消费者的需求，并符合公共利益目标时，民营化才能带来社会利益。有的学者还主张，不仅是私有制企业需要政府管制，公有制企业也需要强有力的管制，以确保公共服务行为符合其使用者的利益，而不是其供给者的利益，并保持压力来提高公共服务的提供效率，否则，在既缺乏竞争者又没有股东监督的情况下，如果没有管制，服务往往缺乏效率。在此基础上，如果以公有制与私有制和弱管制与强管制分别为内轴，就可以形成如图4-1所示的四种可能的组合。

管制程度	所有制	
	公有	私有
弱管制	国有企业提供公共服务	政府控股的部分私有化
强管制	模拟私有化动作的试验	完全私有化

图4-1　所有制与政府管制的四种可能组合

当然，图4-1只是一种简化的形式，因为对所有制而言，根据公有制或私有制所占的不同比重，存在多种形式的所有制；同样，管制也有多种

---

① Ernst Ulrich von Weizsacker, Oran R. Yong and Matthias Finger, 2006, *Limits to Privatization*: *How to Avoid too Much of a Good Thing*. London: Earthscan, p. 9.

形式，而不是简单地被分为弱管制和强管制两种形式，但图 4 - 1 能够说明，所有制形式与管制相关，而且，私有制程度越高，就越需要管制来保护弱势群体的利益①。可见，这些观点的政策含义是，城市公用事业民营化后，无论是私有制还是公有制，在公用事业领域都需要有效的政府管制，而且，随着私有制程度的提高，政府管制的力度也要随之加强，以维护广大消费者和社会公众的利益。

中国学者对城市公用事业民营化需要政府重视有效管制这一认识基本一致，但在政府管制的方式、内容和机制方面存在差异。如有的学者认为，城市公用事业民营化意味着打破过去地方国有垄断经营的模式，对原有的管制提出了改革的要求。管制改革一方面是对以前严格管制的放松，另一方面又是新的管制政策与管制制度的建立和实施过程。重要的是要在城市公用事业民营化中实行合理管制，其目标是既要促进有效竞争，提高生产效率，又要协调有关各方的利益平衡，提高分配效率。这也是判断管制是否合理的两条重要标准。为此，需要解决管制的独立性、承诺性、激励性和社会福利性基本问题，以实现合理管制②。有的学者认为，随着公用事业民营化的推进，公用事业的管制方式和重点都在发生变化。管制方式正从行政方式转变为重视各利益相关人之间的协调，管制的重点正在由兼顾产业利益与公众利益转变为侧重保护公众利益和用户利益。为此，应采取健全政府管制机构，科学配置中央和地方两级管制权；完善管制权配置，促进专业管制机构和反垄断执法机构之间的分工、协调和配合；完善利益相关方参与和协商机制，提高用户和公众参与程度等管制制度改革措施③。

笔者一直坚持的基本观点是：包括城市公用事业在内的垄断性产业实行民营化改革后，相当数量的民营企业进入垄断性产业，成为经营主体。这样，政府就不能用过去管理国有企业的方式去管制民营企业，从而"倒逼"政府改革垄断性产业的管制体制和管制方式。从总体上而言，民营化改革后，不但不能取消政府管制，而且在许多方面要加强政府管制。这是

---

① Ernst Ulrich von Weizsacker, Oran R. Yong and Matthias Finger, 2006, *Limits to Privatization*: *How to Avoid too Much of a Good Thing*. London：Earthscan, pp. 9 - 10.

② 参见陈明《中国城市公用事业民营化研究》，中国经济出版社 2009 年版，第 54、145—165 页。

③ 刘戒骄：《公用事业：竞争、民营与监管》，经济管理出版社 2007 年版，第 36—38 页。

因为，民营企业主要以利益最大化为经营目标，怎样既保护民营企业的正当经济利益，又维护社会公共利益，如何有效实现两者的动态均衡，这是政府管制者必然面临的新问题。同时，民营化改革后，垄断性产业的自然垄断属性没有发生多大变化，只是在垄断性产业形成自然垄断性业务领域和竞争性业务领域，国有企业主要分布在具有网络性的自然垄断性业务领域，而民营企业则分布在竞争性业务领域。对于民营企业，政府尽可能运用市场机制，采取新的、间接的管制方式，以引导民营企业在实现自身经济利益的过程中，同时实现社会公共利益。对于国有企业，政府也要改变原有的管制方式，模拟市场竞争机制，尽可能采取激励性的管制方式，刺激国有企业提高效率。此外，在垄断性产业存在多家经营主体后，如何在垄断性产业的垂直供应链中，协调各个企业之间的关系（如网络接入、联网价格与条件等），这也成为政府管制者必须处理的一道难题。可见，民营化改革后，垄断性产业的政府管制问题将变得更为复杂，更富有挑战性①。

二　城市公用事业民营化对政府管制的客观需求

在市场经济体制下，管制是一种重要的政府职能。国有制与管制具有一定的替代关系，城市公用事业民营化客观上需要政府制定科学的管制政策，以规范民营企业的行为，维护社会公共利益。从总体上而言，实行民营化改革后，城市公用事业的政府管制需求主要表现在以下几个方面：

（一）抑制企业制定垄断价格，维护社会分配效率

从理论上讲，在城市公用事业的自然垄断性业务领域，应该由一家企业提供产品和服务，以保证较高的生产效率；即使是城市公用事业的竞争性业务领域（如自来水厂制水），也不同于许多竞争性的制造业（如电视机、电冰箱、电脑等制造业），企业在一定的垂直供应链环节或特定的地区范围内，具有一定的市场垄断力量。由于这些企业具有垄断力量，如果不存在任何外部约束，它们就成为市场价格的制定者（price maker），而不是价格接受者（price taker），就可能会制定出大大高于成本的价格，以取得垄断利润，其结果必然扭曲分配效率。这就需要政府实行价格管制，公平

---

① 参见王俊豪、周小梅《中国自然垄断产业民营化改革与政府管制政策》，经济管理出版社2004年版，第225—226页。

定价，以维护广大消费者利益。

（二）防止破坏性竞争，保证社会生产效率和供应稳定

城市公用事业的显著特点是需要巨额投资，投资回报期长，资产专用性强，规模经济非常显著。因此，为实现规模经济与竞争活力相兼容的有效竞争，应控制城市公用事业经营企业的数量。但如果不存在政府管制，在信息不完全的情况下，许多企业就会盲目地进入城市公用事业，进行重复投资和过度竞争，一种可能的结果是，竞争力最强的企业最后将其他企业赶出市场，这些退出市场的企业的投资就不能得到回报，专用性强的资产就会闲置，造成社会资源的浪费。另一种可能结果是，势均力敌的几家企业互不相让，最后造成两败俱伤，在生产能力严重过剩的状况下，互相争夺市场份额，从而造成生产低效率。因此，为了防止这些破坏性竞争，需要政府对城市公用事业实行进入管制，通过控制进入壁垒，抑制企业过度进入，以保证社会生产效率[1]。例如，长春市内某地区有两家燃气企业在做管道燃气，都曾经是政府批准的。结果在这个地区开挖和安装了两套燃气管网。长春市 2600 千米的燃气管线，有 600 千米是重复的，造成资源浪费，老百姓也有意见[2]。由于管道燃气网具有自然垄断性，技术上决定应该实行独家经营，否则就会造成过度进入、重度建设，最后导致破坏性竞争。同时，城市公用事业提供的产品或服务是社会的生活必需品，也是大多数企业必需的投入要素，需要保证生产供应的高度稳定性。这也需要对城市公用事业实行政府管制，设立退出壁垒，控制企业在无利可图或者在更好的投资业务吸引下，任意退出市场，以免造成特定城市公用事业的产品或服务生产供应的不稳定性。

（三）制约垄断企业的不正当竞争行为

城市公用事业并不是铁板一块，现实的状况是，某些业务领域具有自然垄断性，另一些业务领域则是竞争性的。而经营自然垄断性业务的企业往往同时经营竞争性业务，这就为垄断企业采取不正当竞争行为提供了条

①　Giles H. Burgess, Jr., *The Economics of Regulation and Antitrust*. New York: Harper Collins College Publishers, 1995, pp. 43 – 44.

②　参见徐宗威《公权市场——中国市政公用事业特许经营》，机械工业出版社 2009 年版，第 67 页。

件。在无政府管制的条件下，垄断企业完全有可能在垄断性业务领域制定垄断高价，而在竞争性领域制定低价，通过内部业务间的交叉补贴行为以排斥竞争企业。同时，在城市公用事业也存在少数垄断企业采取合谋行为，共同获取垄断利润的可能性。因此，为制约垄断企业的各种不正当竞争行为，这也需要实行政府管制。

（四）促进正外部性，控制负外部性

对于外部性问题，有许多学者曾对它作了探讨。外部性是指一定的经济行为对外部的影响，造成私人（企业或个人）成本与社会成本、私人收益与社会收益之间相偏离的现象。外部性可分为正外部性（positive externalities）与负外部性（negative externalities）。正外部性是指一种经济行为给外部造成积极影响，使他人减少成本，增加收益。负外部性则是指一种经济行为给外部造成消极影响，造成他人成本增加，收益减少。外部性问题在许多领域都是广泛存在的。这需要通过政府管制促进正外部性，减少甚至消除负外部性。城市公用事业的许多活动具有正外部性，但某些活动也存在负外部性。例如，自来水供应和管道燃气等产业的发展，不仅会相互促进这些产业的自身发展，也会大大推动整个城市社会经济的发展，因而带来巨大的正外部性。这要求政府通过宏观规划和具体的投资管制，以促进这种有利于社会经济发展的正外部性。除了正外部性外，城市公用事业的某些活动也会产生负外部性问题。例如，如果自来水生产企业提供的自来水未达到卫生标准，就会影响消费者的身体健康。将未经完全处理的污水流入江河、海洋则会污染水源。这些都产生了对社会有害的负外部性。为了控制这些负外部性，也需要政府管制，政府管制者通过收取排污费、制定处罚政策等管制手段，以尽可能减少甚至消除城市公用事业的各种负外部性问题。

第五章

城市公用事业的管制体系与管制政策

　　为适应城市公用事业民营化对政府管制的新需求，实现有效管制，需要建立城市公用事业的管制体系，科学地制定与实施有关管制政策。本章探讨作为城市公用事业管制体系构成要素的城市公用事业管制的法律制度、管制机构和监督机制以及这三者的关系；对如何设立分层级城市公用事业管制机构及其职能作专题研究；最后，以大量的篇幅讨论与民营化相适应的城市公用事业的主要管制政策。

第一节　城市公用事业的管制体系

一　城市公用事业管制体系的构成

　　中国城市公用事业民营化已经历了十多年的改革历程，但在制度建设方面已落后于改革实践，至今，中国尚未建立与市场经济体制相适应的，符合民营化改革需要的城市公用事业管制体系。从经济发达国家的经验看，这些国家在城市公用事业民营化改革期间，都建立了新的城市公用事业管制体系。尽管由于各国城市公用事业具有自身的特点，政府管制的目标、重点和内容等也存在差别，但从制度形式的角度看，它们之间具有共性，都形成了政府实行有效管制所需要的城市公用事业管制体系。这一管制体系通常由完善的管制法律制度、高效的管制机构和有效的监督机制三部分组成。这可作为中国建立城市公用事业管制体制系的重要参考。

　　（一）城市公用事业管制的法律制度

　　经济发达国家对城市公用事业的改革通常是以政府管制立法为先导的，

这使城市公用事业改革具有法律依据和实施程序。从中国的经济体制改革实践看，似乎有一种先改革后立法的传统，经过一段时期的改革，根据在改革中取得的经验教训再制定相应的法规。这种立法思路虽然有针对性较强的特点，但它是以巨大的改革成本为代价的。因为从开始改革到颁布与实施法规这一时期内，由于缺乏改革的法律依据和实施程序，必然会产生不少混乱现象，同时也给一些投机者提供了"钻空子"的机会。中国城市公用事业民营化改革至今，在法律制度建设方面还存在许多薄弱环节，对民营化缺乏法律制度支持，这也是中国城市公用事业民营化产生负面效应的一个重要原因。因此，加强法律制度建设，形成城市公用事业民营化的法规政策体系，这是深化城市公用事业民营化改革的重要制度保障①。就建立城市公用事业管制体系的法律制度而言，需要根据城市公用事业的技术经济特征，城市公用事业改革的目标等因素，颁布相应的法规，为城市公用事业管制体系确立法律框架，这些法规的主要内容至少应包括：城市公用事业管制的目标、程序；确定执法机构，明确其责权；规定企业经营许可证的基本内容，明确企业的责权关系；对价格、服务质量、新企业进入行业的条件、竞争企业间的关系等重要政策问题作出规定。

（二）城市公用事业的管制机构

城市公用事业法规政策的实施效果，关键性地决定于管制机构的运作效率。因此，中国城市公用事业建立管制体系的一个核心内容，就是如何科学、合理地设立与规范管制机构。

借鉴经济发达国家的基本经验，中国城市公用事业的管制机构应当具有明确的法律地位，并得到法律授权，管制机构具有以下基本特点：

（1）相对独立性。管制机构的相对独立性是区别于一般政府行政部门的一个重要特点。独立管制机构具有许多优越性。例如，独立管制机构不受政府领导人的直接干预，能在相当程度上避免政治影响，客观公正地进行管制活动。又如，独立管制机构的职能单一，机构与成员相对稳定，这有利于积累管制经验，保持管制政策的连贯性，有利于企业制定长期投资决策，保证城市公用事业的长期有效供给。正因为独立管制机构具有这些

---

① 对此，本书第九章第一节对城市公用事业民营化的法规政策体系作了详细讨论，这里暂不展开讨论。

优越性，许多经济发达国家在城市公用事业民营化改革时（如英国），或者在民营企业作为城市公用事业经营主体的情况下（如美国），通常都设立了独立管制机构，专司其管制职能。

（2）管制职责专一性。一般政府行政部门通常具有十多项甚至数十项管理职能，机构庞大而混杂；而独立管制机构的职能比较单一，它只当"裁判员"，既不当"教练员"，更不当"运动员"。管制职责明确而专一，主要包括：以法律为依据，制定具体的管制法规；颁发与修改城市公用企业经营许可证；对服务价格与服务质量实行管制；协调和裁决企业间的矛盾；监督与制裁企业的不正当竞争行为，维护公平竞争；接受并处理消费者投诉，等等。

（3）管制内容的综合性。管制机构通常拥有市场准入、价格、服务质量、标准等方面的管制权利，对这些内容实行综合管制。这是保证管制机构独立性的重要条件，也有利于减少政府机构之间的矛盾，提高整个行业的管制效率。

（4）实行专家管制。一般政府行政部门领导与工作人员通常不一定对有关行业拥有多少专业知识，而独立管制机构的负责人及其成员通常是被管制行业的专家，具有较为丰富的专业知识。由于管制必然涉及经济、政治、技术、法律等方面，这要求向社会招聘一些专家参加管制，从而形成由行业管理专家、技术专家、经济学家、法学家等组成的专门管制机构。

总之，由于这些管制机构具有法律地位明确、管制职能专而精、专业技术和独立性强等特点，因此，它们受政治干预较少，比一般政府行政部门能较好地履行对城市公用事业的管制职能。管制机构的主要职能包括：

第一，制定具有普遍适用性的行为规则和管制标准。管制机构通过制定规章，规定具有普遍适用性的行为规则和管制标准。它们具有法律效力，相对人必须执行，违法者将受到制裁。制定规章和标准是管制机构最为重要的职能。

第二，颁发城市公用企业经营许可证和修改经营许可证的某些条款。管制机构根据具体城市公用事业的需求与供应能力、企业的资质等因素，通过招投标等形式，确定经营主体，颁发企业经营许可证。经营许可证实际上是管制机构与企业间的一种合同，应详细规定企业应当承担的各项义务，在价格、服务质量、公平交易等方面的业务规范。同时，管制机构还应根据具体行业的发展状况和供求变化、技术进步等因素，修改经营许可证的部分条款。

第三，实行进入市场的管制。城市公用事业民营化与建立管制体制的一个重要目标是促进竞争，充分发挥竞争机制的作用，这要求允许新企业进入行业；另外，城市公用事业具有较显著的规模经济和范围经济，这又需要控制进入行业的企业数量，以避免过度竞争。这要求管制机构合理控制进入壁垒，对进入市场实行管制。这种管制实质上就是控制发放经营许可证的数量和时间。

第四，制定和监督执行管制价格。管制机构应根据具体城市公用事业的成本状况、科技进步、提高生产效率的潜力等因素制定管制价格，并周期性地实行价格调整，以刺激企业提高生产效率，并将因效率提高而带来的部分利益让渡给消费者。

第五，监督并惩处企业的不正当行为。管制机构应对企业的经营行为实行监督，如发现企业违反经营许可证所规定的条件、服务标准或其他应遵守的规则，管制机构可以中止许可或吊销其经营许可证。管制机构还可以发布禁止令，禁止有关企业采用不正当的竞争行为和各种欺诈行为。禁止令应详细规定被禁止行为的界限、范围，相对人如果违反禁止令，可申请法院实施强制和制裁。对管制机构而言，这是一种非常有用的管制手段，能够针对各种违法行为迅速采取措施，避免对经济和社会造成大的损害。此外，管制机构还可通过判付赔偿金，迫使责任人承担相应的经济责任，促使责任人实施一定行为或不为一定行为，或改变一定行为。由于行政裁决赔偿程序比法院裁决程序简单、经济、迅速，因而能有效地实现管制目标。

第六，调查和公开信息。管制机构可对违规的企业进行调查，并公布其违规行为，如违反产品质量标准、安全标准等。公布这类信息，能够对违规企业的生存和发展造成极大威胁，有时甚至迫使违规企业陷入破产倒闭的境地。如美国安然公司、世界通信公司等企业造假丑闻被曝光后，这些企业立刻陷入了灭顶之灾。显而易见，公开市场信息将产生极大的威慑力，也是管制机构的一项重要职能。同时，公布某些信息，也有利于保护消费者的合法权益。另外，管制机构为履行职责，还可以强制企业公开其有关信息。

(三) 城市公用事业的监督机制

政府管制俘虏理论认为，消费者和企业是两个不同的利益集团，它们会对政府管制者产生一定的影响力。但由于消费者利益集团由数以万计的个体组成，政府管制法规对其造成的有利或不利影响由各个消费者分散享受或承担，对个人的影响不大，因此，消费者个人通常缺乏为本集团利益积极努力的动力。而企业这一利益集团的规模较小（在城市自来水和管道燃气行业只有少数几家甚至一家企业），同时，每个企业都能敏感地认识到政府管制法规对其可能造成的有利或不利影响，这就使企业利益集团容易采取共同一致的行动。因此，消费者利益集团对政府管制者的影响力较弱，而企业利益集团对政府管制者具有较强的影响力。此外，政府管制者也是"经济人"，也追求私利。这样，企业利益集团对政府管制者较强的影响力和一些政府管制者的私利相结合，便为政府管制俘虏理论提供了现实基础①。这一理论虽然存在局限性和片面性，但它对政府如何动员社会力量加强对政府管制的社会监督力度，较为科学地制定和实施政府管制法规提供了理论依据。

实践证明，完善的法律制度和明确独立的管制机构还不能形成有效的管制体系，因为法律需要管制机构实施，而管制机构在实施管制职能的时候，具有一定的自由量裁权。赋予如此大的权力给一个规模有限的管制机构可能带来较大的管制风险，造成管制失灵。因此，为了避免管制机构滥用职权，需要建立对管制机构的监督机制。主要体现在以下几个方面：

1. 对管制机构制定规则的立法监督②

管制机构根据有关法规制定管制规则时，必须与它们的法律授权相一致，而且，在制定规则的过程中，必须经过一系列管理程序，有很多的审核环节。以美国为例③，当管制机构认为需要对某一领域进行管制改革（如

---

① 对政府管制俘虏理论的讨论，参见王俊豪《政府管制经济学导论——基本理论及其在政府管制实践中的应用》，商务印书馆 2001 年版，第 56—66 页。

② 这里的规则包括法规、规章、条例等，根据中国的《立法法》，由管制机构的层级决定其制定的规则的层次。

③ 参见 W. 吉帕·维斯库斯等《反垄断与管制经济学》，机械工业出版社 2004 年版，第 12—14 页。

制定新规则或对现行规则进行重大修改）时，如果这是一个具有较大社会影响的重大管制行为，管制机构必须将其列入管制规划的一部分。管制机构首先要提出管制规则的建议稿，并对其进行经济性分析，作出管制影响分析（Regulation Influence Analysis，RIA）报告，以估计所要制定的管制规则的收益和成本并确定收益是否超过成本。管理与预算办公室（Office of Management and Budget，OMB）有权审查这一分析报告。大多数情况下，管理与预算办公室和管制机构进行协商以获得管制规则的改进。在少数情况下，管理与预算办公室还可能对一些管制规章持否定意见，对此，管制机构可以选择对管制规则进行修改或者撤销该规则。在中国，虽然还没有专门机构审查管制机构规定的规则，但各级政府部门制定的法规政策也要受各级"法制办公室"的审定。在中国设立相对独立的管制机构后，也要有相应的机构审查管制机构制定的规则，实行立法监督。

2. 对管制机构的司法监督

管制机构与被管制对象是独立的行为主体，如果被管制企业和管制机构的决定有实质性分歧，它们有权向法院提出上诉，法院就要检查管制机构是否遵循了恰当的程序，裁决是否合理。因此，在存在司法监督的情况下，管制机构就会更谨慎地遵循司法程序，作出合理的裁决，以避免司法审查。

3. 对管制机构的社会监督

社会监督包括丰富的内容，事实上，除了政府部门外，来自社会各方的对管制机构的监督都属于社会监督。例如，各级消费者组织就是重要的社会监督力量，在一些发达国家，还建立了专业消费者组织，如英国根据1986年《煤气法》建立了"煤气消费者委员会"，根据1989年《自来水法》建立了"用户服务委员会"。这些专业消费者组织主要负责与消费者直接沟通，反映消费者要求和呼声，同时监督管制机构是否维护消费者利益。又如，通过建立和健全听证会制度，对管制机构制定的管制规则，调整价格管制政策等实行听证会制度，进行社会监督。

二 管制体系构成要素的关系

（一）法律制度是城市公用事业有效管制的基础

法治化是市场经济体制下城市公用事业管制的基本理念，为了实现城市公用事业的有效管制，法律制度至少包括两大指向：一是针对被管制者，侧重于完善城市公用事业管制的法律依据，包括管制机构的设立和规范、主要政策目标、主要管制内容等；二是针对管制者，确保管制机构有效执法，避免滥用管制职权。因此，加强政府管制的法律制度，是保证城市公用事业有效管制的制度基础。

（二）独立管制机构是城市公用事业有效管制的条件

这里的独立管制机构有两层含义：一是管制机构独立于被管制者（实行政企分离）；二是管制机构要与其他政府职能部门划清职责界限（实行政监分离）。这一方面有利于确保管制机构有相应的管制权力，实现集中管制，避免分头管制；另一方面也有利于避免管制机构受到政治因素的影响。对城市公用事业管制而言，明确管制机构的法律地位，实现政企分离和政监分离，加强其独立性，这是提高城市公用事业管制效果的重要条件。

（三）多层次的监督机制是城市公用事业有效管制的保障

通过建立对管制机构的多层次监督机制（包括立法监督、司法监督和社会监督等），以保障有效管制的实施。由于城市公用事业是由城市的基础设施行业组成的，其提供的公用产品涉及广大社会公众的利益，因此，对于城市公用事业政府管制来说，多层次的监督机制是城市公用事业管制体系的重要内容。

第二节　城市公用事业的管制机构

作为城市公用事业管制体系的一个核心要素，管制机构在城市公用事业有效管制方面具有十分重要的作用。根据中国城市公用事业的实际情况，本节将探讨设立城市公用事业管制机构的基本思路。

一　设立国家与地方分层管制机构

作为比较，电信、电力、铁路运输、航空运输等行业具有在全国范围内实行全程联网的特点，因此，在这些行业应设置一个从上到下实行内部垂直管理的管制机构，地方管制机构只是国家管制机构的派出机构。国家与地方管制机构的关系主要是一种指令与执行的关系。而城市公用事业的一个显著特点是地域性,各地在经济发展水平、基础条件、地方政府的管理体制等方面都存在较大的差别,不可能在全国范围内实行完全统一的管制政策。另外,各地的城市公用设施大多是地方政府投资兴建的,城市公用事业的亏损也是由地方政府财政弥补的。这些都决定了在城市公用事业不能实行电信、电力等行业那样的内部垂直管制模式。根据城市公用事业的特点,中国城市公用事业管制机构的基本模式是国家与地方分层管制模式,设立国家与地方分层管制机构。

目前,中国正处于城市公用事业管理体制改革的初级阶段,特别需要建立国家城市公用事业管制机构,通过制定有关法规,以规范与指导各地城市公用事业的管制行为;打破地域性进入壁垒,促进城市公用企业跨地区经营;运用地区间比较管制方式等手段,向地方管制机构提供绩效比较信息,等等。而地方管制机构则是本地区城市公用事业的管制主体,在国家管制机构的指导下开展管制活动,更大程度上决定管制效率。城市公用事业管制机构的主要层级可包括国家级、省级和城市级管制机构。

从中国的实际情况看,国家和省级(省、自治区和直辖市)城市建设主管部门的管理范围包括城市公用事业,具有一定的管制经验,因此,建议将国家和省级城市公用事业管制机构分别设在建设部和省级建设厅(局),同时,把建设部和省级建设厅对城市公用事业的管制职能和部分人员合并到本级城市公用事业管制机构,专司管制职能,以提高管制效率。而在中国的许多城市,城市公用事业管制职能分散在许多政府部门,为此,建议将这些分散的管制职能集中起来,设立相对独立的城市公用事业管制机构。这样,我们可用图5-1表示这三个层次城市公用事业管制机构的关系,在图5-1中,实线表示业务指导关系,虚线表示信息反馈关系。同时,由于在近期内,国家和省级城市公用事业管制机构难以独立化,因此,在图5-1中,我们将国家和省级城市公用事业管制机构称为管制部门。

二 国家与地方管制机构的职权配置

不同层次管制机构的职权配置,这是处理国家与地方管制机构间关系的核心问题。要处理好国家与地方不同层次城市公用事业管制机构的关系,必须明确其职能分工,使国家与地方城市公用事业管制机构各行其职,积极

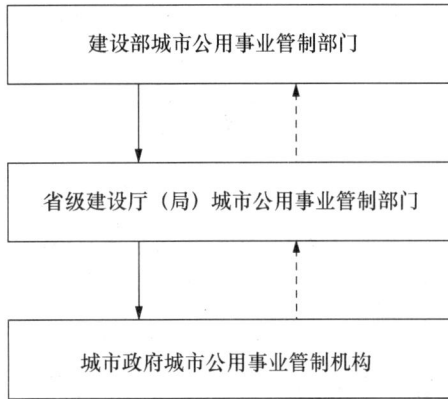

图 5-1 国家、省级和城市公用事业管制机构

开展管制活动，力求避免缺位、越位和错位现象。管制机构从上到下职权配置的基本思路是：从原则性到具体性，从政策制定到政策执行，从业务指导到信息反馈。

国家城市公用事业管制部门的基本职能是"定规则、当裁判、做好服务工作"。主要管制职能包括：（1）以国家有关法律为准则，根据中国城市公用事业的特点，制定有关法规和质量、安全、技术、卫生等业务标准；（2）根据城市公用事业的技术经济变化和社会经济发展的新情况，建议政府制定或修改城市公用事业的有关法律；（3）对全国主要城市公用产品和服务进行监督检查，并制订有关监督检查的计划；（4）协调跨省的城市公用事业经营中出现的问题与矛盾；（5）监督检查地方城市公用事业管制机构的管制行为，促进提高管制效率；（6）向地方城市公用事业管制机构提供各地区的有关管制信息和服务。

省级城市公用事业管制部门的基本职能是"承上启下"。主要管制职能包括：（1）贯彻执行国家城市公用事业管制部门的有关法规和业务标准；（2）以国家和上级法规为依据，根据本地实际制定地方性法规；（3）对本省主要城市公用产品和服务进行监督检查，并制订有关监督检查的计划；（4）监督检查本省城市公用事业管制机构的管制行为，促进提高管制水平；（5）协调跨地区的城市公用事业经营中出现的问题与矛盾；（6）向国家城市公用事业管制部门反馈本地区的有关管制信息。从发展趋势看，由于省级城市公用事业管制部门是地区性的，它有可能演变成为一个相对独立的省级城市公用事业管制机构。这也有利于在本省范围内对城市公用产品和服务实行城乡统筹，缩小城乡差别，提高农民的生活水平。

城市公用事业管制机构是一个综合性的具体实施管制机构，以适应城市公用事业整体性的要求。其主要管制职能是：（1）审查城市公用企业的资格，根据本市公用产品的需求规模，发放经营许可证；（2）对本城市的城市公用产品价格和服务质量实行管制；（3）协调、仲裁城市公用企业间的纠纷；（4）监督、制裁不正当的经营行为；（5）向省级城市公用事业管制部门反馈本地区的有关管制信息。

这种职权配置模式虽然难以实行国家对城市公用事业的统一管制，但有利于调动地方政府（特别是城市政府）投资经营城市公用事业的积极性，更为重要的是，由于城市公用事业具有明显的地域性，地方管制机构最了解本地区城市公用企业的成本、利润和运行信息，所以，给地方城市公用事业管制机构较大的管制权力，更有利于缓解管制者与被管制者之间信息不对称的问题，实现对城市公用事业的有效管制。

三 城市公用事业管制机构与其他政府部门的关系

处理好管制机构与其他政府部门的关系，才能保证管制机构的相对独立性和有效性。其他政府部门可分为两种基本类型：一是其他政府行政部门；二是其他政府管制部门。现将城市公用事业管制机构与这两类政府部门的关系分述如下：

（一）城市公用事业管制机构与其他政府行政部门的关系

从发达国家的经验看，为提高管制效率，管制机构的一个重要特点是对市场准入、价格、质量、标准等实行综合管制。但在中国现行体制下，城市公用事业管制职能被多个政府行政部门所分割，政出多门，管制效率低下。因此，为消除这种低效率现象，需要通过体制改革，对现有多个政府行政部门的管制职能实行合并，以建立一个具有多种管制职能、综合性的城市公用事业管制机构。当然，这涉及政府部门的职能重新分配，需要有一个不断调整的过程。同时，由于城市公用事业业务范围广、涉及面大、与广大消费者的利益密切相关，即使在城市公用事业管制机构拥有必要的管制权力后，也不能解决涉及城市公用事业管制的所有问题，需要在保持其相对独立性的前提下，与其他政府行政部门建立良好的分工合作关系。

（二）城市公用事业管制机构与其他政府管制机构的关系

根据发达国家的经验，为解决特定行业管制机构与被管制企业的争议，同时，为制约特定行业管制机构的行为，避免管制机构被受管制企业所俘虏而造成管制失灵，需要解决谁来管制管制者的问题。为此，在许多发达国家，除了在特定行业设立管制机构外，还设立对所有行业都拥有管制权力的综合管制机构，如英国的"垄断与兼并委员会"（根据英国 1998 年的《竞争法》，1999 年改名为"竞争委员会"）、"公平交易办公室"等，其主要职能之一是解决特定行业管制机构和被管制企业不能自行协调解决的一些争议。同时，这些管制机构有权监督特定行业管制机构的某些管制行为。目前，中国还不存在这类政府管制机构，但在中国颁布《反垄断法》后，就会设立和完善相应的反垄断机构，有权管制所有行业的垄断行为和不正当竞争行为。从而形成对城市公用事业管制机构的制约关系。

第三节　城市公用事业的主要管制政策

一　市场准入与退出管制政策

市场准入是城市公用事业实行民营化改革，引入与强化竞争机制的首要环节。从理论上而言，对城市公用事业的市场准入管制具有两重性：一方面，由城市公用事业的技术经济特征所决定，需要对新企业的进入实行适度控制，以避免重复建设，过度竞争，导致行业内企业的不可维持性等问题；另一方面，市场准入管制并不等于排斥新企业进入，管制者应该适度开启新企业进入的"闸门"，通过直接或间接的途径，以发挥竞争机制的积极作用。从城市公用事业民营化改革的目标取向看，政府在制定市场准入管制政策时，虽然需要继续控制进入城市公用事业的新企业数量，并对新企业的资质进行严格审查，但市场准入管制政策的重点是，如何将城市公用事业由垄断性转变为可竞争性，如何消除行业内原有企业设置的各种障碍，以帮助新企业有序地进入，并在较短的时期内成长为具有相当力量的竞争企业。同时，从经济发达国家民营化改革的实践看，在民营化改革初期，通常对城市公用事业实行重大的市场结构重组（分割）政策，以在短期内把原有垄断性市场结构改造成为竞争性市场结构，初步形成有效竞争的格局。但要最后形成并保持有效竞争的格局，就必须通过制定有效的市场准入管制政策才能实现。因此，本书将从三个方面讨论市场准入管制政策。

（一）将城市公用事业由垄断性转变为可竞争性，形成可竞争市场

可竞争市场理论认为[①]，只要政府放松市场准入管制，新企业进入市场的潜在竞争威胁自然会迫使行业内原有垄断企业提高效率。虽然人们对可竞争市场理论及其实践问题存在较大的争议，但这一理论为政府制定城市公用事业的市场准入管制政策具有重要的指导意义。这一理论意味着，特定的市场结构并不一定会导致特定的市场绩效。因为在可竞争市场上，新企业和行业内原有企业面对相同的成本函数，企业退出市场时也不存在多大的沉淀成本，即不存在竞争者进入和退出市场的障碍。这样，即使行业内只有一家垄断企业，也就是处于完全垄断市场结构状态，竞争者进入城市公用事业的潜在威胁也会迫使原有企业降低成本，制定可维持性价格，即不存在垄断利润。根据这一理论，政府对城市公用事业可以采取多种市场准入管制政策措施，以形成可竞争市场。例如，政府对城市公用事业的竞争性业务领域，可放松甚至取消进入壁垒，允许符合标准的新企业进入；而对自然垄断性业务领域，政府可以采取特许经营的管制方法，通过招投标定期竞争特许经营权，促使企业提高效率，并按照包括正常利润在内的成本定价。

（二）消除原有企业阻止新企业进入的一系列障碍，减少新企业的进入成本

行业内原有企业为保持其在市场上的垄断地位，会本能地设置一系列战略性进入障碍。例如，从潜在竞争企业的角度分析，潜在竞争企业进入市场的决策是建立在进入市场后能够取得利润这一信念基础上的，只有当

---

① 对这一理论的详细讨论，可参见 Baumol, W. J., 1982, "Contestable Markets: An Uprising in the Theory of Industry Structure". *American Economic Review* 72: pp. 1–15; Baumol, W. J., J. Panzar and R. D. Willig, 1982, *Contestable Markets and the Theory of Industry Structure*. New York: Harcourt Brace Jovanovich。

进入市场后的预期收益超过预期成本时，新企业才会进入市场。因此，市场上原有企业为了阻碍潜在竞争者制定进入决策，就会想方设法动摇潜在竞争者能取得利润的信念。作为一种重要的进入障碍战略，原有企业会努力使潜在竞争者相信，它将对新企业进入市场作出强烈的反应（如大幅度压低价格），导致潜在竞争者动摇其利润信念而放弃进入决策。除了价格战略外，原有企业还可能采取许多非价格战略以阻碍潜在竞争者进入市场。如有的学者对原有企业通过事先收买专利，致使潜在竞争者难以取得有竞争力的技术，从而抑制其进入市场的情况作了经济分析[1]。这里的一个重要因素是，原有企业获得专利的刺激往往超过竞争企业获得专利的刺激，尽管某种专利的技术含量低于原有企业已经拥有的技术水平，原有企业也会收买这种专利。这是因为，如果原有企业能从技术上抑制潜在竞争者进入，就能保持其市场垄断地位，取得垄断利润。这为原有企业购买专利后束之高阁的现象提供了一种解释。此外，原有企业还可能通过广告、产品差异和产品品牌等方面的战略来阻碍潜在竞争者进入市场。原有企业可能采取的各种阻碍新企业进入的战略行为说明，管制者应该采取适当的政策措施，消除市场上原有企业设置的各种进入壁垒，以帮助新企业进入市场参与竞争。这也说明仅有市场可竞争性是不够的，还需要政府制定促进竞争的管制政策。

（三）对原有企业与新企业实行不对称管制，培育市场竞争力量

由于城市公用事业需要巨额投资，资产专用性强，消费者人多面广，其基本业务具有网络性（如管道燃气和自来水管网等），因此，一种具有普遍意义的经济现象是：新企业进入城市公用事业之初，需要筹措大量资本，逐渐建立和扩展其业务网络；通常缺乏经济规模和生产经营管理经验等。而行业内原有企业经过多年经营，已建立了庞大的基本业务网络，拥有相当大的经济规模，在生产经营管理方面积累了丰富的经验，具有相当的市场垄断力量。因此，新企业与原有企业之间的竞争是一种竞争能力"不对称竞争"（asymmetric competition）。而且，为了吸引顾客，新企业还必须在生产经营的某一方面或某些方面优于原有企业，以创造特色满足其目标市

---

① Gilbert, R. J. and D. Newbery, 1982, "Premptive Patenting and the Persistence of Monopoly". American Economic Review 72: pp. 514 – 526.

场的需要，这无疑进一步增加了新企业进入市场和占领市场的难度。因此，为培育市场竞争机制，与不对称竞争相适应，政府应该对原有企业与新企业实行"不对称管制"（asymmetric regulation），对新企业给予一定的政策优惠，扶植其尽快成长，与原有企业实行势均力敌的对称竞争，以实现公平、有效的竞争。当然，不对称管制只是一种短期现象，当新企业经过一个发展时期，具有一定竞争实力后，政府就应该逐渐取消这种不对称管制，实行中性管制（对称管制），以实现公平竞争。

同时，城市公用事业提供的产品或服务是社会的必需品，需要保证生产供应的高度稳定性。这就需要在制定市场准入管制政策的同时，制定市场退出管制政策，控制城市公用企业在无利可图或者在更好的投资业务吸引下，任意退出市场，以免造成城市公用产品或服务生产供应的不稳定。在原有企业特许经营期满或有正当理由中途要求退出市场的情况下，政府管制机构应通过竞争方式选择新的经营者，并做好原有企业与新企业的交接工作，以保证城市公用产品供应的连续性与稳定性。

二　价格管制政策

城市公用事业的价格水平不仅与企业的利润水平密切相关，而且会直接影响新企业对进入城市公用事业的预期利益。因此，价格管制政策是城市公用事业管制政策的核心内容。政府要制定科学的价格管制政策，必须明确价格管制的基本目标，并应以科学的价格管制模型作为定价的重要依据。

（一）明确价格管制的政策目标

价格管制的政策目标体现着政府对价格管制的偏好，它是管制者制定管制价格的指导思想和主要政策依据。尽管政府在不同的城市公用事业，或在同一城市公用事业的不同发展阶段，存在多种具体的价格管制政策目标，但从整体、长期的角度看，促进社会分配效率、刺激企业生产效率和维护企业发展潜力是城市公用事业价格管制的三大基本政策目标。

1. 促进社会分配效率

城市公用事业的显著特征是，在自然垄断业务领域，由一家企业提供产品或服务比多家企业提供相同数量的产品或服务具有更高的生产效率。

因此,在特定时期内,城市公用事业的主要业务领域通常由一家或极少数几家企业垄断经营。但由于这些企业拥有市场垄断地位,如果不存在任何外部约束机制,它们就成为市场价格的制定者而不是价格接受者,就有可能通过制定垄断价格,把一部分消费者剩余转化为生产者剩余,从而扭曲分配效率。这就要求政府对城市公用事业的价格实行管制,以促进社会分配效率。这是政府制定城市公用事业价格管制政策的第一个目标。

2. 刺激企业生产效率

由于管制的实质是,在几乎不存在竞争或竞争很弱的行业或业务领域中,政府通过一定的管制政策与措施,建立一种类似于竞争机制的刺激机制,以刺激企业的生产效率。因此,价格管制作为一种重要的管制手段,其管制功能不仅仅是通过制定最高管制价格,以保护消费者利益,实现分配效率,而且要刺激企业优化生产要素组合,充分利用规模经济,不断进行技术革新和管理创新,努力实现最大生产效率。这是政府制定价格管制政策的第二个目标。

3. 维护企业发展潜力

城市公用事业具有投资额大,投资回报期长的特点,而且,随着社会经济的发展,人民生活水平的提高,对城市公用事业的需求具有一种加速增长的趋势。为适应这种大规模的、不断增长的需求,就需要城市公用事业的经营企业不断进行大规模投资,以提高市场供给能力。这就需要政府在制定城市公用事业管制价格时,考虑到使企业具有一定的自我积累、不断进行大规模投资的能力。这样,维护企业发展潜力便构成政府制定价格管制政策的第三个目标。

上述三大目标共同构成城市公用事业价格管制的三维政策目标体系,是政府制定城市公用事业管制价格的主要经济依据,也是进行价格管制政策分析的重要工具。

(二) 构建科学的价格管制模型

目前,在中国现行的城市公用事业价格管制实践中,基本上还没有采用价格管制模型,政府在制定管制价格时具有相当的主观随意性。因此,根据中国城市公用事业的实际,构建科学的价格管制模型就显得特别重要。为此,本书将较为深入地探讨如何构建城市公用产品管制价格模型的问题。

1. 模型设计中考虑的主要因素

（1）成本。这里的成本包括费用。主要由电费、原材料费、资产折旧费、修理费、工资和销售费用、管理费用、财务费用、税金等构成。成本是城市公用产品管制价格构成中的主体部分。其中，一些成本（如水资源费、电价等）是外生成本，对企业来说具有外在客观性。但多数成本项目既有客观性，又有主观性，企业通过提高生产效率和管理水平，在不同程度上存在降低成本的潜力。

（2）消费价格指数（Comsumer Price Index，CPI）与生产价格指数（Producer Price Index，PPI）。这两个价格指数构成综合性的价格变动指数，城市公用产品管制价格应和消费价格指数与生产价格指数相联系，这不仅有利于适应城市公用产品生产企业的成本变化，而且能对通货膨胀情况作出反应，有利于适应消费者（用户）的心理承受能力。

（3）质量。城市公用产品（服务）质量和成本密切相关，城市公用产品管制价格应与质量指标挂钩，促使企业自觉提高质量水平。其中，城市公用产品质量指标可以通过检测而获得，服务质量指标可以通过消费者（用户）抽样调查而获得。

（4）价格调整周期。自20世纪90年代以来，许多城市对公用产品几乎每年调价，在消费者（用户）看来显得调价十分频繁，认为价格年年上涨。而对城市公用产品生产企业来说，在很大程度上把企业的收益寄托于价格调整上，从而抑制了企业努力提高生产效率、降低成本的动力。因此，正常的价格调整周期以3—5年为宜。近期内，由于需要逐渐将价格调整到正常水平，价格调整周期可以较短，随着价格调整逐步到位，价格调整周期应逐渐延长。

（5）利润。在正常情况下，城市公用产品生产企业应取得合理利润，以满足投资的需要，实现扩大再生产，但其前提条件是企业应具有较高的生产效率。

2. 模型设计的基本原则

在现行的城市公用产品价格管制实践中，由于城市公用产品生产企业在特定的城市范围内实行独家垄断或少数企业寡头垄断经营，因此，主要是以企业的个别成本作为定价依据的，这样，企业成本越大价格就越高，具有类似于"实报实销"的性质，这种价格形成机制，对企业缺乏努力提高生产效率，不断降低成本的刺激。在实践中，表现为企业的成本不断上升，每年要求政府提价。由于政府与企业之间对成本信息存在严重的不对称性，政府只能在相当程度上默认企业发生的实际成本，最终允许企业提价，导致城市公用产品价格不断上涨。事实上，如何控制成本一直是政府在城市公用产品价格管制实践中的难题。

针对上述难点问题，制定中国城市公用产品管制价格模型中的一个重要原则是成本约束原则，其基本思路是：虽然政府不能观察企业成本的实际运行过程（它是一个"黑箱子"），但政府能发现成本的运行结果，通过控制成本的变化，促使企业自觉提高效率，降低成本。

3. 模型设计

根据中国的实际情况，并借鉴发达国家的管制价格模型，一种可供选择的价格管制基本模型是[①]：

$$P_{t+1} = C_t[1 + (CPI + PPI)/2 - X] + P_{t+1} \times r \qquad (5-1)$$

（5-1）式等号右边第一项为单位成本项，第二项为单位利润项，经整理并考虑质量系数（Q）可得：

$$P_{t+1} = \frac{C_t[1 + (CPI + PPI)/2 - X]}{1 - r} \times Q \qquad (5-2)$$

式中，P_{t+1} 为下一期的管制价格；C_t 为本期的单位成本；CPI 为消费价格指数；PPI 为生产价格指数；X 为政府规定的生产效率增长率（成本下降率）；Q 为产品与服务质量系数；r 为销售利润率。

在上面的模型中，$C_t[1 + (CPI + PPI)/2 - X]$ 为成本上限控制项。在制定下一期的管制价格时，首先要考虑本期的成本情况和成本变动因素，在影响成本的众多因素中，消费价格指数（CPI）和生产价格指数（PPI）共同构成综合性价格变动因素，随着 CPI 和 PPI 的变化，企业的原材料、工资成本等也会发生相应的变化，因此，在决定下一期的成本水平时，在 C_t 的情况下，加上 $C_t(CPI + PPI)/2$（在正常情况下，CPI 和 PPI 是正数，

---

①　为简便起见，在（5-1）式中（$CPI+PPI$）/2 是对消费价格指数和生产价格指数实行简单算术平均，但对特定城市公用产品来说，消费价格指数和生产价格指数对成本往往有不同程度的影响，因此，可对这两个指数实行加权平均，其计算公式为：$\alpha \times CPI + (1-\alpha) PPI$，$0 < \alpha < 1$。

因此，$C_t (CPI + PPI) / 2$ 为成本增量）。为了促使企业提高生产效率，降低成本，政府为企业规定一个下一期必须达到的生产效率增长率（X 值），即成本下降率，因此，$C_t X$ 为成本减量。如果（$CPI + PPI$）$/ 2 - X > 0$，则在下一期的管制价格中，成本可以增加，其净增量为 $C_t [(CPI + PPI) / 2 - X]$；反之，如果（$CPI + PPI$）$/ 2 - X < 0$，则下一期的成本必须减少，其净减量为 $C_t [X - (CPI + PPI) / 2]$。由于 CPI 和 PPI 是客观的，对企业来说，是一个外生变量，而 X 是由政府规定的，因此，在销售利润率一定的情况下，企业要取得较多的利润，必须使企业实际的生产效率增长率大于政府规定的 X 值。这就会刺激企业自觉提高生产效率，努力降低成本。而成本降低的结果也能使消费者享受较低的价格，分享因企业提高生产效率而带来的利益，从而促进社会分配效率。

在上面模型中，实行质量系数（Q）与管制价格挂钩的办法，目的是促使企业在成本上限控制的情况下，符合政府规定的产品质量标准，并向消费者提供较好的服务质量。同时，在模型中，不是以投资利润率而是以销售利润率决定企业的利润水平，其主要考虑是为了避免在投资利润率下企业可能采取的过度投资行为。而且，对企业投资所形成的资产额的正确核算也是一件比较复杂的管制工作。相比之下，销售利润率比较客观，因为销售额的大小取决于销售量和销售价格，其中销售价格受政府约束，而销售量受市场约束，企业既要增加销售量又要控制成本，就必须适度增加投资、扩大经营范围、提高产品或服务质量等措施，以满足市场需要。

从总体上说，上述模型能刺激企业自觉提高生产效率，降低成本，使消费者能享受到较低的价格。政府能使企业获得合理的销售利润，而且，只要企业实现的生产效率高于政府规定的生产效率，企业就能获得较多的利润，从而使企业具有一定的发展潜力。因此，合理使用上述价格模型能实现价格管制的三大政策目标。

4. 模型中各项要素的确定思路

（1）C_t 的确定。C_t 为城市公用产品基期的成本项，在第一次使用模型时，确定初始的 C_t 特别重要。对于城市特定公用产品的有关成本，可以参照国家规定的有关技术经济指标，运用工程分析法（或技术定额法）加以确定。对于工资成本等，可根据城市公用产品的劳动生产率和相关行业的人均工资水平加以确定。对于进入成本的福利费、劳动保护费等，则可按照有关政策进行核算。

（2）CPI 和 PPI 的确定。从理论上讲，消费价格指数（CPI）和生产价格指数（PPI）是由政府统计部门公布的，具有客观性，CPI 和 PPI 的增长会引起城市公用产品生产成本的增长，因此，实行成本和 CPI 与 PPI 挂钩的办法。在统计实践中，CPI 是一个常用指数，而反映作为城市公用产品生产原材料价格变化的 PPI 较少使用，因此，编制 PPI 的一种可供选择的替代方法是计算特定城市公用产品主要成本变化率，即：

$$PPI = \sum W_i \times \frac{C_{ti}}{C_{0i}} \qquad (5-3)$$

式中，C_{ti} 为第 i 种主要投入物（如电、劳动力、原料等）在 t 期成本价格；C_{0i} 为第 i 种主要投入物在基期的成本价格；$\frac{C_{ti}}{C_{0i}}$ 即为第 i 种主要投入物的成本价格变化率；W_i 为第 i 种主要投入物成本在总成本中的权数（weight）。各权数之和为 1（即 $\sum W_i = 1$，$i = 1, 2, 3, \cdots, n$）。

（3）X 值的确定。在模型中，参数 X 值的确定是一个难点。X 值的确定要考虑的主要因素：一是企业现有生产效率与城市公用产品先进生产效率的差距，如果现有生产效率较低，则挖掘生产效率的潜力越大，X 值也应较大；反之则相反。二是城市公用产品生产的技术进步率。技术进步能降低成本，技术进步率应作为规定 X 值的重要因素。三是管理效率。即考虑提高管理效率的潜力。X 值应综合反映根据企业的实际能力应该达到的生产效率增长率（或成本下降率），它应是企业通过努力不仅可以达到，而且能够超越的，以刺激企业努力降低成本。

（4）Q 值的确定。质量系数 Q 的最大值一般为 1，如果企业生产的城市公用产品完全达到政府规定的标准，而且，通过城市公用产品消费者抽样调查，企业的服务质量水平也较高，则质量系数为 1，否则，按照实际质量水平确定 Q < 1。如果管制者难以客观确定 Q，也可以在价格模型中暂不考虑这一项，而根据具体情况实行经济制裁。

（5）r 值的确定。模型中的 r 为销售利润率，如按照原国家计委、建设部关于印发《城市供水价格管理办法》的通知，企业净资产利润率不得高于6%—8%。据此，在确定初始 r 值时，也可以参考净资产利润率和销售利润率的转换值，即：

$$利润额 = 净资产额 \times （6\% - 8\%）$$

$$= 销售额 \times r$$

$$r = \frac{净资产额}{销售额} \times （6\% - 8\%）$$

r 值确定后就应相对稳定，把企业的"兴奋点"引向如何通过努力，使企业的实际生产效率增长率超过政府规定的 X 值上。

从总体上说，这一管制价格模型能刺激企业自觉提高生产效率，降低成本，使消费者能享受到较低的价格。政府能使企业获得合理的销售利润，而且，只要企业实现的生产效率高于政府规定的生产效率，企业就能获得较多的利润，从而使企业具有一定的发展潜力。因此，这一管制价格模型能实现促进社会分配效率、刺激企业生产效率和维持企业发展潜力这三大价格管制政策目标。

三　质量管制政策

政府对城市公用事业实行管制的一个重要目标是维护和增进消费者的利益。而增加消费者利益要求企业所提供的产品和服务不仅价格低，而且质量高。在竞争性行业，市场竞争机制会促使企业自觉提高产品和服务质量，以吸引更多的消费者，扩大市场份额，从而增加企业利润。但在城市公用事业，由于在一定地区范围，只有一家或少数几家企业经营，企业拥有相当的垄断力量，而消费者也往往缺乏对不同企业产品和服务质量的比较，这使消费者处于被动接受垄断企业产品和服务质量的地位。因此，为维护并不断增进消费者利益，政府对城市公用事业实行价格管制的同时，还应该对产品和服务质量实行管制。由于产品和服务质量水平与成本高度相关，如果不对产品和服务质量实行管制，城市公用事业中尚未形成竞争机制的业务领域经营企业，就会产生降低产品和服务质量标准的刺激。这一问题在城市公用事业民营化改革后将会显得更加突出。这为政府在城市公用事业实行质量管制提供了理论依据。

由特定城市公用事业的技术经济特性、产品和服务的提供与消费方式所决定，衡量特定城市公用事业的产品和服务质量的指标存在很大的差异。例如，在城市管道燃气行业，除燃气设备外，由于各种燃气气源的质量（即热效率）存在较大的差别，如天然气的热值大约为9000大卡，比现有城市一般燃气热值标准高2.6倍，而且污染少；石油液化气次之；煤制气的热值最低。即使同样是人工燃气，由于其生产工艺不同，其燃气质量也存在很大差别。由于城市管道燃气是垄断经营的，消费者无法对燃气质量作出选择，只能是垄断企业供应什么燃气就使用什么燃气。在城市公用事业中，与消费者的卫生健康和安全关系最为直接的是自来水行业的质量问题。自来水质量体现在许多方面，虽然消费者能够判断自来水的味道和气味，也能够观察自来水是否变色，但绝大多数消费者难以发现自来水中铅等金属物质的含量、杀虫剂的成分等，这对消费者的健康有更大的影响。这就需要存在一种外部管制机制，以保证饮用自来水不影响消费者的健康。自来水的另一个质量指标是企业所提供的服务水平。消费者需要有足够的水压，要求免受污水外溢，水管泄漏后能得到及时维修。对消费者这些需求的满足程度，决定于自来水经营企业所提供的服务水平。

在城市公用事业实行质量管制的政策思路是，在竞争性业务领域，政府要培育市场竞争力量，尽可能运用竞争机制，促使企业自觉提高产品和服务质量。而在自然垄断性业务领域和目前尚未形成竞争机制的可竞争性业务领域，政府就要采取一定的管制措施，强制企业保证一定的质量水平，主要政策措施是：政府管制机构应采取定期检查、随机抽查等方式对企业的产品和服务质量进行检测、评估，并向社会公布其结果，接受公众监督，促使企业自觉提高产品和服务质量。同时，政府要根据具体城市公用事业的特点，制定质量监控标准，并制定实际质量水平与价格模型挂钩、对低质量的企业实行经济制裁等具体政策措施。企业只有达到政府规定的质量水平，才能按正常价格收费，否则，就必须降低价格。

四 安全管制政策

城市公用事业是城市正常运行的基础，城市公用产品和服务是人们生产和生活的必需品，因此，城市公用事业的安全问题既是经济问题，也是政治问题，政府应该加强安全管制。安全管制涉及多方面的内容，例如，政府管制机构应根据各具体行业的特点，制定相应的安全标准和保障制度，定期或不定期地对有关设施设备、作业场所、操作规程、故障抢修、岗位责任制等进行监督检查。并要求企业必须建立和严格执行安全报告制度、应急保障制度等，尽可能消除各种安全隐患，提高发生突发事件时的应急反应能力。

五　标准管制政策

城市公用事业各种业务、各个环节的标准是实行有效管制的重要依据。由于城市公用事业之间，同一行业不同业务之间存在很大的差别，这决定了标准管制的内容十分复杂。总的政策思路是：根据特定城市公用事业的特点，对质量与安全相关的主要业务领域都必须制定科学的管制标准。以城市燃气行业为例，政府必须从对燃气设备的生产、安装和维修、燃气工程的建设、燃气产品的生产到提供燃气服务等不同的生产和服务环节制定科学合理的标准，进行严格管制，对违规操作的企业严加惩罚。政府特别要注重对直接关系消费者健康与安全的产品与服务质量标准。

在制定城市公用产品质量管制标准的基础上，还应制定罚规，对未达到质量标准的企业实行经济制裁。对此，英国自来水服务（管制）办公室为维护自来水消费者的权益，曾在 1997 年制订了一个"服务标准保证方案"①，主要服务标准包括：遵守与顾客的约定、答复顾客账单疑问、对顾客意见及时反应、预先通知中断自来水供应、及时安装水表、排除溢水和处理自来水低压问题等许多方面。如果自来水经营企业不能达到这些标准，顾客有权要求经济赔偿，企业每次不能履行服务标准的赔偿额一般为 10 英镑，企业应该主动向顾客提供赔偿。如果企业和顾客发生赔偿纠纷，双方都可以要求管制机构作出仲裁。这一方案无疑能促进企业提高自来水供应的服务质量。这对中国也有直接的借鉴意义。

六　网络管制政策

(一) 网络管制政策的基本目标

一些城市公用事业具有网络性，如自来水和管道燃气行业的自来水管

---

① OFWAT, 1997, *The Guaranteed Standards Scheme*. Birmingham：Office of Water Services.

道网与燃气管道网。事实上，城市公用事业的自然垄断性，就是主要体现在它们的网络性，正因为如此，我们把城市公用事业的网络性业务称为自然垄断性业务，而其他业务则是竞争性业务。城市公用事业的另一个重要技术经济特征是具有多环节（多业务）的垂直供应链结构，在整个垂直供应链中，网络性业务是最基本的不可逾越的环节。这样，在城市公用事业民营化改革中，为形成有效竞争格局，实行自然垄断性业务（网络性业务）和竞争性业务相分离的政策，并由一家或极少数家企业经营网络性业务，多家企业经营竞争性业务，这就必然产生网络性业务和其他竞争性业务如何协调的问题。同时，由于网络性业务由一家或极少数家企业垄断经营，其他竞争性企业又必须通过网络性业务才能将产品或服务提供给最终消费者，这就产生了这些经营网络性业务的垄断企业对竞争性业务经营企业采取垄断行为（如制定垄断接入价格等）的潜在可能性。如果经营网络性业务的垄断企业还同时经营竞争性业务，这就还存在这些垄断企业对竞争性业务领域的竞争者采取不正当竞争行为（如在价格、接入条件等方面采取歧视行为）的潜在可能性。因此，政府制定与实施网络管制政策的基本目标是，防止经营网络性业务的垄断企业的垄断行为和不正当竞争行为，使网络性业务领域成为整个城市公用事业畅通无阻的公共通道，以提高城市公用事业的运行效率。

（二）网络管制政策的主要内容

接入管制（access regulation）和联网管制（network interconnection regulation）是网络管制政策的两项最主要内容。如前所述，城市公用事业通常存在多环节（多业务）的垂直供应链结构，而且，必须通过网络性业务领域才能将产品或服务提供给消费者。例如，在自来水和管道燃气行业，只有通过自来水管道和燃气管道网络，才能实现自来水和燃气的最终消费。城市公用事业的各种竞争性业务与垄断性的网络性业务相联结，或者说各种竞争性业务的经营企业使用垄断企业的网络，被称为接入。竞争性企业使用垄断企业的网络，必须支付一定的使用费（即接入价格）。但如何确定接入价格？这里存在竞争企业和网络垄断企业的双边谈判问题，显然，垄断企业在谈判中处于主动地位，而竞争企业处于被动地位。如果不存在外部约束机制，垄断企业完全有可能制定垄断高价，谋取垄断利润。如果网络垄断企业同时经营竞争性业务，这又为垄断企业采取内部业务间交叉补贴战略，即在垄断性业务领域制定高价，而在竞争性业务领域制定低价，为驱逐竞争企业提供了条件。因此，接入价格的制定权不能掌握在网络垄断企业手中，而必须列入管制的范围。政府除了制定接入价格外，还要监督网络垄断企业向竞争企业公平开放使用其网络。

当某一个城市公用事业存在两个或两个以上的网络性业务经营企业时，只有通过联网才能相互接入，但网络经营企业的力量（网络规模）往往是不对等的，通常，新进入的网络经营企业的力量较小。这就产生了联网问题。从理论上分析，在一个独家垄断经营的网络中，各局部网之间的联系是企业组织内部的事，不存在收费价格等联网的条件问题。相反，如果各网络所有者之间的竞争是一种完全竞争，企业为了使尽可能多的消费者能通过本企业的网络而获得服务，从而扩大企业的市场覆盖面，它们会出于互利而自动产生实行联网的刺激。但是，当网络市场上的竞争是一种不完全竞争，即某个网络经营企业具有市场垄断地位的情况下，企业之间就不能自动实行联网。因为具有垄断优势的企业为了保持其市场垄断地位，它只希望通过自身的网络向本企业的顾客提供服务。而且，垄断企业完全有能力通过拒绝与其他竞争企业联网而排斥竞争者。可见，新企业进入城市公用事业经营网络业务后，与行业内原有主导性企业之间的竞争效果关键性地决定于企业之间的联网条件。已经建立了庞大网络的主导性企业完全有能力通过拒绝与其他竞争企业联网而排斥竞争者，或者，通过制定尽可能高的联网成本价格而使竞争者望而却步。因此，联网条件和联网价格的决定权也不能掌握在主导性企业手中，而应当纳入管制的范围，从政策上保证有关网络经营企业有同等权力，以合理的联网价格使用对方的网络。

七 竞争秩序管制政策

城市公用事业实行民营化改革后，将形成多种所有制企业并存，同一业务领域多家企业竞争的格局。这样，对竞争秩序的管制便成为城市公用事业管制的一个新课题。竞争秩序管制的主要内容包括：防止破坏性竞争，保证社会生产效率和供应稳定；制约企业的不正当竞争行为①。此外，由城市公用事业的技术经济特性所决定，即使实行民营化改革后，在特定时期内，城市公用事业许多业务领域只能存在少数几家经营企业（在网络性业务领域只存在极少数家甚至一家企业），这为少数垄断企业采取合谋行为，共同获取垄断利润提供了可能性。这些企业为避免两败俱伤，以限制同业竞争、控制市场、维持高价、增加共同利润为目的而形成卡特尔组织，订立一系列（文字的或口头的）串谋协定。同时，由于城市公用事业具有垂直业务关系，这为企业实行"排他性交易"（exclusive dealing）提供了条件，即特定上游企业（卖方）与特定下游企业（买方）通过订立专买协议，买方专门向卖方购买投入品，限制买方向其他卖方购买同一投入品。这些都要求政府加强对各种限制竞争行为的管制，以充分发挥竞争机制的积极作用。

---

① 对此，本书第四章在讨论城市公用事业民营化对政府管制需求时已作了阐述，这里不作重述。

第六章
城市水务行业民营化绩效评价与管制政策

随着城市经济建设的加快和居民生活水平的提高，对城市自来水和污水处理的需求量快速增加，同时对水质和服务的要求也不断提高，城市供排水设施建设资金短缺和经营效率低下的问题日益突出。据中国水网预测，2011—2015 年，中国城市供水行业的投资需求为 2200 亿元，平均每年新增投资约 360 亿元；中国城市污水处理行业的投资需求为 7000 亿元，包括污泥处理处置投资 1500 亿元，平均每年新增投资 1100 亿元；污水再生利用投资为 300 亿元。为更好地促进城市水务行业的发展，必须积极引入市场竞争机制，加快城市水务行业的民营化改革，提高城市水务行业的运营效率和质量水平。本章从城市水务行业的技术经济特征入手，对中国城市水务行业的民营化现状进行分析，在此基础上，对城市水务行业民营化改革实践的绩效进行实证研究和评价，最后提出城市水务行业民营化的管制政策思路，以期规范和指导城市水务行业的民营化改革。

第一节　城市水务行业的技术经济特征

一　城市水务行业的主要业务与技术经济特征

城市水务行业从空间概念上看，仅限于城镇区域范围内，不包含农村水行业，例如农村水利工程、农业灌溉、农村饮用水工程、农村污水治理等。城市水务行业主要涉及居民日常生活中自来水供应和污水处理的生产和服务过程，主要业务流程表现为：从江河、水库等地表水资源或地下水资源中抽取原水，通过管网系统输送至自来水加工厂，经过沉淀、过滤、消毒等加工工艺，根据不同需求分类制成成品水，然后通过自来水输送管道网络系统分销给各类消费者。消费者使用后的污水排入下水道系统，通过管网回收、泵站提升输送至污水处理厂，经过一级处理、二级处理或简单处理后，形成可以回灌地下水或再次利用的再生水。同时，也有少量污水未经处理，直接经由下水道排入江河、湖泊、海洋。可见，城市水务行业的整体运作涉及原水、制水、输配水、排水、污水处理、再生水利用等几个业务环节，这些业务环节相互联系且不可分割，构成了城市水务行业完整的周而复始的循环产业链，其主要业务环节和生产流程如图 6-1所示。

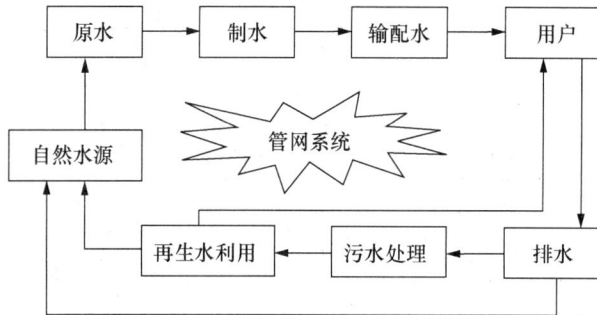

图 6-1　城市水务行业的主要业务环节和生产流程

就整体而言，城市水务行业属于自然垄断性非常显著的公用事业领域，但不同业务环节由于其属性的不同，业务特点也存在一定差异性，具体表现为：

（一）自然垄断性

城市水务行业具有沉淀成本大、投资回收期长、资产专用性强、规模经济性和成本弱增性等自然垄断的特征。

（1）沉淀成本大。城市水务行业往往需要巨大的投资，除大型的水源建设工程投资外，如南水北调工程、水库工程、地下水水源保护工程等，城市水务行业涉及较多的是水厂（自来水厂和污水处理厂）和管网（供水管网和雨/污水管网）的建设投资，这些设备和工程建设的投资都属于高资本密集型，如天津市自来水集团有限公司在滨海新区的自来水建设总投资就高达 70 多亿元，仅铺设一条直径 1.4 米的管道就需要资金 5 亿元。

（2）投资回收期长。水产品作为生活必需品，需求的价格弹性和收入弹性都较小，为了保持社会稳定和维护人民对水产品的基本需求，中国的水价长期受政府的价格调控，造成城市水务行业的投资回收期较长。

（3）资产专用性强。自来水厂或污水处理厂对区位、电力设施、周边建筑物、厂区占地面积和总体设计、地质和水文条件都有特殊要求，不论是设施还是厂房都具有很强的专用性，其工艺主要为制水或污水处理而服务。同时，铺设在地下的自来水管网或下水道管网系统也主要用于运输和收集自来水或污水，其通用性很差。

（4）规模经济性。当城市水务行业设施建成投运后，随着自来水生产和污水处理的规模越大、设施设备运用越充分，单位产品价格中摊销的固定成本和费用支出越是呈递减趋势，即表现为较高的固定成本和较低的边际成本，规模经济十分显著。对消费者而言，接入管网系统的用户越多，消费者分摊的成本价格越低。

（5）成本弱增性。与规模经济性相伴生的是城市水务行业的成本弱增性，即在规模经济范围内，边际成本相比总成本而言微不足道，单一企业的生产成本远低于多家企业共同生产的成本。这一特征在管网系统表现得尤为显著，在通常情况下，一个城市只设计铺设一套管网系统，重复设置自来水管网和下水道管网系统不符合效率原则。

（二）区域性

受自然地理、水资源和经济发展水平等因素的影响，中国城市水务行业通常是以城市为中心建立自来水厂或污水处理厂，并伴随城市规模的扩大逐步向外延伸和辐射，因此城市规模的大小决定着自来水厂或污水处理厂的经营规模和经营范围的大小。加之由于目前管网系统主要由地方财政负责投资建设，行政区域的划分也人为形成了一个个相对独立、彼此分隔的城市管网系统和水务市场。因此，在现有的社会、经济、技术条件下，通过管网输送自来水或回收污水的成本很高，受资金、行政区划等因素的限制，建立大规模的跨地域输送管网在很长一段时期内都很难实现，也不具有经济可行性，城市水务行业呈现出典型的区域性特征。

（三）准公共产品

公共产品具有非排他性和非竞争性的特征，而城市水务行业不同业务环节的竞争性和排他性的特征却并不完全一致。从消费来看，自来水消费较污水处理的排他性更强，自来水公司根据用水量收取水费，并可以通过断水的方式，使得不交费的消费者无法获得自来水产品，但污水处理目前还没有简便的计量方式，而且污水处理费的收缴率偏低，甚至有些地方尚未开征污水处理费，对于不缴纳污水处理费的用户，也很难采取合适的方法杜绝污水排放，因此对污水处理消费的排他性较弱。从供给来看，管网系统的非竞争性最强，自来水生产和污水处理环节的竞争性次之，而设备生产和销售环节的竞争性最强，几乎与普通商品无异。这是由于管网系统的自然垄断性特征最为明显，在不超出系统的负荷承载范围内，多接入一个用户的成本相对整个管网系统建设运行的总成本而言微乎其微，而在制水和污水处理环节，由于具有一定的规模效应，在一定区域范围内也不适于布局多个水厂，但对于设备生产和销售环节，则可以视同普通商品，将市场完全开放以降低价格。

（四）安全性要求高

城市自来水和污水处理设施是重要的市政设施，直接关系到城市安全、社会公共利益和公共卫生安全，关系到人民群众的生活质量和环境质量。一方面，中国面临着资源性缺水和水源性缺水的双重压力。据不安全统计，目前中国约50%的城镇水源不符合饮用水标准，有约4亿人的饮用水处于不安全状态。2012年，新的《生活饮用水卫生标准》（GB5749 - 2006）正式实施，如果根据新的饮用水卫生标准，中国不合格饮用水的影响人数将可能增加一倍，城镇供水安全形势不容乐观。另一方面，随着城镇化和工业化进程的加快，城市污水排放的数量急剧增加，如果污水不经收集、处理而直接排放，不仅水体将被严重污染，水生态将被破坏，而且会对人们的生活环境和生态环境构成严重的威胁。城市排水与污水处理设施作为重要的治污减排设施，其安全正常运行是防治水污染和保障公共卫生安全的需要。再者，近年来极端天气增多，加上城市"热岛效应"的影响，导致中国城市内涝频发，不仅造成了巨大的经济损失，还严重威胁城市安全。目前，中国城市下水道系统承担了主要的城市排涝功能，完善下水道系统确保其安全运行，是防范内涝灾害、提高城镇承载能力、保障人民生命财产安全的需要。

二　城市供水行业的业务类型与特点

城市供水直接关系到社会公共利益，关系到人民群众的生活质量和社会经济的健康稳定发展，是市政公用事业的重要组成部分，对国民经济具有全局性、先导性的影响。自来水的生产和供应主要包括三个环节：一是原水，即将地表水、地下水或其他可利用的水资源作为原水，通过管网系统或泵站提升输送至自来水厂；二是制水，即自来水厂采用一定生产技术和工艺，将原水加工制成成品水；三是输配水，即将成品水通过自来水管网输送到用户。这些环节涉及很多重要的生产技术和工艺，包括原水监测、自来水沉淀过滤和消毒灭菌、输配水计量、调度和节水管理等。

（一）原水水源和输送

原水水源一般有三种：一是地表水源，包括江河水、湖泊水、海水等；二是地下水，包括地下含水层水、裂隙水、岩溶水、泉水等；三是非常规水源，包括雨水、废污水、海水等。中国原水主要使用地表水，地表水占81.18%，但城市用水对地下水依赖严重，地下水开采情况十分严重，已造成一些地区地表沉降。由于中国地表水污染较为严重，湖泊（水库）富营养化问题突出，水源地保护的形势尤为严峻。据环境保护部2010年公布的《2009年中国环境状况公报》显示，长江、黄河、珠江、松花江、淮河、海河和辽河七大水系总体为轻度污染。203条河流408个地表水国控监测断面中，Ⅰ—Ⅲ类、Ⅳ—Ⅴ类和劣Ⅴ类水质的断面比例分别为57.3%、24.3%和18.4%。主要污染指标为高锰酸盐指数、五日生化需氧量和氨氮。其中，珠江、长江水质良好，松花江、淮河为轻度污染，黄河、辽河为中度污染，海河为重度污染。全国七大水系水质类别比例如图6-2所示[①]。

原水输送一般通过建设明渠或暗渠，采用重力流和多级泵站等方式将原水输送到自来水厂。由于水源地（水库、河流、地下水源保护地）与自来水厂的距离通常较远，短则几公里，长则几十公里，因此为输送原水而建设的管渠需要大量巨额投资。以广州西村水厂（建于1905年）为例，其水源地距水厂3.5公里，原输水河道建于50年前，年久失修且污染严重，

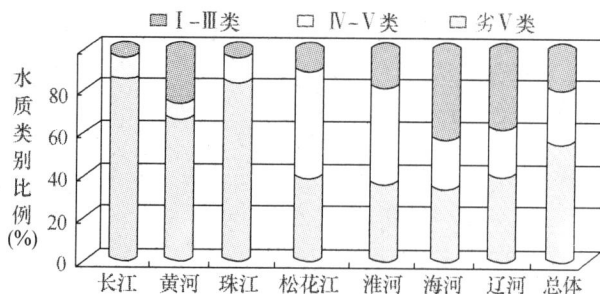

图6-2 全国七大水系水质类别比例

亟须对输水管网进行改造。如果采用敷设管网密封式输水，其投资额接近2亿元，如果对河道进行综合改造，采用明渠输水，投资额则约为3.03亿元①。同时，由于长距离输送原水，在输送过程中水质会发生不同程度的变化，从而降低了原水水质，而且在输水管道中极易滋生有机物，这些有机物随原水进入自来水厂，附着于各种制水设施设备上，消耗水中的溶解氧，排泄氨氮和营养盐，引起水质恶化，导致氯投放量增加，增加制水成本，严重的甚至影响水厂正常运行②。

可以说，原水水质直接影响到自来水厂的制水工艺和制水成本，由于原水水质得不到有效的保证，给自来水净化和生产带来极大的难题。美国等发达国家已将"水源水质保护—预处理—水厂处理工艺—安全消毒—输配"全过程的水质保证进行系统的技术研究和应用实施。而在我国，原水水源和输送在城市供水产业链中只占很小的比重，随着我国原水水质的不断恶化和南水北调等长距离调水工程建设的启动和投产，原水在整个自来水生产和供应过程中的重要性将日益凸显。

（二）制水

自来水厂的制水过程主要包括凝聚、絮凝、沉淀、过滤和消毒五个环节（见图6-3）。凝聚、絮凝和沉淀三个环节主要是去除水中的悬浮物即胶体杂质，过滤和消毒两个环节主要是去除水中的致病微生物。

---

① 叶国文：《提高广州市西村水厂原水输送安全性方案的探讨》，《科技创新导报》2009年第11期。

② 关芳、张锡辉：《原水输送涵管中贝类代谢特征研究》，《给水排水》2005年第11期。

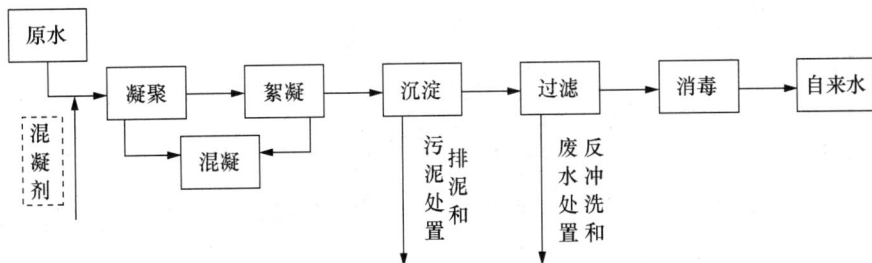

图 6-3　自来水厂制水工艺流程

在过滤方面，国外已研究开发出适用于自来水深度净化的膜技术及其集成应用工艺，不少水厂在常规过滤和活性炭过滤的基础上，已采取超滤、纳滤等工艺，大大提高了自来水水质。在消毒方面，中国通常都是采用氯气消毒，但长时间饮用氯气消毒的自来水将会对人体造成伤害，国外则一直将安全消毒作为饮用水技术研究的重点，在强化致病微生物控制、减少消毒副产物等方面作出了很大的努力。目前发达国家已采用更为先进的物理技术对自来水进行消毒，如日本采用强磁场和臭氧净化水饮用水装置，完全不需要氯等化学药品[1]，而且一些原水水质好的国家已取消了消毒处理环节，比如德国[2]。

上述的制水流程主要是针对原水水质较好的自来水厂，在实际生产过程中，由于我国一些地区受工业污染和生活污水排放影响，原水水质较差，在生产过程中需要投放的药物较多，包括矾、氯、臭氧、活性炭、氨、聚丙烯酰胺等[3]。因此，在生产过程中，很多水厂都加强了自动化控制系统的使用，通过自动化控制系统进行控制药物投放量[4]、水质监测和检测[5]、自动汇总和分析生产数据[6]，以提高自来水的水质。少数经济条件好的水厂在

①　竺为民：《浅谈自来水生产过程中的消毒处理方法》，《江汉石油大学学报》2000 年第 12 期。

②　李宝娟、燕中凯：《德国的城市水务》，《中国环保产业》2003 年第 12 期。

③　邓曼适：《自来水生产废水回用水质分析》，《广东技术师范学院学报》2007 年第 7 期。

④　孙达志、江智军：《专家系统控制自来水生产的自动加药工艺》，《中国给水排水》2003 年第 3 期。

⑤　夏雁、周红霞、于青：《HACCP 系统在济宁市市政自来水生产中的应用》，《预防医学论坛》2007 年第 6 期。

⑥　高淑媛、杨东升：《城市自来水生产调度微机四遥系统》，《小型微机计算机系统》1998 年第 10 期。

强化常规工艺的基础上，正逐步采用深度处理技术，还有一些水厂选择生物预处理技术。

（三）自来水输配

自来水输配主要通过城市供水管网系统输送到各类终端用户。城市供水管网系统的流量，特别是大城市供水管网系统的流量，会随着网络节点的增加呈几何级数增加。因此，在规划、建设和运营过程中，要考虑需求的相对稳定性和动态性，这使得城市供水管网输配系统具有复杂性、统一性和完备性。同时，由于供水管网系统的投资体量大，工程复杂，城市自来水输配成为供水行业中沉淀成本最显著的一个环节，是形成供水行业自然垄断特征的主要因素。管网系统的固定成本主要包括地上物拆迁、管道沟开挖、管道生产、管道铺设等所需的资金。对已有的地下城市管网而言，由于自然和人为破坏等因素，存在管网水质二次污染、管网漏损高、管网被腐蚀、管材材料等问题[①]，特别是一些年久失修的管网，对城市供水安全造成重大隐患。2010 年 11 月，郑州市自来水干管由于老化爆管，导致郑州最大的自来水厂柿园水厂停产，近 80 万人用水受影响。目前中国一大批城市的供水管网都面临老化，这就要求自来水企业加大投入，加强管网维修维护，降低管网漏损率。仅"十一五"期间，我国对东北地区管网改造投资达 100 亿元，以提高供水管网的安全性和节水性[②]。对扩容的城市管网而言，管网的密集程度与城市自来水用户的总量密切相关，随着城市规模的不断扩大，为了与城市发展相适应，各个城市的供水管网需要逐步扩容，并随着城市边缘的扩展而延伸，而由于融资渠道有限，管网扩容给地方政府和自来水企业的资金造成了巨大压力。同时，在自来水管网输配过程中，劣质管材的比例较高，导致管网裂损、锈蚀、结垢严重，水质在输配过程中下降，造成供水水质的二次污染。

三 城市污水处理行业的业务类型与特点

早期中国城市污水处理行业几乎是一片空白，重点是针对城市安全、公共卫生、减灾防涝，主要靠明渠或河道排水，有组织地向周边水体排放

---

① 胡琳丽：《自来水地下管网泄漏监测方法及应用探讨》，《装备维修技术》2009 年第 3 期。
② 舒诗湖、赵洪宾：《我国给水管网系统建模的机遇与挑战》，《中国给水排水》2008 年第 8 期。

雨水、污水和废水，只有少量的排水设施。这一时期，重点整治和改造了污染严重的城市臭河、臭坑，建设了排水管渠，大大改善了城市环境。如北京的龙须沟、上海的肇家滨、南京的秦淮河、武汉的黄孝河、广州的玉带濠、天津赤龙河和四通河及南开蓄水池改造等。随着化工、农药、印染等工业行业的发展，城市污水中有毒有害物质逐渐增多，使水体受到污染，人们逐步加大对水污染问题的关注，城市排水在原有的功能基础上，又被赋予了污水处理和污泥处置等更多职能，一些城市利用郊区的坑塘洼地、废河道、沼泽地等，稍加修整，建成稳定塘等自然净化设施，对城市污水进行了初步净化处理，在第一座现代化污水处理厂——天津纪庄子污水处理厂建成投产后，中国城市污水处理行业也迎来了飞速发展的时期。随着资源集约利用和可持续发展的深入，按照科学发展的要求，国家提出节能减排的任务和目标，对污水处理再次提出了深度处理再生利用的新要求。因此，城镇排水经过不断发展，已由单一的排水功能扩展到排水、污水处理、污泥处理处置和污水再生利用的综合管理。

（一）排水

排水是污水处理的第一个环节，是指产业废水、生活污水（统称污水）、雨水的排放、收集和输送，其排水设施主要包括排水管道和具有排水功能的沟渠、泵站。排水管道即下水道系统是最为重要的排水设施，直接影响到污水处理的收集率和处理率，而且由于我国早期的下水道多是雨污合流的，下水道系统还承担着很重要的城市排涝功能。然而，从排水管道系统的建设看，由于管道系统的投资大，加之地方政府"重地上、轻地下"，导致中国排水管道系统的建设严重滞后于城市发展，"十一五"期间，配套管网建设是唯一没能完成的污水处理规划目标，导致污水收集率低，污水厂处理能力闲置。以上海市为例，截至2008年年底，其建成区排水管网密度为9.4公里/平方公里（高于同期全国平均水平8.6公里/平方公里），但在其城市规划区范围内的管网覆盖率也仅为60%。从管道系统的运行维护看，由于财力、人力、物力等多种原因，许多城市都不能保证排水管道系统的正常清淤维护周期，管道破损严重，尤其是部分城市雨污合流，雨污水夹杂着大量污物通过合流制管渠排放时淤堵管道，排水能力无法得到有效发挥。天津市每年中心城区排水设施的养护费用约需

4.2亿元，而实际投入仅为2.2亿元，资金缺口高达2亿元。从城市的排水体制看，中国许多地区采取雨污合流，由于极端天气频发，加之城市建设大量采用硬质铺装，加大了雨水径流，但相应的雨水收集和排放系统建设并未同步，无形中加剧了城市下水道系统的排水负担。当降雨量超过管网的水力容量或超出污水处理厂的处理能力时，就会使大量未经污水处理厂处理的污水直接排入受纳水体中，并对受纳水体产生一定的污染①。因此，除加快排水管道系统建设，加大对管道系统运行维护的资金投入外，我国还将大力推进雨污分流，特别是南方多雨地区，对新建地区将严格按照雨污分流的要求进行规划建设，对老旧城区则逐步推进雨污分流的改造，这也势必会提高管道系统的投资建设成本，进一步加剧资金压力。

（二）污水处理

污水处理是指对污水进行净化的过程，城市污水处理厂的污水主要由生活污水构成，还有部分被允许排入污水收集系统的工业废水和初期雨水。由于每个城市的污水来源不同，特别是工业结构的差别，污水处理厂进水水质情况的变化较大，直接影响污水处理厂的处理工艺、处理成本和出水水质。根据《城镇污水处理厂污染物排放标准》（GB18918－2002），城镇污水处理厂的出水水质分为一级、二级和三级标准，一级标准又分为A标准和B标准。以一级A标准最为严格，是城镇污水处理厂出水作为回用水的基本要求，三级标准最弱，主要适用于非重点控制流域和非水源保护区的建制镇的污水处理厂。据不安全统计，目前全国有近70%的污水处理厂执行一级以上标准，部分重点流域和敏感地区甚至要求达到一级A标准。自太湖爆发蓝藻后，江苏省要求太湖流域新建污水处理厂按照一级A标准实施建设，对已建和在建污水处理厂实施提标改造。据测算，提标改造的投入成本约为600—800元/立方米，是新建一级B污水处理厂成本的一半左右②。而且，根据国务院印发的《"十二五"节能减排综合性工作方案》（国发〔2011〕26号），"十二五"期间，中国减排的主要目标除COD

---

① 李方文、杨明平、马淞江等：《城市污水处理厂安全运行问题探讨》，《中国安全科学学报》2009年第6期。

② 据测算，一般情况下，新建一级B污水处理厂的厂区投资约为1500元/立方米。

（化学需氧量）外，还增加了全国氨氮和氮氧化物排放总量的控制目标，这无疑对现有的污水处理厂的处理工艺、成本和出水水质提出了更高的要求。

现代污水处理技术，按处理程度划分，可分为一级、二级和三级处理。一级处理常采用物理处理法，包括筛滤、沉淀等，主要去除污水中的粗颗粒固体及悬浮固体，属于二级处理的预处理。二级处理主要采用生化物法，有活性污泥法、生物膜法等生物处理，进一步处理难降解的有机物、氮和磷等能够导致水体富营养化的可溶性无机物等。在中国，许多污水处理厂经过二级处理后就将处理水进行排放，也有一些污水处理厂进行三级处理，进一步处理难降解有机物、氮和磷等导致水体富营养化的无机物，主要方法是脱氮除磷、混凝沉淀等。污水处理技术流程如图6-4所示。

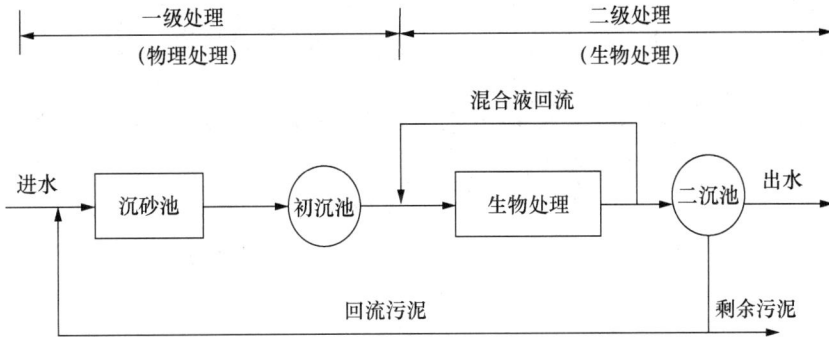

图6-4　污水处理技术流程

在污水处理工艺上，目前城市污水处理主要采用生物活性污泥法，包括：普通曝气法、A—B法（二段曝气法）、A/O工艺、A^2/O除磷脱氮工艺、氧化沟工艺、SBR工艺等。按照构筑物的组成形式、运行性能以及运行操作方式的不同，已有的生物除磷脱氮工艺可分成A/O系列、氧化沟系列和序批式反应器（SBR）系列等。随着污水处理技术的发展和改进，形成了A/O工艺、UCT工艺、改良UCT工艺、A^2/O工艺、改良A^2/O、倒置A^2/O工艺、氧化沟工艺、SBR工艺、百乐克工艺等。中国城市主要采用的污水处理工艺及其特点如表6-1所示。

表 6 - 1　　　　　　　　　　中国城市主要采用的污水处理工艺

主要工艺	特　　点
常规活性污泥法	适用于日处理能力20万立方米以上的处理厂；工艺成熟，运行效果可靠，出水水质稳定，有成熟的管理经验，运行成本低；缺点是工艺流程较长，易发生污泥膨胀、中毒问题，污泥量大，对氮和磷去除程度不高，基建投资较大
A/O法	适用于日处理能力20万立方米以下的处理厂；处理流程包括污水—前处理—厌氧水解池—接触氧化池—沉淀池—过滤池—出水—污泥回流；适应能力强；耐冲击负荷；高容积负荷；不存在污泥膨胀；排泥量非常少，具有较好的脱氮效果
AB法	适用于日处理能力20万立方米以下的处理厂；德国技术，污泥处理费用高；适用于排江、排海
SBR工艺	适用于日处理能力20万立方米以下的处理厂；在20世纪初就已使用；占地小，但对自动化控制要求高，一般需要引进全套进口设备
氧化沟	适用于日处理能力20万立方米以下的处理厂；有多种形式；已广泛应用于大中型城市污水处理厂；工艺日趋完善；进出水装置简单，BOD负荷低，处理水质良好，污泥产率低，排泥量少，污泥龄长，具有脱氮的功能
MSBR工艺	由 A^2/O 工艺和SBR工艺串联组成，集合了两者的全部优势，出水水质稳定，高效，具有极大的净化潜力
BIOSTYR工艺	适用于污水的二级处理，也可以用于处理出水需要回用等其他要求的污水深度 Uli，并能达到很高的排放水质要求；同时，存在占地面积小等特点
BIOFOR工艺	预处理单元使用物化法，深度处理单元使用生化法；出水水质优于一般的二级出水，可以达到低质回水标准
奥贝尔氧化沟工艺	流程简单、抗冲击负荷能力强、出水水质稳定、易于维护管理，有较好的节能性能；适合于中小规模的污水处理厂
卡鲁赛尔氧化沟工艺	工艺简单，抗冲击负荷能力强，出水水质较稳定，在处理城市污水时不需要预沉池，污泥稳定，工艺稳定可靠，控制简单，结构和设备方便，管理方便，适用于中小规模的城市污水处理厂
生物曝气过滤工艺	工艺布置紧凑，占地面积约为常规工艺的1/10，但运行管理难度较大，完全依赖自动化运行，工艺投资和运行成本较高；一般仅用于面积严重不足或受到严格限制时
UN TANK工艺	适用于日处理能力20万立方米以下的处理厂；是无污泥回流的连续流活性污泥法系统，投资低；设备种类少，便于维修管理，降低日常检修费用；工艺管道系统布置较为复杂，需要大量的电动进水阀门，系统完全依赖自动控制运行，对管理者要求较高；适用于用地紧缺或必须室内布置的情况下
A^2/O工艺	适用于日处理能力20万立方米以下的处理厂；根据工艺设置厌氧区、缺氧区和好氧区，获得较好的除磷脱氮效果，出水水质稳定；适用于较大规模，具有运行较高水平的城市污水处理厂

资料来源：任红娟：《我国城市污水处理的主要工艺及发展趋势》，《中国建设教育》2006年第4期。

（三）污泥处理处置和再生水利用

污泥处理处置是城市污水处理系统的重要组成部分。污水处理厂污泥是污水处理过程中伴生产物，含有大量的污染物，简单填埋或弃之将造成严重的二次污染，同时，污泥中的有益成分也难以得到有效利用。污泥处理工艺单元包括浓缩、消化、脱水和干化等过程。污泥浓缩方法有重力浓缩、机械浓缩（离心浓缩、带式浓缩机浓缩和转鼓机械浓缩）和气浮浓缩（压力溶气气浮和生物气浮）三种方法。污泥一般含水率在96%—99%，为了减少污泥含水率需要对污泥进行脱水，脱水方法包括干化床法、真空滤机法、离心机法、板框压缩法、带式压缩法、双滚挤压法、投药法[①]。经处理后的污泥利用及最终处置途径包括农业利用（如污泥堆肥[②]和污泥饲料）、工业利用（例如焚烧、发电、制沼气、制造塑料等）和污泥处置（填埋、投海）[③]。也有文献认为，就中国目前污泥状况而言，污泥处理的方法宜采用土地利用方法[④]。

根据《城镇污水处理厂污染物排放标准（GB18918－2002）》，污泥需要全部进行稳定化处理。但由于认识、资金、技术和政策等原因，对污泥的处理处置在中国长期没有引起足够的重视。早期的污水处理厂普遍将污水和污泥处理单元剥离开来，仅有部分特大城市的大型污水处理厂进行了污泥稳定化处理，大部分污水处理厂对污泥处理处置单元尽可能简化，甚至忽略，没有污泥厌氧消化，一般直接浓缩脱水并简易填埋，或者将污泥处理设施长期闲置，没有得到适当处理的湿污泥随意外运、简单填埋或堆放，给环境安全带来了隐患。2010年，全国城镇污水处理的湿污泥产生量约为2000多万吨，仅有20%左右的污泥得到了无害化处理和资源化利用，大量的污泥未得到无害化处置。据测算，污水处理厂的污泥处置基建和运行费用约占总基建和运行费用的20%—50%[⑤]，在运行阶段，污泥处理费用

---

①　赵庆良、胡凯：《城市污水处理厂污泥处理的能耗分析》，《给水排水动态》2009年第4期。

②　钮少颖、李建宏：《城市污水处理厂污泥利用探讨》，《中国环保产业》2009年第7期。

③　王昭君、闫洪坤：《我国城市污水处理厂污泥处理工艺及现状》，《辽宁工程技术大学学报》（自然科学版）2009年第9期。

④　刘鑫、江家骅、叶舜涛：《城市污水处理厂污泥土地利用的可行性研究》，《安徽农业科学》2010年第7期。

⑤　周健根：《城市污水处理项目环境影响评价的若干问题探讨》，《上海环境科学》2009年第12期。

则占污水处理厂总运行费用（不含人工费和税费）的 40%—50%①。因此，"十二五"期间，污泥的安全处理处置将成为污水处理行业新一轮的投资建设重点。

在污水再生利用方面，污水经深度处理后再生利用，不仅是节约水资源的重要手段，也是促进源头减排的重要措施。经过污水处理厂处理后的出水达到标准后，根据《城市污水再生利用分类》标准的规定，城市污水再生利用可以用于城市杂用水、景观环境用水、补充水源和工业用水等。城市污水再生用于杂用水和工业用水也称作中水回用，即人们使用后的各种排水（如生活排水、冷却水、雨水等）经深度净化处理后回用于建筑物或居民小区内，作为杂用水和工业用水的供水系统，其水质介于自来水与污水之间。对于缺水城市来说，中水是宝贵的第二水资源，但需要构建中水回用系统，包括中水原水系统、中水处理设施和中水供水系统。由于中水回用用户与污水处理厂的距离较远，需要敷设管道或使用运水车运输，这无疑增加了中水回用成本②。为降低投资运行成本，减少中水回用的质量风险，同时也迎合中国居民的消费习惯，目前大部分的污水再生利用都用作景观用水、补充地下水、人工湿地或排入自然水系补充水源。

目前，中国再生水利用量不足城镇污水处理总量的 10%。尚未形成有效的激励机制，再生水管线等配套设施建设不完善。由于缺乏运行经验，对于较高水质要求的工业用户而言，中水水质稳定性和可靠性难以持续保证。总体上看，中国城镇污水再生利用工作尚处于起步阶段，工程建设和运行规模与中国水资源短缺及水污染严重的形势极不相称。

第二节　城市水务行业民营化的现状分析

一　城市水务行业民营化的历程和主要政策

20 世纪 90 年代中期，面对日益突出的水务设施建设资金短缺和经营效率低下的问题，伴随市政公用事业民营化改革的历程，以特许经营制度为

---

① 赵庆良、胡凯：《城市污水处理厂污泥处理的能耗分析》，《给水排水动态》2009 年第 4 期。
② 戚飞、贾雷、付忠志：《城市污水处理厂污水再生利用探讨》，《西南给排水》2009 年第 1 期。

核心的城市水务行业民营化改革开始逐步深入，大致经历了"试点—发展—提升"三个阶段，同时，在城市水务行业民营化的每一个阶段，宏观政策制度和民营化改革的重点也都有着显著特征。

（一）城市水务行业民营化的历程

第一阶段：20世纪90年代中期至2002年，探索试点阶段，以1995年建设部出台《市政公用企业建立现代企业制度试点指导意见》为标志。中国城市水务行业开始打破垄断、推进国企改革和促进市场竞争，泰晤士、威立雅等"洋水务"开始通过资本优势先后进入中国的水行业。中法水务1995年以1.25亿元购得沈阳市第八水厂50%股权，合同期限30年；泰晤士集团1996年以6800万美元通过BOT取得上海大场水厂为期20年的经营权；1997年，成都市第六水厂B厂作为原计委审批的首个城市水业BOT示范项目，以项目融资的方式引入法国威立雅和日本丸红株式会社，二者分别出资60%和40%。该项目开创了城市基础设施建设向外商直接投资开放并允许外商独资的先河，建设所需资金由外方自行承担，打破了水务设施完全由各级政府运用财政资金直接投资建设的传统做法，对后来的BOT模式发展影响深远。

第二阶段：2002—2005年，加速发展阶段，以2002年12月建设部出台《关于加快市政公用行业市场化进程的意见》为标志。面对日益紧张的市政设施建设资金的短缺以及民间资本和国外资本大举进入城市水务行业的局面，政府明确提出要在公用部门进行市场化改革，引进竞争机制，实行市政公用行业特许经营。同时，随着《市政公用事业特许经营管理办法》的实施，扫清了外国资本和民间资本进入中国城市水务行业的法律、法规、政策等制度障碍，城市水务特许经营项目得到快速发展。在这一阶段，特许经营项目集中出现在东部的大中重点城市，项目规模普遍较大，较为典型的就有上海、北京、深圳、南京、常州、合肥、徐州、哈尔滨等城市的自来水厂、污水处理厂通过BOT、TOT等特许经营方式，引进外资或民间资本进行市场化经营。如上海竹园第一污水处理厂BOT模式、北京市北苑污水处理厂BOT模式、深圳市宝安区龙华污水处理厂BOT模式、南京城北污水处理厂TOT模式、常州城北污水处理厂TOT模式、合肥王小郢污水处理厂TOT模式、徐州污水处理厂TOT模式、哈尔滨太平污水处理厂BOT模式。同时这一阶段也出现了通过转入股权实现合资合作的方式，合资合作的对象主要是包含供水或污水处理终端、管网和销售的全系统项目。以上海浦东水司50%股权转让项目为起点，其他典型项目如重庆江北水司60%股权转让、常州水司49%股权转让、芜湖水司75%股权转让等。当然，这一时期也出现过仅以制水厂、污水处理厂等终端设施为对象的合资合作，如厦门水务集团将几个污水处理厂和自来水厂分别打包转让55%和45%股权给中环保水务，但相对比较少见。

尽管这一阶段城市水务行业民营化取得了快速发展，已基本实现城市水务行业企业化经营的改革目标，但经过近十年的探索和发展，也逐步暴露出一些民营化过程中的问题和矛盾，如合同不规范、承包商带资承包建设、固定或变相固定投资回报等。较为典型的项目，如2004年上海水务资产经营发展有限公司以12%左右的回报率，折合6.16亿元现值回购上海泰晤士大场自来水有限公司100%的股权，以及2004年香港汇津中国（长春）污水处理有限公司与长春市城市排水公司的合作纠纷，使政府财政和公众利益蒙受了巨大损失，甚至威胁到政府诚信。

第三阶段：2005年至今，规范提升阶段，以2005年9月建设部出台《关于加强市政公用事业监管的意见》为标志。在探索试点和加速发展两个阶段的基础上，城市水务行业民营化得到进一步规范，外资进入中国水务市场的步伐开始趋缓，国内水务企业依托属地优势和资本运作，以具有一定实力的国资背景的水务集团和上市公司为重点，跨地区参与水企改革重组和投资运营，已培育深水、北排、首创、中环保等水务专业运营商的服务品牌，并已有桑德、创业环保、首创、安徽国祯等十多家国有或民营涉水上市公司。

（二）不同阶段的宏观政策制度

城市水务行业民营化的实施和发展始终是围绕着国家的政策法规等制度建设进行的，可以说，正是国家先后出台的一系列政策法规，推动、指导和规范了城市水务行业民营化改革的实践。下面重点介绍在不同阶段城市水务行业民营化改革的相关政策制度。

第一阶段：在政府相关政策指导下，外资和民间资本开始涉足城市水务行业的设施建设和运营。1994年，对外贸易经济合作部《关于以BOT方式吸收外商投资有关问题的通知》中规定，外商可以以合作、合资或独资的方式建立 BOT 项目公司。1995 年，国家计委（国家发展改革委员会）、电力部、交通部发布《关于试办外商投资特许权项目审批管理有关问题的通知》，将外商投资项目界定为是指外商建设—运营—移交的基础设施项目，规定了特许权项目的试点范围包括污水处理等项目。

1995 年，建设部出台《市政公用企业建立现代企业制度试点指导意见》，探索了在中国市政公用企业建立现代企业制度的路子，为全面推行现代企业制度积累了经验。2000 年，国务院发布《有关加强城市供水节水和水污染防治工作的通知》，提出积极引入市场机制，拓展融资渠道，鼓励和吸引社会资金和外资投资城市污水处理和回用设施项目的建设和运营。2001 年，《建设事业"十五"计划纲要》提出加快市政公用事业企业的改制步伐，促进公用事业企业转换经营机制。要在发挥国有资本控制力、影响力的前提下，打破公用事业的行业垄断和区域限制，采取特许经营权竞标方式，引入竞争机制，吸引社会投资和外商投资。

第二阶段：2002 年 3 月，国家计委公布新的《外商投资产业名录》，原禁止外商投资的供排水等城市管网首次被列为对外开放领域，国家在城市水务行业扩大开放的政策逐步到位。同年 9 月，国家计委、建设部和环保总局联合印发《推进城市污水、垃圾处理产业化发展的意见》，提出建立城市污水处理产业化新机制，鼓励社会投资主体采用 BOT 等特许经营方式投资或与政府授权的企业合资建设城市污水处理设施。2002 年 12 月，建设部发布《关于加快市政公用行业市场化进程的意见》，全面开放城市供水、污水处理等经营性市政公用设施的建设、运营，进一步明确，市政公用行业实施特许经营范围包括城市供水和污水处理行业，并要求通过改革资产管理体制，进一步区分经营性和非经营性资产，对供水、污水处理等经营性市政公用设施的建设，明确应公开向社会招标选择投资主体和经营单位，由政府授权特许经营。

2004 年 5 月，建设部颁布的《市政公用事业特许经营管理办法》正式实施，对城市水务行业引入市场机制的主要形式明确为特许经营，并作了制度性的规定和安排，包括规范市政公用事业特许经营的定义、适用范围、程序、特许经营权协议的内容、相关各方的责任等，并强化了市场准入过程的竞争机制，规定了以招标方式选择城市供水和污水处理特许经营项目投资者或经营者的程序和要求。对获得特许经营权的企业和政府主管部门的职责进行了明确的界定。同时，建设部还专门印发了《城市供水特许经营协议示范文本》，为进一步规范城市供水行业的特许经营行为提供了依据。

第三阶段：在完善前两个阶段的同时，政府不断加强市场化改革的宏观指导，加快政府职能转变，逐步建立比较规范的监管体系和统一开放、竞争有序的水务市场体系与运行机制。2005年9月，建设部出台《关于加强市政公用事业监管的意见》，对建立市政公用事业监管体系，监管内容和监管要求作了明确的规定，目的是保障公众利益和公众安全，同时也保障投资者的合法权益，使改革健康持续发展。2006年，建设部结合城市污水处理行业特点，制定并颁布了《城市污水处理特许经营协议示范文本》，进一步规范了城市污水行业特许经营制度的组织实施。2010年7月，住房和城乡建设部印发了《城镇污水处理工作考核暂行办法》（建城函〔2010〕166号），并已开始对各地城镇污水处理工作进行考核。

（三）不同阶段城市水务行业民营化改革的重点

第一阶段：以市场开放为改革重点，以招商引资、打破垄断为基本特征。投资主体多元化的出现改变了城市水务行业传统的单一政府投资结构，为进一步引入竞争打下了基础。此外，为配合市场开放，供水价格的制度化建设也在此阶段开始实施，建立了供水价格体系，启动了污水处理收费工作，价格体系的改革为城市水务行业民营化的投资收益回报提供了前提条件。

第二阶段：以产权改革为改革重点，以改制重组、水价改革和市场准入为基本特征。传统国有水务企业的改制引发了城镇水业的产权体制改革，为进一步政企分开打下了基础，水价改革提出"全成本价格"概念，改变了城市用水的福利性质。更为重要的是，市政公用事业特许经营制度的提出并实施，启动了市场准入的竞争机制，确定了政府与企业的监管与被监管的市场关系，为进一步推动城市水务行业民营化改革奠定了基础。这一阶段改革的主导是资产部门，改革主导的动机是吸收资金、盘活资本，基本上是为了解决城市水务设施建设投资不足的问题，改革的主要对象是自来水厂、污水处理厂等经营性设施的建设，注重以新建设施为代表的增量部分。

第三阶段：以加强监管为重点，以系统优化、质量效率提升为基本特征。在总结第一、第二阶段经验教训的基础上，改革的目标开始兼顾公平与效率，具体表现在注重监管、重视运营和服务水平、关注公众利益和安全。这一阶段的改革更加注重生产过程和服务质量的改善，不单纯要解决政府投资不足的问题，而是要使公众在水质、服务水平和价格上受益。改革的内容包括：改革城镇水务管理体制，促使政府由行业管理者向市场监管者转变；改革城镇水务投融资体制，提高政府资金投入效率，开发和健全适应性金融工具，促进社会资金进入城镇水务行业，这将是一项长期而艰巨的工作。

综合来看，第一、第二阶段以投资和产权问题为核心，重点是解决投资不足的问题，进入第三阶段后，主要是以加强政府监管为核心，重点是提高城市水务行业的整体服务质量和运营效率。

二　城市水务行业民营化的总体形势

（一）城市水务行业民营化的程度

城市公用事业民营化是一个在城市公用事业领域逐渐扩大民营企业的经营范围和比重，相应缩小国有企业经营范围和比重的过程[①]。在学术上或行业管理实践中，也通常用"市场化"代替"民营化"，综观国内外对市场化测度的相关研究成果，尽管市场化测度的依据和指标体系各有不同，但各类市场化测度方法几乎都将非国有经济的比重作为测度市场化的一项重要指标。在此，我们主要通过分析非国有经济占行业营业收入、资产总额、产量、服务人口、吸收就业人数等多项指标的比例来评估中国城市水务行业民营化的程度。

课题组对全国 430 个城市的 937 个水务企业进行了问卷调查，在这些调查企业中，事业单位 102 个，国有及国有控股企业 513 个，民营企业 182 个，外资企业 38 个，港澳台资企业 26 个，其他 68 个，分别占调查企业总数的 10.98%、55.22%、19.59%、4.09%、2.80% 和 7.32%，如图 6-5 所示。

---

① 王俊豪：《中国城市公用事业民营化的若干理论问题》，《学术月刊》2010 年第 10 期。

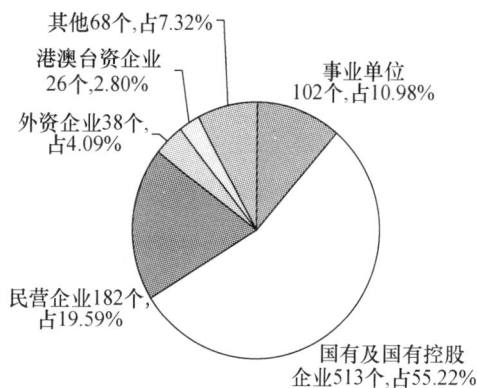

其他68个,占7.32%
港澳台资企业 26个,2.80%
外资企业38个 占4.09%
事业单位 102个,占10.98%
民营企业182个, 占19.59%
国有及国有控股 企业513个,占55.22%

图6-5 问卷调查中不同类型企业的数量与比例

被调查的不同类型企业在营业收入、资产总额、就业人数、产量、服务人口、投资额和管网等各项指标中的占比各不相同,如表6-2所示。

表6-2　　　　　　　问卷调查中不同类型企业占行业各项指标的比例

单位:%

指标比例 \ 企业类型		事业单位	国有及国有控股企业	民营企业	外资企业	港澳台资企业	其他
企业数量比例		10.98	55.22	19.59	4.09	2.80	7.32
营业收入比例		2.00	83.76	3.49	4.13	2.66	3.96
资产总额比例		1.35	93.74	1.75	1.68	0.46	1.02
就业人数比例		5.53	67.54	19.97	2.61	1.15	3.20
城市供水	总产量比例	3.31	84.38	2.48	3.12	1.97	4.74
	服务人口比例	4.36	82.45	3.59	1.76	2.33	5.51
	管网长度比例	5.62	83.33	3.20	2.01	1.09	4.75
	投资额比例	2.10	81.04	1.55	0.68	0.73	13.90
城市污水处理	总产量比例	7.75	60.78	18.74	4.41	4.63	3.69
	服务人口比例	11.17	61.25	15.31	4.35	2.82	5.10
	管网长度比例	13.04	47.25	29.86	6.76	0.42	2.67
	投资额比例	6.21	56.53	10.54	4.03	2.29	20.40

根据表 6-2，从城市水务行业的总体来看，以民营、外资及港澳台资为代表的非国有水务企业的数量占被调查企业的 26.48%，事业单位、国有及国有控股企业的数量占 66.20%，说明城市水务行业已向非国有企业开放，但也有部分事业单位尚未完成企业化改革。虽然非国有企业在企业数量上占被调查企业的 26.48%，但在营业收入和资产总额上，非国有企业的比例却相对较少，分别仅为 10.28% 和 3.89%，说明城市水务行业的绝大多数资产仍由国有及国有控股企业掌握，非国有企业的平均资产规模相对国有及国有控股企业较小，特别是民营企业，其资产总额和营业收入的比例尤其小，说明中国的民营水务企业基本处在 "小矮树" 的阶段，企业数量多但规模小，难以发挥城市水务行业的规模效益。但在吸收就业人数上，非国有企业所占比例与其企业数量的比例基本相当，为 23.73%，特别是民营企业吸收了大量的就业人数，其就业人数占被调查企业的 20% 左右，而外资及港澳台资企业的就业人数比例较低，反映了这两类企业较高的人员效率和管理技术水平。但事业单位的就业人数比例低于其企业数量比例，说明民营化改革在一定程度上促进了事业单位减少冗员。

从业务类型来看，城市污水处理行业的民营化程度要高于城市供水行业，原因主要有两点：一是城市供水行业对质量和安全的要求更高、更为敏感，各地在进行民营化改革时较为谨慎；二是城市污水处理行业主要从 20 世纪 90 年代末开始大建设、大发展，各地的设施建设几乎一片空白，各地政府对资金、技术和人才的需求极为迫切，客观上推动和促进了城市污水处理行业民营化。具体地来看各项指标，在城市供水行业，国有及国有控股企业的总产量、服务人口、管网长度和投资额的比例基本都稳定在 80% 左右，非国有企业的各项指标占比基本都在 7% 左右，但投资额的比例仅占被调查企业的 2.96%，说明非国有企业对城市供水行业的投资贡献相当有限。在城市污水处理行业，国有及国有控股企业各项指标的占比基本都在 60% 左右，其管网长度的占比最低，为 47.25%，说明城市污水处理行业不仅将污水处理厂进行了民营化，而且管网的建设和运营同时也向非国有企业开放，促进了城市排水管网的建设，也反映出国有及国有控股企业在管网建设上投入不足。有意思的是，虽然城市污水处理行业的民营化程度高于供水行业，但事业单位在各项指标中的占比却高于供水行业，说明城市污水处理行业的事业单位改革的进度滞后于供水行业，这主要是由于城市供水行业发展更为成熟，较城市污水处理行业更早启动了事业单位的企业化改制工作。

（二）城市水务行业民营化的特征

中国城市水务行业民营化是一个渐进过程，特别是由于不同地区、不同企业千差万别，各地民营化也呈现出不同特征，以下我们重点从民营化的地区分布、时间分布和规模分布三个方面来分析中国城市水务行业民营化的特征。

1. 城市水务行业民营化的地区分布

由于中国不同地区的社会、经济发展水平不同，城市水务行业民营化的程度和优劣呈现出很大的地区差异。其中，直辖市和东部沿海地区城市水务行业的民营化程度高，这与该地区的经济发展水平较高、整体经济市场化程度高、制度建设相对完善有很大关系。另外，良好的政府信用也有助于吸引民间资本积极在该地区开展业务。相比较而言，东北地区和中西部地区城市水务行业民营化的程度不高，主要是利用国债、地方配套资金和国外优惠贷款。

我们将全国区域主要分为东部、西部和中部①三部分，从课题组调查企业的区域分布来看，东部地区的水务企业 606 个，占调查企业的 65.23%；中部地区 173 个，占 18.62%；西部地区 150 个，占 16.15%。如图 6 - 6 所示。

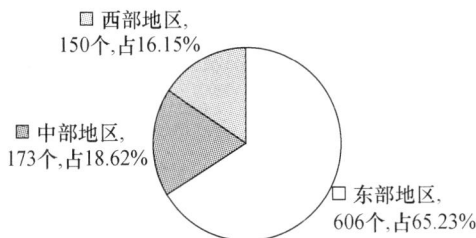

图 6 - 6　问卷调查中各区域企业的数量与比例

① 根据《中国统计年鉴》，东部地区包括北京、天津、河北、辽宁、吉林、黑龙江、海南、安徽、山东、广东、福建、浙江、上海、江苏；中部地区包括河南、湖北、湖南、江西、山西、内蒙古；西部地区包括陕西、宁夏、甘肃、四川、重庆、贵州、广西、云南、西藏、青海、新疆、新疆生产建设兵团。

从这些不同类型企业的地区分布看，东部地区国有及国有控股企业和事业单位的比例最低，分别为 53.30% 和 6.27%，合计 59.57%；中部地区事业单位的比例最高，占被调查中部地区企业的 20.81%，国有及国有控股企业的比例略高于东部地区，占 52.6%，二者合计 73.41%；西部地区国有及国有控股企业的比例最高，占西部地区被调查企业的 66.00%，事业单位的比例略低于中部地区，占 18.67%。对于民营企业、外资企业和港澳台资企业而言，东部地区的比例最高，三者的占比分别为 22.61%、5.28% 和 3.14%，合计 31.03%；中部地区民营企业和港澳台资企业的比例次之，分别为 17.34% 和 2.89%，外资企业的比例则最低，仅为 1.73%，三者合计 21.96%；西部地区民营企业和港澳台资企业的比例最低，分别仅为 10% 和 1.33%，外资企业的比例则略高于中部地区，占西部地区被调查企业数的 2%（见表 6-3）。

表 6-3　　　　　　　　各类城市水务企业的地区分布

地区分布	企业类型	事业单位	国有及国有控股企业	民营企业	外资企业	港澳台资企业	其他	合计
东部地区	数量（个）	38	323	137	32	19	57	606
	比例（%）	6.27	53.30	22.61	5.28	3.14	9.40	100
中部地区	数量（个）	36	91	30	3	5	8	173
	比例（%）	20.81	52.60	17.34	1.73	2.89	4.62	100
西部地区	数量（个）	28	99	15	3	2	3	150
	比例（%）	18.67	66.00	10.00	2.00	1.33	2.00	100
全国合计	数量（个）	102	513	182	38	26	68	929
	比例（%）	10.98	55.22	19.59	4.09	2.80	7.32	100

总体来说，中部、西部地区事业单位的比例较高，约为 20%，说明中部、西部地区还有相当一部分水务运营单位尚未完成企业化改制工作，仍处于传统的经济体制下。相对的，东部地区城市水务行业的民营化程度要高于中部、西部地区，以私营企业、外资和港澳台资企业为代表的非国有经济的比重最高，占 31.03%，高于全国平均水平的 26.48%；而其事业单位与国有及国有控股企业比例最低，二者合计不到 60%，低于全国平均水平 66.20%，如图 6-7 所示。

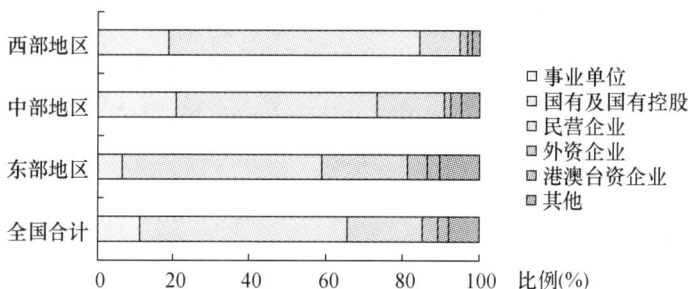

图6-7 各类企业在各区域的比例分布

2. 城市水务行业民营化的时间分布

我们以非国有水务企业的注册成立表示非国有资本的进入,根据城市水务行业民营化历程的三个阶段,我们将时间划分为:2002年以前、2002—2005年和2006年以后,通过比较不同时间段注册成立的非国有水务企业的数量来分析城市水务行业民营化的时间分布。在课题组调查的企业中,共有242个非国有水务企业填报了注册时间,如表6-4所示。其中,2002年前注册成立的企业46个,2002—2005年注册成立的企业82个,2006年以后注册成立的企业114个。具体到城市供水行业,共有59个非国有供水企业填报了企业注册时间,其中,2002年前注册成立的有23个,2002—2005年注册成立的有17个,2006年以后注册成立的有19个。在城市污水处理行业,填报了注册时间的非国有污水处理企业共183个,其中,2002年前注册成立的有23个,2002—2005年注册成立的有65个,2006年以后注册成立的有95个。

表6-4   不同阶段非国有水务企业的注册数量

单位:个

时间 \ 行业	供水行业	污水处理行业	城市水务行业合计
2002年以前	23	23	46
2002—2005年	17	65	82
2006年至今	19	95	114
合计	59	183	242

　　可见，就城市水务行业而言，随着近年来不断鼓励非国有资本进入，非国有资本进入的企业数量呈稳步递增的趋势，随着时间的推进，城市水务行业的市场开放度在不断增加，各地对非国有企业的限制在逐步放开，非国有企业获得了越来越多的行业准入机会。但城市供水行业和污水处理行业则呈现出截然不同的时间分布特征，进入供水行业的非国有企业数量在2002年后基本保持稳定，甚至低于2002年前的数量，而进入污水处理行业的非国有企业数量则增幅显著，如图6-8所示。这一方面反映了中国城市水务行业民营化的不断深入，另一方面也反映了城市供水行业民营化滞后于城市污水处理行业，各地对城市供水行业民营化大多抱着更为谨慎的态度。

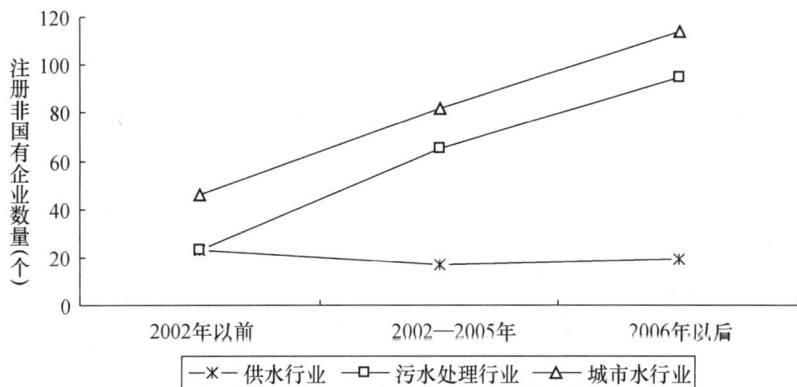

图6-8　中国城市水务行业民营化的时间分布

3. 城市水务行业民营化的规模分布

　　我们主要通过企业的平均资产和企业的设计能力来分析城市水务企业的规模，在课题组调查的水务企业中，国有及国有控股企业的平均资产额最高，为10551.95万元；外资及港澳台资企业次之，分别为6892.11万元和6480.77万元；事业单位和民营企业的规模最小，二者的平均资产额分别为1229.13万元和1214.29万元，如表6-5和图6-9所示。可见，通过民营化改革，国有及国有控股水务企业资产得到了有效集中，一定程度上改善了中国城市水务企业"小、散"的局面，对于培育国有大中型水务企业，提升中国城市水务行业的市场竞争力起到了很好的促进作用。从企业的平均资产看，外资及港澳台资企业的优势非常明显，充分发挥了城市水务行业的规模经济效益。但反观私营企业，虽然企业数量的比例高于外资及港澳台资企业，但企业的平均资产却处于 1000 万元左右的低水平规模上，规模经济效益得不到体现。由于城市水务行业的初期投资大、投资回报期长，因此资金短板对于私营企业的发展而言极为不利，使其难以做大做强，很大程度上限制了民营化改革的进一步深入。

表 6 - 5 　　　　　　　　　不同类型城市水务企业的平均资产

单位：万元

企业类型	事业单位	国有及国有控股企业	民营企业	外资企业	港澳台资企业	其他
企业平均资产	1229.13	10551.95	1214.29	6892.11	6480.77	3389.19

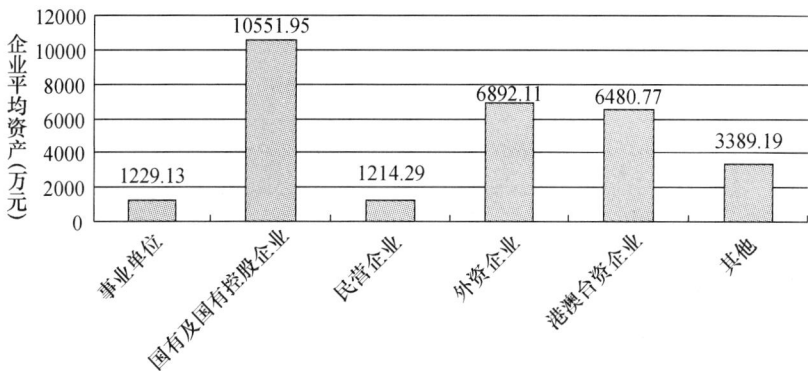

图 6 - 9　问卷调查中不同类型企业的平均资产

同时，课题组对调查企业中的改制水厂规模作了比较分析，如图 6 - 10 所示。调查结果显示，改制水厂规模主要集中在设计能力 0—5 万立方米/日和 10 万—50 万立方米/日。其中，设计能力为 10 万—50 万立方米/日的水厂有 103 个改制，0—5 万立方米/日的水厂有 102 个改制，5 万—10 万立方米/日的水厂有 72 个改制。相对而言，50 万立方米/日以上规模的水厂很少改制。这说明城市水务企业的改制主要集中在中小企业，地方政府对大型水厂的改制较为谨慎。

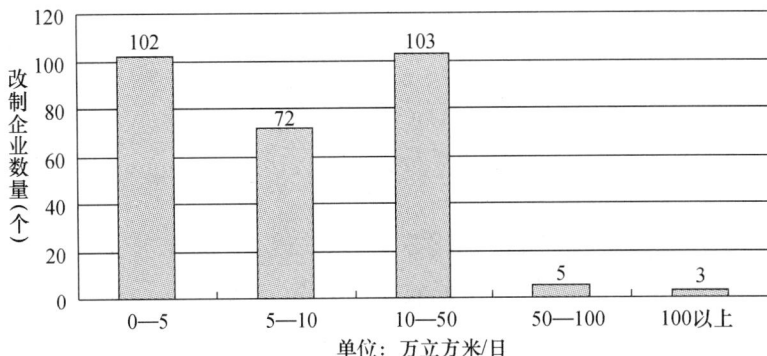

图6-10　问卷调查中改制水务企业的规模分布

三　城市水务行业民营化的市场结构

随着城市水务行业放开市场准入，国有企业改组改制，包括国际资本、民营资本在内的各类资本纷纷抢滩中国的水务市场。目前，中国城市水务行业已基本形成国有及国有控股企业、外资及港澳台资企业、私营企业和上市公司等多种市场主体共同竞争的格局。在这些企业中，国际水业巨头、大型水业专业投资公司、综合性投资公司、水务上市公司和地方性水务公司逐渐成为主导和控制中国城市水务行业的中坚力量。在市场布局上，水务企业主要可分为三个层次：第一层次是核心城市和地区的供水和污水处理项目，在这一层次要求水务企业具有良好的资金、技术和管理综合实力，主要集中了大型国有及国有控股企业和国际水业巨头；第二层次是大中城市和地区的供水和污水处理项目，重点要求水务企业的资本运作和建设运营的能力，以水务上市公司、大型投资公司（包括国有和民营）、规模偏小的外资及港澳台资企业等为主；第三层次是小城市和中西部地区中等城市的供水和污水处理项目，这些城市的制度建设相对薄弱、市场较不规范，项目的投资回报难以保障，因此大型企业鲜有涉足，主要以民营企业、地方性国有企业甚至事业单位为主。

经过十余年的改革和发展，中国城市水务行业已逐渐孕育了一批日渐成熟的专业水务企业。2010年，"中国城市水业战略论坛"评选出2009年度水业十大影响力企业①，分别是：北京首创股份有限公司、北控水务集团有限公司、北京桑德环保集团有限公司、中法控股（香港）有限公司、威立雅水务集团、中环保水务投资有限公司、中国水务投资有限公司、深圳市水务投资有限公司、天津创业环保集团股份有限公司、重庆市水务控股（集团）有限公司。这些专业化运营的水务企业既有大型国有控股企业和传统水务企业，也有资深的水务跨国企业，还有新兴的民营企业，它们以其运作独立性、运营专业化、技术权威性、服务职业化的比较优势，积极参与和推动了中国城市水务行业民营化改革和发展，广泛活跃在城市水务行业投资、建设和运营的各个环节。

我们将重点分析城市水务行业中占主导地位的四类市场主体，包括传统的国有及国有控股水务企业、资深的外资及港澳台资水务企业、强劲的上市水务企业和新兴的民营水务企业。

（一）国有及国有控股水务企业

传统的国有自来水公司和污水处理公司，曾经是计划经济体制下城市水务行业运营管理的核心力量。在开放市场、国有企业改制的大背景下，传统的国有水务企业积极进行了产权结构改革。这些传统的国有水务企业以中心城市供水或污水处理企业为核心，以国有资产行政划转方式（少数为并购方式）合并周边区县的国有供水或污水处理企业，通过资产整合形成了一批具有较大规模和较强实力的城市供水集团或排水集团，如北京、杭州、太原、武汉、合肥等地。而且有的城市通过供排水一体化，形成了专业的综合性城市水务集团，如深圳、沈阳、乌鲁木齐、重庆、厦门、哈尔滨、西安等地的国有水务集团。目前，中国已相继组建的水务集团有80余家，通过整合资源、拓宽业务领域，极大地提高了企业的综合实力和业务发展能力。我们主要以深圳水务集团和北京排水集团为代表，介绍传统国有及国有控股水务企业的发展。

深圳市水务（集团）有限公司由原深圳市排水管理处和原深圳市自来水（集团）有限公司在2001年年底合并成立。2004年，按照深圳市政府进行国际招标改革的统一部署，深圳水务集团通过国际招标引入了世界三大

---

① http://bjcapital.com/html/2011－06/2279.html.

水务企业之一的法国威立雅水务集团及通用首创水务投资有限公司作为战略合作伙伴，正式转变成为中外合资企业。深圳水务集团目前承担着深圳经济特区90％以上的供水业务及99％的污水处理业务，控股经营深圳宝安、龙岗两区供水。集团本部（深圳特区内）2008年服务人口约323万人，服务面积约331平方公里，污水处理能力122.2万吨/日，共处理污水3.84亿吨，特区内污水处理率达88％，共管理市政雨、污水管线达2500公里。集团属下的水务投资公司，已在七个省成功投资了十五个水务项目。集团在全国日供水能力约为728万吨/日，污水处理能力161万吨/日，为全国1500多万人口提供优质、高效的水务服务。

北京城市排水集团有限责任公司（以下简称"北京排水集团"）是2001年由北京排水公司改制组建的国有独资公司。经过摸索实践，北京排水集团走出了一条排水设施系统化集中管理的路子，其业务板块从污水处理逐渐拓展延伸到雨污水收集、处理、再生利用及污泥处置四个方面，基本实现了现代污水处理系统的统一管理；其业务范围也已从北京地区扩展到广州、连云港等地。北京排水集团以"实现从政府投资为主向自主融资为主的转变"为重点发展方向，积极拓展水务事业：与北京首创股份有限公司合资成立京城水务公司，拓宽融资渠道，打造排水领域融资平台，通过BOT方式投资建设北京定福庄污水处理厂；与法国威立雅水务集团和马来西亚嘉里集团合作建设运营北京卢沟桥污水处理厂，成为北京第一座外商直接参与投资建设与运营的污水处理厂；通过国际性公开竞标，排水集团赢得国内排水行业第一个BOT项目广州西朗污水处理厂17年的运营权。通过对连云港市自来水公司50年特许经营权的竞购，成功收购了连云港自来水公司70％的股权，成为国内首家涉足供水行业的排水企业。凭借在珠江三角洲良好的企业品牌和市场声誉，排水集团的服务领域从市政污水处理进一步延伸至工业废水处理，先后在佛山、湛江等周边地区实现突破。截至"十一五"期末，北京排水集团总资产达208亿元，净资产119亿元，负责北京中心城区雨污水管网及泵站、污水处理厂、再生水厂及输配管网、污泥处置设施在内的完整的雨污水收集处理回用系统的运营管理，承担着北京市中心城区的95％，全市的80％左右的排水和再生水服务。截至2008年，北京排水集团已向北京以外的省市投资总计约1.4亿元，形成资产总额 6.3 亿元，净资产总额 2.7 亿元，水处理能力 50 万立方米/日。

（二）外资及港澳台资水务企业

1995 年，中法水务与沈阳自来水公司签订合资经营合同，注册成立合资公司——沈阳中法供水有限公司，标志着外资水务企业正式进入中国市场。随着城市水务行业的进一步开放市场，在中国巨大的水务市场的吸引下，越来越多的外资及港澳台资水务企业开始以多种形式陆续进入中国市场。目前，包括法国威立雅集团、法国苏伊士里昂水务集团和德国柏林水务公司在内，约有 16 家外资水务企业进入中国水务市场，涉及沈阳、天津、重庆、南昌、郑州、成都、上海等几十个城市。截至 2008 年年底，国内 6 家最有影响力的外资水务企业威立雅水务、中法水务、中华煤气、金州环境、汇津水务和美国西部水务共获得签约供水项目 50 多个。这 6 家外资企业项目的供水总能力达到 2000 多万立方米/日，相当于全国供水总能力的 8%[1]。从整体版图看，这些外资水务企业率先在中国一线城市布点，项目主要分布在东部沿海省份，并逐渐向东西部的二、三线城市蔓延，如表 6-6 所示。

表 6-6　　　　主要外资及港澳台资水务企业的供水和污水处理项目分布

外资及港澳台资水务企业	供水项目分布	污水处理项目分布
威立雅	天津、成都、上海、宝鸡、深圳、呼和浩特、兰州、柳州、海口	成都、北京、乌鲁木齐、海口、青岛、邯郸、珠海
中法水务	中山、南昌、湛江、四平、昌图、保定、郑州、盘锦、青岛、新昌、重庆、海南、天津、昌黎、沈阳	重庆、常熟、大连、上海
柏林水务	西安、河北、福州、沈阳、盐城、驻马店、合肥、大同、南昌	南昌、合肥、大同
金州水务	镇江、扬中、盱眙、常州、淮安、郑州、北京	金坛、泰州、扬中、青岛、大名、南京、昆山、太仓、北京
中华煤气	吴江、芜湖、苏州	苏州

资料来源：根据各公司网站披露资料整理。

---

[1]　《"洋水务"中国版图：拥有一线城市 1/3 以上份额》，《经济观察报》2009 年 8 月 22 日。

据不完全统计，外资水务企业的市场主要集中在法国威立雅和中法水务两家，达到了极高的集中度，我们主要以威立雅水务集团和中法水务集团为代表，介绍老牌的外资水务巨头在中国的发展。

法国威立雅水务集团①是全球最大的三大水务集团之一，同时也是当今全世界唯一一家以环境服务为主业的大型集团。针对市政客户，威立雅水务的业务涉及水循环的所有环节，包括：收集自然环境中的水资源，制造和供应自来水；收集和处理污水，污水再利用或排放大自然。

1997 年，威立雅水务赢得了在华的第一份合同：天津凌庄水厂改扩建工程与 20 年特许经营合同。1998 年，威立雅水务与日本合作伙伴丸红株式会社一道，赢得了经中央政府批准的中国水务领域第一个国际 BOT 合同，即成都水源六厂 B 厂项目。威立雅水务集团及其工程子公司承担了该厂的设计、建造、运营与维护，并被授予 18 年的特许经营权。该水厂可满足 266 万居民的饮水需求。2002 年签订的浦东项目则标志着威立雅水务进入了一个更高的发展阶段：参与包括制水、配送和客户服务在内的全面水务服务。这也是中国第一次允许一家非官方的商业运营商全面接管市政水务。此后，随着中国城市对高效率水务服务的需求迅速增加，威立雅水务又相继获得了深圳、昆明、常州、柳州、兰州、海口和天津的全面水务服务合同。迄今为止，在中国的 34 个省、自治区、直辖市和特别行政区中，威立雅水务已在其中一半的地区拥有正在运营的 20 多个项目，合同标的涉及超过 3800 万居民，并拥有超过 120001 名员工。

中法水务投资有限公司②（以下简称"中法水务"）是由法国苏伊士环境和香港新创建集团有限公司合资组成。其母公司苏伊士环境是一家专注发展环保事业的国际企业，业务遍及世界 130 多个国家，拥有 65900 名员工，为 8000 万人提供饮用水服务，2006 年营业额达到 1140 亿元人民币。自 1992 年创建以来，中法水务积极参与中国城镇水务事业的发展建设，北源昌图、南至三亚、东起上海、西达重庆，足迹遍布大江南北。公司的核心业务涵盖饮用水处理、城市全方位供水服务、工业水处理、污水处理、污泥处理以及投资公司六大范畴。

---

①　参见法国威立雅水务集团官网（http：//www.veoliawater.cn/zh/）。

②　参见中法水务官网（http：//www.sinofrench.com/default.htm）。

1995 年，中法水务以 1.25 亿元购入沈阳市第八水厂的 50% 股权，与沈阳市自来水总公司合作成立沈阳中法供水有限公司，成为中国第一个引入外资的供水公司，后因固定投资回报的问题，1999 年沈阳市政府以 1.5 亿元的价格回购中法水务在合资公司的全部股权，该项目终止。2002 年，中法水务投资有限公司与重庆市水务控股集团有限公司共同投资成立重庆中法供水有限公司，总投资 12.3 亿元人民币，投资比例为中方 40%，外方 60%。公司主要负责重庆市江北区、渝北区两路镇以及横跨江北区和渝北区的北部新区的饮用水的生产及销售、相关水厂和配套设施的建设经营及管理及与供水相关的业务，并取得了重庆市政府授予的在该地区的供水特许经营权。目前生产能力为 34.5 万立方米，管网总长度为 534 公里，供水面积 375 平方公里，供水人口约 69.9 万。2007 年，中法水务则以 8.95 亿元的投标价格，溢价 4 倍收购了扬州自来水公司 49% 的股权。截至目前，中法水务在中国 18 个省市已拥有 25 家合作公司，服务人口逾 1400 万，在中国拥有 5000 名员工。

外资及港澳台资水务企业在一定程度上促进了中国城市水务行业的发展，但同时也产生了一些问题。一是变相固定回报造成巨额损失。自 2002 年国务院发布《关于妥善处理现有保证外方投资固定回报项目有关问题的通知》（国办发〔2002〕43 号）后，各地相继开展了清理和纠正保证外方投资固定回报项目（以下简称固定回报项目）的工作，但外资水务企业却约定按一定比例上调水价和水量，形成变相固定回报。如：威立雅和宝鸡市自来水公司合作，由合资水厂向自来水公司提供水量且上调速度超过宝鸡市正常需求，合作 3 年宝鸡市自来水公司累计亏损 3820 万元。盘锦市由中法水务以 6000 万元购买 60% 股权，合同约定水量（每两年增加 10%）和水价（每两年增加 21%—25%），合作五年，外方盈利 900 万元，中方亏损 4740 万元，中方另欠外方水费 3500 万元。二是溢价收购造成水价上涨压力。为实现在中国大规模的扩张战略，利用一些城市政府急于招商引资出政绩、急于出售国企产权的心理，外资水务企业凭借资金优势，频频溢价收购国有水务企业。比如，2002 年，威立雅溢价 2.66 倍收购上海浦东自来水公司 50% 的股权；随后，威立雅溢价 3.48 倍收购兰州供水集团 45% 的股权，溢价 2.06 倍收购海口水务集团 50% 的股权，溢价 2.11 倍收购天津自来水公司49%的股权；中法水务溢价4倍收购了扬州自来水公司49%的股权。这些项目的高溢价收购将水价上涨的压力转嫁给了广大居民和后几届政府。

（三）上市水务企业

目前，以水务产业为主营业务的上市公司有首创股份、重庆水务、桑德环境、创业环保、武汉控股、南海发展、钱江水利、碧水源等18家，其中2002年前上市的水务企业11家，2002年后上市的7家。这些上市水务企业中，以国有控股企业居多，共15家，仅有3家民营企业，分别是桑德环境、碧水源和维尔利，这些民营上市企业拥有完善的技术集成能力和较强的投融资能力，由原有的环保工程公司纷纷向下游发展，进而成为城市水务行业的有力竞争者（见表6-7）。

表6-7　　　　　　2010年中国主要上市水务企业基本情况

上市水务企业	上市时间（年）	资产总额（亿元）	净利润（亿元）	主营业务收入（亿元）	净资产收益率（%）	净利润增长率（%）
上海城投控股股份有限公司	1993	260.84	8.49	7.84	6.79	11.54
中原环保股份有限公司	1993	9.97	0.74	1.62	13.38	25.57
天津创业环保集团股份有限公司	1995	84.26	2.71	12.58	7.86	11.60
阳晨B	1995	21.75	0.07	1.94	1.44	-6.10
成都市兴蓉投资股份有限公司	1996	25.88	2.36	6.09	15.42	5.69
中山公用	1997	61.70	6.67	5.79	14.86	-18.40
国中水务	1998	8.80	0.43	1.11	15.58	78.33
武汉三镇实业控股股份有限公司	1998	32.85	1.11	1.90	7.25	53.18
桑德环境资源股份有限公司	1998	29.74	2.07	2.28	17.62	42.04
钱江水利开发股份有限公司	2000	29.46	1.18	3.91	11.61	118.94
南海发展股份有限公司	2000	31.92	5.58	5.39	44.06	438.90
北京首创股份有限公司	2000	168.41	4.83	15.93	9.67	7.87
洪城水业	2004	39.47	0.93	6.55	7.66	35.38
四川广安爱众股份有限公司	2004	31.05	0.56	0.57	9.97	15.22
重庆水务集团股份有限公司	2010	164.12	12.91	26.20	13.33	27.30
北京碧水源科技股份有限公司	2010	31.72	1.77	4.71	8.72	65.09
维尔利	2011	10.29	0.10	—	7.70	53.85
江南水务	2011	22.62	0.19	—	0.04	99.46

资料来源：根据2010年各公司披露的年报整理。

　　根据表6-7，这18家上市水务企业在2010年全部实现盈利，无一亏损。从总量上看，上市水务企业的资产总额合计732.72亿元，净利润21.94亿元，主营业务收入102.48亿元。资产总额最高的企业分别是上海城投、北京首创和重庆水务，同时重庆水务的净利润和主营业务收入均居上市企业的首位，分别为12.91亿元和26.20亿元。根据《中国统计年鉴》(2011)，2010年中国水的生产和供应业共有规模以上企业2109家，合计资产总额、净利润和主营业务收入分别为5539.15亿元、60.25亿元和1143.09亿元。由此可见，18家上市水务企业在城市水务行业中占据了相当比重的市场份额，其资产总额、净利润和营业收入分别占规模以上企业的13.23%、36.41%和8.97%。从各项指标的平均值来看，上市水务企业的平均资产额为59.16亿元，平均净利润为2.93亿元，平均营业收入为6.53亿元，而同期规模以上水务企业的平均资产额、平均净利润和平均营业收入仅为2.63亿元、0.03亿元和0.54亿元。可见，上市水务企业的平均水平远高于行业规模以上企业，特别是企业净利润水平，这一方面是因为这些上市水务企业通过资本市场逐步实现了投资和经营的多元化，水务行业以外的其他业务为企业贡献了部分的净利润，但另一方面也说明了上市水务企业的盈利能力和水平远高于城市水务行业的平均水平。这从表6-14中的净资产收益率和净利润增长率指标中可见一斑。

　　2010年，18家上市水务企业的平均净资产收益率为11.83%，净资产收益率超过10%的有7家，以南海发展的净资产收益率最高，达44.06%；平均净利润增长率为59.19%，净利润增长率超过50%的有6家，净利润增长最快的是南海发展、钱江水利和江南水务，分别同比增长438.90%、118.94%和99.46%，净利润下降的仅有2家，分别是中山公用和阳晨B。根据中国水网研究统计①，近几年来，水务上市公司每股收益呈现快速上升趋势。2006年，水务上市公司每股收益平均值仅为0.14元/股，经过几年的发展，至2010年，平均每股收益达到0.58元/股，是2006年的4.14倍，是2009年的1.32倍。

　　(四)民营水务企业

　　2002年6月，上海友联联合体与上海市水务局下属的水务资产经营发

---

　　① 《水务上市公司2010年全部盈利专家呼吁成本公开》，《经济参考报》2011年5月27日。

展公司签约，获得总投资额为 8.7 亿元人民币的上海市最大污水处理项目——竹园污水处理厂 20 年特许经营权，标志着民营资本正式进入中国水务市场。2003 年 1 月，山东邹平县河务局和水务局 300 多名职工自筹 2100 余万元资金入股组建了邹平黄河供水有限责任公司，进军城乡供水业，从而成为民营资本进入山东城市供水领域的第一例。2003 年 5 月，江苏省淮安市淮阴区自来水公司也将经营使用权以 2350 万元拍卖给了民营资本。民营资本的介入一方面能够弥补水务市场资金不足的缺陷，另一方面能够利用民营企业的机制灵活促进城市水务行业的竞争。

　　然而，从总体上看，民营水务企业参与城市水务行业的改革和发展，一般多发生在二、三线城市和县级城镇的供水或污水处理企业，规模较小，难以形成规模效益。如湖北省房县、崇阳县、河南省罗山县、吉林省长白县、广东省翁源县、新疆若羌县等都是这种合作方式。同时，有的民营企业因不熟悉城市水务行业的业务或管理不善，出现了供水安全事故，造成了极坏的社会影响。2009 年 5 月，湖北省南漳县自来水中水质浊度高达5200 度，而国家标准规定生活饮用水浊度应该不大于 3 度，经营该水厂的是以水泥生产为主的浙江浦峰集团有限公司；2009 年 7 月发生在赤峰市新市区的水污染事件，导致 4300 多名居民出现腹泻、呕吐、头晕、发热等症状，原因就是经营水厂的赤峰九龙供水有限责任公司管理不善，将被污染的自来水输送给用户饮用。

四　城市水务行业民营化现状的简要评述

　　从以上对中国城市水务行业民营化历程、总体形势和市场结构的分析可以看出，中国城市水务行业民营化改革呈现出以下特点：

　　(一) 城市水务行业民营化改革的政策比较全面

　　依据中央和部委关于市政公用事业民营化的相关文件精神与要求，城市水务行业已根据自身的行业特点，相继出台了推动城市水务行业民营化的配套政策和文件，具体涉及特许经营、价格改革、财政补贴、监督考核等多个方面，为民间资本进入城市水务行业及后续发展创造了良好、稳定的制度环境。

　　(二) 城市水务行业民营化改革的领域比较全面

　　城市水务行业的供水、污水处理、污泥处理处置、再生水等业务领域都进行了民营化，形成了多元投资结构，缓解了长期以来单纯依赖政府投资以致设施严重不足的矛盾，带动了城市水务行业的快速发展。在管网输送和终端制水或污水处理等环节也都进行了民营化，其中以制水或污水处理等终端设施的投资、建设和运营的民营化项目居多，管网设施仍由国有企业或事业单位负责运营，并通过租赁或无偿使用的方式向终端设施运营单位提供服务。但也有一些项目将厂网一体整体打包进行民营化，如重庆中法供水有限公司和厦门水务中环污水处理有限公司，都是将原国有企业的自来水厂或污水处理厂及其专用配套管网共同打包对外转让产权。

（三）城市水务行业的市场竞争机制逐步完善

实施民营化改革以前，城市供水和污水处理服务主要由政府所属的事业单位或事业单位型的传统企业负责提供，普遍存在机构臃肿、效率低下、管理落后、亏损严重等问题。民营化改革后，通过 BOT、TOT 等模式引入外资和民营企业，跨区域参与水务企业改制、重组、投资和运营，打破了服务垄断的局面，基本形成了以市场为导向的企业化运营机制。

（四）城市水务行业的竞争力逐步加强

城市水务行业民营化改革不仅促进了行业的发展，同时也带动了产业的快速增长，培育了一大批规模较大、技术先进、管理高效、产业链完备的水务企业。以经济发达地区有国资背景的水务企业、上市公司为核心，培育了若干大型水务集团，形成了一批有影响力的品牌企业。例如：以深圳水务集团和北京排水集团为代表的传统国有水务企业，积极进行了产权结构的改制，提高了市场竞争力也带动了产业结构的优化调整。以首创股份、创业环保、桑德环境等上市公司或投资公司为代表的社会资金积极进入城市水务行业。

（五）不同地区的水行业民营化程度存在差异

由于中国不同地区的社会、经济发展水平不同，城市水务行业民营化的程度和优劣呈现出很大的区域差异。其中，直辖市和东部沿海地区的城市水务行业民营化的程度较高，这与该地区的经济发展水平较高、整体经济市场化程度高、制度建设相对完善有很大关系。此外，良好的政府信用也有助于吸引社会资本积极在该地区开展业务。相比较而言，东北地区和中西部地区城市水务行业民营化的程度不高，传统国有水务企业的改制相对滞后，大多数项目仍需利用国债和地方配套资金。

综观城市水务行业民营化改革的现状，在推进事业单位转企、国有企业改制、吸引外资和民间资本等方面都取得了一定的效果。在下一节将重点阐述民营化改革的绩效评价。

第三节　城市水务行业民营化实践的绩效评价

一　城市水务行业民营化绩效评价的指标体系

参考第三章城市公用事业民营化绩效评价的指标体系，城市水务行业民营化绩效评价的一级指标包括行业发展水平、收费水平、质量达标水平、行业运营效率水平和普遍服务水平等指标。设计评价指标的原则是尽可能采取定量化的指标，对于难以量化的指标尽可能通过问卷的形式确定，并采用定序量表的方式。在数据的获取上，尽可能选择《中国统计年鉴》、《中国城市建设统计年鉴》等年鉴中提供的数据，保证数据的可得性和可比性。对于无法获得权威统计数据但又非常重要的指标，我们尽可能设计一些能通过问卷调查或通过专家访谈获得数据的指标。

（一）城市水务行业发展水平的评价指标体系

从行业发展水平角度对城市水务行业民营化改革绩效进行评价时，主要包括供水总量、供水生产能力、供水固定资产投资额、污水处理总量、污水处理能力、污水处理固定资产投资额和行业从业人员数量等指标。这些指标大致能够反应民营化改革前后，城市水务行业总体发展水平是否存在较大变化。表6-8是城市水务行业发展水平的评价指标体系。

（二）城市水务行业收费水平的评价指标体系

城市水务行业主要包括自来水、污水处理和再生水，由于中国的再生水利用尚处于起步阶段，本书主要对自来水费和污水处理费水平进行评价，指标包括：自来水总体收费价格水平（静态水平价格）、自来水收费增长率（动态价格水平）、污水处理总体收费价格水平（静态水平价格）和污水处理收费增长率（动态价格水平）。当然，评估收费水平时要剔除城市水务行业的投入价格指数和社会通货膨胀率等外生因素导致的物价水平变动。表6-9为城市水务行业收费水平的评价指标体系。

表6-8   城市水务行业发展水平的评价指标体系

一级指标	二级指标	指标说明及测量方式
城市水务行业发展水平	供水总量	总体供水水平，定比量表
	供水生产能力	总体供水设施的生产能力，定比量表
	供水固定资产投资额	供水新增的固定资产投资，定比量表
	污水处理总量	总体污水处理水平，定比量表
	污水处理能力	总体污水处理设施的处理能力，定比量表
	污水处理固定资产投资额	污水处理新增的固定资产投资，定比量表
	行业从业人员数量	行业吸纳的就业人员数量，定比量表

表6-9   城市水务行业收费水平的评价指标体系

一级指标	二级指标	指标说明及测量方式
城市水务行业收费水平	自来水总体收费水平	静态收费水平，定比量表
	自来水收费增长率	动态收费水平，定比量表
	污水处理总体收费水平	静态收费水平，定比量表
	污水处理收费增长率	动态收费水平，定比量表

注：评价城市水务行业收费水平时要剔除行业的投入价格指数和社会通货膨胀率等外生因素导致的物价水平变动。

（三）城市水务行业服务质量水平的评价指标体系

城市水务行业服务质量水平的评价指标主要包括：供水的充足性和稳定性（特别是枯水季和高层的充足性、稳定性）、化学需氧量削减量、二、三级污水处理量、消费者供水满意度、消费者污水处理满意度、供水水质达标率、供水水质标准提高率、污水处理出水水质达标率和污水处理出水质量标准提高率。表6-10为城市水务行业服务质量的评价指标体系。

表6-10   城市水务行业服务质量水平的评价指标体系

一级指标	二级指标	指标说明及测量方式
城市水务行业服务质量水平	供水的充足性和稳定性	供水的充足性和稳定性，定序量表（1为非常稳定、0.5为大致稳定、0为中等或一般、-0.5为不太稳定、-1为很不稳定）
	化学需氧量削减量	污水处理削减化学需氧量总量，定比量表
	二、三级污水处理量	采用二、三级处理的污水处理总量，定比量表

续表

一级指标	二级指标	指标说明及测量方式
城市水务行业服务质量水平	消费者供水满意度	消费者或公众对供水服务质量的满意度，定序量表（1为非常满意、0.5为大致满意、0为中等或一般、-0.5为不太满意、-1很不满意）
	消费者污水处理满意度	消费者或公众对污水处理服务质量的满意度，定序量表（1为非常满意、0.5为大致满意、0为中等或一般、-0.5为不太满意、-1很不满意）
	供水水质达标率	供水水质的静态质量标准，定比量表
	供水水质标准提高率	供水水质标准是否存在逐步提高情况，定类量表（1为是、0为否）
	污水处理出水水质达标率	污水处理出水水质的静态质量标准，定比量表
	污水处理出水水质标准提高率	污水处理出水水质标准是否存在逐步提高情况，定类量表（1为是、0为否）

（四）城市水务行业运营效率水平的评价指标体系

城市水务行业运营效率水平的评价指标主要包括工业增加值率、总资产贡献率、资产负债率、流动资产周转次数、工业成本费用利润率、全员劳动生产率、产品销售率等。这些指标能够较合理地反映民营化改革对城市水务行业运营效率水平的影响，而且易于获得。表6-11是城市水务行业运营效率水平的评价指标体系。

表6-11　　　　　城市水务行业运营效率水平的评价指标体系

一级指标	二级指标	指标说明及测量方式
城市水务行业运营效率水平	工业增加值率	直接反映企业降低中间消耗的经济效益，反映投入产出的效果，定比量表
	总资产贡献率	反映企业全部资产的获利能力，定比量表
	资产负债率	评价企业负债水平，定比量表
	流动资产周转次数	反映流动资产的周转速度，定比量表
	工业成本费用利润率	反映工业生产成本及费用投入的经济效益，定比量表
	全员劳动生产率	考核企业技术水平、管理水平的综合表现，定比量表
	产品销售率	反映产品已实现销售的程度，定比量表

（五）城市水务行业普遍服务水平的评价指标体系

城市水务行业普遍服务水平的评价指标主要包括用水普及率、欠发达地区或城市的用水普及率、污水处理率、欠发达地区或城市的污水处理率和对弱势群体的补贴。表6-12为城市水务行业普遍服务水平的评价指标体系。

表6-12　　　　城市水务行业普遍服务水平的评价指标体系

一级指标	二级指标	指标说明及测量方式
城市水务行业普遍服务水平	用水普及率	总体供水普遍服务水平，定比量表
	欠发达地区或城市的用水普及率	欠发达地区的供水普遍服务水平，定比量表
	污水处理率	总体污水处理普遍服务水平，定比量表
	欠发达地区或城市的污水处理率	欠发达地区的污水处理普遍服务水平，定比量表
	对弱势群体的补贴	是否存在对弱势群体的补贴，定类量表（1为有、0为无）

（六）城市水务行业民营化绩效的评价指标设计总结

城市水务行业民营化绩效的评价指标设计总结如表6-13所示。

表6-13　　　　城市水务行业民营化绩效的评价指标体系设计

一级指标	二级指标	测量方式及数据来源
城市水务行业发展水平	供水总量	总体供水水平，定比量表
	供水生产能力	总体供水设施的生产能力，定比量表
	供水固定资产投资额	供水新增的固定资产投资，定比量表
	污水处理总量	总体污水处理水平，定比量表
	污水处理能力	总体污水处理设施的处理能力，定比量表
	污水处理固定资产投资额	污水处理新增的固定资产投资，定比量表
	行业从业人员数量	行业吸纳的就业人员数量，定比量表
城市水务行业收费水平	自来水总体收费水平	静态收费水平，定比量表
	自来水收费增长率	动态收费水平，定比量表
	污水处理总体收费水平	静态收费水平，定比量表
	污水处理收费增长率	动态收费水平，定比量表

续表

一级指标	二级指标	测量方式及数据来源
城市水务行业服务质量水平	供水的充足性和稳定性	供水的充足性和稳定性，定序量表（1 为非常稳定、0.5 为大致稳定、0 为中等或一般、－0.5 为不太稳定、－1 为很不稳定）
	COD 削减量	污水处理削减 COD 总量，定比量表
	二、三级污水处理量	采用二、三级处理的污水处理总量，定比量表
	消费者供水满意度	消费者或公众对供水服务质量的满意度，定序量表（1 为非常满意、0.5 大致满意、0 为中等或一般、－0.5 为不太满意、－1 很不满意）
	消费者污水处理满意度	消费者或公众对污水处理服务质量的满意度，定序量表（1 为非常满意、0.5 为大致满意、0 为中等或一般、－0.5 为不太满意、－1 为很不满意）
	供水水质达标率	供水水质的静态质量标准，定比量表
	供水水质标准提高率	供水水质标准是否存在逐步提高情况，定类量表（1 为是、0 为否）
	污水处理出水水质达标率	污水处理出水水质的静态质量标准，定比量表
	污水处理出水水质标准提高率	污水处理出水水质标准是否存在逐步提高情况，定类量表（1 为是、0 为否）
城市水务行业运营效率水平	工业增加值率	直接反映企业降低中间消耗的经济效益，反映投入产出的效果，定比量表
	总资产贡献率	反映企业全部资产的获利能力，定比量表
	资产负债率	评价企业负债水平，定比量表
	流动资产周转次数	反映流动资产的周转速度，定比量表
	工业成本费用利润率	反映工业生产成本及费用投入的经济效益，定比量表
	全员劳动生产率	考核企业技术水平、管理水平的综合表现，定比量表
	产品销售率	反映产品已实现销售的程度，定比量表
城市水务行业普遍服务水平	用水普及率	总体供水普遍服务水平，定比量表
	欠发达地区或城市的用水普及率	欠发达地区的供水普遍服务水平，定比量表
	污水处理率	总体污水处理普遍服务水平，定比量表
	欠发达地区或城市的污水处理率	欠发达地区的污水处理普遍服务水平，定比量表
	对弱势群体的补贴	是否存在对弱势群体的补贴，定类量表（1 为有、0 为无）

需要注意的是，由于城市水务行业的具体情况在不同城市存在着差异，不同城市数据的可得性也不同。因此在评价特定城市水务行业民营化绩效时，一定要根据实际情况选择符合该城市具体特征的评价指标。我们所设计的有些指标可能需要充实，有些指标则可以根据需要简化处理。

二 城市水务行业民营化绩效评价的实证分析

为深入分析中国城市水务行业民营化改革的绩效，本部分将分别从中国城市水务行业发展的整体水平、收费水平、服务质量、运营效率、普遍服务等方面进行实证研究，对民营化改革前后的绩效进行梳理和评判，并分析影响城市水务行业民营化改革绩效的主要原因，以期为进一步深化城市水务行业的民营化改革提供实证支撑和现实佐证。

（一）城市水务行业发展水平的总体评价

中国城市供水生产能力和供水总量如图 6－11 所示。2000—2009 年，中国城市供水生产能力和供水总量总体上呈上升趋势，特别是在 2000—2006 年间二者呈现出较为明显的增长。2007 年，供水生产能力和供水总量双双下降，而且供水总量持续下降，至 2009 年全国城市供水总量仅为496.75 亿立方米，与 2005 年的供水总量相当。但供水生产能力则在 2008年和 2009 年小幅增长，并在 2009 年创历史新高，全国城市供水生产能力达27046.8 万立方米/日。可见，民营化促进了中国城市供水生产能力和供水总量的提升，但近几年，随着节约用水理念的不断深入，全国人均日生活用

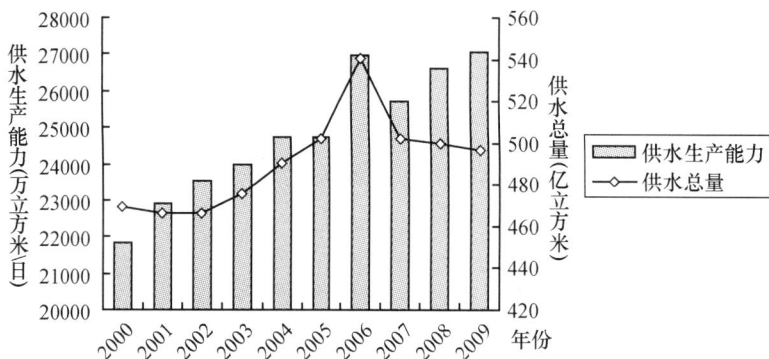

图 6－11 2000—2009 年中国城市供水生产能力和供水总量

水量逐年递减，使得供水总量下降。与此同时，也呈现出供水生产能力与
供水总量不相匹配的问题，如果将 2009 年城市供水生产能力完全释放，城
市供水的生产总量将达到惊人的近 1000 亿立方米，是实际供水总量的一
倍。这一方面由于自来水设施属城市基础设施，应适当超前于城市发展，
需要为城市发展预留空间；另一方面也折射出中国城市自来水设施的建设
缺乏科学预测和规划，盲目扩大规模，新建水厂，直接导致自来水厂的生
产能力闲置，并影响自来水厂运营企业的成本收益。

　　中国城市污水处理能力和污水处理总量如图 6 - 12 所示。2000—2009
年，中国城市污水处理能力和污水处理总量双双直线上升，污水处理能力
从 2000 年的 2158 万立方米/日增长至 2009 年的 9052 万立方米/日，增长了
3 倍多，污水处理总量也从 2000 年的 113.56 亿立方米增长至 2009 年的
279.35 亿立方米，增幅达 149.99%。特别是在 2000—2005 年间，二者增速
明显，这与污水处理行业的民营化改革是密不可分的。20 世纪 90 年代末，
中国污水处理行业进入大发展时期，但受制于建设资金的严重短缺，引进
国外资金成为各地积极争取的重要资金来源，客观上促进了污水处理行业
的民营化改革，同时也加快了中国城市污水处理厂的建设速度。而且，通
过对污水处理能力和污水处理总量二者增幅的比较可以看出，污水处理能
力的增幅远高于污水处理总量，说明污水处理厂的建设速度要高于实际处
理水量的增速，污水处理厂的部分能力闲置，污水处理的收集率和处理率
都有待进一步提高。

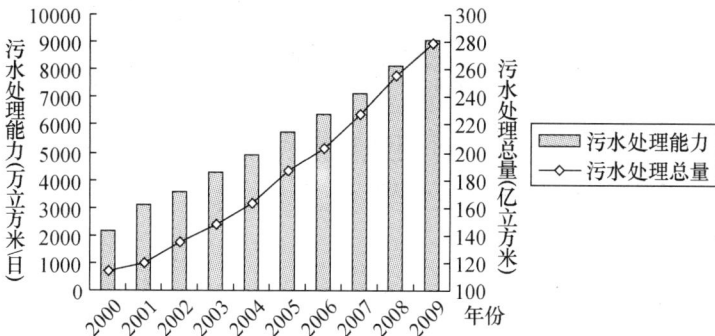

图 6 - 12　2000—2009 年中国城市污水处理能力和污水处理总量

　　中国城市供水与污水处理及再生利用固定资产投资额如图 6－13 所示，二者的发展趋势基本类似，总体保持上升趋势，前者从 2000 年的 142.4 亿元增长至 2009 年的 368.8 亿元，增幅 159%，后者从 2001 年的 116.4 亿元增长至 2009 年的 418.6 亿元，增幅达 259.6%。从投资额看，2008 年以前，城市供水固定资产投资基本都高于污水处理固定资产投资，仅在 2009 年城市污水处理固定资产投资才首次明显高于城市供水。但从投资增长曲线看，在 2000—2006 年，二者增长缓慢，2007 年固定资产投资额陡增，至此投资增速加快，而且污水处理的投资增速远高于城市供水。可见，污水处理民营化的程度高于城市供水，更加有力地推动了城市污水处理的固定资产投资。

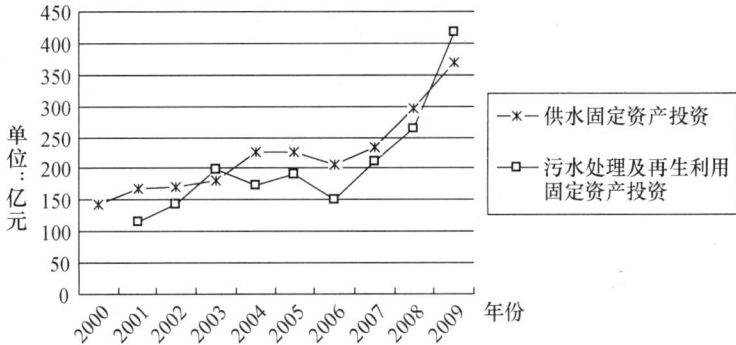

图 6－13　2000—2009 年中国城市水务行业固定资产投资

　　此外，我们还可通过调研数据进一步了解中国目前城市水务行业发展的总体情况。如表 6－14 所示，从各项指标的均值来看，城市供水行业的发展要优于城市污水处理行业，这主要是由于中国城市供水行业的发展要早于污水处理，城市污水处理是在 20 世纪 90 年代末期，随着工业化和城市化发展，环境污染日益严重，才引起重视并快速发展起来的。因此，城市供水行业的发展基础要优于污水处理，这也决定了城市供水行业的总体发展水平要好于污水处理。

　　（二）城市水务行业价格水平的总体评价

　　目前中国的城市水价主要由水资源费、水利工程供水价格、城市供水价格和污水处理费四部分构成，即水价 = 水资源费 + 水利工程供水价格 + 城市供水价格 + 污水处理费。我们在日常生活中所说的水价通常是指到户水

表 6 – 14　　　　　　城市水务行业总体发展水平的基本情况

行业	指标	样本量	均值	最小值	最大值	中位数	标准差
城市供水	年产量（万吨）	415	5616.579	4	141120	1646.27	14019.11
	服务人口（万人）	407	52.75	0.437	985	20	104.38
	投资额（万元）	299	27401.27	1.05	939743.28	3792.37	100848.3
	管网长度（公里）	388	566.42	5	8873	226	1037.31
城市污水处理	年产量（万吨）	521	2519.23	0.75	82800	1095	5623.54
	服务人口（万人）	424	184.2	0.5	55483	20	2724.807
	投资额（万元）	345	15035.71	1	837385	251.5	351.43
	管网长度（公里）	349	135.89	0.8	8960	84.75	74.6

价，也即综合水价，是一个完整的水价概念。但根据实际需要，也有的单指城市供水价格或剔除污水处理费后的到户水价。在此，我们重点讨论与城市水务行业发展密切相关的城市供水价格和污水处理费。

从价格水平看，中国城市供水基本完成了从福利型向商品型的转变，城市供水价格的调整基本按照保本微利的原则进行，自 1998 年颁布《城市供水价格管理办法》以来，城市供水价格逐步涵盖供水成本、费用、税金和利润，自来水价也得到了一定程度的提升。根据国家发改委价格监测中心公布的 2011 年 3 月全国 36 个大中城市水价，居民生活用水平均水价为 1.90 元/吨。绝大多数城市的水价为 1—3 元/吨，其中 21 个城市水价在 1—2 元/吨，占比 58%，13 个城市水价为 2—3 元/吨，占比 36%，只有天津市水价为 3.5 元/吨，超过了 3 元/吨，还有拉萨市水价低于 1 元/吨，为 0.6 元/吨。如表 6 – 15 和图 6 – 14 所示。

表 6 – 15　　　　全国 36 个大中城市供水价格分布（截至 2011 年 3 月）

城市供水价格区间	城市数量（个）	比例（%）
≥3 元/吨	1	3
≥2 元/吨，<3 元/吨	13	36
≥1 元/吨，<2 元/吨	21	58
<1 元/吨	1	3
合计	36	100

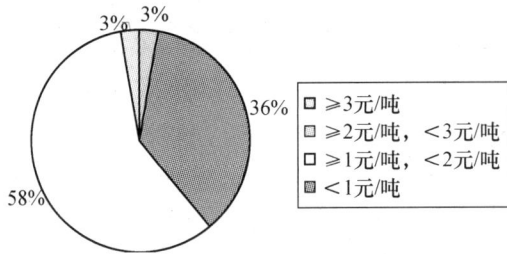

图 6-14 全国 36 个大中城市供水价格分布

在污水处理费方面,据不完全统计,截至 2009 年年底,全国 622 个设市城市中已有 579 个城市开征了污水处理费,占比 93.09%。2009 年全国共征收污水处理费 149.28 亿元,较"十一五"末期增加了 82.6 亿元,增幅为 123.88%。根据国家发改委价格监测中心公布的 2011 年 3 月全国 36 个大中城市水价,只有拉萨市尚未开收污水处理费,其他 35 个大中城市居民污水处理费的平均标准为 0.78 元/吨,略低于国务院规定的"吨水平均收费原则上不低于 0.8 元/吨"标准。绝大多数城市污水处理费标准为 0.5—1 元/吨,其中 15 个城市污水处理费在 0.5—0.8 元/吨,占比 43%,13 个城市污水处理费为 0.8—1 元/吨,占比 37%,污水处理费最高的为南京和上海,均为 1.3 元/吨,最低的长春市污水处理费标准仅为 0.4 元/吨。如表6-16 和图 6-15 所示。

表6-16　　全国 35 个大中城市污水处理费标准（截至 2011 年 3 月）

城市污水处理费区间	城市数量（个）	比例（%）
<0.5 元/吨	1	3
≥0.5 元/吨，<0.8 元/吨	15	43
≥0.8 元/吨，<1 元/吨	13	37
≥1 元/吨	6	17
合计	35	100

从价格结构看,中国目前城市供水价格普遍实行了分类计价,主要分为:居民生活用水、工业用水、行政事业、经营单位以及特种行业。根据国家发改委价格监测中心公布的 2011 年 3 月全国 36 个大中城市水价,特种

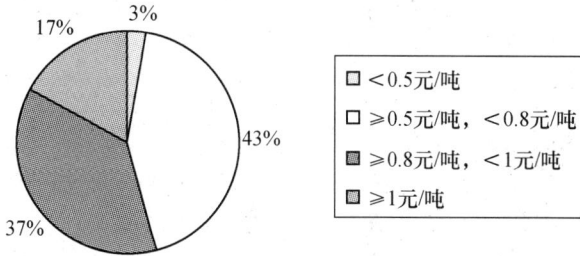

图 6-15 全国 35 个大中城市污水处理费标准

行业用水的平均价格最高，为 13.83 元/吨，其次是经营服务业、工业和行政事业用水，平均价格分别为 4.22 元/吨、3.68 元/吨和 3.54 元/吨，居民生活用水的平均价格最低，为 1.87 元/吨，仅约为特种用水价格的 1/10。而且，各地对各类用水价格的调整幅度差异较大，特别是一些缺水型城市，尤其对桑拿、洗车、足浴等特种行业用水价格调整幅度明显高于其他用水调整幅度，拉开了用水差价，36 个大中城市中以北京的特种行业用水价格最高，达 61.68 元/吨。如表 6-17 和图 6-16 所示。

表 6-17　　　　　　　　全国 36 个大中城市各类用水价格分布

价格 类型	平均价格 （元/吨）	最高值		最低值	
		城市	价格（元/吨）	城市	价格（元/吨）
特种行业用水	13.83	北京	61.68	拉萨	0.9
经营服务业用水	4.22	长春	8	拉萨	1.2
工业用水	3.68	天津	7.5	拉萨	1.4
行政事业用水	3.54	天津	7.50	拉萨	1.00
居民生活用水	1.87	天津	3.5	拉萨	0.6

在污水处理费方面，在市场经济较为完善、民营化程度较高的东部地区，已有一些城市参照城市供水价格，将污水处理费分为特种工业、经营性、非经营性和居民生活几类。特别是在电镀、纺织、化学等重污染企业集聚的工业园区，甚至建设专业的污水处理厂专门收集、处理工业废水，其污水处理费则主要通过市场机制进行定价。而且针对污染程度不同的污水，

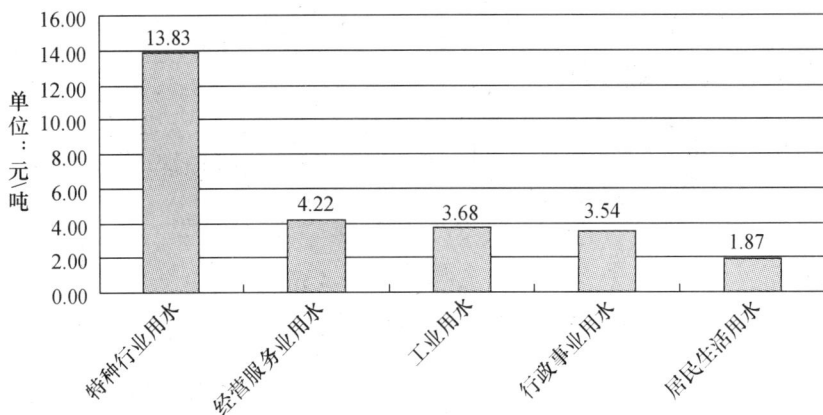

图6-16 全国36个大中城市各类用水平均价格

已有一些城市先行先试，对污水处理按质计价。2007年，浙江省出台《关于调整太湖流域杭嘉湖地区污水处理费政策的通知》（浙价商〔2007〕203号），对太湖流域杭嘉湖地区的工业企业污水处理费按污染程度分档计价，主要根据工业企业排水的化学需氧量浓度进行分档，以100mg/L为一档，化学需氧量浓度在800mg/L以内的，每提高一档，收费标准提高0.03—0.08元/吨，超过800mg/L的，每提高一档，收费标准提高0.3元/吨。

在阶梯水价方面，全国已逐步实施非居民用水超计划超定额加价，深圳、厦门、银川等城市居民生活用水已实行阶梯水价。其中，厦门市1997年就开始对居民生活用水实行阶梯水价，将居民生活用水价格分为3个等级：用水15吨以内0.6元/吨，15—20吨为1.4元/吨，20吨以上2.1元/吨。之后厦门市水价经过了几次调整，2012年执行新的供水价格，将价格调整为：15吨及以下2.2元/吨；15—25吨为3.3元/吨；25吨以上4.4元/吨。在水价调整的同时，为保证生活困难的家庭基本消费支出不受水价调整影响，厦门市提高水价补贴标准，对全市低保家庭每户每月最高减免水费由10元提高到18元。

可以说，城市水务行业民营化一定程度上促进了城市水价改革，加快了污水处理收费制度的建立，在完善水价形成机制方面已作了一些有益尝试，特别是一些民营化程度较高的城市，通过水价调整，已逐步拉低水价和成本的差距。而且，通过企业改制、促进竞争的方式，也激励了企业降低成本。课题组分别就改制和未改制水厂（包括自来水厂和污水处理厂）的成本和价格进行了比较，调研发现，改制水厂的平均吨水成本和价格均低于未改制水厂，如表 6 – 18 和图 6 – 17 所示，改制水厂的平均吨水成本和价格分别为 0. 55 元/吨和 1. 11 元/吨，成本价格差为 0. 56 元/吨，而未改制水厂的成本和价格则分别为 1. 28 元/吨和 1. 34 元/吨，成本价格差仅为0. 06 元/吨，价格基本仅能弥补成本，难以盈利。两相比较，改制水厂的成本不足未改制水厂成本的一半，而且价格也低了 0. 23 元/吨，甚至还低于未改制水厂的成本，因此改制水厂的收益要高于未改制水厂。

表 6 – 18　　　　　　　　改制与未改制水厂的成本价格比较

指标 水厂类型	吨水成本 （元/吨）	吨水价格 （元/吨）	成本价格差 （元/吨）
改制水厂	0.55	1.11	0.56
未改制水厂	1.28	1.34	0.06
差值	– 0.73	– 0.23	0.5

注：差值为改制水厂各项指标值减未改制水厂各项指标值。

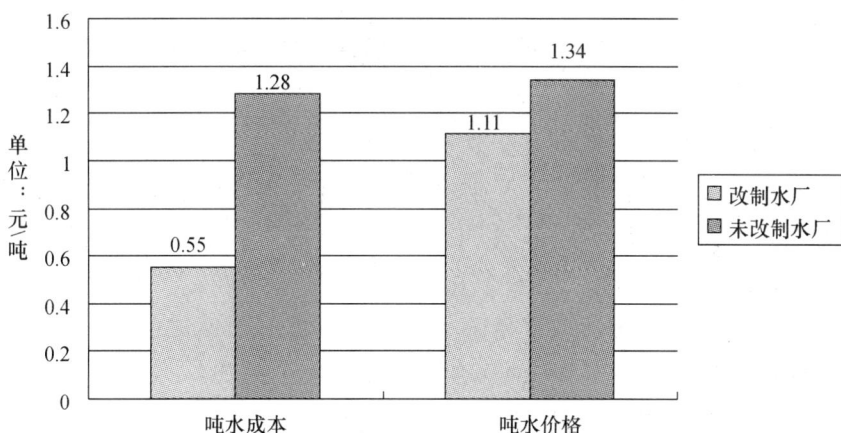

图 6 – 17　改制水厂与未改制水厂的成本价格

从城市水务行业价格水平的调整看，各地水价均呈上涨趋势。根据全国工商联环境服务业商会提供的 36 个大中城市 2000—2010 年供水价格及调整情况，2002—2010 年，只有大连、长春、厦门和拉萨的价格未调整，其中涨幅最高的兰州、呼和浩特、南京、南宁、贵阳，上涨均超过 100%，兰州市涨幅约 150%；涨幅最低的是乌鲁木齐、杭州、长沙、海口市，涨幅均低于 20%，如图 6-18 所示。可以说，水价上涨有其客观因素，比如原材料价格上涨、水质提高、管网改造、通货膨胀等，但在推进城市水务行业民营化改革的过程中，也应防止水价上涨过快或集中涨价，给居民生产生活造成较大负担，并且在调整水价的过程中，注意对低收入等弱势群体的保护和补贴。

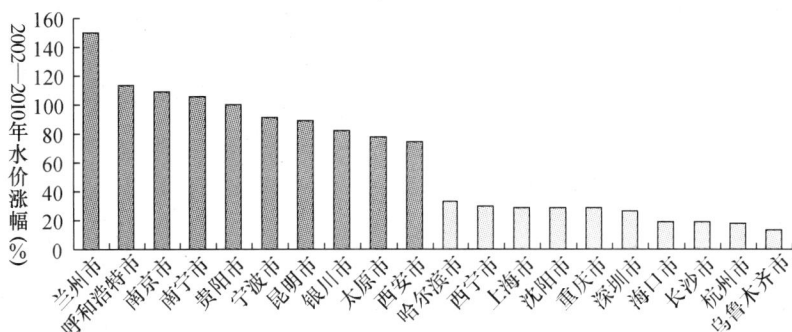

图 6-18　36 个大中城市供水价格涨幅最高及最低的 10 个城市

(三) 城市水务行业服务质量水平的总体评价

民营化改革后，城市水务行业的行业发展水平得到了大幅提高，大量的资金投入和设施建设为服务质量水平的提高提供了良好的基础，加之分类计价、按质收费等价格政策的实施，激励了企业不断提升服务质量水平。总体上，我们可以从化学需氧量削减、二、三级污水处理量、水质标准的提高等方面来评价城市水务行业的服务质量水平的改善。

在化学需氧量削减方面，城市污水处理厂对化学需氧量的削减量持续增加，是城市节能减排的重要手段。根据国家发改委和住房城乡建设部的数据显示，"十一五"期间，城镇污水处理担负了城镇化学需氧量削减任务的 70% 以上，仅城镇污水处理厂新增的化学需氧量削减能力就超过 450 万吨，超额完成《全国城镇污水处理及再生利用设施建设"十一五"规划》要求的新增化学需氧量削减能力 300 万吨的目标。2005 年全国城镇污水处理削减化学需氧量为 420 万吨，而 2009 年和 2010 年的削减量分别达 820 万吨和 920 万吨，较 2005 年提高了 90% 和 119%。

在城市污水处理厂的处理水平和工艺上，目前全国的城市污水处理厂基本都已采用二、三级处理。根据《中国城市统计年鉴》（2002—2010），2001—2009 年，中国二、三级污水处理厂的座数和处理能力双双大幅增长，污水处理厂的座数从 2001 年的 305 座增加到 2009 年的 1118 座，增幅达 266.56%，污水处理能力也相应地从 2001 年的 2093.41 万立方米/日增长至 2009 年的 8068.3 万立方米/日，增幅达 285.41%，如图 6-19 所示。与之相比，2001—2009 年全国污水处理厂的总座数和总能力的增幅分别为 168.58% 和 191.42%，可见，二、三级污水处理厂的发展更加快速。

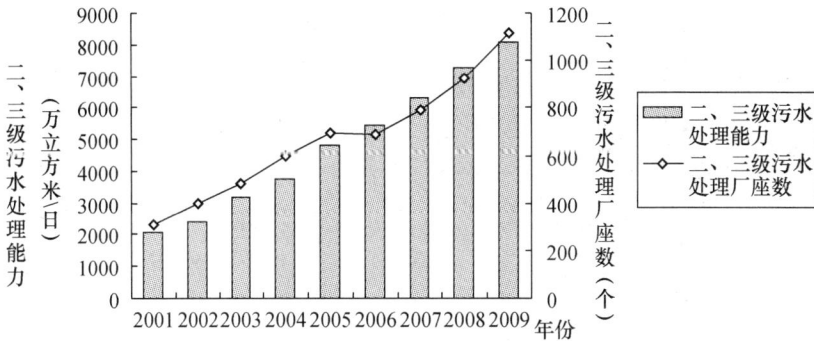

图 6-19　2001—2009 年中国城市二、三级污水处理厂及其处理能力

在实际的污水处理上，二、三级污水处理厂更是发挥了重要的作用。如图 6-20 所示，2001—2009 年，中国城市二、三级污水处理厂座数和处理能力占全国的比例增长了 20 多个百分点，而二、三级污水处理量的比例增速明显更快，从 2006 年的占比 65.99% 增长至 2009 年的 89.27%，仅用了 3 年时间，城市二、三级污水处理量占全国的比例已增长了约 24 个百分点。

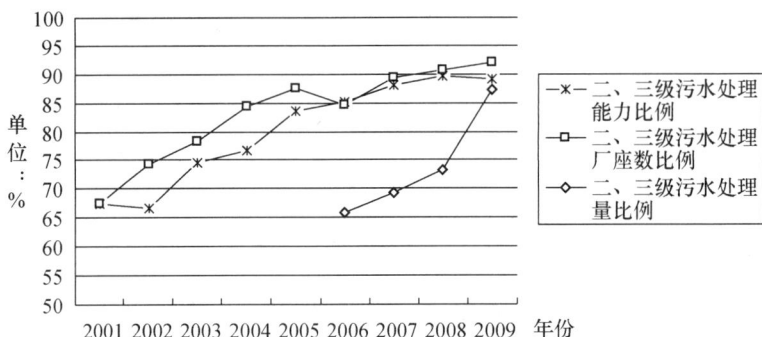

图 6 - 20   2001—2009 年中国城市二、三级污水处理厂分布

一直以来，中国水质标准的制定和修订相对滞后，但近几年，城市供水水质标准和污水处理出水水质标准都进行了修订和提高。2006 年，我国修订《生活饮用水卫生标准》（GB 5749 - 2006），并规定过渡期 5 年，最迟实施期限至 2012 年 7 月 1 日。2002 年，我国颁布《城镇污水处理厂污染物排放标准》（GB 18918 - 2002），将污水处理厂的出水水质分为一级、二级和三级标准，一级标准又分为 A 标准和 B 标准。目前，全国有近 70% 的污水处理厂执行一级 B 以上标准，但在 2007 年太湖流域爆发蓝藻后，环境保护部门要求太湖流域城镇污水处理厂严格执行一级 A 标准，由此推动了太湖流域乃至全国城镇污水处理厂一级 A 的提标改造和扩建、新建工作。江苏省截至 2010 年年底，全省 380 座城镇污水处理厂中已有 248 座达到一级 A 排放标准，这当中社会投资约占了 1/3。

尽管供水水质和污水处理出水水质标准普遍提高了，但在标准的执行上，无论是供水还是污水处理都存在着不能稳定达标的问题。一方面，由于水质标准的提高，客观上要求供水企业和污水处理企业加大投入进行技改，但老的国有企业受制于资金来源投入不足。经民营化改革后的企业，以效益为指向，在供水价格和污水处理费不能提高的情况下，对技改投入的积极性不足，特别是一些早期签订了特许经营协议的企业，由于在协议中对水质已有约定，水质标准提高造成的成本增加，还需要通过讨价还价的方式协商解决方案。另一方面，民营化改革后，投资主体多元化，对政府监管提出了更高的要求，一些资金少、技术弱的企业忽视质量管控，在调研中甚至有些企业将收集的污水不经处理直接排入自然水体,造成严重环境污染,而供水安全事故的发生也主要集中在一些缺乏经验的民营供水企业中。因此,民营化改革对于提高城市水务行业的服务质量水平拓宽了资金来源,但由于企业多样化,也给行业服务质量的保障留下了隐患。

（四）城市水务行业运营效率水平的总体评价

我们主要通过总资产贡献率、流动资产周转次数、工业成本费用利润率、资产负债率和产品销售率等指标对城市水务行业的运营效率水平进行评价。根据《中国统计年鉴》(2001—2011),城市水务行业的总体运营效率水平有所提高,如表6-19所示,特别是工业成本费用利润率水平的增长最为显著,说明城市水务行业的整体赢利能力有所增强。总资产贡献率和资产负债率有小幅提高,可以说明行业的规模效益正逐步显现,而行业资产扩张的规模超出了行业自身的资本积累,需要扩大间接融资的规模,弥补资产投入的不足,导致行业的资产负债率升高。不过,流动资产周转次数和产品销售率指标的变化不大,这与其技术经济特征有关,城市水务行业的固定资产投资大、投资回报期长,导致其资产周转次数较低,而且其产品属于生产生活必需品,需求变动不大,除管网漏损外,供水量和售水量基本一致,产品销售率高。

表6-19　　　　2000—2010年城市水务行业规模以上企业的运营效率水平

单位:%

年份	总资产贡献率	流动资产周转次数	工业成本费用利润率	资产负债率	产品销售率
2000	2.71	0.93	3.01	39.19	97.49
2001	2.57	0.86	2.77	41.06	96.94
2002	2.23	0.84	1.29	42.03	96.34
2003	2.12	0.86	0.36	43.60	97.22
2004	1.14	0.75	-3.28	47.30	96.78
2005	1.14	0.75	-3.28	47.30	96.78
2006	2.82	0.80	3.61	50.46	97.35
2007	3.08	0.83	4.19	51.46	97.51
2008	2.96	0.92	3.05	51.88	96.88
2009	2.74	0.83	2.60	53.29	97.30
2010	3.30	0.85	5.27	54.13	97.40

通过对国有及国有控股企业、私营企业、外资及港澳台资企业各项运营效率指标的比较，我们可以进一步分析不同类型的城市水务企业的运营效率，及其对行业整体运营效率提高的贡献程度。

如表6-20和图6-21所示，2010年私营水务企业的总资产贡献率最高，达到8.33%，而且从2005—2010年持续上升，增幅也很明显。2010年外资及港澳台资水务企业的总资产贡献率为6.43%，低于私营水务企业，2000年时，其总资产贡献率最高，达到8.93%，其后一直波动较大且不稳定。国有及国有控股企业的总资产贡献率最低，基本维持在2%的水平，2010年总资产贡献率为2.25%，低于行业规模以上企业平均水平的3.3%。

表6-20　　　　　2000—2010年不同类型企业的总资产贡献率

单位:%

年份	规模以上企业	国有及国有控股企业	私营企业	外资及港澳台资企业
2000	2.71	2.36	—	8.93
2001	2.57	2.13	—	7.24
2002	2.23	2.23	—	2.23
2003	2.12	1.57	—	6.23
2004	1.14	1.62	—	1.62
2005	1.14	1.86	5.78	4.35
2006	2.82	1.67	5.91	6.83
2007	3.08	1.86	6.20	6.57
2008	2.96	2.17	6.96	7.58
2009	2.74	1.60	7.47	5.90
2010	3.30	2.25	8.33	6.43

如表6-21和图6-22所示，城市水务企业的流动资产周转次数总体都较低，其中以私营水务企业的流动资产周转最快，其次是外资及港澳台资企业，二者在2010年流动资产的周转次数分别为1.54和1，特别是私营水务企业，2005—2010年，周转次数基本都保持在1.5左右，说明私营水务企业的资金利用效率高。外资及港澳台资水务企业的波动较大，2007年的

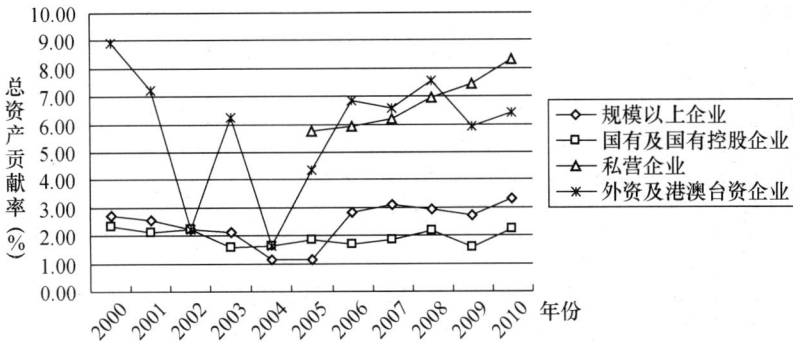

图 6 - 21　2000—2010 年不同类型企业的总资产贡献率

周转最慢，流动资产周转次数仅为 0.58，2000 年周转最快，流动资产周转次数达到 1.49。相比之下，国有及国有控股企业的流动资产周转较慢，其周转次数均低于 1，而且总体呈小幅下降趋势，2000 年周转最快，周转次数接近 1，达到 0.91，2010 年流动资产周转次数则下降至 0.79。

表 6 - 21　　　　　　2000—2010 年不同类型企业的流动资产周转次数

单位·次/年

年份	规模以上企业	国有及国有控股企业	私营企业	外资及港澳台资企业
2000	0.93	0.91	—	1.49
2001	0.86	0.83	—	0.97
2002	0.84	0.84	—	0.84
2003	0.86	0.83	—	1.15
2004	0.75	0.77	—	0.77
2005	0.75	0.83	1.58	0.95
2006	0.8	0.79	1.55	0.62
2007	0.83	0.83	1.47	0.58
2008	0.92	0.81	1.01	1.05
2009	0.83	0.75	1.24	1.01
2010	0.85	0.79	1.54	1

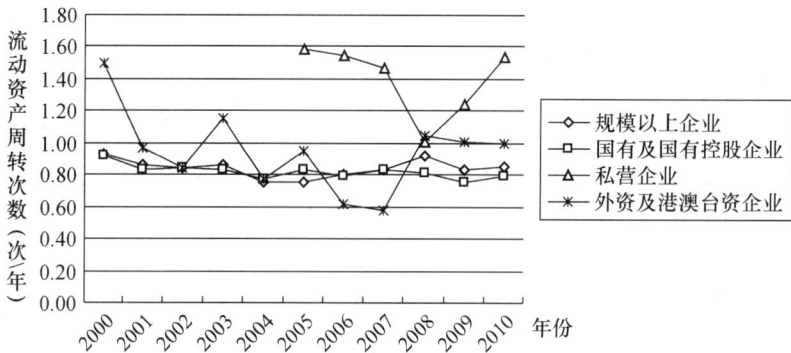

图 6-22 2000—2010 年不同类型企业的流动资产周转次数

如表 6-22 和图 6-23 所示，不同类型城市水务企业的工业成本费用利润率差异非常大，其中以外资及港澳台资水务企业的利润率最高，特别是在其进入中国城市水务行业的初期，2000 年其利润率达到惊人的 45.72%，同年国有及国有控股企业的利润率仅为 1.79%，二者形成鲜明对比，之后的 2002 年和 2004 年，外资及港澳台资企业的利润率出现异常变动，分别为 1.29% 和 -1.53%，在 2005 年后，其利润率水平较为稳定，基本保持在 20% 左右，说明外资及港澳台资企业的技术和管理优势明显，能够很好地控制生产过程的成本费用，从而获取丰厚的利润。私营水务企业的利润率水平不及外资及港澳台资企业，但仍远高于国有及国有控股企业，基本都能保持在 8%—10%。相比之下，国有及国有控股水务企业的盈利能力令人担忧，利润率低于规模以上企业的平均水平。2003—2009 年间，国有及国有控股企业普遍亏损，利润率水平均为负值，2010 年扭亏为盈，但利润率也仅有 1.35%。这一部分是由于国有及国有控股水务企业承担了较多的社会责任，导致较高的成本费用，但更反映出国有及国有控股企业的低效率。

如表 6-23 和图 6-24 所示，中国城市水务行业的资产负债率水平普遍较高，2010 年各类企业的资产负债率水平均在 50% 以上。其中，资产负债率水平最高的是私营水务企业，基本保持在 60% 左右，这一方面说明中国私营水务企业的自有资金不足，另一方面也表明私营企业更加善于利用财务杠杆。国有及国有控股企业和外资及港澳台资企业的负债率水平相当，2010 年二者的资产负债率分别为 52.61% 和 51.54%。但从发展轨迹看，国

表 6 – 22 2000—2010 年不同类型企业的工业成本费用利润率

单位：%

年份	规模以上企业	国有及国有控股企业	私营企业	外资及港澳台资企业
2000	3.01	1.79	—	45.72
2001	2.77	1.24	—	31.75
2002	1.29	1.29	—	1.29
2003	0.36	– 2.15	—	24.45
2004	– 3.28	– 1.53	—	– 1.53
2005	– 3.28	– 0.50	8.29	12.33
2006	3.61	– 0.82	7.70	24.35
2007	4.19	– 0.50	4.79	25.27
2008	3.05	– 0.12	11.50	26.01
2009	2.60	– 1.92	8.73	18.27
2010	5.27	1.35	9.72	20.12

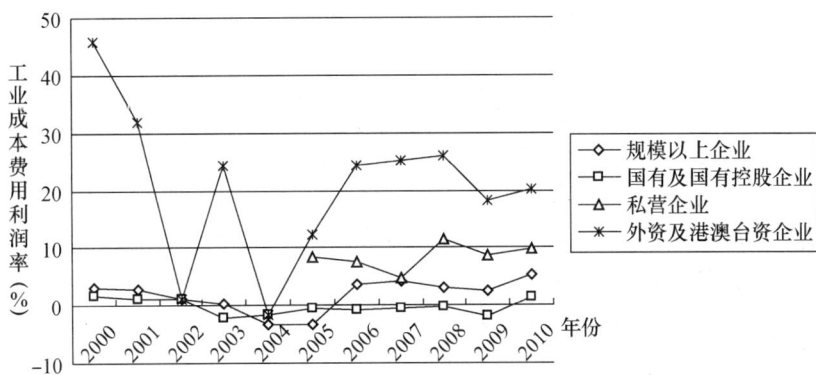

图 6 – 23 2000—2010 年不同类型企业的工业成本费用利润率

有及国有控股企业的负债率水平持续上升，2000 年的负债率水平最低，仅为 37.9%，说明其早期主要依靠企业自有资金或财政拨款；外资及港澳台资企业的负债率水平波动较大，并没有明显规律，最高达到 63.81%，最低仅为 35.19%。

表6-23　　　　　　　　　2000—2010年不同类型企业的资产负债率

单位:%

年份	规模以上企业	国有及国有控股企业	私营企业	外资及港澳台资企业
2000	39.19	37.90	—	62.39
2001	41.06	40.00	—	55.46
2002	42.03	42.03	—	42.03
2003	43.60	42.94	—	41.88
2004	47.30	44.37	—	44.37
2005	47.30	48.52	47.05	35.19
2006	50.46	46.93	57.48	63.81
2007	51.46	48.52	64.64	54.69
2008	51.88	50.85	62.73	51.05
2009	53.29	51.99	63.54	49.88
2010	54.13	52.61	61.15	51.54

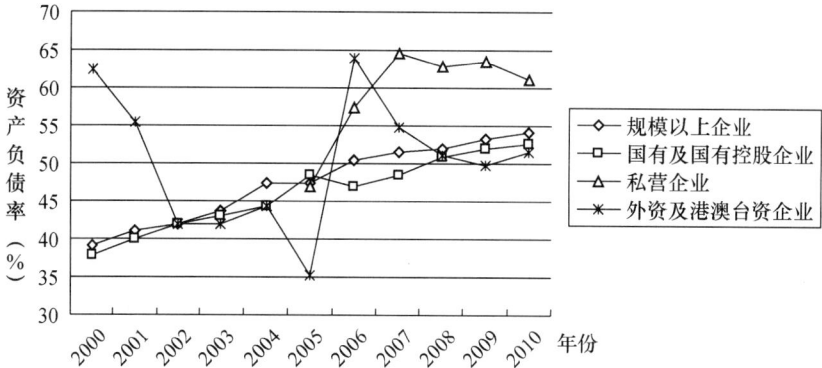

图6-24　2000—2010年不同类型企业的资产负债率

如表6-24和图6-25所示,城市水务行业的产品销售率水平总体稳定,基本保持在95%以上,接近100%。然而,值得注意的是,2000年外资及港澳台资水务企业和2007年私营水务企业的产品销售率均超过100%,分别为111.04%和102.11%,这可能与"保底水量"有关,也就是政府承诺企业一定的供水量,当实际供水量不足时,按约定的水量付费,这就使

得水务企业的实际供水量小于其销售水量。另外，2001 年外资及港澳台资
水务企业的产品销售率陡降，只有83.61%，这可能由于"保底水量"给政
府造成了巨大的财政负担，之后政府与企业协商取消保底水量，改按实际
供水量付费，但由于企业生产规模已事先确定，由于生产惯性，导致该年
度外资及港澳台资企业的产品销售率下降。

表 6 - 24　　　　　　　2000—2010 年不同类型企业的产品销售率

单位：%

年份	规模以上企业	国有及国有控股企业	私营企业	外资及港澳台资企业
2000	97.49	97.11	—	111.04
2001	96.94	96.88	—	83.61
2002	96.34	96.34	—	96.34
2003	97.22	97.01	—	98.92
2004	96.78	—	—	—
2005	96.78	96.95	94.03	96.71
2006	97.35	96.88	98.61	98.30
2007	97.51	96.95	102.11	98.53
2008	96.88	96.59	98.21	98.50
2009	97.30	96.90	97.30	98.70
2010	97.40	96.98	97.14	98.97

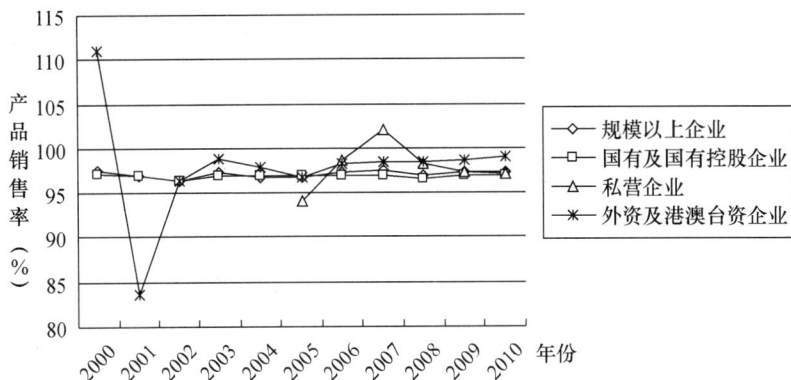

图 6 - 25　2000—2010 年不同类型企业的产品销售率

　　总体来看，私营企业和外资及港澳台资企业的运营效率要优于国有及国有控股企业，特别是总资产贡献率和利润率水平，由于这两类企业的出色表现，整体拉高了城市水务行业在这两项指标中的数值。可以说，民营化改革促进了城市水务行业整体运营效率水平的提升，这一结论我们通过调研也得到了进一步的验证。如表6-25和图6-26所示，事业单位和国有及国有控股水务企业普遍亏损，利润率均为负值，分别为-7.31%和-1.86%。相对地，民营企业、外资企业和港澳台资企业均盈利，利润率平均值分别为0.23%、4.24%和3.28%，其中以外资企业的利润率水平最高，这与《中国统计年鉴》中的数据分析结果是一致的，但利润率水平要低于年鉴中的统计数据，这与统计口径和总体样本有关。

表6-25　　　　　　　　被调研的不同类型水务企业的利润率平均值

单位：%

企业类型	事业单位	国有及国有控股企业	民营企业	外资企业	港澳台资企业
利润率平均值	-7.31	-1.86	0.23	4.24	3.28

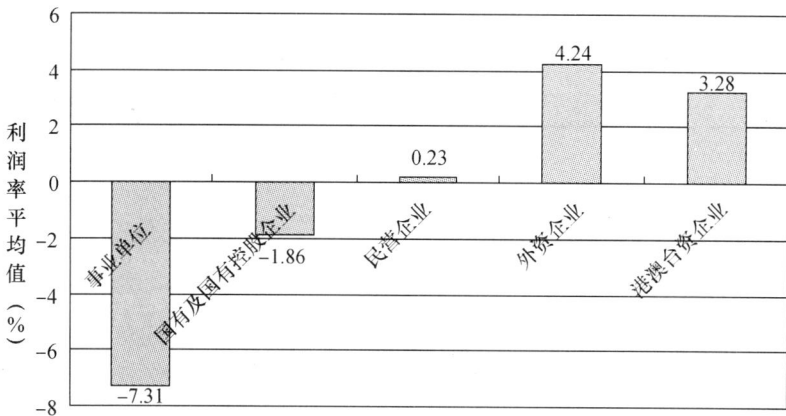

图6-26　被调研的不同类型水务企业的利润率平均值

（五）城市水务行业普遍服务水平的总体评价

中国城市水务行业的普遍服务水平主要通过用水普及率和污水处理率

来评价，用水普及率指的是城市用水人口与城市总人口的比例，污水处理率则是城市污水处理总量与城市污水处理排放量的比例。根据《中国城市建设统计年鉴》（2001—2010），中国城市用水普及率和污水处理率持续上升，如表6－26和图6－27所示。城市用水普及率从2000年的63.9%提高至2009年的96.12%，增长了32.18个百分点，也就是说，从2000—2009年，全国新增32.18%的城市人口用上了自来水。城市污水处理率从2000年的34.25%提高至2009年的75.25%，增长了41个百分点，增幅较城市用水普及率更为显著，这与城市污水处理行业的快速发展是相吻合的。

表6－26　　　　2000—2009年全国城市用水普及率与污水处理率　　　单位:%

年份	2000	2001	2002	2003	2004	2005	2006	2007	2008	2009
用水普及率	63.9	72.26	77.85	86.15	88.85	91.09	86.67	93.83	94.73	96.12
污水处理率	34.25	36.43	39.97	42.39	45.67	51.95	55.67	62.87	70.16	75.25

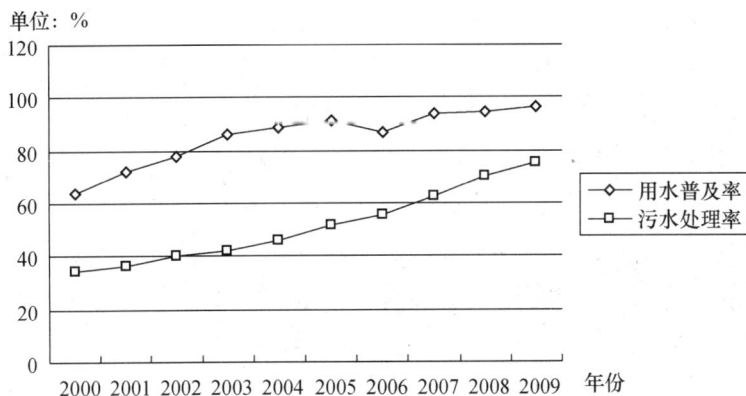

图6－27　2000—2009年全国城市用水普及率与污水处理率

总体来看，城市水务行业的普遍服务水平得到了大幅提升，但是在数量众多、经济发展水平低的县城、镇、乡、村，水行业的普遍服务水平还有待提高。如表6－27所示，根据《中国城市建设统计年鉴》（2010），全国的县城和乡的用水普及率从2000—2009年并没有得到多大程度的提高，二者基本保持在80%和60%的水平。由于化学需氧量削减作为"十一五"期间节能减排的强制性指标,县城的污水处理快速发展,污水处理率的增幅显著,从2000年的7.55%提高到2009年的41.64%。而村一级的供水和污水处理设施水平更是落后,2009年,全国约49%的行政村建设了集中供水设施,仅有4.9%的行政村对生活污水进行了处理。

表6-27　　　　　2000—2009年全国县城和乡的用水普及率与污水处理率　　　单位:%

年份	2000	2001	2002	2003	2004	2005	2006	2007	2008	2009
县城用水普及率	84.83	76.45	80.53	81.57	82.26	83.18	76.43	81.15	81.59	83.72
乡用水普及率	60.1	61.0	62.1	—	65.8	67.2	63.4	59.1	62.6	63.5
县城污水处理率	7.55	8.24	11.02	9.88	11.23	14.23	13.63	23.38	31.58	41.64

三　城市水务行业民营化绩效评价的结论

通过考察民营化改革对城市水务行业整体发展水平、服务质量、价格水平、运营效率、普遍服务等方面的影响可以看出,城市水务行业民营化改革不仅对城市水务行业总体发展水平,而且对价格水平、服务质量、运营效率、普遍服务等方面都产生了积极的促进作用。具体体现在:

第一,民营化改革促进了城市水价改革,降低了城市水务行业的运营成本。城市水务行业民营化改革总体上促进了城市开征污水处理费,完善了水价形成机制,逐步探索建立了城市供水和污水处理的分类计价和按质收费制度,并通过促进竞争,刺激企业主动降低运营成本。

第二,民营化改革提高了城市水务行业的运营效率。通过引入私营企业和外资及港澳台资企业,城市水务行业形成了不同所有制企业相互竞争的市场结构,由于民营企业、外资及港澳台资企业在运营效率的优势,在城市水务行业中产生了"鲶鱼效应",不仅提高了行业整体的运营效率,而且一定程度上刺激了国有及国有控股企业的效率提升。

第三,民营化改革提高了城市水务行业的服务水平。国有及国有控股水务企业主要采用的是老技术和老工艺,外资及港澳台资企业拥有先进的技术和工艺,通过引入外资,一方面扩大了融资渠道;另一方面也引入了大量的先进技术工艺和管理，私营企业则由于后发优势，在新技术和新工艺的采用上更具有积极性，促进了城市水务行业服务质量水平的提升。

第四，民营化改革提高了城市水务行业的普遍服务水平。无论是城市供水还是城市污水处理，由于民营化改革拓宽了城市水务行业的融资渠道，加快了城市水务行业的设施建设，直接提高了城市的用水普及率和污水处理率。同时，由于民营化改革促进了水价改革，在调整水价的同时，对低收入等弱势群体的补贴机制也在不断完善，使得城市水务行业的普遍服务水平得到了进一步提升。

虽然中国城市水务行业的民营化改革已取得一定的绩效，但城市水务行业民营化还存在一些问题或不足。主要体现在：

第一，民营化改革给城市水务行业的安全运行造成了隐患。民营化改革后，各式各类的企业纷纷进入城市水务行业，一些地方政府由于认识不足，将民营化改革等同于"卖资产、甩包袱"，引进了一些技术不合格、缺乏行业管理经验的私营企业，给城市水务行业的运行留下了安全隐患。

第二，城市水务行业民营化在促进水价改革的同时推高了水价。民营化改革使得城市水务行业引入了多元投资主体，改变了城市水务行业长期由政府补贴的局面。但由于资本逐利的天然属性，私营、外资及港澳台资水务企业的投资成本只有通过收取自来水价和污水处理费来收回，因此，这些企业不断要求提高水价以获取投资回报。特别是一些外资水务企业，凭借资金优势，看准一些地方政府招商引资的动机，通过"溢价收购"的方式进入城市水务行业，随后又将投资成本计入水价成本，借机提高水价，增加了居民负担，影响了社会稳定。

第三，对欠发达地区和县、乡、村普遍服务的水平还有待提高。城市水务行业民营化改革在一些发达地区和大中城市推进得相对顺利，但是在一些欠发达地区和经济落后的县、乡、村，由于这些民间资本"嫌贫爱富"，私营、外资及港澳台资企业在这些地区很少涉足。因此，还需要制定和出台一些配套措施，对那些进入欠发达地区和县、乡、村的水务企业给予一定的补贴，鼓励民间资本参与到城市水务行业的普遍服务中来。

因此，城市水务行业民营化改革要想在总体上不断推进，就需要从民营化所需的制度环境着手，对城市水务行业民营化过程加强管制，建立完善的城市水务行业民营化管制政策体系，包括对城市水务行业的进入与退出、价格水平、质量标准等进行控制和协调。这样，才能发挥出城市水务行业民营化改革对行业总体发展水平、服务质量、价格水平、普遍服务、运营效率的促进作用，进而全面提高城市水务行业民营化改革的绩效。

第四节　城市水务行业民营化的管制政策

一　进入与退出管制政策

新的"国三十八条"明确提出，"规范设置投资准入门槛，创造公平竞争、平等准入的市场环境"。城市水务行业民营化改革意味着向民间资本开放市场，面临的首要问题就是进入多少、谁进入和如何进入。一是对新进入的城市供水或污水处理企业数量实行严格的控制，避免城市水务行业出现重复建设和过度竞争；二是对新进入的城市供水或污水处理企业加强资质管理，避免城市水务行业出现安全隐患，保障水务设施的安全、稳定运行；三是创造公平、平等的准入环境，充分运用市场竞争机制，合理、优化地选择新进入企业，促进企业提高运营效率和服务质量水平。

（一）合理规划自来水厂和污水处理厂的数量和规模，发挥城市水务行业的规模效益

城市水务行业具有自然垄断属性，决定了其在一定的地理范围内，一般由一家或极少数几家水务企业负责运营服务，以实现区域性的规模经济。对于已建自来水厂和污水处理厂，特别是中国大量早期的村镇或郊区小型自来水厂和污水处理厂，普遍存在着工艺落后、水源恶化、管网老化、管理不善、水质不达标等问题。随着城市化进程的加快，在城市供排水管网可以延伸服务的区域，这些小型的水厂可以适当整合、归并，经论证确需保留的水厂，也可交由统一的企业进行运营，避免管理分散。目前，东莞市为克服水厂分散导致的全市供水管网布局凌乱，重复投资、重复建设严重，且效率低下的问题，正抓紧对74家村级自来水厂进行合并关闭[①]。而

---

① 李获：《东莞74家村级水厂面临合并关闭》，《东莞日报》2011年8月26日。

早在 2004 年，上海市就已启动郊区集约化供水，陆续关闭镇、村级小水厂，合并区（县）中型水厂，并计划将上海郊区（县）196 家中小自来水厂归并到 171 家。宜兴市则对辖区内的 11 座污水处理厂进行了"统一规划、统一建设、统一运行、统一监管"，2008 年通过 BOT＋TOT 的模式，将 11 座污水处理厂统一打包出让特许经营权给北京建工集团，避免了污水处理厂分散运营，降低了运营管理成本。对于新建水厂项目，一方面要严格审批，适当控制规模，可以规定城市水厂的最小建设规模，同时限制小规模水厂的投资建设，从源头保证水厂的规模经济。另一方面，对于已通过审批建设的规模偏小、项目分散、技术力量不足的水厂项目，也可采取打包出让特许经营权的方式，统一由一家企业负责建设、运营和维护。如海南省 2009 年就将省内 16 座污水处理厂分成两个项目包统一招标、委托运营，并最终由北控水务集团有限公司、桑德环保集团有限公司分别中标，运营报价为 0.48 元/吨，项目运营期限为 5 年，运营期间不涉及项目资产权益变化。但由于不同水厂的个体差异性大，技术工艺的要求不同，因此，将多家水厂打包整体运营的方式，对运营企业的管理水平和主管部门的监管水平提出了更高的要求。

（二）加强对城市水务行业的资质管理，规范行业的准入门槛，保障水务设施的安全、稳定运行

城市水务行业系统性强，安全性能和专业化程度要求高，涉及水净化处理和污水处理工艺、水源保护、水质检测和分析、污泥消化和处理处置、再生水生产、机电设备、易燃、易爆、有毒有害气体的监测与安全防范、压力容器安全使用等诸多专业；管网清疏、管网维护、管网检测、管网修复等多种技术。如果允许不具备相应资质和运营经验的企业盲目进入，不仅扰乱了水务行业的市场竞争，更重要的是给供排水系统的运行造成了重大的安全隐患。目前，中国城市供水和污水处理设施运营、维护资质标准和管理体系尚未建立，只有上海、深圳等地在这方面作了一些尝试，编制和颁布了水厂、管网和泵站运行维护资质管理的地方性标准和规范。因此，当前首要的管制需求是加强水务企业资质管理的强制性。应当通过立法或部门规章的形式，明确从事城市供水和污水处理设施运营、维护的单位，应当具有相应资质，并建立资质审查、定期复审和资质公布制度。其次是

分别针对供水设施、污水处理设施、污泥处理处置设施、管网泵站的运营维护特点，分类逐项制定资质标准，以建立健全城市水务行业资质管理体系。相应的资质标准可按设施规模进行分类，并应当至少包括以下内容：企业注册资金额度、从业经历、硬件条件、从业人员结构、管理制度建立等方面。再者各地政府在实际操作时，应当严格执行资格审查与经营许可，不具备相应资格的企业不允许进入城市的水行业，防止一些有资本无业绩、有关系无技术、有所谓联合体投标无运营实体资质的企业进入城市水务行业。

（三）完善市场竞争机制，建立健全运营主体招标制度，保障民间资本公平、平等地进入水行业，提高行业运营效率

由于城市水务行业具有区域垄断的特征，消费者或用户难以通过适用于一般竞争性行业的事后竞争来选择生产商或服务商，为增加竞争的有效性，城市水务行业在引入竞争机制时必须将竞争前置，使企业在进入环节充分竞争，这就要求政府根据业务类型和特点选择适宜的市场准入竞争模式。首先，尽量避免采取协议或拍卖的形式选择进入企业。协议由于缺乏竞争性和公开透明性，容易滋生腐败，而且对于民营企业而言，由于规模较小并缺乏与政府的良好关系，协议的方式可能直接扼杀了民营企业进入的机会。但对个别小型项目或吸引力较弱的偏远地区，为降低过高的公开招标成本和避免项目流标，协议也可能是一种较为现实的折中方式。拍卖中一般价格是竞争的唯一标准，而且缺少磋商环节，但在供水或污水处理项目中，除价格外，政府还需考虑水质、稳定性、职工安置等问题，拍卖的方式显然不利于政府监管的落实。但对于设备采购、维修、抄表和收费等可竞争的业务，在边界条件非常清晰的情况下，也可少量采取拍卖的方式。其次，不能简单地套用工程招投标制度来执行供水或污水处理项目的招标。中国早期的招投标都是始于工程建设项目，因此各地在对水务项目招标时也沿用工程招投标的方法体系，但由于供水和污水处理项目不易标准化、边界条件不明确、评选标准不一等特点，导致对水务项目进行招标时，需要更多地依靠城市水务行业的专业人员，设计较为明确的边界条件，并在招标过程中辅以谈判，共同协商待定事宜。

（四）制定和完善市场退出政策，明确市场退出程序和应对措施，确保城市供水或污水处理服务的稳定性

由于城市水务行业的投资成本高、资产专用性强，导致企业的退出成本较高，而且城市供水或污水处理带有一定的公共产品性质，与公众利益直接相关，水务企业的退出或更换会影响城市供水或污水处理服务的稳定性。最为典型的是长春汇津北郊污水处理厂，该厂于 2000 年由汇津公司投资建立，2002 年长春市政府与汇津公司由于"固定回报"的问题发生争议，在不能达成和解的情况下，汇津公司于 2003 年以长春市政府为被告提起行政诉讼，2004 年长春汇津北郊污水处理厂正式停产，39 万吨/日污水直接排入松花江，对环境造成严重污染，2005 年长春市政府以 2.8 亿元回购该厂，至此汇津公司退出长春市场。

因此，对于城市水务行业的退出管制主要包含两个方面。一方面要规范特许经营协议，建立争议解决机制，尽量减少企业退出及由此造成的损失。水务企业的退出与民营化改革的市场开放相伴生，主要出现在特许经营项目中，因此在与企业签订特许经营协议时，应参照建设部印发的供水和污水处理特许经营协议的示范文本，对水量、水价等边界条件进行清晰界定和科学论证，特别要防止"变相固定回报"给群众和地方财政造成巨大损失。另一方面要规范企业退出，建立政府接管和应急保障机制，确保城市供水和污水处理服务的安全和稳定。对于确实不适合继续提供城市供水和污水处理服务的企业，应明确政府接管的条件和企业退出的程序，建立应急预案，以防类似长春汇津公司单方面停产造成严重污染的安全事故发生。

二　价格管制政策

根据《关于 2010 年深化经济体制改革重点工作意见的通知》（国发〔2010〕15 号），稳步推进水价改革是深化资源性产品价格的一项重要内容。民营化改革后，中国的城市水务行业发生了深刻的变化，由原来的主要以国有企业为主，转变为国有企业、私营企业、外资及港澳台资企业等多种所有制结构并存的市场状况，导致水价成本的构成、影响和制约水价形成的因素更为复杂。然而，对水价的管理仍在继续沿用传统的水价形成机制，这已不能适应当前行业发展的形势需要，政府需要加强对自来水费

和污水处理费的价格管制政策的制定和实施，在确保群众利益的前提下，促进城市供水和污水处理企业提高效率和水资源的保护节约。

（一）建立健全水价形成机制

水价形成机制包括价格水平形成机制和价格结构形成机制。在价格水平形成机制方面，目前中国的水价主要采取成本加成定价法，政府进行价格管制的依据主要是企业提供的成本资料即个别成本。由于成本信息不对称，难以对水务企业的成本进行必要的约束，政府对水价的管制在一定程度上取决于政府与企业间的讨价还价。而且，在我国水价成本的构成也不明确，特别是对于设施建设和管网运行维护等项目是否纳入成本核算存在较大争议。因此，首先需要政府对供水成本和污水处理成本的构成形成明确的指导意见。再者，在水价形成过程中也可引入竞争机制，解决信息不对称和成本揭示的问题。通过公开招标的形式，在其他条件相当的情况下，将城市水务行业的特许经营权交给提供报价最低的供水或污水处理企业，这样城市的自来水费或污水处理费将最大限度地接近最小成本。此外，还可运用区域间比较竞争，间接引入竞争，促使企业降低成本。在价格结构形成机制方面，主要是推进阶梯水价和实行按质计价。根据正常的用水需求来核定最低生活用水量，对最低生活用水可按成本定价或低于成本来收费，对于超出部分逐步提高水价，拉大水量级别间价差。另外，中国目前普遍对自来水和污水处理实行分类计价，主要分为：居民生活用水/污水、工业用水/废水、行政事业、经营单位以及特种行业。但在目前水资源紧缺，不同水质成本差异大的情况下，在供水市场可采用"分质供水"，即高端用水、基本供应水、中水回用等几种类型，分别供应不同用户，或同一用户的不同用途；在污水处理市场可采用按污染程度"分档计价"，主要根据工业企业排水的化学需氧量浓度进行分档，以 100mg/L 为一档，每提高一档，收费标准提高一级，也可进一步将氨氮和氮氧化物的浓度纳入污染程度的分档标准中。

（二）建立健全水价补贴机制

水价补贴机制包括两方面：一是对供水或污水处理企业的价格补贴；二是对低收入等弱势群体的用水补贴。为防止水价上涨过快给居民的生产生活造成负担，中国的自来水费和污水处理费的征收标准受到政府的严格管制，导致企业的成本价格倒挂。据全国工商联环境服务业商会的调查，2008年全国36个大中城市中，有25个城市的水价低于其单位售水成本①。而根据课题组调研，2009年哈尔滨市污水处理费收入为1.69亿元，支出3.24亿元，资金缺口达1.55亿元。因此，为保障供水和污水处理企业的财务可持续性，当收取的自来水费和污水处理费不足以支付企业运行成本时，需要运用公共财政资金，对企业进行及时足额补贴。同时，供水和污水处理作为一种公共服务，政府具有不可推卸的责任，对于管网的建设和运行维护，应由地方财政负责或给予适当补贴。基于中国水价长期倒挂的现状，随着服务质量水平的提升和水价形成机制的完善，在一定时期内，全国各地的水价还会有不同程度的上涨，在提高水价的同时还应考虑对低收入等弱势群体的保护。低收入居民的生活用水在规定水量之下的，政府应给予水费减免政策，补贴资金可以按人头发至低收入家庭，也可按其消费水量补贴至供水和污水处理企业，并由其代行减免政策。

（三）加强水价成本公开和成本监审

成本公开是成本监审的基础，有利于政府掌握和积累城市水务行业平均成本的基础数据。可以通过比较不同企业公开的成本数据，建立供水和污水处理企业的成本约束机制，要求高于行业平均成本的企业降低价格，促进其提高效率，同时为政府制定城市自来水费和污水处理费的征收标准提供依据，防止城市水价不合理上涨。成本监审有利于提高成本公开的真实性和有效性，根据2006年颁布实施的《政府制定价格成本监审办法》（国家发展和改革委员会令第42号），成本监审是指政府制定价格过程中在调查、测算、审核经营者成本基础上核定定价成本的行为，其中水价被明确列入成本监审目录。一方面政府对供水和污水处理企业的成本要定期监审，以掌握企业的成本结构和成本变化，以便对企业的财务状况作出合理分析和判断。另一方面在价格制定和调整前需要进行成本监审，为价格制定和调整提供较为真实有效的依据，解决信息不对称的问题。在实际操作中，可以成立专门的成本监审机构，也可委托第三方专业机构，成本监审的结果应当向社会公布，并接受社会监督。

① 全国工商联环境服务业商会：《水价问题再探析》，《环境产业研究》2010年第21期。

三 质量和环保标准管制政策

城市水务行业关系到千家万户的生产生活，保障城市供水或污水处理的服务质量和环保标准控制关系到居民的生命财产安全，关系到城市安全和环境安全。民营化改革后，一些不具备运营资质的企业进入了城市水务行业，或者一些企业追求成本最小化，忽视了水质安全、污水处理达标排放以及污泥的安全处理处置，还有一些企业由于缺乏对突发事件的应急响应经验，容易因处理不当发生安全事故或不能有效地控制事故损失。因此，政府必须加强对城市供水和污水处理的质量和环境管制，保障供水水质安全和污水处理达标排放，减少污泥对环境造成的污染和破坏。

（一）建立和完善城市供水和污水处理的标准体系

中国目前已制定和实施一系列与城市水务行业相关的国家标准和行业标准，包含供水、污水处理、污泥处置、再生水利用多个领域，涉及水质标准、水质检测监测标准、规范和方法、工程技术标准、规范和规程、产品设备标准等方面，如：《生活饮用水卫生标准》（GB 5749 - 2006）、《城镇污水处理厂污染物排放标准》（GB 18918 - 2002）、《污水排入城市下水道水质标准》（CJ343 - 2010）、《污水综合排放标准》（GB 8978 - 1996）、《生活饮用水标准检验方法》（GB/T 5750 - 2006）、《城市用水分类标准》（CJ/T 3070 - 1999）、《给水排水管道施工及验收规范》（GB 50268 - 1997）、《二次供水设施卫生规范》（GB 17051 - 1997）、《城市排水工程规划规范》（GB 50318 - 2000）、《城市污水处理厂工程质量验收规范》（GB 50334 - 2002）、《城镇污水处理厂污泥泥质》（GB24188 - 2009）、《城市污水再生利用分类》（GB/T 18919 - 2002）等。这些标准、规范和规程对规范水务企业的生产行为，保障城市供水和污水处理质量起到了积极的引导作用。但总的来说，中国城市供水和污水处理的质量标准体系还有待进一步加强和规范。首先是制定相关的行业法规或技术法规，加强质量标准的强制性。我国分别在2002 年和2008 年颁布实施了新的《水法》和《水污染防治法》，但重点是针对水资源和水环境保护，仅涉及供水和污水处理的一些方面和内容，专门针对城市供水和污水处理的系统性行业法规的制定还远远滞后于发达国家。美国早在1974 年就颁布实施《安全饮用水法》，日本早在1952 年就颁布实施《下水道法》，并于 2005 年修订，而中国现行的《城市供水条例》于 1994 年颁布，至今仍未修订，污水处理的法规则至今还是空白。其次是加快对标准规范的滚动修订，进一步提高质量标准，与技术发展、社会需求相适应。城市供水与污水处理的技术日新月异，居民对供水水质和污水处理的环保要求也不断提高，而中国的现行标准要求远低于国外，这都客观地需要相关标准的更新修订。以美国的饮用水水质标准为例，至今已修订至少 10 次，而中国的《生活饮用水卫生标准》仅修订过 2 次，修订后的新标准将与国际接轨，但规定新标准有 5 年过渡期，在 2012 年后执行，不过对于县级水厂等小型自来水厂和欠发达地区的自来水厂而言，执行新国标还有相当的难度。

（二）建立质量监控体系，完善考核评估机制，加强政府监管能力

首先是建立质量监控体系。一是安装在线监测设备，并将监测数据进行联网，建立覆盖全国的城市供水和污水处理管理的信息化平台，实时监测自来水厂的水源水质和供水水质，以及污水处理厂的污染物排放情况和对周围环境的影响。二是建立日常检测、不定期抽查、定期评估和专项调查相结合的监督检查制度，弥补在线监测的不稳定性，具体检测可以委托具有计量资格的第三方检测单位进行检测，并对检测结果进行通报。

其次是完善质量考核评估机制。建立城市供水和污水处理质量考核体系和管理办法，明确规定城镇污水处理工作考核的方式、方法，制定具体的考核评分细则，为城市供水和污水处理质量考核提供制度保障。目前我国江苏、四川、上海、深圳等地已根据实际，相继制定了一系列供水和污水处理考核标准、质量规范、监管办法等。

最后是加强政府监管能力，主要是加强政府监管的队伍建设，配备专门的机构和专业的监管人员负责监督和考核，特别设置县、区一级的专门管理机构，并对监管人员进行定期培训，提高专业技术水平，保证基层的监管不缺位。

（三）综合运用价格杠杆和市场准入，加强行政监管和合同监督，建立质量和环保考核的长效机制

将供水水质和污水处理出水水质与自来水费和污水处理费相挂钩，在质量监督检查的基础上，对质量不达标的自来水厂和污水处理厂扣减自来

水费补贴或污水处理费，特别是一些关键性的控制指标，如污水处理厂排放的化学需氧量、氮的浓度，每超标排放 1 个百分点，应予以扣减一定比例的污水处理费，如果污水处理厂超额削减污染物，则应予以奖励。同时，将考核结果作为城市供水和污水处理企业资质管理和市场准入的一项重要内容，对于考核不合格的企业，将其运营资质予以降级甚至吊销，不许其进入城市的供水或污水处理行业；对于考核优秀的企业，则可将其资质提高，并在同等条件下，优先授权进入城市供水或污水处理行业。在行政监管上，应加强执法力度，依据相关法律法规和政策，对城市供水和污水处理企业的质量违法行为进行查处和行政处罚；在合同监督上，对签订了特许经营协议、委托协议等各类服务合同的城市供水和污水处理企业，依据合同约定的条款，对质量不达标的企业追究违约责任，严重的要取消其运营资格，终止合同，并由政府接管。通过这些激励性管制政策，刺激企业主动地提高效率和服务质量水平，进而形成质量和环保考核的长效机制。

四　不同环节间的协调管制政策

城市供排水是一项系统工程，需要各个环节的密切配合，某个环节出现了问题，都可能导致系统不能正常的运转，严重的甚至导致系统瘫痪，直接制约着城市水务行业的发展。如水源受到污染，会增加自来水厂净水设备的负荷，加大自来水厂的净水成本，严重地影响自来水厂的供水水质。在污水处理厂，如果部分进入下水道的工业废水超标甚至含有有毒有害物质，将会影响污水处理厂的正常运行和达标排放，甚至可能造成停运。而且一旦污水处理厂开工运营，如果配套管网没有同步建设，将会导致污水收集率低，污水厂处理能力闲置。但民营化改革后，部分城市的水行业逐步完成了厂网分离，不同的业务领域分属于不同的企业负责运营，这就需要对城市水务行业不同企业的不同业务制定协调管制政策。同时，中国城市水务行业由多个管制机构负责管理，各个管制机构的分工和职能不同，有必要对管制机构的职能进行协调。

（一）加强城市水务行业不同业务之间的协调和优化

城市水务行业的整体运作涉及原水、制水、输配水、排水、污水处理、再生水利用等几个业务环节，在运行上，各个环节相互联系且不可分割，在运营上，民营化改革后，各个环节进行了不同分工，可能分属于不同的单位和企业，这就对各个环节的协调配合提出了更高的要求。2009 年的赤峰市自来水污染事故，究其起因，是由于水源井设置在离排污泵站仅 150 米内，项目在规划初期的选址不妥，导致遭遇暴雨袭击后原水水质受到污染。而在制水环节，由于运营商九龙供水公司是新进入供水行业的民营企业，在供水方面缺乏经验和管理上存在疏漏，导致在原水水质被污染的意外情况下，缺乏及时有效的处置措施，最终酿成一起供水安全事故。在制水和输配水环节，由于管网密度和管材老化、锈蚀等问题，直接影响到用户的水质和水压，也造成中国的城市供水管网漏损率居高不下，影响了供水企业的经营效率。在排水环节，由于排入下水道水质不达标，会导致污水处理厂的出水水质不达标或大幅增加污水处理成本，即使在排水水质达标的情况下，如果向下水道加压排水或超标超量排水，也会影响到污水处理厂的正常运行。在污水收集和处理环节，由于配套管网建设的滞后，导致一些污水处理厂"吃不饱"甚至闲置，截至 2009 年，全国城市污水处理率为 75.25%，虽然比 2000 年翻了一番，但与"全收集、全处理"的目标还有一定的差距。因此，城市水务行业一方面要加强源头监管和源头削减；另一方面要加强规划、投资、建设、运营和维护的相互衔接，明确分工、明晰责任，加强政府对城市水务行业的统筹协调和综合调度，建立各单位的联动机制，实现城市水务行业各个环节的协调运营。

（二）加强城市供水和污水处理项目布局的协调和优化

城市供水和污水处理的项目布局涉及自来水厂和污水处理厂的座数、选址、规模和技术工艺。对于城市是否要新建自来水厂或污水处理厂，应当重点考察已建设施是否可以扩大产能，是否可以通过新建管网实现延伸服务，特别是对于在城市郊区和乡镇新建小规模的自来水厂和污水处理厂，更要避免"小而散"的设施布局。对于新建自来水厂或污水处理厂的规模确定，应当科学预测城市规模和水量的需求，在 21 世纪初期，由于城市快速扩张，各地纷纷新建大规模水厂，预测水量将呈线性增长。事实上，2000 年以来，中国人均日生活用水量持续下降，从 220.2 升下降到 2009 年的 176.6 升，降幅达 19.8%。而一些城市的新建城区，由于周边配套不完善等问题，新城发展低于预期，人口和水量远不能满足新建水厂和污水处理厂的规模需求。1999 年，广东省廉江市新建中法塘山水厂，水厂由中法水务与廉江自来水公司合作经营，为期 30 年，项目总投资 1669 万美元，设计能力 10 万立方米/日。合同约定保底水量，投产第一年每日购水量不得少于 6 万立方米，第二年不得少于 6.5 万立方米，第三年不得少于 7 万立方米，第四年起则每日购水量不得少于 8 万立方米。而到 2009 年，廉江每日的供水量最多不超过 2.6 万立方米，新建的塘山水厂则一直空置①。由于中国目前的水价主要采取成本加成法，水厂的规模越大，投资越高，水价成本也水涨船高，企业普遍都具有"投资冲动"，这也是最近几年外资频频溢价收购水厂的原因之一，这更要求科学合理地预测水量，并以此确定适宜的水厂规模。在项目技术工艺的选择上，一些城市要求"一步到位"，引进最先进的技术和工艺，但新技术新工艺尚处于起步阶段不成熟，工程投资和运行费用将大幅提高，对居民和地方财政都会造成沉重负担，因此需要对技术进行经济效益分析，合理选择适宜的技术和工艺。总体来看，政府在项目的规划审批环节，需要严格审查、科学论证，既要考虑到城市化发展和人们生活水平提高对城市供水和污水处理形成的数量和质量上的需求双增长，在项目规模上预留发展空间，并引入先进的技术工艺。但也不能由于追求政绩或企业的投资冲动，盲目上大项目、上新技术，导致生产能力闲置，背负新技术新工艺带来的高成本和不稳定。应当加强对已建项目的能力挖潜，主要采取技术改造和扩建的方式，提高已建项目的服务水平和服务质量，实现项目布局的科学合理。

（三）加强不同管制主体的协调

城市水务行业涉及建设、环保、水利、卫生、国资、财政和发改等多个管制主体，企业在不同的业务领域和业务环节需要受不同的管制主体甚至是多个管制主体的交叉管理，一方面增加了企业的运营成本；另一方面由于政出多门，使企业无所适从，管理混乱。从纵向来看，根据 2008 年国务院确定的各部委"三定"职能，住房和城乡建设部负责指导城市供水和污水处理，但具体的管理体制交由城市人民政府确定，导致城市供水和污水处理的管理机构设置不统一，甚至不设置相应管理机构，造成基层（特

---

① 廖杰华、种昂：《一座城市和中法水务的 10 年纠葛》，《经济观察报》2009 年 8 月 22 日。

别是县、镇）的管理力量薄弱甚至缺失。管理体制混乱，造成上下对口管理不一致，政令不畅通，加大了城市供水和污水处理政府管制的难度。从横向看，虽然在中央总体上由住房和城乡建设部负责指导城市供水和污水处理，但城市水务行业的不同业务领域和环节则分属不同的管制主体具体管理，如水资源管理由水利部门负责；水资源保护、工业污水排放、污水处理厂的污染物排放等由环保部门负责；生活饮用水质量由卫生部负责；项目的投资由财政部门和发改部门负责；国有供水和污水处理企业的资产由国资部门负责。这样，由于各个环节相互交叉和联系，导致不同管制主体的职能也存在交叉，各个部门依据各自职能制定相应的管制政策，这些政策是相互影响的，有些甚至相互冲突，或者标准不统一，这就需要在制定政策的过程中，相关的管制主体建立沟通协调机制，使不同的管制政策互相衔接，避免在管制实践中，造成管制缺位、错位和越位，使不同的管制主体能够各司其职、各负其责，取得良好的管制效果。

第七章

城市管道燃气行业民营化绩效评价与管制政策

中国经济的高速发展、城市化的压力以及人民生活条件的改善，都对能源的可持续发展提出了很大的挑战。由于城市管道燃气是将来城市生产生活的主要能源，本章将重点研究城市管道燃气行业的技术经济特征，中国城市管道燃气行业民营化现状，并对城市管道燃气行业民营化的绩效进行评价，最后提出城市管道燃气行业的管制政策。

第一节　城市管道燃气行业的技术经济特征

一　城市管道燃气行业的基本特点

城市燃气的供应方式基本上采用瓶装燃气和管道燃气两种形式。本书讨论的是城市管道燃气。这是因为，从技术经济特点来看，瓶装燃气的市场结构基本属于竞争性的，不在我们讨论之列。并且，与瓶装燃气相比，城市管道燃气作为一种优质、清洁、方便、高效的城市使用燃气，正越来越被广大市民所接受。而中国的"西气东输"工程已基本完成，城市天然气采用管道供应是现代化城市的发展趋势，也是城市燃气行业的发展方向。根据中国天然气管道中长期规划，将经过近20年时间建成全国天然气工业体系，形成国产天然气与进口天然气相结合、干线与支线相连、覆盖全国市场区域的天然气管网系统，最终形成天然气资源多元化、供应网络化和市场规模化的格局。

在一次能源结构中，中国天然气在2008年仅占3.9%，而美国的天然气比例为 23%①。可见，中国的天然气消费将有很大的发展空间。因此，本章所分析的城市管道燃气的价格水平等绩效指标主要以城市管道天然气为例。

截至 2008 年，中国天然气探明储量近 5 万亿立方米，其中可采储量 2.46 亿立方米，占全球天然气可采储量的 1.3%，位于全球第 15 位；中国人均天然气可采储量为 1900 立方米，低于全球平均的 2.8 万立方米；而以当前产量与储量看，中国目前已探明的天然气储量可供开采 32.3 年，低于全球平均的 60.4 年。中国天然气的主要生产地以新疆、陕西、四川三省为主，这三省的天然气产量占全国天然气总产量的 73%。中国天然气的生产主体主要是三大国有石油天然气公司：中石油、中石化和中海油。其中中石油占全国天然气产量的 83%。中国天然气产量在过去十年稳定增长，年均产量增速达 12.6%。但是近年受气源限制，增长速度有所下滑。预计未来中国天然气产量将保持在较低水平的稳定增长，天然气的供给将更多依赖进口。

进口天然气管线与 LNG② 码头的快速发展将突破供给瓶颈。目前，中国天然气主要依靠自有气田生产，进口天然气的比例只占全部天然气消费量的 2%。前几年，横跨土库曼斯坦、乌兹别克斯坦和哈萨克斯坦的中亚天然气管道 2009 年年底和中国的西气东输二线连接并实现单线通气，2010 年实现双线通气，预计到 2012 年，每年将有 300 亿立方米天然气经过该管道进入中国，最终该管道的输入量将达到 450 亿立方米左右。而俄罗斯东西线也于 2010 年贯通，均有 300 亿—400 亿立方米的年输气能力。这些管线进口的天然气将在很大程度上缓解中国天然气的供给压力。

作为城市公用事业之一的管道燃气行业直接关系社会公共利益，并涉及有限公共资源的配置，与城市工商业的生产经营活动以及居民的生活质量密切相关。城市管道燃气的生产供应是一个包括燃气生产、输送和销售

---

① 周大地：《要加大国内天然气开发力度》，http://www.chd.cei.gov.cn/share/cdei_ 001.asp? ID =25564，2006 年 4 月 4 日。

② LNG 就是液化天然气，它的储量是石油的 20 倍，热效高、清洁，不产生二氧化硫，二氧化碳的排量只是煤的 50%，氮氧化合物排量不到煤的 20%。价格只是我们现在使用的液化石油气（LPG）的 1/3—1/2，安全性则高得多，不易聚积爆炸。

在内的具有垂直关系的连续阶段。中国目前不少城市的管道燃气已将煤制气全部置换成天然气。通过上游天然气企业（国内或国外）直接开采天然气，然后将天然气加压送入管道，到达终点后调压分销给企业和居民等用户。城市天然气企业从上游企业购买天然气，然后负责对特定区域的居民和企业提供相应的供气服务。

就整体而言，城市管道燃气行业具有网络型特点。城市管道燃气产品供应的基本程序是将燃气加压送入管道，到达终点后调压分销给企业和居民等用户。我们用图7-1可以说明城市管道燃气的主要生产环节和业务流程。

图7-1 城市管道燃气输送和销售示意

城市管道燃气行业属于典型的网络型行业，其基本特点主要表现在以下几方面：

（1）管道燃气行业运营的自然垄断性和区域性。从城市管道燃气企业运行过程的相关阶段（输送和销售）来看，管道燃气行业的经营必须依赖输送管网进行，这就决定了其自然垄断性的特点。燃气企业的产品和服务具有固定的消费群体，即城市常住人口一旦初次消费（用户交纳了管网建设配套费），便成为永久性用户，这使管道燃气企业具有稳定的客户群，必然会形成区域垄断性经营格局。

将来作为城市燃气主要来源的天然气是一种混合气体，主要成分是甲烷，通常蕴藏于地下多孔隙岩层中，燃烧后只产生二氧化碳和水，是一种安全、热值高且清洁的能源。天然气的使用范围主要有城市燃气、化工工业、发电、汽车能源等。天然气的产业链主要可划分为天然气勘探开采和生产、天然气长输管道输送、城市燃气输配和销售三部分。从中国目前的运营状况看，作为一体化石油企业（如中石油等）可从事天然气勘探开采和生产，同时还可从事长输管道运营以及城市天然气运营。而像陕天然气等管输企业主要承担天然气长输管道输送业务，城市管道天然气企业则主要从事城市天然气输送和销售业务。天然气行业的纵向关系如图7-2所示，以及中国目前天然气企业在不同环节所可能从事的业务如图7-3所示。

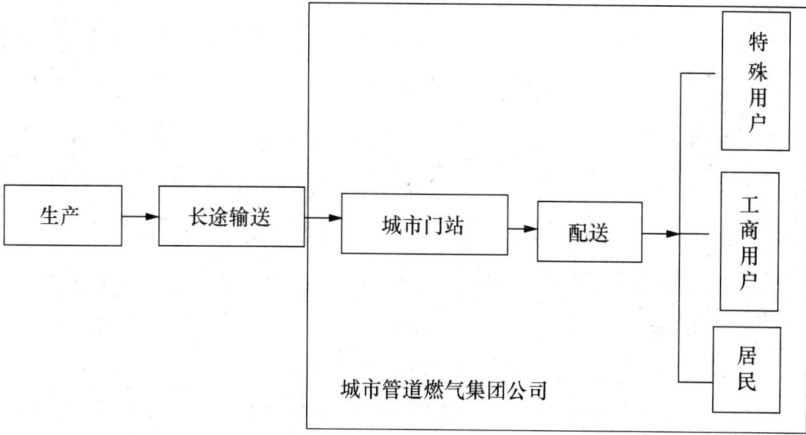

图7-2 天然气行业的纵向关系

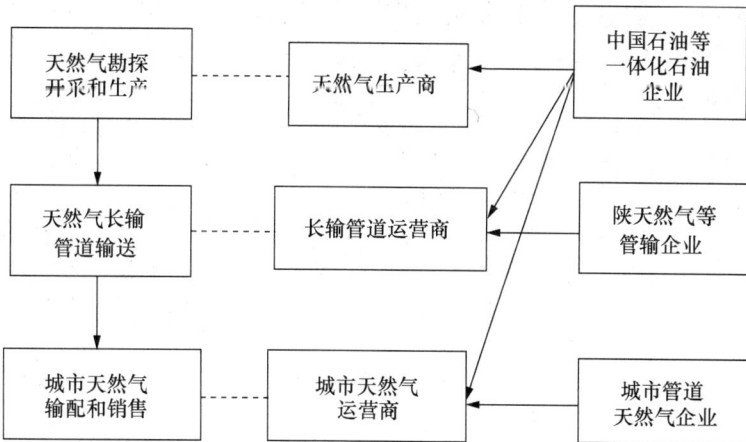

图7-3 天然气产业链示意

鉴于目前城市管道燃气行业垄断性经营特点，为了控制企业的垄断力量，政府对城市管道燃气行业所提供的产品和服务价格应实行相应的管制。

（2）管道燃气与其他能源具有较强的替代性和竞争性。作为一种能源，城市管道燃气有诸如瓶装燃气、电、煤和油等作为替代品。用户对管输燃气的需求要受到它与其替代品间的比价、质量和服务水平的影响。因此，管道燃气行业面临着来自其他可替代能源行业的竞争，与此同时，也会面临一定程度上需求的不确定性。尤其需要注意的是，针对管道燃气的可替代性，居民用户与工业用户存在差别。对居民用户而言，其他可替代能源对管道燃气的替代较弱，但工业用户在能源的选择上有较大余地。因此，面对居民用户的管道燃气市场，管道燃气企业有较强的垄断性，但面对工业用户的管道燃气市场，管道燃气企业面临着一定程度的竞争。这样，政府部门对居民用户的管道燃气价格应实施价格管制，而对工业用户的管道燃气价格可放松管制。另外，与替代品相比，管道燃气行业的发展仍具有其他替代行业不可比拟的优势。例如，管道燃气替代煤等燃料，对空气的质量改善有一定的积极作用。再者，替代性较强的瓶装燃气与之相比，瓶装燃气供应方式分散，换气不便，而且切换频率高，安全系数小，难以管理。而管道燃气具有方便、安全、易管理、利环境、降低交通运输等优势，克服了瓶装供气的缺点。为鼓励人们使用管道燃气，政府应该给予一定的政策以支持其发展。

（3）管道燃气安全性要求较高。城市管道燃气作为一种高效能源，在储存、运输、系统建设、使用过程中都不同程度地存在着一定的危险和问题，有可能对城市居民的人身安全和财产安全造成危害。因此，安全性问题必然涉及与管道燃气供应相关的燃气设备的供应、安装和维修等，政府有关部门需要对管道燃气的质量及燃气设备进行严格管制，对进入这一行业的企业数量加以控制，避免过度竞争，质量失控。

（4）管道燃气消费的季节性。管道燃气的主要用户有居民用户、工业用户、商业用户、电力用户等。各类用户尤其是占较大比重的居民用户对燃气的需求是波动的，一年之中差别很大。一般来说，冬季需求量为夏季的5倍；一月之中、节假日前后以及一日之中各时点均会出现峰谷波动。管道燃气消费时间和消费数量的波动性，导致了生产的显著不均衡性。因此，管道燃气企业除了保证供应外，还需要具有调峰能力，即协调用气高峰和低谷的能力，以实现供需平衡。另外，由于燃气需求量冬季较大、夏季相对较小的消费特点，应实行季节性差别气价政策。各燃气企业供应非居民大用户的价格，在夏季用气低谷期间可在分类销售气价基础上向下浮动。实施季节性差别气价政策以避免燃气消费在季节间的过度波动。

（5）燃气的稀缺性。不管是煤制气还是天然气，均来自不可再生资源，储藏量有限。因此，这些不可再生自然资源不仅要在当前的社会经济条件下与其他生产要素合理配置、高效使用，而且还要在现在与将来、当代人与子孙后代间合理分配和使用。为了保护这一能源，政府要对燃气的价格进行科学的管理。如果政府制定的城市燃气价格过低而使人们需求过度，则会影响燃气的可持续利用。

（6）天然气市场规模不断扩大。据统计，中国的天然气消费在总能源中的比重2008年是3.9%，既低于世界24%的平均水平，也低于亚洲8.8%的平均水平。提高天然气在总能源中的比重是中国将来能源战略的重点。在"西气东输"工程、广东液化天然气项目启动后，中国已形成一个天然气供给与需求同步快速增长的市场环境，如图7-4所示。

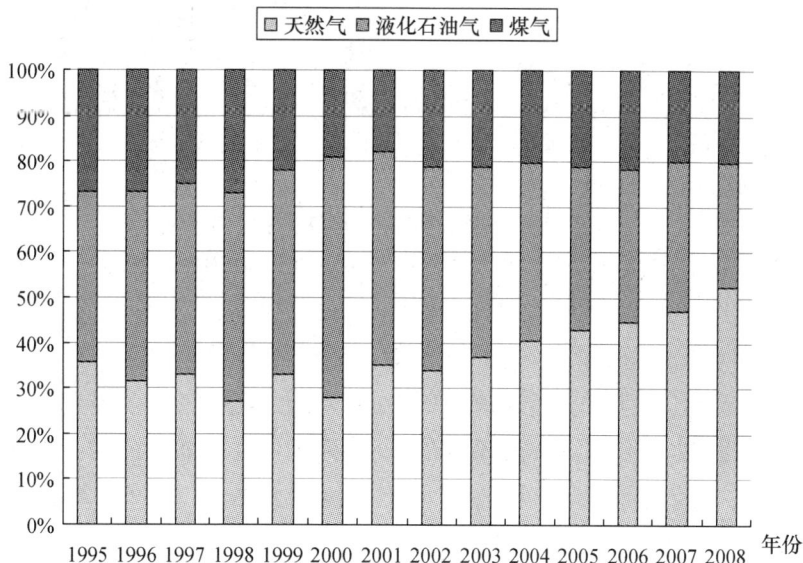

图7-4　城市燃气结构中天然气比重逐年增加

资料来源：转引自中国国际金融有限公司研究部《中国燃气行业投资策略报告》，2010年1月5日。

近十年来，在国家政策的大力支持下，中国天然气的消费量从 1998 年的 203 亿立方米增加到了 2008 年的 807 亿立方米，年均增长 14.8%，中国天然气需求的增速明显高于生产能力的增速。按照中国能源发展的长期规划，预计到 2010 年，中国天然气的需求量将达到 1200 亿立方米，到 2015 年，更有望达到 2400 亿立方米。而由于中国天然气生产能力有限，2010 年和 2015 年中国天然气的供求缺口将高达 400 亿立方米和 600 亿立方米，未来中国天然气的需求将更多地依靠进口天然气来满足。如图 7-5 所示。

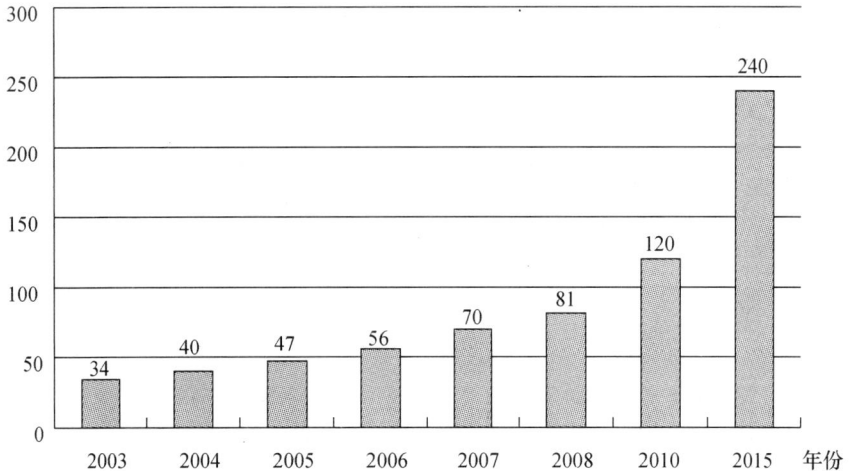

图 7-5　中国天然气消费量（单位：十亿立方米）

资料来源：转引自中国国际金融有限公司研究部《中国燃气行业投资策略报告》，2010 年 1 月 5 日。

然而，由于中国天然气储量和产量都低于世界平均水平，而产地又主要位于西部地区，距离东部发达地区较远，中国天然气需求受到生产能力和运输能力的双重制约，目前还是处于供不应求的状态。目前天然气消费量只占总能源消费量的 3.9%，远低于各经合组织国家 25% 和世界平均 24% 的水平，中国能源结构还有较大的优化空间。

从消费来看，46% 的天然气在产地消费，剩下的通过管道输送到中东部地区。另外，东南沿海地区的天然气消费部分由 LNG 船进口供应。从渗透率看，四大直辖市的天然气渗透率是全国最高的，其次是各大天然气产区，其他地区的天然气渗透率还非常低，基本都在 30% 以下，发展空间巨大。

从天然气消费结构看，中国天然气工业用气占 63%，相比各发达国家比例偏高。这与各上市公司的天然气客户比例是一致的。由于工商业客户利润率相对较高，而价格调整较为灵活，且前期的管网投资较少，城市燃气服务商倾向于发展工业用户。

为了环保等目的，在政府提倡使用天然气政策的引导下，正在发育初期的天然气市场及其良好的利润吸引了不少企业进入这一行业，而天然气管道作为另一种网络资源，也必将成为企业投资的新目标。并且，天然气市场规模的不断扩大，意味着可允许更多企业进入市场从事生产经营活动，促进天然气市场的竞争。

二　城市管道燃气行业的业务类型

由于城市管道燃气行业的产品主要由上游天然气生产企业提供，因此，城市管道燃气行业的主要业务类型包括城市管道燃气工程（主要包括：燃气气源工程；储气工程；输、配气管网工程等）的建设以及管道燃气的输送和销售等具有垂直关系的连续阶段。此外，还包括燃气设备的生产、安装和维修等领域。虽然其中一些环节（如产品的销售、管道燃气工程和设备供应等）并不与管网发生必然联系，但输送等主要环节只能依赖管网才能完成。表 7-1 简要地概括了城市管道燃气行业的主要业务及其性质。

表 7-1　　　　　　　　城市管道燃气行业的主要业务及其性质

主要业务	业务性质
燃气设备的生产、安装、维修以及城市管道燃气工程系统（包括：燃气储气工程；输、配气管网工程等）	竞争性
燃气产品的输送	自然垄断性
燃气产品的销售	潜在竞争性

从表 7-1 可以看出，燃气设备的生产、安装和维修属于竞争性领域。由于燃气设备的生产、安装和维修与管道燃气行业的安全供气有着直接的

关系，在政府制定出一定的技术和安全标准后，可由企业竞争性地提供相应的产品和服务。管道燃气工程的建设同样对技术和安全有着相当高的要求。尽管如此，完全可以通过招投标的方式引入竞争，选择在资质和管理等方面有着较高水平的企业来建设。因此，这也是属于竞争性的领域。

燃气产品销售与一般产品的销售没有实质性区别，并不具有自然垄断性，可以由多家企业竞争性地销售。当然，决定产气和供气能否竞争的关键在于管道网络是否可以做到互联互通，在技术上使消费者能够在足够多的供应商中进行选择，而不为管道这一基础设施瓶颈所困。

管道燃气的输送显然具有自然垄断性，这是因为燃气管道网络的建设成本高、前期投资大（铺设 1 千米的高压管线需投资近 90 万元、中压管线需投资近 60 万元）、回收期长（一般在 10 年以上），而建成后的管网资产专用性强、沉淀成本高。由此可见，燃气管网的运营具有明显的规模经济。这决定了作为管道燃气行业的输送在一定的需求和产出范围内由 1 家企业垄断经营比 2 家或多家企业成本更低。因此，管道燃气行业的输送具有强自然垄断性。

根据上述分析，除输送业务外，管道燃气行业其他业务基本都属于竞争性业务。因此，应适度降低城市燃气下游销售业的市场准入门槛，让更多的企业能够参与进来，形成更合理的市场定价，这样通过市场价格机制的调节作用，能更好和更真实地实现市场上的供需平衡，避免出现供给短缺。

第二节　城市管道燃气行业民营化的现状分析

一　民营化是城市管道燃气行业改革的基本取向

中国燃气行业真正得到快速发展是在 1979 年实施改革开放以后，特别是在近十多年才有了突破性的进展。中国燃气行业的发展经历了利用工矿余气发展城市燃气的节能项目工厂、利用国内外液化石油气的气源和大力发展城市利用天然气工程三个阶段，目前还处于煤制气、液化石油气、天然气三种气源并存的时期。

西气东输工程的实施，标志着中国城市燃气行业的天然气时代已经到来。中国的城市燃气气源将由煤制气和液化石油气为主，向以天然气为主转变。与此同时，城市燃气的供气规模也将迅速增加，使用范围也将以居民生活用气为主向工商业、采暖等方向拓展。城市天然气工程具有广阔的发展空间。

改革开放以前，城市燃气设施的建设与经营全部由政府负责，属于典型的行政垄断行业。改革开放以来，行业改革滞后，行政垄断的局面没有完全打破，严重影响了城市燃气的发展。但自 2002 年建设部颁发了《关于推进市政公用事业市场化进程的通知》，特别是党的十六届三中全会提出进一步加快公用行业的改革以来，各地将推进包括城市燃气在内的市政公用行业的改革作为工作的重点，积极推进市场化改革。2002 年 3 月 11 日发布的新的《外商投资产业指导目录》将原禁止外商投资的电信和燃气、热力、供排水等城市管网首次列为对外开放领域，并自 2002 年 4 月 1 日起施行，这加快了外商进入大中城市燃气市场步伐。随着新政策的出台，燃气行业巨大的发展机遇已显现。2004 年 4 月，建设部为促进市政公用行业市场化改革，规范市政公用行业的市场行为，以部令方式发布了《市政公用事业特许经营管理办法》。该办法从保障社会公共利益和公共安全的高度，要求各地政府遵循公开、公平、公正和公共利益优先的原则，通过市场竞争、公开招标方式，择优选择城市公用事业的投资者或经营者；与此同时，还明确了特许经营权竞标者应当具备的条件和选择投资者或经营者的公开程序，对授权方和被授权方的责任、权利和义务等都作出了规定。各地正在积极探索实施特性经营制度的具体办法①。

总体而言，改革开放以来，中国城市燃气行业大致经历了两个重要发展阶段，即以政企合一和垄断专营为主的发展阶段，以及以放松准入和许可经营为主的民营化改革阶段。

（一）以政企合一和垄断专营为主要特征的发展阶段（1978—2002 年）

在改革开放的前 20 多年时间里，中国燃气行业的重心在于如何加快发展，解决城市燃气供需缺口。在节能政策推动和国家财政资金大力支持下，

---

①　姜润宇：《城市燃气：欧盟的管理体制和中国的政策》，中国市场出版社 2006 年版，第 12—14 页。

全国建成了一批以利用焦炉气和化肥长释放气为主的城市燃气余气利用工程，许多城市建设了管网等燃气设施，国内液化石油气和管道人工煤气作为优质民用燃料进入千家万户。广东等经济发达的沿海城市居民在 20 世纪 90 年代初还用上了进口液化石油气。其间，国务院办公厅 1985 年第 50 号文批转的《关于加快发展城市煤气事业的报告》和建设部 1992 年 5 月下发的《城市燃气当前产业政策实施办法》等政策性文件对促进中国城市燃气行业发展起到了重要的推动作用。

这一时期是中国城市燃气行业的发展初期阶段，城市燃气基础设施薄弱，市场规模有限，专业人才不足，燃气质量、行业管理、技术规范、健康标准、安全设备、技术能力和环境标准等诸多制度环境尚未完善，需要通过加快发展来解决上述问题。在这种背景下，国家财政成为城市燃气行业投资建设资金来源，各地方政府所属的燃气公司采取政企合一和垄断专营体制，民间资本面临进入限制。

客观而论，在城市燃气基础设施建设规模大，民间资本尚未成长壮大起来的情况下，采取国家投资建设和国有专营体制，在当时历史条件下对于中国城市燃气行业的发展起到了不可否认的推动作用，使得城市燃气行业发展初期面临的供需矛盾得到一定程度的缓解，为城市经济与社会发展奠定了物质基础，也为日后的市场化改革奠定了物质基础。

（二）以放松准入和特许经营为主要特征的民营化改革阶段（2003 年以后）

进入 21 世纪以来，中国加入世界贸易组织后，开放城市公用事业成为中国履行国际承诺的必然选择。与此同时，中国城市燃气行业长期存在的体制性矛盾也开始逐步凸显出来。例如，投资建设资金来源完全靠国家财政承担使得财政压力逐年加大；政企合一和国有垄断专营造成管理体制僵化、整体效率低下和人员冗余增加、众多城市燃气企业长期亏损经营，严重依赖政府财政补贴；城市燃气价格形成机制不合理，燃气行业缺乏良性发展的动力和能力等。这些均表明，国有专营和政企不分的旧体制已不能满足快速城市化、市场化和建设环境友好型城市的需要。放松准入限制，拓展融资渠道，打破行业垄断，引入市场机制，鼓励外资和民间资本参与城市燃气行业的投资建设与运营的民营化改革呼声日益高涨。

　　2002 年，建设部下发了《关于加快市政公用事业市场化进程的意见》，拉开了城市燃气市场化改革的序幕。此后，国家放松了城市燃气行业的准入门槛，鼓励和引导民间资本和外资以独资、合作、联营、参股和特许经营等方式参与城市燃气基础设施建设和经营。2004 年 5 月，建设部颁布《市政公用事业特许经营管理办法》，根据该办法，政府通过向社会公开招标的方式选择投资者和经营者，授予其在一定时间和范围内对燃气产品或服务进行经营的权力，使得燃气行业的跨区域整合成为可能，燃气分销领域的竞争格局逐渐由地方垄断转向跨区域的市场竞争。随着燃气行业下游市场逐步放开，区域垄断格局有所改观，港资、民资、国际跨国公司以及改制后得以壮大的国有燃气公司等各路资本竞相涌入，下游市场主体已形成多种所有制并存的有序格局，行业利润、生产运营、效率、服务、管理改善明显，整个行业正在进入良性发展轨道。

　　此外，为促进行业健康发展，国家还不断完善了有关的法律体系、技术标准体系和人才教育培训体系。2007 年 5 月，国家发改委下发了《天然气利用政策》，将居民生活用气、公用设施用气、天然气汽车、分布式热电联产和热电冷联产用户等列入允许类。随着川气东送、西气东输二线于 2009 年及 2010 年相继落成，中国城市燃气发展气源不足的制约得到明显改观，天然气市场呈现快速发展的局面。利用市场机制融资、组建城市天然气企业成为各地发展城市燃气的强大推动力，民营化的进程迅速，城市管道燃气企业公司化改造的步伐加快：一是已有很多境外企业进入，与国内一些燃气企业组成了合资企业；二是国内很多国有、民营企业与一些城市燃气企业合作，成立了股份制的公司；三是一些城市的燃气企业自身进行公司化改造。企业的改制，使过去政企不分的城市燃气企业成为了真正的市场主体。相比较而言，城市公用事业中，城市管道燃气行业的民营化程度比供水行业要高。

　　综上分析，中国城市管道燃气行业民营化改革的趋势已基本形成。

二　城市管道燃气行业民营化的现状

　　城市管道燃气行业民营化改革主要从两方面进行。一方面，对传统体制下的国有管道燃气企业进行改制；另一方面，随着投资准入的放宽，各种所有制和资本进入城市管道燃气领域，特别是随着燃气骨干网建设的完善、"国退民进"政策的推行，以及城市管道燃气行业利润吸引力的增强，越来越多的非国有投资主体进入城市管道燃气行业。

（一）城市国有管道燃气企业改制的现状

我们课题组对 609 家城市燃气企业进行了调研，获得有效问卷 269 份。国有管道燃气企业中，50.9% 的企业已经改制，49.1% 的企业尚未改制，如表 7 - 2 所示。而改制方式以合作合资和股权转让为主，占 73%，如图 7 - 6 所示。

表7 - 2 管道燃气企业改制情况

改制	样本量	百分比（%）
未改制	132	49.1
已改制	137	50.9
合计	269	100

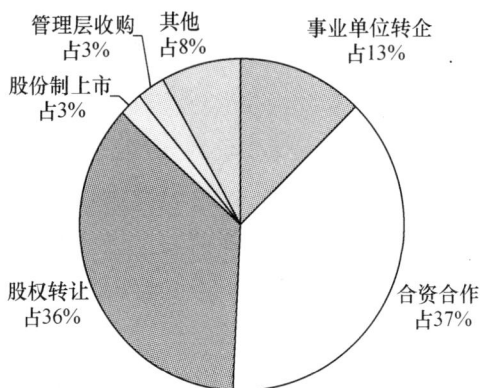

图 7 - 6 城市管道燃气企业改制方式

经过这些年的民营化改革，城市管道燃气企业运营模式有了很大的转变，企业主要以特许经营为主，所占比重为 69%，政府指定企业或单位机构运营占 15%，而主管部门直接负责运营仅占 8%，具体情况如图 7 - 7 所示。从企业运营模式的转变可以看出，政府对城市管道燃气行业直接控制作用不断减少，而市场竞争对企业经营的引导作用逐步增加。对尚在政府直接控制下的城市管道燃气企业，应加快改革的步伐。

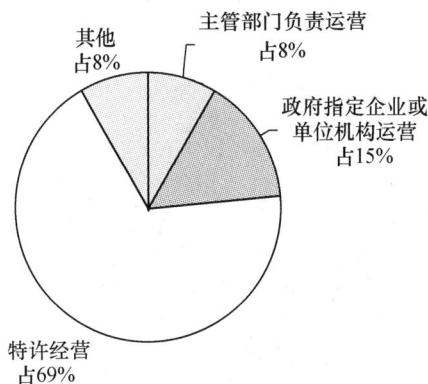

图7-7 城市管道燃气企业的运营模式构成

注：其他模式包括自主经营，主要是瓶装液化气经营。

（二）非国有企业直接进入城市管道燃气行业

在政府政策的支持下，国内民营企业较早地获得了参与燃气市场竞争的机会。例如，在香港上市的民营企业新奥燃气于1992年进入城市管道燃气领域。是国内最早进入管道燃气经营的民营企业，同时是目前国内最大的管道燃气运营商之一。目前，公司在全国拥有75个城市管道燃气项目，超过300万居民用户及8000余家工商业用户，燃气最大日供气能力达1500万方，市场覆盖城区人口超过4300万。汽车加气业务发展迅速，已获得国家批准建设权的加气站212座，已建成并运营的汽车加气站120余座，在加气站市场开发利用、工程建设和运营服务等方面积累了丰富的经验。2009年上半年销售燃气13.4亿立方米，液化石油气24.8万吨。截至2009年6月30日，新奥燃气总资产153.4亿元，2009年上半年总收入40.2亿元，净利润3.74亿元[1]。

我们可根据课题组调研，了解城市管道行业中非国有企业直接进入的现状。在585份有效问卷中，民营企业占40%以上（包括少数经营瓶装液化气的企业），事业单位和国有及国有控股企业数量不到30%。如图7-8所示。可见，非国有企业直接进入城市管道燃气行业还比较充分。

---

[1] 转引自中国国际金融有限公司研究部《中国燃气行业投资策略报告》，2010年1月5日。

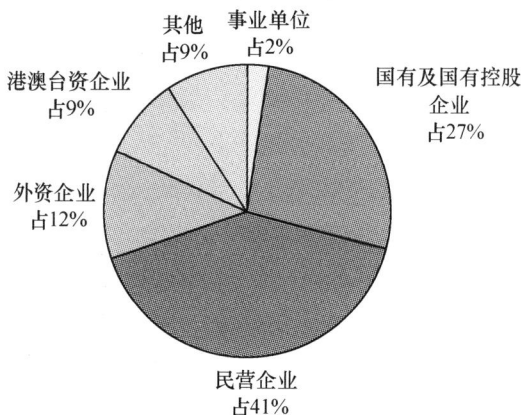

图7-8 不同性质企业进入城市管道燃气行业的比例

（三）民营企业与国有燃气企业合资参与城市管道燃气供应设施建设与运营

目前零售是燃气行业利润最稳定也是最丰厚的一块，投资回报率较高，这是导致国际资本纷纷杀入内地市场的根本原因。由于在开拓中国内地石油气业务的运作上，外资公司都采取了一种适合中国国情的做法，即与目标市场内最具实力和竞争优势的地方国有燃气生产、销售和储运企业合资合作，不少外资特别是港资对城市燃气企业实施并购。

以新奥燃气、中华煤气、中国燃气、百江燃气等为主的城市燃气股份制、民营和港资运营商自20世纪90年代末开始，在各城市政府招商引资政策感染下，先后以合资、独资、买断等方式参与燃气供应设施建设与经营。此外，外资企业和民营企业通过并购、重组等方式参与一些城市国有燃气企业的重组，成为推动中国城市燃气行业发展和改革的新生力量。例如，中华煤气除了拿下深圳燃气30%的股权外，还分别在珠海、武汉掷下1.6亿元与12亿元人民币。武汉天然气工程项目由武汉市燃气热力集团和香港中华煤气公司共同出资建设、经营和管理。这是港资首次进入武汉管道气市场。按协议，武汉市燃气热力集团、香港中华煤气以及广州恒荣投资公司共同组建合资公司，经营武汉天然气项目。武汉市燃气集团以管网、制气厂等实物资产出资，占50%；香港中华煤气公司和广州恒荣均以现金投资，分别占49%和1%。将囊括武汉90%的燃气市场份额。合资公司的成立不仅可以解决资金问题，还可引进新的经营和管理手段，降低经营成本。

中华煤气继 2000 年取得广东液化天然气接收站及输气干线项目 3% 的权益后，又参与了国家西气东输工程，在内地投入了 6.06 亿元人民币用于铺设管道和其他设施，目前中华煤气在中山、广州、苏州、青岛等地均有天然气项目，此外，它还将在 15—20 个城市洽谈天然气合作事宜。

以北京燃气、重庆燃气、上海燃气、郑州燃气、长春燃气等为代表的发展较早的地方国有燃气企业，在本区域内初步形成了管网优势，正以兼并整合或参股联合的方式做大做强。例如，南京市煤气总公司与香港中华煤气有限公司签订合资合作协议。通过总投资 12 亿元的合资合作项目，双方将共同经营城市管道燃气业务，并携手进军"西气东输"天然气大市场。公司此前经营人工煤气，共有 35 万用户，年营业额仅 2 亿多元。由于政策性因素，公司年亏损 1 亿多元，连年背负巨大包袱。新公司运营后，随着燃气的管道入户，用户将告别人工煤气时代，公司营业额也将上升至 8 亿元。该合资项目中合同利用外资为 6.5 亿元人民币，双方共同组建的合资合作公司成立后，除了接管、延续原南京市煤气总公司所经营的所有管道燃气业务外，还将作为投资主体，统一负责南京市燃气项目的建设、营运与管理。这将意味着，南京城市燃气管道经营将告别 30 余年纯国有、国营的历史。

华人首富李嘉诚的旗舰公司——和记黄埔斥资 2.5 亿港元收购香港创业板上市的百江燃气 12.8% 股份而成为第二大股东，借机进入内地燃气市场。百江燃气由其旗下的中国百江作为液化石油气业务的投资工具，通过其全资附属公司盛港投资与中国石化集团长岭炼油化工有限公司共同组建了长沙百江开展业务，并按这一模式又克隆了南京百江、贵州百江、芜湖百江等十几家公司。

百江燃气自 1997 年涉足燃气领域后，已在内地 6 个省成立了 20 多家中外合资企业，累计投资逾 10 亿港币，发展终端用户近 160 万户。先后在四川资阳、威远、蓬溪等地收购了 3 家燃气公司，成为进入四川燃气领域的首家外资企业。百江燃气决定巨资投放四川，主要是看中其资源优势、市场潜力和投资环境。百江燃气将采取两种方式运作：一是收购现有的燃气公司，二是合资组建新公司。四川的燃气市场普及率高，城镇居民达到

80%，各地均有燃气公司布点，但经营管理水平较低，这就为百江燃气的进入提供了市场空间。

目前，入选《财富》杂志世界 500 强的大型燃气公司几乎都在中国投资建厂设点，有的公司已发展到相当规模。

（四）民营化拓宽了城市管道燃气行业的融资渠道

从表 7-3 的调研数据可以看出，城市管道燃气企业的融资渠道正在朝着多渠道方向发展。财政拨款所占比例已经比较低。然而，从目前情况看，通过企业债券和股票市场融资的比例尚偏低。因此，应增加通过资本市场的融资比例。

表 7-3　　　　　　　　　　城市管道燃气企业的融资渠道

融资类型	样本量（个）	总体百分比（%）	百分比（%）
自有资金	494	66.90	88.4
财政拨款	28	3.80	5.0
商业贷款	152	20.60	27.2
政策贷款	18	2.40	3.2
企业债券	8	1.10	1.4
信托资金	1	0.14	0.2
上市	24	3.30	4.3
其他	13	1.80	2.3
总计	738	100.04	132
样本量	559	—	—

注：表中百分比数据中保留小数点后一位并四舍五入，故百分比合计存在较小误差。另：调查对象对于融资渠道可多选，故最后一列的百分比大于100%。

我们再从整个城市管道燃气企业的资本构成来看，在 457 份有效问卷中，非国有企业全资企业（民资和外资）已经占到近 50%，而国资比例大于 51% 的企业数量仅占 31%，如图 7-9 所示。显然，在整个城市管道燃气行业中，国有资本已不再占明显优势。另外，城市管道燃气企业的股权结构反映，非国有资本（民营企业、外资和港澳台资等）已占 70% 以上，如表 7-4 所示。

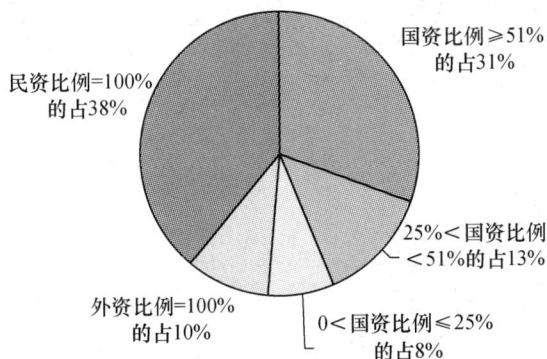

国资比例≥51%的占31%

民资比例=100%的占38%

25%＜国资比例＜51%的占13%

外资比例=100%的占10%

0＜国资比例≤25%的占8%

图7-9　城市管道燃气企业资本构成

表7-4　　　　　　　　城市管道燃气企业的股权结构

股东类型	事业单位	国有及国有控股企业	民营企业	外资企业	港澳台资企业	其他	合计
样本量（个）	6	140	296	69	20	66	597
比例（%）	1.0	23.5	49.6	11.6	3.4	11.1	100.2
投资股本							
投资股本（万元）	1681.8	2133247.5	3873690.5	589669.6	89514.7	439523.0	7127327
比例（%）	0.0	29.9	54.3	8.3	1.3	6.2	100

注："自然人"计入"民营企业"，"其他"包括中外合资、有限责任公司、股份有限公司、集体等。另外，表中百分比数据中保留小数点最后一位并四舍五入，故百分比合计存在较小误差。

综上分析，通过民营企业、外资企业和港澳台资企业直接进入以及多渠道融资进行的民营化改革，非国有资本已经渗入城市管道燃气行业，市场结构和资本结构发生了明显变化，基本上改变了原有国有企业或国有资本对城市管道燃气行业的控制地位。

（五）民营化促进了城市管道燃气市场结构的调整

随着民营资本不断进入城市管道燃气行业，其市场结构正在发生变化。在城市容量方面，拥有较多城市数量与占据大城市的公司会在未来有更多的内生增长空间。目前来看，中国燃气与新奥燃气拥有的城市数量较多，而华润燃气拥有的省会城市的数量与比例均最高。总体来看，各公司的内生增长潜力都很大。综合考虑，各上市城市燃气公司按内生增长潜力排序应该是：中国燃气、华润燃气、新奥燃气、港华燃气、北京燃气和郑州燃气。

目前，中国的城市管道燃气市场较为分散，各地都有各自的城市燃气服务提供商。全国性的燃气服务提供商目前绝对市场份额还不大，这就为各城市燃气服务商的外延式扩张提供了空间。近年来，随着行业内兼并收购的不断加剧，主要城市燃气服务提供商在燃气销售的市场份额已经从2005年的27%大幅上升到了2008年的39%。在城市燃气行业中，大的服务提供商有更强的议价能力、更佳的协同效应和更低的单位成本，因此行业内兼并收购的趋势还将继续。如表7-5和表7-6所示。

表7-5　　　2005年和2008年主要上市城市燃气服务提供商的市场份额

单位：%

企业\年份	北京控股	上海燃气	新奥燃气	中国燃气	华润燃气	天津燃气	成都燃气	港华燃气	郑州燃气	深圳燃气	其他燃气公司
2005	12	2	1	0	2	3	0	0	0	1	73
2008	11	7	6	5	3	2	2	1	1	1	61

资料来源：转引自中国国际金融有限公司研究部《中国燃气行业投资策略报告》，2010年1月5日。

表7-6　　　　　　　　主要上市城市燃气公司近年兼并收购一览

公司名称	年份	主要收购事件
新奥燃气	2006	9月，收购泉州的管道燃气业务；9月，收购晋江的管道燃气业务；11月，收购桂林的管道燃气业务；12月，以8000万元向石家庄的燃气业务增资
	2007	1月和4月，以1200万元共收购2家蚌埠燃气公司；4月，以1200万元收购浙江衢州某燃气公司；6月，以1亿元收购杭州萧山的燃气公司；6月，以8000万元收购洛阳管道燃气业务的少数股权；9月，以2400万元收购洛阳某LPG公司
	2008	5月，以1700万元收购广州富城道燃气公司；10月，收购许昌某汽车燃料输送公司

公司名称	年份	主要收购事件
中国燃气	2006	7 月，以 7000 万港币收购 CGNGIL 一家未开展业务的燃气公司股权；10 月，以 3000 万港币收购 CGIDL 一家未开展业务的燃气公司股权；12 月，以 2600 万元收购上海某燃气公司全部股权；12 月，以 800 万元收购包头某燃气管道工程公司
	2007	5 月，以 180 万美元注资长沙的燃气业务；5 月，认购 350 万美元的某上游燃气业务公司的 50% 股份；8 月，以 1 亿元收购德州燃气业务 50% 的股权；以及其他以子公司名义进行的收购业务
	2008	1 月，以 7000 万元收购台州燃气业务 50% 的股权；8 月，以 1900 万元收购某尚未开展业务的天然气开发公司，以合计 1800 万元收购宁夏某燃气公司，以 7000 万元收购金华燃气业务的 50% 股权，以 3000 万元收购湖南某燃气公司多数股权以间接控股佳木斯的燃气业务；9 月，以 5 亿元收购中油华电 84% 股权正式进入 LPG 的上中下游一体化业务，以及其他以子公司名义进行的收购业务
港华燃气	2006	6 月，以 7400 万元收购阜新百江燃气的多数股权，以 2500 万元收购杭州某燃气业务 50% 的股权；12 月，以 29 亿元收购 10 个大陆燃气项目
	2007	11 月，收购绵阳的天然气项目股权，年气量目前约 2.3 亿立方米；12 月，收购吉林省公主岭的燃气项目股权，预计 2012 年用气量 4000 万立方米；12 月，收购重庆綦江燃气项目，预计 2012 年用气量 4500 万立方米；12 月，收购武汉的石油气项目50% 的股权，年销量约 8.4 万吨
	2008	5 月，收购黄山市管道燃气项目 30 年的经营权，预计 2015 年气量达 3000 万立方米；7 月，收购沈阳市近海经济区的燃气项目 30 年的经营权，预计 2014 年气量达 3500万立方米；12 月，收购四川新津的燃气公司 60% 股权，预计气量从 2007 年的 1230万立方米增至 2012 年的 6600 万立方米
华润燃气	2008	2009 年才开始加速收购活动，截至 2009 年 4 月，已收购 9 个燃气项目，且多数为正在建设期的新项目
	2009	12 月，决定收购郑州燃气部分股权，随即决定收购重庆燃气的少数股权
北京控股	2008	当年决定参股组建克旗煤制气公司进入上游开采业务；并参股华油北京公司进入管输业务
郑州燃气	2008	3 月，以 3000 万元购入平顶山燃气的少数股权；4 月，以 1.2 亿元收购郑州煤制气公司筹备处的股权

资料来源：转引自中国国际金融有限公司研究部《中国燃气行业投资策略报告》，2010 年 1 月 5 日。

　　总体而言，城市管道燃气市场基本上形成了产权多元化格局。从数量上看，民营企业、外资和港澳台投资企业占城市管道燃气市场的主要部分。我们可从不同性质企业的服务人口、年产量、资产总额等在城市管道燃气行业中所占比例，来考察目前国有企业与非国有企业在市场中的份额。如图7-10、图7-11和图7-12所示。尽管事业单位和国有及国有控股企业数量在整个管道燃气行业中所占比例在1/3左右，但借助服务人口、年产量和资产总额反映的市场份额，尤其是年产量和资产总额在市场中所占比例来看，事业单位和国有企业的比例明显高于其企业数量比例。这说明，与国有企业相比，目前进入管道燃气行业中的国内民营企业，其经营规模小于国有企业，这对于有明显规模经济的管道燃气行业来说，在竞争方面处于弱势地位。不过，进入的外资企业中，服务人口、年产量和资产总额所占比例均高于企业数量比例，存在明显的规模经济优势。而近50%的管道网络资源仍在国有经济成分的控制下，如图7-13所示。

　　综上分析，在非国有资本进入城市管道燃气行业的过程中，已经带来了城市管道燃气行业市场结构的调整，竞争格局基本形成。然而，从短期

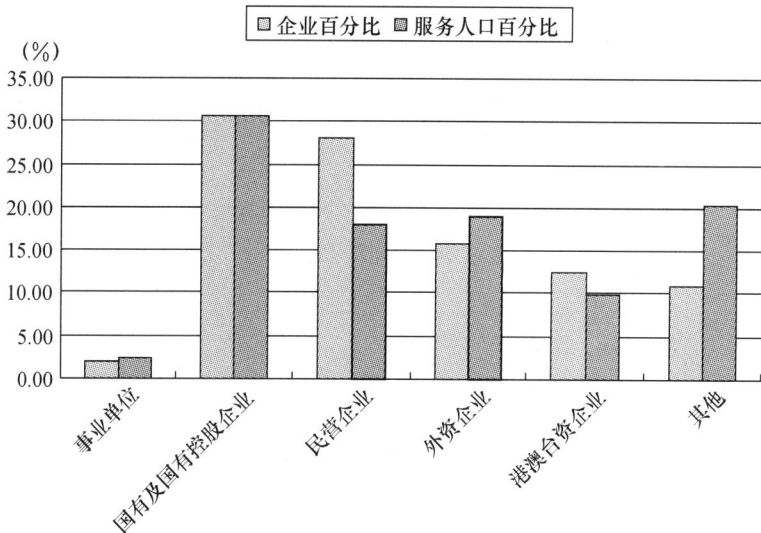

图7-10　不同性质管道燃气企业及服务人口比例

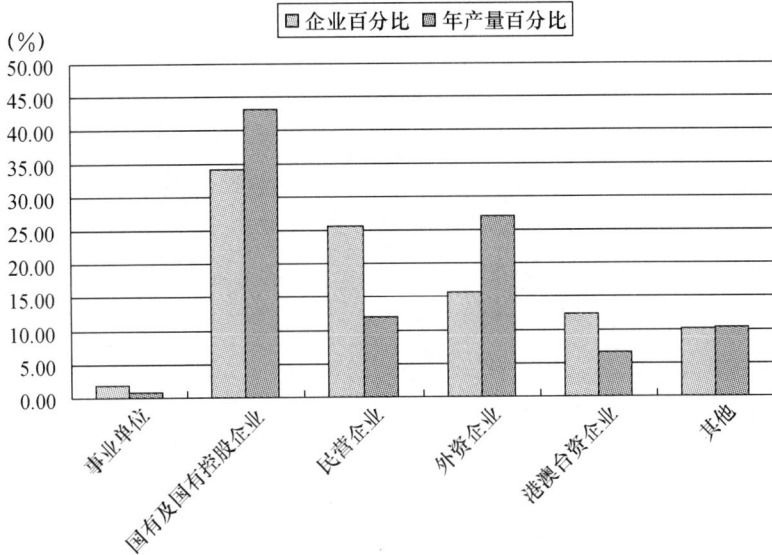

图 7-11 不同性质管道燃气企业及年产量比例

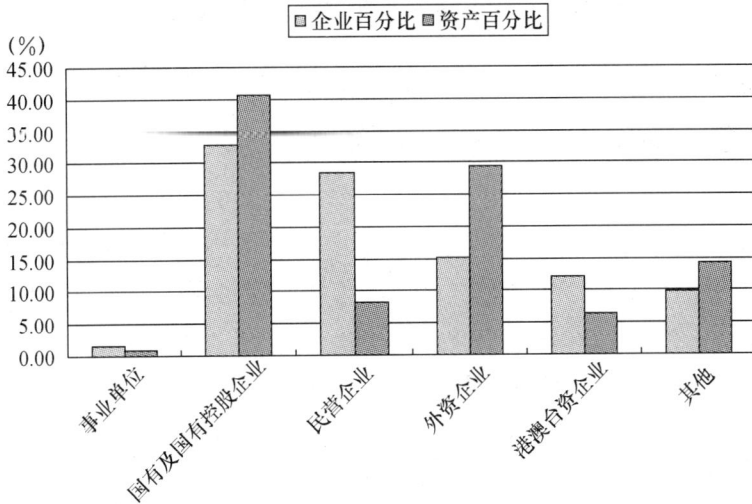

图 7-12 不同性质管道燃气企业及资产总额比例

看，针对目前民营企业处于较弱的竞争地位，为促进城市管道燃气行业的有效竞争，政府应在民营资本（特别是国内民营企业）进入过程中给予一定的扶持政策（非对称管制政策），以提高民营企业在市场中的竞争力。

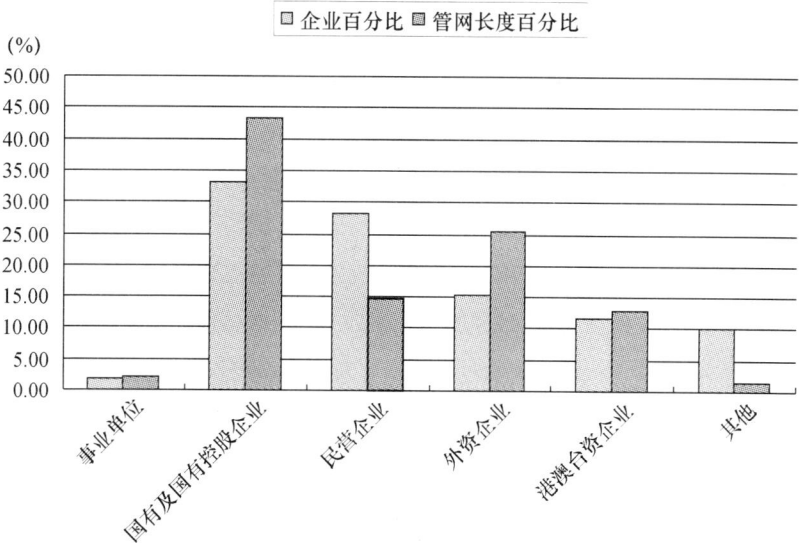

图 7-13 不同性质管道燃气企业及管网长度比例

三 城市管道燃气行业民营化现状的简要评述

根据以上分析发现，中国城市管道燃气行业的民营化是从国有企业改革，民营企业、外资企业和港澳台资企业的直接进入以及融资体制改革等全方位展开的。对城市管道燃气行业民营化的现状可以归纳为以下几点：

（一）多数国有企业以不同方式进行改革

在城市管道燃气行业中，1/2 强的国有企业以不同的方式进行了改革，其中以股权转让和合资合作为主。从目前城市管道燃气运营模式看，特许经营模式已占 2/3 以上，尚有少部分企业仍然由主管部门负责运营。

（二）非国有资本直接进入城市管道燃气行业

目前已有不少民营企业、外资企业和港澳台资企业等大量非国有企业直接进入城市管道燃气行业。从企业数量来看，目前国有企业数量比例已经不到整个管道燃气行业企业数量的 1/3。

（三）城市管道燃气行业融资的多样化也是非国有资本进入该行业的重要途径

城市管道燃气行业融资的多元化为吸收民间资本提供了很好的途径。从城市管道燃气企业的股权结构看，非国有资本已占 2/3 以上。不过，从现状看，将来政府应该在政策方面引导城市管道燃气企业通过企业债券和股票市场进行融资。

（四）民营化已经促进了城市管道燃气市场的竞争

在非国有资本进入城市管道燃气行业的过程中，已经带来了城市管道燃气市场结构的调整。通过国有燃气企业的股份制改革，民营企业和外商的直接进入以及融资的多元化，燃气终端市场初步形成了地方国有企业、中央国有企业和非国有企业（民营企业、外资企业和港资企业）三分天下的局面。可以说，在城市管道燃气行业的管道建设投资和燃气输送、零售市场上，民营经济均有不同程度的进入，尤其是终端市场的竞争格局基本形成。

（五）国有企业在城市管道燃气行业中仍然有较强的市场控制力

目前部分城市的管道燃气行业仍然实行纵向一体化垄断经营模式，国有化程度较高。地方政府在城市燃气中具有更大决定权，行业的区域垄断和行政垄断依然存在。例如，很多城市燃气项目招投标时，当地政府都会提出参与者的标准条件，诸如通过"资产规模达到一定数额"和"资金实力雄厚"等条件设定阻碍非本地企业进入。另外，尽管目前国有企业数量占整个行业比重不大，但是，从服务人口、年产量、资产和管网长度等反映市场控制能力的指标来看，国有企业在城市管道燃气行业中仍然有较强的市场控制力。鉴于此，为促进城市管道燃气行业的有效竞争，政府在深化民营化改革方面，还需要有向非国有企业（尤其是民营企业）倾斜的政策，降低民营资本进入的门槛，让城市管道燃气行业真正向民营资本开放。

第三节　城市管道燃气行业民营化实践的绩效评价

一　管道燃气行业民营化的绩效评价指标

根据第三章构建的城市公用事业民营化绩效评价指标体系，并结合城市管道燃气行业的具体情况和其所提供产品、服务的特殊性，评价城市管道燃气行业绩效的一级指标包括：管道燃气行业发展水平指标、管道燃气产品和服务的价格水平指标、管道燃气产品和服务质量及安全水平指标、管道燃气行业运营效率水平指标、管道燃气行业普遍服务水平指标。

（一）管道燃气行业及企业发展水平指标

选取行业发展水平对管道燃气行业民营化绩效进行评价，主要是通过企业对政府优惠政策的依赖性、天然气供气量、城市燃气输气管道长度、城市燃气用气人口以及城市燃气普及率来反映民营化对整个行业发展水平的影响，并通过企业服务人口、资产总额、年产量、设计能力、管网长度、年销售额、职工人数以及"十一五"期间企业固定资产投资额等来反映目前城市管道燃气企业发展水平状况。表7－7是管道燃气行业及企业发展水平的评价指标体系。

表7－7 管道燃气行业发展水平的评价指标体系

一级指标	二级指标	指标说明、测量方式、数据来源
管道燃气行业及企业发展水平	政府对管道燃气企业的优惠政策	管道燃气企业对政府财政等优惠政策的依赖性，定类量表（1为有、0为无），调研数据
	天然气供气量	为管道燃气主要产品的天然气供气量，定比量表，统计数据
	城市燃气输气管道长度资产总额	燃气输气管道的总长度，定比量表，统计数据
	城市天然气用气人口	城市天然气用气总人口，定比量表，统计数据
	城市燃气普及率	城市燃气使用与城市人口间的关系，定比量表，统计数据
	企业服务人口	管道燃气企业服务人口，定比量表，调研数据
	企业资产总额	管道燃气企业资产总额，定比量表，调研数据
	企业年产量	管道燃气企业年产量，定比量表，调研数据
	企业设计能力	管道燃气企业日设计能力，定比量表，调研数据
	企业管网长度	管道燃气企业管网长度，定比量表，调研数据
	企业年销售额	管道燃气企业年销售额，定比量表，调研数据
	企业职工人数	管道燃气企业职工人数，定比量表，调研数据
	"十一五"期间企业固定资产投资额	"十一五"期间管道燃气企业固定资产投资额，定比量表，调研数据

（二）管道燃气价格水平指标

管道燃气行业价格水平评价指标包括燃气产品和服务的价格水平、价格结构。在对管道燃气行业价格水平进行评价时，应参考零售价格指数的变化。表7－8为城市管道燃气价格水平的评价指标体系。

表7－8　　　　　　　　管道燃气价格评价指标体系

一级指标	二级指标	指标说明、测量方式、数据来源
管道燃气价格	管道燃气价格水平	不同时期管道燃气价格的变化，定比量表，统计数据
	管道燃气价格结构	管道燃气价格结构（不同管道燃气用户、不同管道燃气用量、管道燃气消费的不同季节）的合理性，定比量表，统计数据

（三）管道燃气质量和安全水平评价指标体系

城市管道燃气企业所提供产品和服务的质量及安全水平，包括燃气产品质量、企业供气的稳定性以及供气的安全性等。表7－9为管道燃气质量和安全评价指标体系。

表7－9　　　　　　　管道燃气质量和安全水平评价指标体系

一级指标	二级指标	指标说明、测量方式、数据来源
管道燃气质量和安全水平	燃气产品和服务质量	燃气质量以及服务质量（如燃气热值、维修及时率、抄表准确率等），定比量表，二手资料或观察
	企业供气的稳定性	不同用户以及不同时段供气是否稳定，定类量表（1为是，0为否），二手资料或观察
	企业供气的安全性	供气是否安全，定类量表（1为是，0为否），二手资料或观察

（四）管道燃气行业的生产效率评价指标体系

管道燃气行业的生产效率包括工业成本费用利润率、利润总额等评价指标。表7－10为管道燃气行业的生产效率评价指标体系。

表7-10 管道燃气行业的生产效率评价指标体系

一级指标	二级指标	指标说明、测量方式、数据来源
管道燃气行业的生产效率和盈利能力	工业成本费用利润率	燃气企业生产成本及费用的投入效率，定比量表，统计数据
	利润总额	燃气企业的获利能力，定比量表，统计数据
	燃气平均成本	不同性质管道燃气企业平均成本，定比量表，调研数据
	劳动生产率	不同性质管道燃气企业劳动生产率，定比量表，调研数据
	年亏损率	不同性质管道燃气企业年亏损率，定比量表，调研数据
	年利润率均值	不同性质管道燃气企业年利润率均值，定比量表，调研数据

（五）管道燃气行业普遍服务水平的评价指标体系

针对管道燃气行业的特点，城市管道燃气行业普遍服务水平的评价指标主要包括对城市中弱势群体的补贴。表7-11为管道燃气行业的普遍服务评价指标体系。

表7-11 管道燃气行业的普遍服务评价指标体系

一级指标	二级指标	指标说明、测量方式、数据来源
管道燃气行业的普遍服务	对弱势群体的补贴	是否存在对弱势群体的补贴，定类量表（1为有，0为无），二手资料

二 城市管道燃气行业民营化绩效评价的实证分析

（一）管道燃气行业民营化对行业及企业发展水平的影响

经过这些年的民营化改革，中国城市管道燃气行业总体供应能力有了明显提高，市场规模不断扩大，企业盈利能力在逐步提高。

1. 城市管道燃气企业基本摆脱了对政府财政的依赖

根据课题组对城市管道燃气企业的调研，企业基本摆脱了对政府财政补贴的依赖，仅4.3%的企业享受政府补贴政策，而69.2%的企业没有享受任何优惠政策。这说明，通过民营化改革，城市管道燃气企业逐渐成为市场中独立的生产经营者。表7-12较全面地反映了目前中国城市管道燃气企业运营的基本情况。

表7-12　　　　　　　　城市燃气企业享受优惠政策情况

优惠类型	样本量	百分比（%）
政府补贴	8	4.3
税费优惠	31	16.8
贷款优惠	2	1.1
政策性贷款	6	3.2
其他	10	5.4
没有优惠政策	128	69.2
合计	185	100

2. 城市管道燃气行业总供给能力逐年提高

在中国经济高速增长的过程中，城市化进程不断加快。这样，公众对方便且清洁的燃气需求日益增加。而为了满足公众对城市管道燃气的需求，这些年以不同的方式对燃气行业进行民营化改革，极大地提高了整个城市管道燃气的行业供给能力。2008年，中国662个城市中已有近200个城市建有燃气管网[1]。我们从图7-14、图7-15、图7-16和图7-17可以看出，中国天然气供气量、城市燃气输气管道长度、城市燃气用气人口和城市燃气普及率这些年均以递增的速度增加。尤其是，2002年政府对民间资金进入城市管道燃气在政策上给予大力支持的背景下，以及2004年西气东输工程完成后，天然气供应水平更是快速增长。自民营化步伐加快的2000年始，燃气普及率呈现稳定上升态势。以此可反映城市管道燃气行业民营化对行业总体发展水平的影响。

---

[1]　《国内外油价再次收窄　专家称油价改革遇最佳时机》，《21世纪经济报道》2008年9月9日。

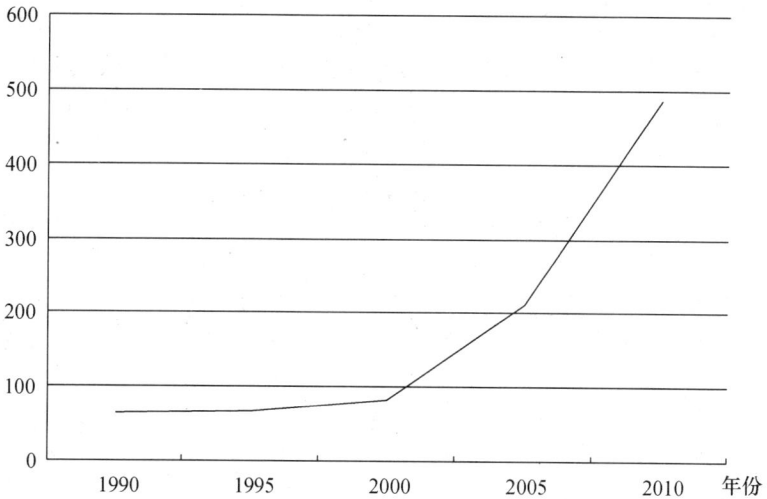

图7-14 中国天然气供气量（家庭用量）（单位：亿立方米）①

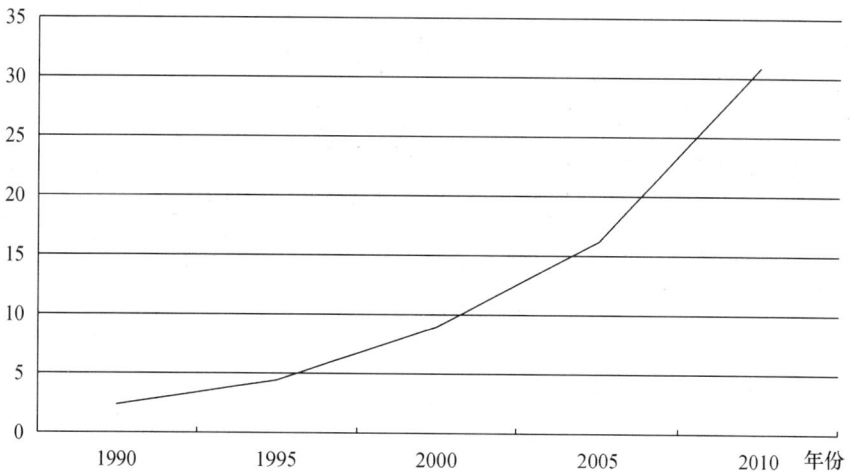

图7-15 城市燃气输气管道长度（单位：万公里）

---

① 图7-14、图7-15、图7-16和图7-17的资料来自1991年、1996年、2001年、2006年和2011年《中国统计年鉴》。

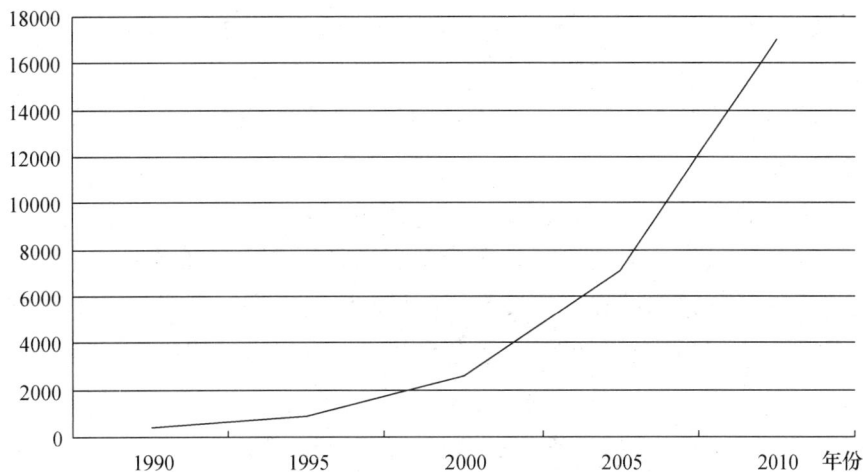

图 7-16　城市燃气（天然气）用气人口（单位：万人）

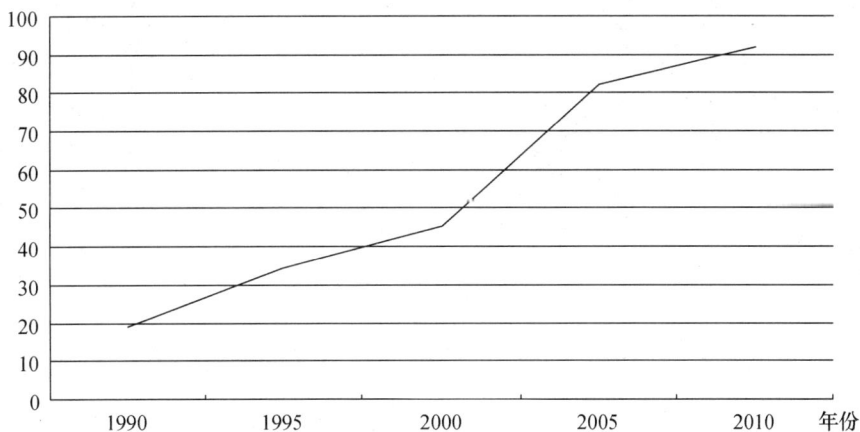

图 7-17　中国城市燃气普及率（单位：%）

　　需要特别说明的是，城市管道燃气行业总体发展水平的提高，与这些年非国有经济不断进入该行业有着直接的关系。从本章第二节对非国有经济进入城市管道燃气行业现状的分析可以看出，不论是从非国有企业的直接进入，还是非国有经济为城市管道燃气行业融资方面的贡献，可以说，非国有经济对整个城市管道燃气行业的发展都起到了举足轻重的作用。

诚然，与此同时，我们应该看到，在城市管道燃气行业民营化过程中，在燃气产业链的各生产经营环节没有形成充分竞争，以及价格形成机制没有完全理顺的情况下，诸如在 2009 年 11 月的雪灾天气出现"气荒"也是在所难免的。

3. 城市管道燃气企业发展水平的基本情况

针对服务人口、资产总额、年产量、设计能力、年销售额、职工人数以及"十一五"期间固定资产投资额，我们课题组进行了调研，通过表7 - 13 的数据可以了解中国目前城市管道燃气企业发展水平的基本情况。

表 7 - 13　　　　城市管道燃气企业发展水平的基本情况

指标	样本量	均值	中位数	标准差	最小值	最大值
服务人口（万人）	333	38.16	15	73.07	0.05	800
资产总额（万元）	367	38408.96	9653	142783.1	100	2338400
年产量（万立方米/年）	328	11409.3	2416.5	47301.8	5.8	681200
设计能力（立方米/日）	204	295422.3	100000	556608.4	150	5000000
管网长度（公里）	372	636.92	151	3368.49	0.5	62000
年销售额（万元）	335	25375.62	4600	92063.68	2	1245200
职工人数（人）	366	249.08	76.5	532.89	10	5459
"十一五"期间固定资产投资额（万元）	255	15164.67	5000	38570.58	12	469223

（二）管道燃气行业民营化对价格水平的影响

1. 管道燃气价格水平的变化

在计划经济下，城市公用事业一直被视为福利事业，以低于成本的价格来提供产品和服务（例如，1985 年的管道燃气价格是 0.05—0.10 元），然后由国家给予亏损补贴，价格基本不受供求关系和成本变动的影响。我们知道，燃气属于典型的私人产品，而燃气管道具有准公共物品特性。这样，城市管道燃气就应该可以通过市场进行交易，其价格就是调节供求关系的重要信号。为了获取更多利润的民营企业或民间资金，仅有在合理价格使其获得应有回报的激励下，才会提供符合公众需要的管道燃气产品和服务。鉴于此，在对城市管道燃气行业进行民营化改革过程中，价格改革是关键。

为了逐步减少或取消财政补贴，实行以成本为基础的定价制度，这些年大幅度提高城市燃气价格，改善价格低于成本的扭曲状况，为燃气企业自负盈亏创造了条件。管道燃气（在天然气没有使用前是管道煤气）价格一直处于上升阶段。这种上升是对中国城市管道燃气原有价格不能真正反映其产品和服务稀缺性的正常调整。如表7－14所示。从所获得的资料看出，与改革初期的城市管道燃气价格相比，有些城市上升幅度达到60倍左右（不考虑天然气的热值高于煤气热值的因素）。相比较而言，中国这些年的商品零售价格指数上升幅度则要低得多。如图7－18所示。

表7－14　　　　　　管道民用燃气全国平均以及主要城市价格水平　　　单位：元/立方米

	1985 年	1990 年	1995 年	2000 年	2006 年	2007 年	2009 年
全国平均	0.05—0.10	0.26	0.71				
北京	—	—	—	0.90	1.90	2.05	2.05
上海	—	—	—	0.90	2.10	2.10	2.50
南京	—	—	—	0.95	2.20	2.20	2.20
武汉	—	—	—	0.80	2.30	2.30	2.30
长沙	—	—	—	0.80	2.36	2.36	2.36
广州	—	—	—	1.95	2.50	3.45	3.45

资料来源：2000 年数据来自王俊豪等《中国自然垄断经营产品管制价格形成机制研究》，中国经济出版社 2002 年版，第 218 页。其余年份来自国家发改委价格监测中心，2006 年 8 月，2007 年 8 月，2009 年 8 月。

尽管管道燃气价格上升有弥补企业正常运营成本和利润的合理性，但与其他国家相比，目前管道燃气行业存在运营成本偏高、价格偏高的问题。表现在以下方面：

首先，输送成本偏高，导致门户价格偏高。例如，以中国与美国平均水平进行比较发现，中国燃气输配成本偏高。根据国家发改委 2004 年核

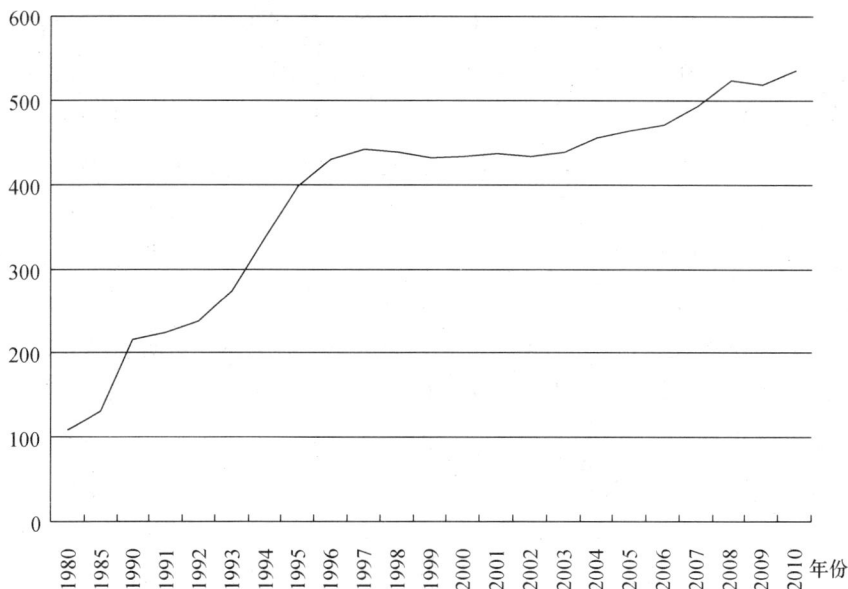

图 7 - 18　商品零售价格指数（1980—2010）（1978 年 = 100）①

定，按传输距离不同，每立方米天然气到达各地的平均门户价格略有差异，分别为河南 1. 14 元、安徽 1. 23 元、江苏 1. 27 元、浙江 1. 31 元、上海 1. 32元。以井口价 0. 48 元/立方米、管道运价（含储气费）0. 79 元/立方米来核算,西气东输全线平均气价为 1. 27 元/立方米。2000—2005 年，美国井口价大幅度上升，但是，城市门户价与井口价的差异基本稳定，分别是0. 21 元、0. 38 元、0. 26 元、0. 21 元、0. 26 元、0. 26 元，不超过井口价的30%。相比之下，西气东输输送成本偏高，平均高达 0. 79 元，是美国的3 倍。

其次，市内配送成本偏高。以广州 2009 年与美国 2004 年数据进行对比，广州门站价格高于美国门站价格 0. 16 元，但广州最终用户价格高于美国的幅度均大于 0. 16 元（美国用户无须缴纳初装费）。如表 7 - 15 和表 7 -16 所示。

---

①　《中国统计年鉴》（2011），中国统计出版社 2011 年版。

表 7 - 15　　　　　部分大中城市天然气价格情况（2009 年）

单位：元/立方米

城市	门站价格	居民用气		非民用价格
		销售价格	进销差价	
北京	工业用气 1.68，其他用气 1.28	2.05	0.77	1.85—2.55
上海	工业用气 1.94，其他用气 1.54	2.50	0.96	2.74—3.57
广州	1.64	3.45	1.76	3.70—3.95
南京	工业用气 1.90，其他用气 1.50	2.20	0.70	2.30—3.16
宁波	1.92	2.80	0.88	2.72—3.40
湖州	2.01	2.62	0.61	2.68—3.35
杭州	2.01	2.40	0.48	2.84—3.55

资料来源：杭州市燃气（集团）有限公司提供，2009 年 10 月。

表 7 - 16　　　　　　　　美国天然气平均价格

单位：元/立方米

	2000 年	2001 年	2002 年	2003 年	2004 年	2005 年
井口价	0.82	0.89	0.66	1.09	1.22	1.67
门站价	1.03	1.27	0.92	1.3	1.48	1.93
居民价	1.72	2.14	1.76	2.15	2.40	2.85
商业价	1.47	1.88	1.48	1.87	2.10	2.58
车用价	1.23	1.47	1.14	1.38	1.56	—
工业价	0.99	1.17	0.90	1.31	1.46	1.89
发电价	0.98	1.03	0.82	1.24	1.36	1.88

资料来源：安大略能源委员会 http://www.oeb.gov.on.ca/。

从以上对城市管道燃气价格水平的分析可以看出，目前中国城市管道燃气价格水平尚未真正反映市场的供求变化，其原因主要在于以下三个方面：

（1）价格形成不能激励燃气企业提高生产效率，降低成本。目前各级价格管制机构确定城市管道燃气价格主要依据被管制企业上报的成本，但这种成本是在特定行政区域内垄断经营企业的个别成本，而非合理的社会平均成本。一方面，没有以成本控制为目标，设计成本发生规则和具体标准，生产性消耗、人员、工资及管理费用等方面没有明确的定额、定量标准，没有法定的预测成本的根据。管制机构在具体审核成本时，只以企业上报的调价前或执行期实际成本为基准。另一方面，价格管制机构不如燃气企业那样了解真实成本，审核企业上报的成本资料，只能主要审核企业上报成本的合法性，难以审核其合理性、真实性，导致企业可能虚报成本，或将不该列入的项目列入成本上报。在实际操作中，价格调整在一定程度上取决于政府与企业之间讨价还价能力和各利益集团之间的利益协调程度，价格管制机构通常凭主观判断对企业的调价幅度压缩一些，具有较大的主观随意性。其结果，不仅在审核价格、成本时经常出现讨价还价的现象，甚至是垄断企业成为价格的实际制定者，企业把成本变动作为提高价格的理由和手段，缺乏改进技术、改善管理从而降低成本的动力；而且按企业的个别成本定价，成本越高价格越高，诱使企业虚报成本，使燃气企业严重亏损与职工高工资（见图7-19和图7-20）、高福利长期并存这一怪现象得以延续。成本涨多少，价格也涨多少。

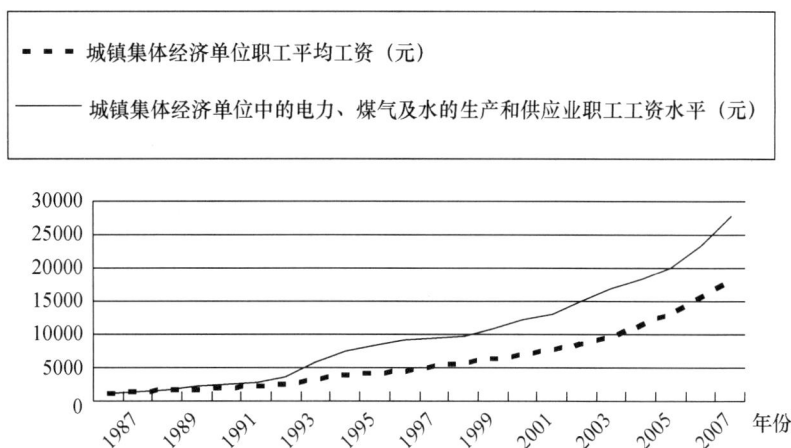

图7-19　城镇集体经济单位职工与电力、煤气及水的生产和供应职工的工资水平

注：统计数据把电力煤气和水的生产和供应业放在一起。

资料来源：中经网数据中心通过国家发改委、国家统计局、国家信息中心等整理的《中经网统计数据库》，2010年9月29日。

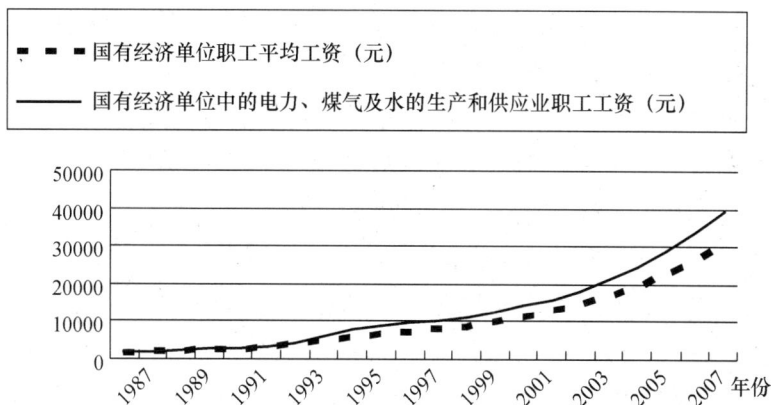

图7-20 国有经济单位职工与电力、煤气及水的生产和供应职工的工资水平

注：统计数据把电力煤气和水的生产和供应业放在一起。

资料来源：中经网数据中心通过国家发改委、国家统计局、国家信息中心等整理的《中经网统计数据库》，2010年9月29日。

（2）价格中的政策性因素和经营性因素模糊不清，部分企业长期亏损运行。由于对燃气实行政府定价，为了稳定物价水平，在较长一段时期里，多数地方政府实行低价政策，导致企业长期亏损，并把这种亏损完全作为政策性亏损，而排斥存在经营性亏损的可能性。由于近年来一方面原材料、燃料及劳务等成本逐渐走向市场化并快速上升；另一方面，政府对其产品、服务制定了指令性低价，因而政策性亏损的影响的确客观存在。然而，燃气企业沿袭计划经济时期的政企不分的管理体制，企业没有优化生产要素等方面的自主权，人员普遍超编，内部经营管理不善，造成的经营性亏损绝不容忽视。

（3）收取初装费使价格未真实地反映成本。由于长期把燃气视为事业单位，把燃气初装费当做行政性收费，这些资金一般不计入收入，通常是放到资本公积科目，视为用户捐赠的资本，在企业实收资本中还有政府拨款的部分。也就是说，燃气企业长期没有把初装费算做收入，但销售成本中包含资本折旧和其他资本成本，国有企业大面积全行业长期亏损与此记账方法有关。如果将初装费计入收入，则未必出现如此大规模的亏损。初装费用于燃气基础设施建设，其引起的价格扭曲、产权之争和会计差异已使燃气行业价格、利润等市场信号严重失真，不仅对企业投资和经营决策造成混乱，且不利于统一管制。

综上所述，目前中国城市管道燃气行业的定价机制还有待进一步改革，并且中国还需进一步放松该行业进入管制，深化民营化改革，通过引入竞争以提高其效率。

2. 管道燃气用户和季节差价体系不合理

长期以来，城市燃气按不同类型用户执行不同的价格标准。实行市场经济的世界各国一般以居民生活用气价格最高，工业次之，发电较低。表7－16中美国天然气用户差价体系就是这样的。相比之下，中国城市燃气的价格体系与国际惯例有较大差异，工商用户价格远高于居民用户价格，如表7－15所示。

工业用户、商业用户等大用户气价高于居民气价偏离了效率原则。第一，商业用户尤其是工业用户需求稳定，配送管网利用率高；而居民用户需求时段性明显，非餐饮时段消费量很低，其配送管网闲置，实际配送成本远高于需求稳定的工商用户。第二，工商团体用户的耗气量大，但服务工作量（如抄表、收费等项目）与居民用户基本相等，团体用户平均成本相对较低。第三，对于居民和商业用户来说，对燃气的消费短期内是缺乏弹性的，而工业用户尤其是电厂在短期内能够使用多种燃料。例如，美国90%以上燃气发电是多种燃料转换的，40%以上使用燃气为一次能源的公司有能力迅速从燃气转向其他燃料。从这个特性来看，管道燃气企业存在以较低价格吸引工业用户尤其是电厂使用燃气的激励。

另外，中国尚未根据季节用气量的变化制定管道燃气的季节差价体系，没有发挥价格对用气峰谷的调节作用。

3. 管道燃气调价机制存在的问题

目前，中国城市管道燃气调价机制僵化，滞后严重，不能及时反映供求变化。随着经济发展，社会承受能力不断提高，稳定燃气价格对维护社会稳定的作用也日趋减少。欧美发达国家已放开了燃气生产和终端消费环节，进口价和零售气价由市场调节，同时根据上月实际输配成本调整当月燃气账单，因此，零售价格充分反映了各环节的供求关系，及时调节供求。相比之下，中国目前城市管道燃气价格还处于探讨成本价格联动方案阶段，零售价格调整普遍滞后，难以严格执行目前的成本定价基本政策，不利于发挥价格调节供求的作用。以杭州市为例（见表 7-17），2004 年杭州市管道燃气确定民用气价为 2.40 元/立方米，当时定价充分考虑居民承受能力，并没有完全按照实际的成本来确定燃气价格。2005—2009 年，上游价格共上调 0.43 元/立方米，而民用价格一直停留在 2.40 元/立方米，且要支付上游管输费 0.30 元/立方米。目前的进气价已经达到 2.31 元/立方米，如表 7-17 所示。在没有及时调整杭州市城市管道燃气价格的情况下，杭州市燃气（集团）有限公司只能亏损经营，这迫使政府每年对企业投入大量的财政补贴，给政府财政带来不小的压力。

表 7-17　　　　浙江省杭湖沿线天然气门站价格以及居民用气价格 单位：元/立方米

执行日期	价格	备注	调后价	居民用气价格
自供气日起执行（2004 年）	1.58			2.4
2005 年 4 月 1 日	上涨 0.04	国发委将出厂基准价 0.48，上调为 0.52	1.62	2.4
2006 年 2 月 1 日	上涨 0.09	国发委将出厂基准价 0.52，上调为 0.56	1.71	2.4
2008 年 12 月 1 日	上涨 0.21		1.92	2.4
2009 年 4 月 1 日	上涨 0.09		2.01	2.4

资料来源：杭州市燃气（集团）有限公司提供，2009 年 10 月。

又如，2010 年下半年，面对上游天然气出厂价格的提升，多个城市准备调整城市管道燃气价格，但调价方案最终暂停。推迟方案主要原因是，该时期面对 CPI 的攀升，为了控制物价水平的进一步上升，国家发改委叫停了正待上涨的燃气价格。这样，全国多地的燃气涨价计划紧急刹车。像广东、江苏、河南等正在酝酿燃气调价的省份已经暂停计划。尽管城市管道燃气价格得到了控制，但其代价可能是加大了政府财政补贴的力度。

由于目前燃气价格体系缺乏上、中、下游价格联动，城市管道燃气企业负担过大，且价格缺乏弹性，增大了运营风险。

（三）管道燃气行业民营化对产品和服务质量的影响

除了价格以外，影响管道燃气产品和销售的重要因素就是燃气的质量水平、企业提供的服务水平。

鉴于民营经济引入城市管道燃气行业，在一定程度上形成了竞争。为了吸引用户更多地使用管道燃气，城市管道燃气企业均通过不同的手段提高产品和服务质量水平。例如，原有的国内燃气公司在燃气抄表作业时多数采用手工操作，用抄表本作为记录用户表数信息的载体，抄表员工作效率低，且难免发生计算错误。民营化改革后的城市燃气企业，为提高服务质量，开始采用电子签封式抄表系统以提高抄表准确率。而诸如对于用户申报管道燃气用具维修等服务，不少城市管道燃气企业均建立了较好的服务体系。

管道燃气服务质量应该还包括供气的稳定性。2009 年年末，受特殊天气影响，全国多个地区闹了"气荒"。面对国内迅速增长的燃气需求，中国已经开始进行天然气战略储备，中石油等上游供气企业制定了一些应急规划，各下游燃气企业也着手准备能满足一个城市几天用气量的小型液化天然气（LNG）储备站等储备调峰措施。

特殊天气条件下，天然气供应短缺，直接关系到千家万户的生活。"气荒"从表面上看是由于大范围突然降温带来用气量猛增，但根源却在于目前天然气经营高度垄断的经营体制。在目前市场经济条件下，燃气经营在中国仍属高度垄断。从武汉、长沙、重庆等各个城市的情况看，在经营企业"按市场化模式运作"面前，政府对燃气的调度、管理与协调作用有限，种种应急手段和准备，在冰雪灾害来临时，显得力不从心。

因此，在天然气开发利用领域引入必要的竞争机制，加大油气田的开发利用，彻底打破垄断经营，已是当务之急。否则，不仅"气荒"难以远离，而且一旦出现紧急情况，各地又将陷入"企业供应缺口，百姓不停叫苦，政府被迫埋单"的尴尬局面。从国家能源局召开的第四季度能源经济形势发布会上获悉，2010 年全国天然气产量达到 944.8 亿立方米，比上年增长 12.1%，2010 年冬季全国没有出现"气荒"现象①。

（四）管道燃气行业民营化对安全水平的影响

城市管道燃气行业的民营化改革主要是通过利用市场机制，引入以营

---

① 王静、杜燕飞、李彤：《国家能源局：2010 年全国天然气产量达 944.8 亿立方米》，http://energy.people.com.cn/GB/13839551.html，2011 年 1 月 28 日。

利为目的的企业，在政府对相应燃气产品和服务价格进行管制的前提下，企业通过销售相应的产品和服务获取利润。民营化改革，在竞争引导下，不少城市管道燃气企业在确保供气安全的情况下，通过提升燃气产品和服务质量来提高企业的竞争力。

然而，不排除部分管道燃气企业可能会通过降低燃气产品和服务质量以获得更多利润，更有甚者，少数管道燃气企业提供存在安全隐患的产品和服务。

我们知道，燃气作为一种新型气体燃料，越来越得到广大居民的认可，日益发展壮大的城市燃气行业，由于其本身点多面广，管制难度加大，其安全问题也随之加剧，如何驯服、驾驭它，是城市管理者面临的重要课题。

由于燃气具有易燃易爆和有毒等特点，一旦设施发生泄漏，极易发生火灾、爆炸及中毒事故。另外，还存在燃气安全隐患的威胁，城市燃气安全隐患主要表现在：一是违章占压燃气管道的问题仍然存在；二是燃气管道施工缺乏管制。例如，2009 年 6 月 27 日，上海市杨树浦路 1914 弄内发生煤气爆燃事故，两名正在附近玩耍的孩子、一名七旬老人及两名工人被烧伤。据悉，事发时，该里弄正在更换燃气管道。居民猜测，可能是挖掘机挖管道时溅发的火星引燃了残留的煤气。[1] 而在 2011 年 1 月 17 日吉林省吉林市发生燃气爆炸事故，造成 3 人死亡 28 人受伤，周围十几栋居民楼遭到不同程度的冲击。冬季是燃气爆炸的高发季节，由于天气寒冷，门窗封闭很严，燃气一旦发生泄漏很容易"储存"起来，等燃气集聚到一定程度，一旦遇到明火，就会发生爆炸。另外，由于用户操作不当或者管材不合格等因素，也容易酿成重大的爆炸事故。此外，针对冬季燃气爆炸高发的现状，燃气管理部门应该加强管理，通过及时排查等措施，确保居民的安全生活[2]。

（五）管道燃气行业民营化对生产效率和盈利能力的影响

我们知道，对管道燃气行业进行民营化改革的根本目的在于，在扩大该行业供给能力的基础上，促进行业内企业间的竞争，提高企业生产效率。与此同时，让消费者享受到价格合理、质量较好的产品和服务。

---

① 顾文剑：《上海燃气管道爆燃五人被烧伤》，《东方早报》2009 年 6 月 28 日。
② 宗巍、姜明明：《吉林市燃气爆炸致 3 死 28 伤续：当地成立调查组》，http://news.sina.com.cn/c/2011 - 01 - 18/071921832197.shtml，2011 年 1 月 18 日。

表7-18　　　　　　　　　　燃气生产和供应业主要经济效益指标

年份	企业单位数（个）		工业总产值		工业成本费用利润率（%）		利润总额（亿元）	
	独立核算"三资"工业企业	国有独立核算工业企业	独立核算"三资"工业企业	国有独立核算工业企业	独立核算"三资"工业企业	国有独立核算工业企业	独立核算"三资"工业企业	国有独立核算工业企业
1995	17	269	2.59	68.33		-5.46	0.23	-4.75
1996	24	283	3.65	72.79		-8.53	0.01	-8.71
1997	16	258	5.22	85.21	-4.15	-4.7	-0.45	-5.63
	国有及规模以上非国有工业企业		国有及规模以上非国有工业企业		国有及规模以上非国有工业企业		国有及规模以上非国有工业企业	
1998	291		103.25		-3.5		-6.29	
	"三资"工业企业	国有及国有控股工业企业	"三资"工业企业	国有及国有控股工业企业	"三资"工业企业	国有及国有控股工业企业	"三资"工业企业	国有及国有控股工业企业
1999	27	255	28.18	103.99	0.44	-3.73	0.13	-6.87
2000	36	252	47.82	121.99	2.74	-2.44	1.34	-5.21
2001	40	252	43.47	134.24	1.65	-0.64	0.8	-1.43
2002	49	243	63.41	157.86	1.21	-0.97	1.05	-2.7
2003	59	231	70.27	183.10	0.97	1.24	1.03	3.8
2004	64	233			0.21	1.35	0.24	4.78
	私营工业企业	国有及国有控股工业企业	私营工业企业	国有及国有控股工业企业	私营工业企业	国有及国有控股工业企业	私营工业企业	国有及国有控股工业企业
2005	46	221	15.34	290.39	3.1	1.46	0.46	6.06
2006	59	227	23.29	400.62	2.52	1.19	0.58	6.37
2007	84	217	45.38	512.18	6.82	4.36	2.81	25.34
2008	181	260	76.52	735.33	9.11	4.3	6.1	34.32
2009	214	248	112.02	795.66	12.03	6.41	11.75	53.88
2010	242	251	181.39	1056.64	9.32	7.68	15.10	81.45

资料来源：1995—2011年《中国统计年鉴》。

　　通过表7-18关于规模以上燃气生产和供应业主要经济效益指标可以看出，1995—1997年，在城市燃气价格没有完全理顺的情况下，生产经营企业基本上是微利或亏损经营，在政府财政的支持下，国有独立核算工业企业均处于亏损状态。1998年国有及规模以上非国有工业企业均亏损运营。1999—2002年间，在燃气价格开始向上调整的过程中，"三资"工业企业已经明显获利，而国有及国有控股工业企业仍然是亏损。显然，亏损的背后是大量的政府财政补贴。2003—2004年间，"三资"工业企业与国有及国有控股工业企业均获利，这除了燃气价格进一步提升使燃气企业收益增加外，与这个时期开始较大规模引入民营企业进入燃气行业产生的竞争存在着一定的关系。而2005—2009年这个时期，私营工业企业与国有及国有控股工业企业均有较高的利润水平。从统计口径来看，自2005年开始，以私营工业企业为对象进行考核，我们也可通过对这个时期的私营工业企业与国有及国有控股工业企业进行比较，以分析民营化对整个燃气行业生产效率的影响。由于企业数量和工业总产值等存在差异，我们选择私营工业企业与国有及国有控股工业企业的工业成本费用利润率进行比较。在同时期，私营工业企业的工业成本费用利润率高于国有及国有控股工业企业。而从不同时期看，国有及国有控股工业企业的工业成本费用利润率在不断提高。这一方面说明私营工业企业的生产经营效率高于国有及国有控股工业企业，另一方面也说明在民营企业不断进入燃气行业过程中，由于竞争的引入，国有及国有控股工业企业以提高生产效率来提升竞争力。

　　诚然，通过表7-18还可以说明，从私营企业的数量来看，这些年中国城市管道燃气行业民营化的步伐确实在不断地加快。

　　通过课题组调研，具体比较不同经营模式燃气企业平均成本发现，主管部门负责运营的燃气平均成本较低，这与主管部门直接负责运营存在政府财政补贴有关系，且政府主管部门负责直接运营的燃气企业，其通常仅计算企业运营成本，对于前期管网等投资不计入成本。而引入竞争机制的特性经营模式的燃气平均成本要低于政府制定企业或单位机构运营模式。如图7-21所示。这说明，通过向管道燃气行业引入竞争，有利于促进管道燃气企业降低成本，提高效率。

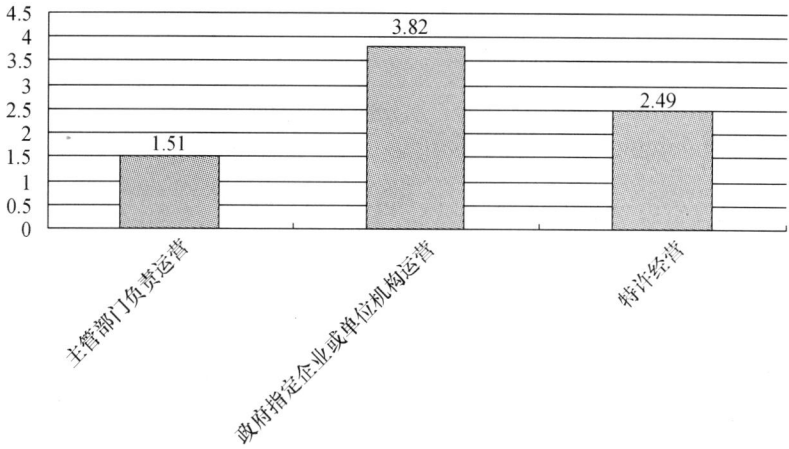

图7-21 不同经营模式管道燃气企业平均成本比较（元/立方米）

另外，我们还可通过图7-22中不同性质企业的劳动生产率来说明所有权对提高企业生产效率的激励作用，即非国有管道燃气企业的劳动生产率水平总体高于国有企业。

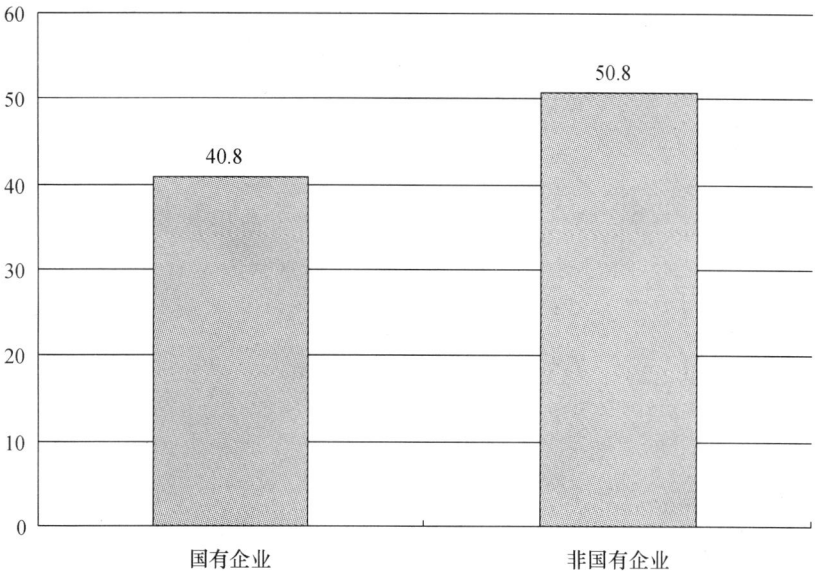

图7-22 国有与非国有企业劳动生产率比较（单位：万立方米/人）

　　从图7－23和图7－24中企业获利情况看，事业单位和国有及国有控股企业的亏损率和利润率均值均反映这两类性质企业的运营效率都低于非国有企业。

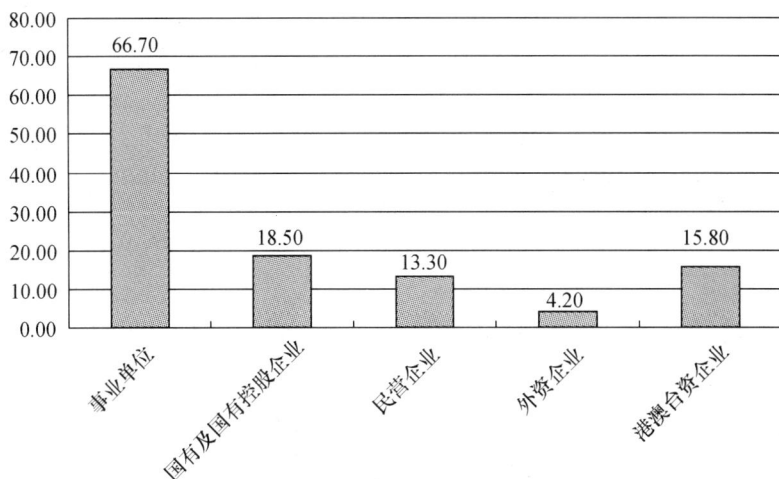

图7－23　不同性质管道燃气企业年亏损率比较（单位:%）

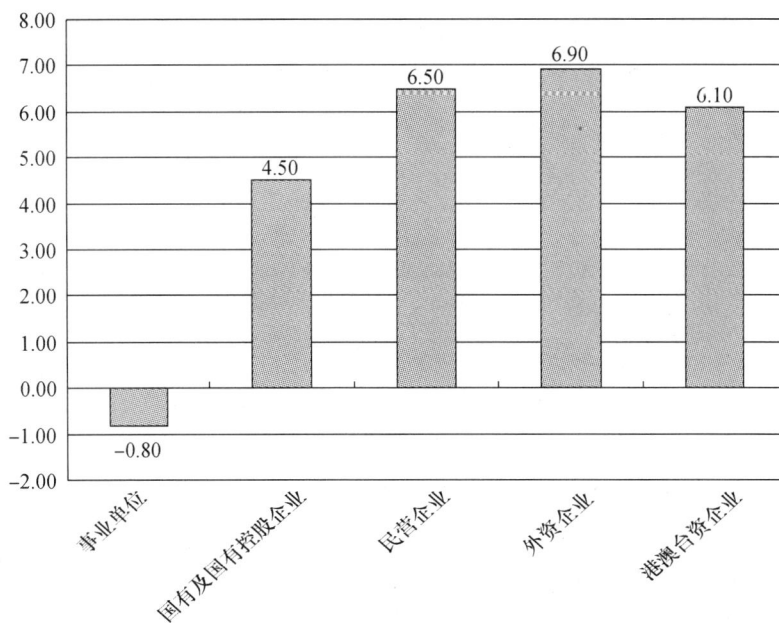

图7－24　不同性质管道燃气企业利润率均值比较（单位:%）

（六）管道燃气行业民营化对普遍服务的影响

鉴于城市管道燃气是广大公众消费的基本品，直接影响其生活。不少城市在管道燃气调价的过程中，为确保低收入群体消费燃气的权力，均相应建立普遍服务制度。例如，杭州针对困难家庭和低保用户等弱势消费者，《杭州市区物价上涨与低收入群体临时价格补贴联动机制实施意见》已经建立一揽子价格补贴制度，其中包括管道燃气。即在对低收入群体实施最低保障政策和各项援助措施的基础上，当基本生活消费价格持续出现较大幅度上涨、低收入群体生活品消费支出明显增加时，通过实施物价上涨与低收入群体临时价格补贴联动机制（以下简称临时价格补贴联动机制），及时向低收入群体发放临时价格补贴，确保低收入群体的收入增长超过价格上涨。比如低保户，可以执行特殊优惠价，但没有必要惠及全体城市居民，这样不公平。又如，北京市于 2007 年上调城市管道燃气价格，从原来的 1.9 元/立方米上调到 2.05 元/立方米。价格上调后，政府有关部门制定和完善综合配套措施，特别注意对低收入群众和燃气分户采暖用户的影响。按照《北京市城乡居民基本生活消费品价格变动应急救助预案》，对本市低保户和特殊困难家庭给予生活救助。同时，制定居民燃气分户采暖用户补贴方案。此外，综合测算居民生活必需品价格上涨的影响，适时调整最低工资标准及低保标准。2006 年，北京市最低工资调整时，就已考虑了气价上涨因素。

三 城市管道燃气行业民营化的绩效评价结论

通过以上从管道燃气行业的民营化对管道燃气行业及企业发展水平、价格水平、产品和服务质量以及安全水平、生产效率和普遍服务等的影响可以看出，正是这些年不断引入民间资本以及直接引入民营企业等各种不同的民营化形式，使得该行业总体规模得到较大提升，基本满足了中国城市化进程中对城市管道燃气产品及其服务的需求。与此同时，燃气价格水平以及结构的调整正在趋于合理化，企业为了提升竞争力，燃气产品和服务的质量水平逐渐得到改善，城市管道燃气行业的生产效率水平也有了明显提高，而基于公平性考虑的普遍服务制度也在逐步建立之中。

然而，城市管道燃气行业的民营化改革本身关系到制度的转型问题，由于在进行改革过程中，相关制度建设的滞后性，这种改革也必然产生新的问题。例如，在城市管道燃气产品和服务的价格机制没有建立的情况下，原有靠财政补贴的国有燃气企业以及新进入的私人企业都面临较大的不确定性。这显然不利于对燃气企业的生产经营活动产生应有的激励。另外，进入管道燃气行业以营利为目的的企业，在政府对价格进行管制的情况下，通常会降低相关产品和服务质量（对管道燃气的生产经营来讲还涉及安全性的降低）来减少其生产经营成本，获取更多的利润。

由此可见，在城市管道燃气行业民营化过程中，一方面，政府应该对于民营资本的进入提供切实可行的政策，降低民营资本进入的门槛，进一步促进市场的有效竞争。另一方面，为了避免由于民营资本进入所产生的市场失灵引发的负面影响，必须及时建立和完善相应的城市管道燃气行业的管制政策。

第四节　城市管道燃气行业民营化的管制政策

一　对城市管道燃气行业的进入与退出管制政策

为确保管道燃气行业的健康发展，政府必须钊对管道燃气行业的特点制定市场准入和退出机制，确保行业稳定发展。

根据表7-1关于城市管道燃气行业的主要业务及其性质的划分，管道燃气行业业务的分类和性质可概括为：燃气设备的生产、安装、维修以及城市管道燃气工程系统（包括：燃气储气工程；输、配气管网工程等），这些均属于竞争性业务；燃气的销售，属于潜在竞争性业务；燃气的输送属于强自然垄断性业务。对城市管道燃气行业进行分割可以按以下思路进行。

燃气设备的生产、安装、维修以及城市管道燃气工程应从原来的燃气企业脱离出来独立经营。其中管道燃气设备的生产、安装、维修走向市场，公平竞争；而城市管道燃气工程通过招投标方式引入竞争，选择生产效率高的企业从事工程建设。

由于管道燃气的输送领域具有自然垄断性的特点，应该由一家企业提供生产更符合效率原则，允许输送企业在一定程度上垄断经营，负责区域范围内的燃气输送业务。当然,由于是一家垄断经营,政府有必要制定出相应的管制政策,以促进企业提高生产效率。

总之,通过对管道燃气供给过程的业务剥离,在一个区域内将形成一个有效竞争的管道燃气市场。但是,值得提出的问题是,这种分割在一定程度上将取决于不同城市该类产业的技术经济特点和市场规模等因素。例如,如果城市规模大,意味着市场容量大,在上面所分析的竞争性生产环节可以允许多家企业竞争;但是,如果城市规模过小,受到市场容量的限制,实施分割政策不一定会带来有效竞争。这是因为,对于燃气行业所谓的竞争性生产环节,一定程度上都有规模经济的要求,市场需求有限难以容纳多家企业同时经营,展开竞争。所以,这就需要依靠跨区域重组带来相应的竞争。

除了通过以上方式在管道燃气行业中引入竞争外,随着中国资本市场的逐渐成熟和完善,企业之间的竞争将会从产品市场的竞争转化为资本市场的竞争。例如,管道燃气产业虽然在产品和服务市场上有一定的垄断性,但是,作为上市公司,企业股票一旦上市交易,向公众募集资金,那它就自然处在同其他企业竞争的局面,因为企业必须获得足够的利润以吸引股东。倘若经营不善,股票价格必然下跌,不可避免地被其他效率高的企业通过股票市场收购兼并,实现企业的重组。因此,可通过资本市场来促进管道燃气行业的竞争。

然而,目前城市管道燃气行业的竞争受到来自上游三大石油公司的威胁。根据课题组调研发现,97.4%的城市管道燃气企业的气源靠外购,如表7-19所示。近两年,随着城市燃气发展形式的变化,基于市场竞争力及企业利润等方面考虑,作为气源供应商的三大石油公司相继以不同方式、不同程度介入城市燃气业务。如中国石油集团正在将城市燃气作为公司的主营业务之一加以大力发展,采取"上下游一体化的发展战略"渗透到燃气下游市场。这让过去在城市燃气市场占据主导地位的民营企业面临威胁。过去拥有城市燃气分销权的民营企业因为没有气源不得不逐渐退出这个领域,即便是新奥、百江等已具规模的民营燃气企业也不得不寻求与中石油的合作[1]。

---

[1] 《中石油燃气帝国梦深圳遇阻:蒋洁敏欲破终端瓶颈》,《21世纪经济报道》2010年9月25日。

表 7-19　　　　　　　燃气企业（或下辖企业）气源来源

气源来源	样本量（个）	百分比（%）
外购	298	97.4
自产自销	7	2.3
其他	1	0.3
合计	306	100

从地方政府角度看，根据现行政策，地方政府拥有选择燃气供应商的权利，只要能够为当地经济社会发展和居民生活提供稳定、充足、经济和安全的上游气源，任何一家企业从事本地城市燃气供应的许可专营都是受到地方政府所欢迎的，地方政府都会视之为平等的竞争者。然而，实际上，地方政府在选择具体许可运营商时却不能不首先顾及气源稳定和充足供应问题。

尽管地方政府与传统燃气运营商经过多年合作，已经建立起了长期互信的诚信基础和商业模式，地方政府也认识到燃气运营商在运营经营、成本控制和管理效率等方面存在垄断性企业不可比拟的竞争优势。但是，由于独立燃气运营商无法从垄断性的大型油气公司那里获得稳定的气源供应，因此，在稳定压倒一切的考虑面前，一旦有强势的大型油气企业进入本地燃气市场，地方政府很容易被动地选择更加稳定的气源供应模式。

结果，几大石油公司凭借资源垄断优势挤压下游产业空间，将破坏竞争秩序，打乱下游城市供气企业的发展战略。也就是说，占有资源优势的上游企业一旦进入下游链条很容易取得市场支配地位，必然会与其关联企业构成不正常交易行为，采取限制竞争的行为，挤压其他下游企业的生存空间。

随着几大石油公司的进入，由于这些企业并不擅长城市燃气业务，可能会导致城市燃气供应安全以及服务质量下降，而地方政府却显得管制无力。鉴于此，上游几大国有石油公司进入下游城市燃气市场必须在政府已经建立了一整套科学完善的法律法规和规范严格的管制制度前提下才能进行。具体由三个方面组成：其一，上下游业务在资本和财务关系上应当依法分离和独立，确保所有市场主体处于平等的竞争地位，避免在一个法人实体内部，利用内部交叉补贴来打压竞争对手的不正当竞争行为。其二，确保城市燃气管网系统的开放，使之无歧视地为所有竞争者提供平等的接入服务，不能存在一方独占燃气管道等网络基础设施来打压竞争对手的行为。其三，管制机构要实施必要的准入资格，产品质量、环境标准、供应安全、服务水平和输配售价格等管制。如对燃气企业资格认定、燃气市场交易行为、燃气管道设施利用收费、燃气安全标准、终端价格波动和燃气比价关系等实施必要的管制。

另外，为让燃气下游企业拥有公平竞争环境，应实现气源多元化，适当扩大获取进口权的燃气企业。在位企业应允许多家燃气生产企业在向管道输送企业支付接入价格的条件下以平等的权利使用燃气管道。如果管道运营企业和燃气销售企业合一，其他供气企业要使用管道，就可能受到歧视。鉴于此，对燃气管道企业进入下游企业，政府应从公平竞争角度出发，规范这种市场行为，防止产生新的市场垄断，影响效率和社会福利的提升。

诚然，由于中国市场规则不完善，法律法规不健全，管制机构不到位，政府行政干预强的情况下，靠单个城市燃气企业的力量，无法与上游几大石油企业抗衡，无法保护企业自身正当的权益，无法获得平等的交易条件，只有众多的城市燃气企业一致行动，在市场竞争中占据有利地位。这就要求发挥行业协会在反映众多企业呼声，维护市场公平竞争，特别是沟通主管部门、管制部门、地方政府、各类企业的重要桥梁作用，在市场竞争和价格制定中充分反映下游企业的正当要求与利益。

由于城市管道燃气行业所提供的产品和服务直接关系到企业生产和公众生活，因此，民营企业是否有能力稳定地提供产品和服务至关重要，必须严格审核新进入城市管道燃气行业的民营企业的资质。其进入的主要条件包括符合标准的生产服务设施、能力和相应的管理制度；具有合理、可行的燃气管网经营方案；具有相应的供气保证；具有对事故的应变和处理能力等。近年来，招标投标制已广泛用于基础设施建设。通过公开招标的方式，征募资信和能力可靠的企业来完成燃气行业的建设和运营，有利于将竞争机制引入燃气行业，减少非经济因素和不正之风的干扰，实施科学决策，实现中标者经济利益和社会利益的统一。招标投标活动要打破地区封锁、取消部门保护，并坚决制止层层转包、违法分包以及投标过程中一切弄虚作假的行为。

需要注意的是，城市管道燃气是不少企业以及城市居民的基本能源，供给的稳定性十分重要。鉴于此，政府对管道燃气企业为追逐自身利益任意的退出行为应该加以控制，以确保供气的稳定性。

二　城市管道燃气行业的价格管制政策

（一）城市管道燃气价格联动机制

考虑到中国将来的城市燃气以天然气为主，这里重点讨论城市管道天然气价格联动机制问题。中国的天然气价格由三部分构成：井头价、长输管道运输费与零售价。城市管道天然气终端用户的价格为井头价加长输管道运输费，再加上城市燃气运营商的成本与合理利润。井头价与长输管道运输费由国家发改委制定，而终端用户价格由省级发改委和物价局制定。诚然，如何与上游天然气形成价格联动机制是下游城市管道天然气企业有效生产和经营的基本前提。另外，在城市管道天然气调价程序中应公开企业的生产经营成本，这样可让社会对企业起到监督作用，避免消费者为管道燃气企业的高工资高福利埋单。

1. 管道燃气价格联动机制设计

城市管道燃气价格联动机制的目标取向是，在城市管道燃气行业运用市场经济规律，改革传统不受外界影响的"一价到底"现象，实现气价水平与市场价格波动动态平衡和协调。燃气价格调整依照一定的联动机制进行，这不但可以使燃气终端价格更好地反映成本，反映燃气的稀缺程度，而且可以有效降低监控成本，简化调价程序，缩短价格调整时间。一种切实可行的上下游气价联动机制如下：

$$\Delta P_1 = \frac{P_{门}^1 - P_{门}^0}{1 - l} \tag{7-1}$$

式中，ΔP_1 为天然气价格联动额度，即价格调整额度；$P_{门}^1$ 为本期天然气门站价格；$P_{门}^0$ 为基期天然气门站价格；l 为天然气管网输配损耗率。

其中，天然气管网输配损耗率由政府价格主管部门按行业先进水平核定。

这样，本期天然气实际的平均销售价格为：

$$P_1 = P_1^0 + \Delta P_1 \tag{7-2}$$

其中，P_1 为本期天然气实际的平均购气价格；P_1^0 为基期天然气实际的平均购气价格；ΔP_1 为天然气联动价格额度。

2. 管道燃气价格联动机制的实施条件

燃气销售价格调整太频繁，会产生很多问题。例如，燃气公司抄表的成本会急剧增加，价格调整太频繁让消费者无所适从，导致消费者不满。因此，燃气的终端销售价格必须相对稳定（价格调整不宜太频繁）。现在的问题在于，在天然气上游门站价格变动频繁的现实下，如何既能有效地减少下游价格的频繁波动，又能基本实现上下游价格的动态协调平衡。由此，必须明确管道燃气进销价格实行联动的条件。

我们认为，管道燃气价格联动机制的实施条件可以设定如下：当城市天然气综合门站的加权平均价格累计变动幅度达到或超过 6%，且距上次联动时间超过 12 个月，则按相应的联动机制计算天然气销售价格联动水平。反之，如果价格累计变动幅度尚未达到 6%，或者距上次联动时间未超过 12 个月，则暂不实行价格联动机制。具体的操作办法如下：

（1）根据天然气价格联动机制，当天然气门站价格（加权平均价格）上升达到价格联动调整的条件时，城市燃气（集团）有限公司按照以上联动机制提出销售价格调整申请，经城市价格主管部门批准后，才能对现行燃气销售价格进行调整。

（2）当市场天然气门站价格（加权平均价格）下降达到价格联动调整的条件时，企业应向城市价格主管部门提出下调价格的书面申请。若企业不主动向价格主管部门提出下调价格的书面申请，价格主管部门可根据市场进货价格下降的实际情况对天然气销售价格进行向下调整。

（3）这里的价格是加权平均价格而不是时点价格。这是因为，使用加权平均价格更合理地反映了下游输配企业获得天然气的平均成本。此外，使用加权平均价格还可以避免以下两个潜在问题：一是上下游企业之间的"串谋"行为。例如，上游企业在临近价格调整周期时突然大幅度提高价格，从而为下游企业提高终端销售价格创造"条件"。二是上下游企业之间的"对抗"行为。例如，上游企业在临近价格调整周期时突然大幅度降低价格，从而导致下游企业不能按正常情况提高价格，甚至不得不相应降低销售价格，从而产生亏损。关于加权平均价格的计算周期，可以定为 12 个月，以便与价格联动周期相协调。

（4）当天然气门站价格发生异常波动时（报告期的天然气门站价格出现暴涨或暴跌，与基期的天然气门站价格相比浮动幅度超过20%），下游天然气调价可不受正常调价周期（12个月）的限制。这时，下游天然气企业可以向价格主管部门提出书面申请，经价格主管部门审批后，对报告期的价格进行及时调整。当然，在天然气门站价格出现暴跌时，若企业不主动向价格主管部门提出及时下调价格的申请，价格主管部门可根据市场进货价格暴跌的实际情况对天然气销售价格进行及时向下调整。

3. 管道燃气价格联动机制的管理

联动机制初步形成后，政府价格主管部门应该对联动机制进行听证，以征求社会各界（消费者和企业等）对该价格联动机制的意见，通过听证会验证该机制的合理性和公平性。一旦通过听证会确定了价格联动机制，那么以后上游天然气供应商调整价格时，下游经营企业按照该价格调整机制调整销售价格时不必再召开听证会，只需要燃气公司将价格调整情况报政府价格主管部门批准即可实施。

政府价格主管部门应对燃气企业的购气价格、购气数量等实际情况进行实时监控。为了便于政府价格主管部门对进货价格的实时监控，燃气企业有义务于每季度初两周内将上一季度的购气价格、购气数量等实际情况并附原始发票复印件书面报告给市价格主管部门备案。

根据价格联动机制，对燃气终端销售价格进行调整前应该实行公告制度。即由城市价格主管部门在本地主要媒体上向社会公布，价格主管部门应监督城市燃气公司及时向社会加强宣传和解释，稳定有序地做好价格调整。

根据价格联动机制，对燃气终端销售价格进行调整后，城市价格主管部门应当在一定时期内对价格的执行情况、社会反响进行持续监测和跟踪调查。

（二）城市管道燃气价格调整模型

对城市燃气来说，目前实行由政府价格主管部门制定气价，定价策略依然实行计划经济延续下来的成本加成定价（cost-plus pricing）策略，即先由燃气企业向政府价格主管部门上报成本和提出价格申请，经政府价格主管部门审核、批准后，再由燃气企业执行。管道燃气价格由购气成本、输配销售成本、其他因素这几项构成（销售价＝购气成本＋输配销售成本＋其他因素）。城市燃气的定价公式为：

$$P = P_1 + P_2 + Q \tag{7-3}$$

式中，P 为燃气的平均销售价格；P_1 为燃气公司的购气价格（即购气成本）；P_2 为燃气公司的输配、销售价格（即合理的输配、销售成本）；Q 为导致最终价格提高的其他因素（包括税收等）。

燃气价格联动机制建立后，燃气的终端销售价格可以很好地反映上游天然气的购气成本及其变动，避免了上游天然气企业涨价给下游燃气企业带来的经营风险，同时也避免上游天然气企业降价给下游燃气企业带来的超额利润。但是这一联动机制仅仅考虑了燃气的购气成本，还尚未考虑其他生产要素（如原材料、水电、人工等投入要素）的价格变动情况。事实上，原材料、水电、人工等投入要素在很大程度上决定了城市管道燃气的输配成本。城市管道燃气的最终价格必须反映这些生产要素的成本及其变动情况。

此外，燃气企业的经营管理水平也在很大程度上决定了城市管道燃气的输配成本（即 P_2）。有效激励燃气公司降低输配销售等经营管理成本，使消费者以更低的价格消费燃气，这也是政府制定燃气管制价格的一个中心任务。因此，如何促进下游的燃气经营企业降低输配成本也应该是燃气价格调整模型必须考虑的一个因素。

综上所述，城市燃气价格一方面必须反映原材料、水电、人工等投入要素的成本变动情况；另一方面必须能有效激励燃气公司降低输配销售成本。

（三）与城市管道燃气价格形成机制相关的其他政策

对于城市管道燃气而言，除了价格水平的制定外，还应有其他配套政策以使价格形成机制顺利运行。

1. 燃气价格结构的完善问题

为缓解燃气消费的季节波动性，促进能源的节约，以及反映居民用气与工商业用气的经济性，应重新调整城市管道燃气产品和服务的价格结构。应实行季节性和阶梯式燃气价格，并适当调整居民和工商业用气的价格，使其更好地反映燃气市场的供求关系。例如，工业大用户，年用气量大、用气负荷均匀。这些用户用气，有利于提高燃气输配系统的设备利用率、降低成本、减少污染。对这类用户应采取鼓励性价格，以扩大和稳定燃气市场。

2. 与其他可替代能源的相对价格问题

从能源的替代性角度看，用户可替代性能源的价格是确定燃气市场价格的基础，燃气的最高价格不能超过替代能源中最低的替代价。

3. 初装费的取消问题

目前城市管道燃气企业向用户收取的初装费，尽管有利于燃气输配企业迅速募集大量资金，短期内企业稳定经营。但从中长期来看，初装费不仅造成燃气管道产权之争、会计信息失真，而且扰乱了消费者决策，不利于消费者合理选择能源种类，降低了能源消费效率。因此，必须理顺价格与成本的关系，通过价格反映企业对燃气管道投资的成本。从课题组调研情况看，在调研企业中，已有47.4%不征收初装费，如表7－20所示。少部分企业是部分征收。可见，初装费应逐步取消，燃气企业的管道投资成本将通过燃气价格来弥补。

表7－20　　　　　　燃气企业（或下辖企业）征收初装费情况

征收初装费	样本量（个）	百分比（%）
征收	171	52.6
未征收	154	47.4
合计	325	100

4. 政府对应急气源站（LNG）的投资问题

鉴于应急气源站的准公共物品特性，以及考虑到管道天然气是城市居民的生活和工商业用户生产经营活动的主要能源，为确保燃气的稳定供应，政府应承担起应急气源站建设投资的责任。

5. 非常时期政府对管道燃气企业给予补贴的问题

在非常时期（例如，冬季特别寒冷时期）由于气源紧张导致的上游气源价格上升，而短期民用或非民用气价不宜频繁调整，这时政府应给予管道燃气企业相应的补贴，以弥补由于气源价格上升而销售气不能及时调整带来的亏损。

三　城市管道燃气行业产品和服务质量管制政策

民营化改革后的城市管道燃气行业，各业务分别由不同的企业承担，这样一来，管道燃气行业产品和服务的质量和安全在行业内部难以实施全面的监控。因此，政府有责任承担对管道燃气产品和服务的质量和安全管制。

由于管道燃气行业是一个非常特殊的行业，与社会的稳定息息相关，产品服务质量的控制同一般产品相比显得至关重要，信息不对称使得作为弱势群体的消费者无法准确地了解产品、服务的质量，而质量恰恰是最关键的福利参数。所以，基于保护消费者利益的初衷，政府管制机构应加强对管道燃气行业提供产品和服务的质量管制。城市管道燃气行业的管制机构应围绕燃气热值合格率、单项杂质检验合格率、燃气杂质含量综合合格率、家庭用户灶前压力、合格率、维修及时率、抄表准确率等反映管道燃气产品和服务的质量指标进行常规性检查。还可通过建立用户投诉和反馈机制以督促燃气企业加强质量管理。用户因不满意而进行投诉，往往一定程度上反映出企业某些管理与服务规范的不足和不完善，加强与用户的沟通，倾听用户的不满和建议，赢得双方的信任和理解，是企业提高服务质量，实现管理规范化、合理化、科学决策的重要信息来源，建立健全用户投诉与反馈机构，是十分必要的。而城市管道燃气的稳定供应也应作为一项重要的考核燃气企业服务质量的重要指标。因此，应明确燃气产业链各环节市场主体建设储气库的责任；不断放开储气库等天然气调峰设施建设的投资机制，鼓励有能力的下游大型企业建设城市调峰、储备设施，形成城市日常性储备能力，作为城市季节性的调峰补充，以确保向消费者稳定供气。

四　城市管道燃气行业安全管制政策

燃气的安全使用是保护用户利益的关键因素。燃气具有易燃、易爆的特性，燃气企业的生产经营应把安全放在第一位，急需建立一套适用于全国的燃气安全认证体系，强制要求所有的燃气企业及燃气安装维修企业必须通过该安全体系认证，以确保燃气的安全使用，保护公众生命和财产安全。为防止燃气企业为降低成本而降低安全标准，政府必须对此严加监控。对违规操作的企业严加惩罚。应当像建立产品质量认证体系一样，建立一套适用于全国的燃气安全认证体系。管制机构应督促企业加大技术改造，及时消除安全隐患。企业提供入户检修等便民服务，做到维修及时，确保城市燃气管线安全运行。

五　城市管道燃气行业普遍服务管制政策

城市管道燃气属于公众生活中的必需品。基于公众有享受基本生活品的权力，这决定了政府应实施普遍服务管制政策。

该项政策的主要内容是：其一，管制机构应要求燃气企业承担为公众提供燃气产品和服务的责任。其二，在实行燃气价格联动机制后，为了避免燃气价格提高影响城市弱势群体（如低收入者、失业者等弱势群体）的基本生活用气，政府应对低收入群体实行管道燃气价格优惠或价格补贴。关于价格补贴的具体办法由城市价格主管部门提出方案，经市财政部门审核后报市人民政府批准。其三，根据联动机制，对于应该调整提高价格而由于政策原因未能实施价格联动机制，造成燃气企业发生较大政策性亏损的，政府应该给予足额补贴，以弥补燃气企业的政策性亏损。

第八章

城市垃圾处理行业民营化绩效评价与管制政策

随着中国人口增长和城市化进程的加快，城市垃圾产生量及清运量逐年上升，城市垃圾处理能力不足的问题日益突出。据《中国城市生活垃圾处理行业投资分析报告（2011）》预测，到2015年，中国城市生活垃圾年产生量将至少达到1.84亿吨，垃圾无害化处理率将至少达到82%，无害化处理量达到1.51亿吨；"十二五"期间，全国城市生活垃圾无害化处理设施建设投资将达到1700亿元，相比"十一五"期间至少翻一番①。为更好地促进城市垃圾处理行业的发展，必须加快垃圾处理行业的民营化进程，广泛吸引国内外投资者投资于城市垃圾处理行业。本章讨论城市垃圾处理行业的技术经济特征，分析中国城市垃圾处理行业民营化实践的现状，对民营化实践的绩效进行实证分析和评价，提出政府对垃圾处理行业民营化的管制政策，以期对中国城市垃圾处理行业民营化提供借鉴。

第一节　城市垃圾处理行业的技术经济特征

一　城市垃圾处理行业的主要业务及其特点

垃圾处理行业的整体运作涉及一条较长的产业链，不仅包括人们熟知的末端垃圾处置，而且包括垃圾收集、运输（和中转）、垃圾处理处置（填埋、

---

① 曾凡、王凡：《"十二五"环保规划初定——公用（环保）行业研究周报》，中国平安证券公司，2011年3月14日。

堆肥、焚烧）等几个相互联系且不可分割的业务环节，垃圾处理行业的主要
环节与业务流程如图 8 – 1 所示。

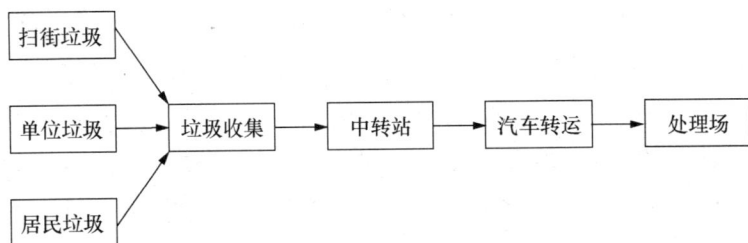

```
┌────────┐
│ 扫街垃圾 │ ╲
└────────┘   ╲
┌────────┐   ┌────────┐   ┌────────┐   ┌────────┐   ┌────────┐
│ 单位垃圾 │──→│ 垃圾收集 │──→│ 中转站  │──→│ 汽车转运 │──→│ 处理场  │
└────────┘   └────────┘   └────────┘   └────────┘   └────────┘
┌────────┐   ╱
│ 居民垃圾 │ ╱
└────────┘
```

图 8 – 1　垃圾处理的主要环节与业务流程

　　在垃圾收集环节，环卫作业单位将住宅区生活垃圾、单位生活垃圾、
道路上清扫的垃圾（含沿街果壳箱中的垃圾）收集起来，运到垃圾中转站。
目前中国大部分是用三轮车收集，也有直接用压缩汽车收集。2009 年中国
城市道路清扫保洁面积 447265 万平方米，机械化清扫面积为 141524 万平方
米，清扫机械化率仅为 31.64%，机械化程度还不高；密闭车（箱）清运量
为 12922.61 万吨，占全部垃圾清运量的 82.13%[1]。居民小区的垃圾收集大
都采用混合收集的方式，在一些商业街道、公园、广场、车站、机场等公
共场所，垃圾收集则采用分类收集的方式[2]。

　　在垃圾转运（转移、运输）环节，由当地的环卫作业单位通过垃圾中
转站将垃圾转运至最终处置场所。垃圾转运的常见流程是，由垃圾清扫人
员用三轮车将垃圾收集到收集站（垃圾房），环卫人员再从收集站（垃圾
房）将垃圾运送到中转站进行中转压缩。中转压缩完成后，再将垃圾送往
焚烧厂或是填埋场。垃圾中转压缩有时又分为几级：经过一次运输到小型
垃圾转运站（小型中转站），这是一级转运；将小型垃圾转运站的垃圾二次
运输到大型垃圾转运站（大型中转站），这是二级转运；将大型垃圾转运站
的垃圾经过三次运输最终到达垃圾处理厂（场）。当垃圾收集区距垃圾处理

---

　　① 根据《2010 年中国城市建设统计年鉴》的城市市容环境卫生相关数据资料汇总整理。
　　② 但是，由于居民垃圾投递时有意或无意地乱扔，事实上，这些公共场所的垃圾分类也没能很好
地执行，或者分类的垃圾在运输或中转过程中又被重新混合了。

（处置）设施较远（一般情况下不小于30公里），并且垃圾收集区的垃圾量很大的时候，一般采取二级转运模式。当然，很多城市开始推出了"袋装垃圾不落地"和"垃圾直运"模式，即将收集的城市垃圾从垃圾房直接送达填埋场或焚烧厂，省略了中间环节。杭州市等一些城市在实践中还探索了"垃圾分类直运"模式，即将分类收集的垃圾直运至垃圾处理场。

在垃圾处置环节，一般有填埋、焚烧和堆肥三种处置方式，卫生填埋是城市垃圾处理的最主要方式。根据《中国统计年鉴》（2010）的统计数据，2009年全国城市生活垃圾清运量1.57亿吨，有各类生活垃圾场567座，处理能力为35.6万吨/天。中国城市生活垃圾处理方式与处理能力及其比例情况如表8-1所示。可以看出，无论从垃圾处理厂个数、垃圾无害化处理能力还是垃圾无害化处理量的角度看，卫生填埋处理都占据绝对主导地位（80%左右），成为中国最主要的垃圾处理方式；焚烧处理则占5%—20%；堆肥处理仅占2%—3%。

表8-1　　　　　　　　2009年中国城市生活垃圾处理方式与处理能力

	卫生填埋	堆肥	焚烧
无害化处理厂数（座）	447.00	16.00	93.00
无害化处理厂数按照处理方式的比例（%）	78.84	2.82	16.40
无害化处理能力（吨/天）	273498.00	6979.00	71253.00
无害化处理能力按照处理方式的比例（%）	76.80	1.96	20.01
无害化处理量（万吨）	8898.61	178.83	2021.96
无害化处理量按照处理方式的比例（%）	79.22	1.59	18.00
生活垃圾清运量（万吨）	15733.68		
生活垃圾处理量（万吨）	14007.36		

注：由于还存在其他处理方式，故表中百分比之和小于100%。
资料来源：根据《2010年中国城市建设统计年鉴》的数据资料汇总整理。

表8-2对城市生活垃圾处理各环节竞争性、排他性和沉没程度、规模经济性进行了相应分析。通过对城市生活垃圾处理各环节的分析可以看出，垃圾收集、垃圾运输、回收利用、填埋处理、焚烧处理不同业务领域的属性和特征不完全一样。垃圾回收利用、垃圾运输业务领域具有较强的竞争

性；垃圾收集、垃圾运输、回收利用业务的沉没程度较低，垃圾收集和回收利用的经济规模较低（规模经济不显著）。可见，垃圾处理与纯公共物品的属性并不相符。换言之，城市生活垃圾处理不仅具有公共物品的属性，还具有一定的私人物品特性。因此，由上述技术经济特征所决定，城市生活垃圾处理行业引入某种程度的市场机制是有效率的理性选择。

表 8 - 2　　　　　　　　城市生活垃圾处理行业的特征分析

服务环节	竞争性	排他性	沉没程度	经济规模	合作程度
垃圾收集	中	中	低	低	中
垃圾运输	高	高	低	高	高
回收利用	高	高	低	低	高
填埋处理	低	中	中	高	高
焚烧处理	中	高	中	高	低

资料来源：Christine Kessides，"Institutional Options for the Provision of Infrastructure". World Bank Discussion Papers，Washington，D. C.，October 1，1993。

二　城市垃圾处理方式的主要类型及其特点

不同的垃圾处理方式都有各自的优缺点，对环境的影响程度也不同。探讨垃圾处理方式的类型及其特点是把握垃圾处理行业技术经济特征的重要内容。总体来讲，垃圾处理方式分为填埋、堆肥和焚烧三种。

（一）填埋

填埋是将垃圾直接或分层覆土埋入土坑，它是大量消纳城市生活垃圾的有效方法，同时也是所有垃圾处理工艺剩余物的最终处理方式。目前中国普遍采用的是直接填埋法，是将垃圾填入已经预备好的坑中盖上压实，使其发生物理和化学变化，从而达到分解有机物和无害化的目的。垃圾填埋可能产生两个问题：一是填埋场垃圾渗滤液处理问题。随着《生活垃圾填埋污染控制标准》（GB16889 - 2008）的实施，填埋场垃圾渗滤液处理的需求和处理标准明显增加。从技术上分析，要达到新的标准要求，无论是直接排放还是送到城市污水处理厂，渗滤液处理后端工艺都需要采用膜处理技术，而采用膜处理技术工艺，就需要对浓缩液进行进一步处理，同时也就要求最大限度地实行雨污分流，否则在大量的渗滤液产生的条件下，就算处理技术能够达标，渗滤液处理成本也将成为很大的负担。二是填埋气体的污染和回收利用问题。对填埋气体进行收集和处理，不仅减少了环境污染，同时也是对减少温室气体排放的贡献；当填埋气体的产生规模较大时，还可以进行发电或进行回收利用。根据中国环境保护产业协会城市生活垃圾处理委员会的调查，截至 2008 年年底，中国建成并投入使用的填埋气体收集处理项目约有 30 个，其中填埋气体发电厂有 19 座，发电装机容量超过 40MW[①]。

（二）焚烧

焚烧是将垃圾置于高温炉中，使其中可燃成分充分氧化（产生的热量可用于发电和供暖）。垃圾焚烧发电的规模经济性很强，动辄需要投资几亿元，而且焚烧垃圾时还会产生烟尘和有毒气体（尤其是二噁英），只有对焚烧产生的有毒气体进行一系列的处理才能确保环保。近年来，垃圾焚烧方式已经开始减少，目前有约 15 个国家和地区禁止焚烧垃圾[②]。2008 年中国新投入运营的生活垃圾焚烧厂在 9 座以上，总规模约为 9000 吨/天，比 2007 年略有增加。目前，中国运行的依靠加煤混燃的垃圾焚烧发电厂有 90% 以上属于"小火电"类型的发电厂，如果审核这些垃圾发电厂煤的消耗量、单位发电的煤耗可以发现，很多垃圾焚烧发电厂与国家要求关停的"小火电"没有区别[③]。

（三）堆肥

堆肥是将生活垃圾堆积成堆，保温至 70℃储存、发酵，借助垃圾中微生物分解的能力，将有机物分解成无机养分。经过堆肥处理后，生活垃圾变成卫生的、无味的腐殖质，既解决垃圾的出路，又可达到再资源化的目的。但是生活垃圾堆肥量大，养分含量低，长期使用易造成土壤板结和地下水质变坏，所以，堆肥的规模不宜太大。目前中国城市生活垃圾堆肥处理方式继续呈现停滞甚至萎缩的状态。根据中国环境保护产业协会城市生活垃圾处理委员会的调查，2008 年年底，中国有垃圾堆肥处理设施 13 座，较

---

① 中国环境保护产业协会城市生活垃圾处理委员会：《我国城市生活垃圾处理行业 2008 年发展综述》，《中国环保产业》2009 年第 6 期。

② 刘新宾、景兴宇：《垃圾处理产业基础研究报告》，北京威士曼投资顾问有限公司，2010 年 9 月 30 日，内部研究报告。

③ 中国环境保护产业协会城市生活垃圾处理委员会：《我国城市生活垃圾处理行业 2008 年发展综述》，《中国环保产业》2009 年第 6 期。

2007 年减少 4 座，2009 年也无新的堆肥处理项目上马，一些采用分选处理的堆肥场已经倒闭，部分采用分选处理的堆肥场的二次污染问题也在不断暴露。

最后需要指出的是，不论城市生活垃圾的填埋、焚烧或堆肥处理，都必须要有预处理。预处理程序首先要求居民将生活垃圾按可回收物质、有机物质和无机物质分别装袋，然后垃圾处理公司按垃圾分类收集和运送，分类处理和利用①。表 8 - 3 显示了三种不同垃圾处理方式优缺点的比较。

表 8 - 3　　　　　　　　三种不同垃圾处理方式优缺点比较

垃圾填埋方式	优点	缺点
填埋	处理费用低，方法简单	耗用土地资源大，对大气、水、土壤二次污染重
焚烧	节约土地资源，减容减量效果好	前期投入大，发电成本高
堆肥	既解决垃圾的出路，又可达到再资源化的目的	对垃圾选择性差，生产规模小，堆肥肥效低

资料来源：世纪证券新能源小组：《环保战略升级，垃圾处理迎来黄金十年》，世纪证券，2010 年 4 月 8 日，内部研究报告。

三　城市垃圾处理行业总体状况、主要政策与运营商结构

（一）中国垃圾处理行业的总体状况

从表 8 - 4 的情况看，2006—2009 年中国垃圾处理行业的垃圾清运量、环卫专用车辆设备台数、垃圾无害化处理厂数量、公厕数量以及每万人拥有公厕的座数是逐年稳步上升，表明中国城市化进程稳步推进引起了垃圾处理行业的平稳发展。

表 8 - 5 列出 2009 年中国 30 个省、自治区、直辖市的城市生活垃圾无害化处理率。可以看出北京、天津、江苏、浙江、山东、重庆、福建的城市生活垃圾无害化处理率均达到 90% 以上。也有些发达城市的生活垃圾处理率很低，例如，上海市垃圾无害化处理率仅为 78.8%，广东省垃圾无害化处理率只有 65.5%。此外，吉林、甘肃的城市生活垃圾无害化处理率很低，分别为 38.4% 和 32.4%，原因可能在于这些地区垃圾处理基础设施建

① 参见金诺生物《城市垃圾处理的对策》，http：//www.jinnuojie.com/news_ view.php？ id = 2004

表 8－4　　　　　全国历年城市市容环境卫生情况（2006—2009）

指标	生活垃圾清运量（万吨）	垃圾无害化处理厂（场）座数（座）	垃圾无害化处理量（万吨）	粪便清运量（万吨）	公厕数量（座）	市容环卫专用车辆设备总数（台）	每万人拥有公厕（座）
2006 年	14841	419	7873	2131	107331	66020	3.22
2007 年	15215	458	9438	2506	112604	71609	3.04
2008 年	15438	509	10307	2331	115306	76400	3.12
2009 年	15734	567	11232	2141	118525	83756	3.15

资料来源：《中国城市建设统计年鉴》（2010）。

设落后于城市化的发展，人口城镇化率的快速推进使得这些城市的垃圾处理行业面临的挑战更加严峻。这也从一个侧面显示，现有垃圾处理行业运营模式存在诸多弊端，迫切需要对城市垃圾处理行业进行民营化，增大城市的垃圾处理能力和提高城市生活垃圾无害化处理率。

表 8－5　　　　　　2009 年全国 30 个省、自治区、直辖市城市
生活垃圾无害化处理率

单位：%

省、自治区和直辖市	生活垃圾无害化处理率	省、自治区和直辖市	生活垃圾无害化处理率	省、自治区和直辖市	生活垃圾无害化处理率
北京	98.2	安徽	60.9	浙江	97.6
天津	94.3	福建	92.5	重庆	95.9
河北	59.0	江西	84.4	四川	83.5
山西	62.9	山东	90.5	贵州	81.7
内蒙古	72.0	河南	75.3	云南	80.9
辽宁	59.9	湖北	55.7	陕西	69.2
吉林	38.4	湖南	66.6	甘肃	32.4
黑龙江	29.9	广东	65.5	青海	65.1
上海	78.8	广西	86.3	宁夏	42.0
江苏	91.0	海南	65.0	新疆	60.6

资料来源：根据《中国统计年鉴》（2010）的数据资料汇总整理。

　　中国在垃圾处理设施建设方面的发展主要分为三个阶段：一是 20 世纪 90 年代初至亚洲金融危机爆发时期，城镇垃圾处理设施建设的绝大部分资金来自于外国政府或者国际金融机构的贷款（其中，许多项目都是以购买国外设备和进行国际招标为附加条件）；二是 20 世纪 90 年代末亚洲金融危机爆发以后，中央政府为拉动内需从而加大了固定资产的投资规模。期间，城市垃圾处理基础设施建设大多由发行国债的形式进行投资，结束了部分城镇垃圾处理率为零的历史；三是进入“十五规划”以后，由于城市垃圾处理基础设施的国债投资减少、国家对民间投资的引导、市政公共事业的市场化改革和国务院的政策要求，以 BOT 为主的垃圾处理厂建设模式逐渐兴起，垃圾处理 BOT 项目出现了一个发展高潮。

　　（二）垃圾处理行业政策与主要运营商结构分析

　　截至 2009 年年底，中国共发布生活垃圾处理的相关法规 35 部。其中法律 1 部：《固体废物污染环境防治法》；行政法规 1 部：《城市市容和环境卫生管理条例》；《城市生活垃圾管理办法》等部门规章 9 部；《城市生活垃圾处理及污染防治技术政策》等规范性文件 24 部。截至 2009 年年底中国垃圾处理相关政策的颁布情况见表 8 - 6。

表 8 - 6　　　　　　截至 2009 年年底中国垃圾处理相关政策颁布情况

分类	数量	说明
法律	1	《固体废物污染环境防治法》
行政法规	1	《城市市容和环境卫生管理条例》
部门规章	9	《城市生活垃圾管理办法》、《地方环境质量标准和污染物排放标准备案管理办法》、《国家危险废物名录》、《新化学物质环境管理办法环境行政处罚办法》等 9 部
规范性文件	24	《生活垃圾卫生填埋技术规范》、《城市生活垃圾处理及污染防治技术政策》、《关于加强城镇生活垃圾处理场站建设运营监管的意见》、《全国城镇环境卫生十一五规划》、《关于实行城市生活垃圾处理收费制度促进垃圾处理产业化的通知》、《关于印发推进城市污水、垃圾处理产业化发展意见的通知》、《关于进一步加强生物质发电项目环境影响评价管理工作的通知》等 24 部

　　资料来源：刘新宾、景兴宇：《垃圾处理产业基础研究报告》，北京威士曼投资顾问有限公司，2010 年 9 月 30 日，内部研究报告；环境保护部：《关于公布现行有效的国家环保部门规章目录的公告》，2010 年 12 月 21 日。

在 24 部规范性文件中，由国家建设部发布的有《城市生活垃圾处理及污染防治技术政策》、《关于加强城镇生活垃圾处理场站建设运营监管的意见》、《全国城镇环境卫生十一五规划》等 17 部。由国家发展和改革委员会发布的有《关于实行城市生活垃圾处理收费制度促进垃圾处理产业化的通知》、《关于印发推进城市污水、垃圾处理产业化发展意见的通知》等 5 部。由环境部（国家环保总局）发布的有《关于进一步加强生物质发电项目环境影响评价管理工作的通知》等 2 部。由于政策的大力支持和收费制度的不断完善，垃圾处理行业在未来十年将进入快速发展时期，这将给垃圾处理行业发展带来巨大的发展空间。

在中国垃圾处理相关政策中，垃圾收费政策是一项特别重要的政策，值得一提。目前中国部分城市还没有开征垃圾处理费，且在已经开征垃圾处理费的城市中，收费标准低、收费难成为不少城市面临的共同难题（见表 8 - 7）。2007 年全国垃圾处理费开征比例约为 60%，已开征的城市垃圾处理费平均收缴率也只有 50% 左右。其收费标准都普遍偏低（36 个大中城市居民垃圾处理费平均收费标准为每户每月 6 元）。垃圾处理收费政策的落实不到位对垃圾处理行业的发展（特别是民营化）造成了不利影响。

表 8 - 7 　　　　　　　　　　　　2007 年城市生活垃圾处理费征收情况

项目	内容
收费金额	除辽、黑和琼三省，全国生活垃圾处理费征收额约为 38 亿元，其中 36 个大城市征收额约为 20 亿元
开征范围	截至 2007 年年底，有 380 多个城市开征垃圾处理费，按照全国 655 个城市计算，全国垃圾处理费开征比例约为 60%，比 2005 年年末提高约 20 个百分点，县城开征比例约为 30%
收费标准	36 个大中城市居民垃圾处理费平均收费标准为每户每月 6 元，暂住人口为每人每月 2.5 元
征收方式	以物业管理费、水费、电费等为载体，以代收代缴方式实施收费，降低了收费成本，提高了收缴率。2007 年各地垃圾处理费平均收缴率约为 50%，比 2005 年年末的 40% 有较大提高

资料来源：世纪证券新能源小组：《环保战略升级，垃圾处理迎来黄金十年》，世纪证券，2010 年 4 月 8 日，内部研究报告。

在对垃圾处理行业的相关政策简要回顾以后，以下以垃圾焚烧发电公司为例介绍垃圾处理行业的主要投资运营商情况，包括垃圾焚烧发电公司的性质、处理能力及分布区域。国内现有从事垃圾焚烧发电的投资商有40—50家，较为活跃的企业有：北京金州、上海环境集团、天津泰达、重庆三峰、光大国际、上海浦发集团、锦江集团等（见表8－8）。焚烧发电的主要竞争厂商约有20家[①]。第一类是投运为主的地方国企，如上海城投环境、天津泰达、光大国际等；第二类是引进消化国外技术或依托国内科研机构形成自主技术的专业企业，如重庆三峰卡万塔、中科通用、绿色动力、温州伟明、杭州新世纪、杭州锦江、桑德环保等；第三类是外资企业，如法国威立雅、金州环境、香港创冠集团、瑞威集团等，表8－9显示了国内垃圾处理项目主要投资运营商处理能力及分布区域。

表8－8　　　　　　　　主要垃圾焚烧发电公司企业性质

企业类型	数量	企业名称
政府主导型投资公司	5	上海环境集团、泰达股份、中国环境保护公司、北京市环卫集团、上海浦东发展集团
专业投资运营公司	3	法国威立雅、北京金州、光大国际
工程投资型公司	5	北京中科通用、重庆三峰卡万塔、清华同方、绿色动力、锦江集团、伟明集团

资料来源：刘新宾、景兴宇：《垃圾处理产业基础研究报告》，北京威士曼投资顾问有限公司，2010年9月30日，内部研究报告。

表8－9　　　　　　垃圾处理项目主要投资运营商处理能力
及分布区域

单位：吨/日、%

公司	焚烧				填埋	综合处理已建	分布区域
	已建	所占比重	在建	所占比重	已建		
重庆三峰	1810	3.1	3330	6.7			福建、重庆、四川、江苏、河北、广东、上海

①　参见谢达成、徐颖真《垃圾处理行业：争议中前行》，《垃圾处理行业专题报告》，国信证券，2010年9月20日。

续表

公司	焚烧				填埋已建	综合处理已建	分布区域
	已建	所占比重	在建	所占比重			
中科通用	6500	11.0	4750	9.5			吉林、山东、北京、浙江、广东、广西、四川、辽宁、江苏、安徽、湖南
绿色动力	2650	4.5	5650	11.3			江苏、浙江、湖北、山东、广东
温州伟明	3385	5.7	3275	6.5			浙江温州、江苏、海南
杭州锦江	5900	9.9					河南、安徽、浙江、山东、云南
中德环保	1810	3.1	3300	6.6			山东、河南、浙江、河北、山西、云南、河北、黑龙江、广东、北京、福建
桑德环保	600	1.0	2000	4.0	2300	2960	山东、黑龙江、北京、甘肃、内蒙古、湖北、安徽、吉林
瑞威集团	1700	2.9					广东
法国威立雅					8293		上海、江西、广东
中国节能投资	8000	13.5					
光大国际	4550	7.7	4350	8.7			江苏、山东、广东
泰达股份	2700	4.6	2200	4.4		1333	天津、山东、江苏
深圳能源环保	2450	4.1	5000	10.0			广东、武汉
上海环境	7900	13.3	3950	7.9	7350		上海、四川、山东、福建、江苏、浙江
中联环保	1300	2.2	1000	2.0			浙江、深圳、河南
河北省建设	2000	3.4	2000	4.0			河北
南海发展	400	0.7	1500	3.0			广东
广东长青	1050	1.8					广东
金州环境	2200	3.7					江苏、浙江、北京、黑龙江、上海
创冠集团	2400	4.0	7750	15.5			福建、湖北、河北、辽宁
合计	59305	100.2	50055	100.1			

注：本表统计时间截至 2010 年 8 月。由于取小数点一位而四舍五入，表中比重之和有小的误差。

资料来源：根据各公司网站披露资料和国信证券经济研究所提供的资料整理。

第二节　城市垃圾处理行业民营化的现状分析

一　城市垃圾处理行业民营化的客观必然性

（一）民营化是城市垃圾处理行业需求发展的客观要求

城市垃圾处理行业是城市居民生活和城市公用事业必不可少的组成部分。在中国城乡一体化的推进进程中，对垃圾处理能力的需求越来越旺，要求越来越高。但长期以来，由于计划经济体制的影响，城市垃圾处理行业习惯地被视为非生产性建设，本来是"基础"的设施却被认为是"配套"设施，放在从属地位，甚至把城市垃圾处理设施认为是可有可无、可多可少的设施，导致了垃圾处理能力的供给远远小于需求。因而中国城市垃圾处理设施建设不是与工业项目"同步"而多属于"滞后"，即城市垃圾处理设施落后于经济和社会发展的需要。且现有垃圾处理厂的设施标准较低，导致了垃圾处理过程的二次污染。由于民营化能够扩大融资渠道，利用外资和民营资本、采用先进的垃圾处理设备和技术，能够显著提高城市垃圾处理能力和质量，从而满足城市日益增长的垃圾处理能力和质量的需求。因此，城市对垃圾处理能力的需求、对垃圾处理的高质量需求迫切需要进行垃圾处理行业的民营化。

（二）民营化是提高城市垃圾处理行业运营效率的客观需要

对于城市垃圾处理行业而言，目前中国75%以上的垃圾处理及配套系统是事业单位或准事业单位的运营方式，政府完全承担着城市垃圾处理行业的运作责任，政府通过所属事业单位全权完成垃圾处理业务，导致投资匮乏、效率低下。政府与垃圾处理企业的权责利不分，垃圾处理行业收费水平偏低，政府的补偿机制不完善，这些因素导致垃圾处理行业运营效率不能够适应城镇化率不断提高的发展要求。城市垃圾处理行业民营化的重要优势是进行产业化改造，将城市垃圾处理行业从政府的公用事业体系中分离出来，清晰地核算产业链各个环节的成本与收益，提高运营效率，引导城市垃圾处理行业的健康发展。因此，垃圾处理行业民营化是提高城市垃圾处理行业运营效率的客观需要。

（三）民营化是改革城市垃圾处理行业传统体制的客观要求

垃圾处理行业民营化是政府在城市公用事业领域行政方式的改革，它源于世界范围内的行政改革。在垃圾处理行业传统运营和管理体制下，政府的生产率低下，为了促进垃圾处理行业更好地发展，可以采用两种改革路径：一种是走市场化道路，允许外资、民间资本进入垃圾处理行业，有助于高效率、低成本地提供必需的垃圾处理服务；另一种是政府部门进行一系列的垃圾处理行业运营和管理制度创新。垃圾处理行业民营化无疑有利于推动垃圾处理行业引入内部市场机制，把垃圾处理行业政策制定同垃圾处理服务提供分开，体现出政府职能的市场化、政府权力的多中心化，其优势在于不仅使得政府卸去了过多的不必要的职能，而且充分发挥了公民、企业与社会的力量，从而实现社会治理下的共赢。因此垃圾处理行业民营化优于政府行政方式运营和管理，亦即垃圾处理行业民营化是改革城市垃圾处理行业传统体制的客观要求。

总的来说，垃圾处理行业民营化就是要将垃圾处理行业摆脱政府的独家控制，以市场为导向，具体包括以管理外包、租赁经营、特许经营、BOT、产权转让等形式，将政府统管的公益性行为转变成政府引导与监督、非政府组织参与和企业运营的行为方式，促成垃圾处理行业全过程管理协调有序地进行，提高资产所有权、投资、运营效率、创新、期限等指标在民营化过程中的效率，建立起适应市场经济要求的垃圾处理民营化运作模式（表8-10显示的是垃圾处理行业民营化模式及相应的效率比较）。

表8-10　　　　　　　　　　垃圾处理行业民营化模式及效率

指标	管理外包	租赁经营	特许经营	BOT	产权转让
资产所有权	公	公	公	公/私	私
投资	公	公/私	私	私	私
运营效率	良	优	优	优	优
创新	无	无	有	有	有
期限	1—5 年	8—15 年	20—30 年	20—30 年	永久

资料来源：杜艳丽：《中国城市生活垃圾处理市场化改革研究》，硕士学位论文，华北电力大学，2010 年 4 月。

二　垃圾处理行业民营化程度的总体现状调查

对传统体制下垃圾处理企业进行改制从一个侧面反映了民营化情况。根据本课题组对全国 332 家垃圾处理企业的问卷调查，截至 2011 年 8 月底，垃圾处理企业改制情况如表 8 - 11 所示。可以看出，只有 8.0% 的企业已经进行了改制，另外 92.0% 的企业尚未进行改制。

表 8 - 11　　　　　　　　　　垃圾处理企业改制情况

企业类型	有效样本量（个）	有效百分比（%）
未改制	252	92.0
已改制	22	8.0
合计	274	100.0

表 8 - 12 显示了垃圾处理企业改制的方式。可以看出，事业单位转企、股权转让、股份制上市改革、合资合作是改制的主要方式（共占 92%），其他方式的比例较小。当然，由于受调查的企业样本量较小（填写这一题项的企业样本量只有 25 个），这一结果是否普遍还需要进一步验证。

表 8 - 12　　　　　　　　　　垃圾处理企业改制方式

改制方式	有效样本量（个）	有效百分比（%）
事业单位转企	10	40
合资合作	3	12
股权转让	6	24
股份制上市改革	4	16
管理层收购	1	4
其他	1	4
合计	25	100

企业运营模式是反映垃圾处理行业民营化改革状况的一个重要指标。根据本课题组对全国垃圾处理企业的问卷调查，截至 2011 年 8 月底，垃圾

处理场运营模式如表 8 - 13 所示。可以看出，主管部门负责运营（多数为事业单位）的比重最高，占 40.3%，其次是政府指定企业或单位机构运营（往往为国有企业），比例为 31.9%，特许经营（很大一部分为民营企业或外资企业）的比例仅占 1/4。如果仅从特许经营的推广情况来推断，垃圾处理行业民营化总体程度最多只有 25%，低于城市管道燃气等其他公用事业行业。

表 8 –13 　　　　　　　　　　**垃圾处理场的运营模式**

	样本量（个）	总体百分比（%）	百分比（%）
主管部门负责运营	87	40.3	40.3
政府指定企业或单位机构运营	69	31.9	31.9
特许经营	53	24.5	24.5
其他	7	3.2	3.2
合计	216	99.9	99.9

注：表中百分比数据因保留小数点后一位数并四舍五入，故百分比合计存在较小误差。

表 8 – 14 显示了垃圾处理企业类型。可以看出，事业单位和国有及国有控股企业占总数的 75.3%，民营企业、外资企业、港澳台资企业和其他类一共占总数的不到 25%[1]。可见，非国有资本进入垃圾处理行业总体上还不是很普遍。

表 8 –14 　　　　　　　　　　**垃圾处理企业类型**

企业类型	样本量（个）	百分比（%）
事业单位	131	42.7
国有及国有控股企业	100	32.6
民营企业	42	13.7
外资企业	10	3.3
港、澳、台资企业	6	2.0
其他	18	5.9
合计	307	99.9

注：表中百分比数据因保留小数点后一位数并四舍五入，故百分比合计存在较小误差。

---

[1] 这里的其他类主要包括合资企业、有限责任公司、企业承包政府监管等，其中大部分可以认为是非国有企业。

非国有资本进入垃圾处理行业的基本情况如表 8 – 15、图 8 – 2 所示。在受调查的 240 家垃圾处理企业有效样本中，非国有资本（包括外资和民营资本）已经进入的垃圾处理企业数为 62 个，占 25.83%。其中，非国有资本控股的企业数为 51 家，占 21.25%；非国有资本参股（非控股）的企业数为 11 个，仅占 4.58%；非国有资本未进入的垃圾处理企业数为 178 个，占受调查企业总数的 74.17%。可见，非国有资本总体上进入垃圾处理产业的覆盖面略超过 25%。

表 8 – 15　　　　　　　　　非国有资本进入垃圾处理行业的基本情况

类型	企业数量（个）	比例（%）
非国有资本进入的企业总数	62	25.83
其中，非国有资本控股的企业数	51	21.25
非国有资本参股（非控股）的企业数	11	4.58
非国有资本未进入的企业数	178	74.17
受调查的企业总数	240	100.00

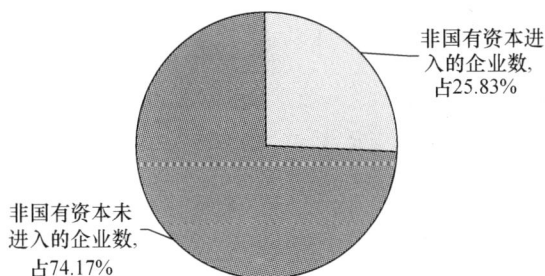

图 8 – 2　非国有资本进入垃圾处理行业比例

三　典型地区垃圾处理行业民营化状况的深度调查

为了进一步获得垃圾处理行业民营化的深度信息，我们对安徽、福建两省的亳州、淮南、芜湖、厦门、漳州、莆田、龙岩、清流县、宁化县、明溪县、泉州、晋江、石狮、泉港区、安南、惠安县、安溪县、永春县 18 个城市或地区垃圾处理行业 26 个项目的改革进行了问卷调查和走访调查，对民营企业的规模或生产能力、总资产、改革方式、股本结构、社会投资、改革前后的企业生产能力的变化情况进行了深入考察，表 8 – 16 显示了安徽、福建两省部分城市和地区垃圾处理行业民营化实践现状的统计结果。

表8-16　部分城市或地区垃圾处理民营化情况调查结果

城市	企业或项目名称	规模或能力	总资产（万元）	改革方式	股本或投资结构	引入的企业名称	引入的社会投资（万元）	是否签订特许经营协议、生效时间；特许经营期限	价格或处理费标准、收取方式及改革前后变化情况	改革前后企业总资产变化及生产能力（规模）变化情况	备注
亳州	亳州垃圾处理厂	350吨/天	5200	BOT	政府20%，桑德集团80%	桑德集团	3600	已签订，2007年3月1日生效，期限16年	57.5元/吨，市财政拨付	无	
淮南	东部生活垃圾卫生填埋场	500吨/天	11800	BOT	市财政投资4600万元，合作方投资7200万元	北京桑德环保集团	7200	2007年6月签订《特许经营协议》，生效时间2007—2029年，期限20年	支付北京桑德集团垃圾处理费49.98元/吨，面向社会征收生活垃圾处理费		2009年7月投入运营
淮南	西部生活垃圾焚烧发电厂	600—800吨/天	估算采用33900	拟采用BOT	市财政投资3900万元，合作方投资30000万元	正在选择和洽谈中	30000	暂未签订	暂未定		计划2009年12月项目开工建设，属工程开工建设
芜湖	芜湖垃圾焚烧热电厂	600吨/天	22000	民营		杭州锦江集团					

续表

城市	企业或项目名称	规模或能力	总资产（万元）	改革方式	股本或投资结构	引入的企业名称	引入的社会投资（万元）	是否签订特许经营协议、生效时间；特许经营期限	价格或处理费标准、收取方式及改革前后变化情况	改革前后企业总资产变化及生产能力（规模）变化情况	备注
厦门	厦门市生活垃圾分类处理厂	500 吨/天	9448.75	BOT	厦门联谊吉源环保工程有限公司独资	厦门联谊吉源环保工程有限公司	9448.75	签订特许经营协议；生效时间2005年2月3日；特许经营期限25年			
漳州	九龙岭生活垃圾处理场	400 吨/天	9800	无	国有	无	无	否	9元/月·户		
漳州	医疗垃圾处置中心	10 吨/天	1000	无	国有	无	无	否	2元/床·天诊所按垃圾费 100—2400 元不等		
莆田	莆田市城市生活垃圾焚烧发电厂	占地 130.2亩，1000 吨/天，年发电量 1.215亿度，上网电量 0.972亿度	31323	BOT	自筹 14820贷款 13500其他 3000	—	—	2007 年 5 月 16日签订 BOT 协议，生效期 30年（含建设期18个月）	每度电费 0.06元补贴		
莆田	涵江垃圾处理中心	200 吨/天	4749	—	国有资产	—	—	—	—	—	

续表

城市	企业或项目名称	规模或能力	总资产（万元）	改革方式	股本或投资结构	引入的企业名称	引入的社会投资（万元）	是否签订特许经营协议、生效时间；特许经营期限	价格或处理费标准，收取方式及改革前后变化情况	改革前后企业总资产变化及生产能力（规模）变化情况	备注
莆田	市环卫处	日垃圾清运500吨	812.23	私营企业的合作	—	晋江市大地远景工程有限公司；泉州市华兴物业管理有限公司；龙岩市龙顺物业管理有限公司；莆田一诺保洁有限公司			—	—	—
莆田	寨岭垃圾无害化处理处	150万立方米	—	BOT	—	福州科环高新环境保护有限公司	3065	2008年8月30日	54元/吨	—	
龙岩	黄竹坑生活垃圾处理场	300吨/天	4538	BOT	—	香港雅邦集团有限公司	1896	是，生效时间为2002年9月8日，特许经营期限以本填埋场封场为限			
清流县	清流县垃圾处理场	150吨/天	3645	BOT	政府配套投资1404万元，BOT项目工程投资2241万元	福州科环高新环境保护有限公司	2241	签订时间2007年11月6日，期限25年	建设方以垃圾处理费70元/吨的计费标准	无	—

续表

城市	企业或项目名称	规模或能力	总资产（万元）	改革方式	股本或投资结构	引入的企业名称	引入的社会投资（万元）	是否签订特许经营协议、生效时间；特许经营期限	价格或处理费标准、收取方式及改革前后变化情况	改革前后企业总资产变化生产能力（规模）变化情况	备注
宁化县	宁化县垃圾处理场	100 吨/天	2300	BOT	BOT	福建汇能达有限公司	83	2009 年生效，期限 20 年	9 元/月·户	无	
明溪县	明溪县垃圾处理场	100 吨/天	3016	TOT	TOT	福建明溪汇能环保科技有限公司	无	已签订特许经营协议，生效时间为 2009 年 2 月 12 日	2007 年 8 月 5 元/月·户，2009 年 8 月 9 元/月·户	无	
泉州	泉州市荣仔前生活垃圾卫生填埋场	610 吨		政府投资运营	—	—	0	—			
泉州	泉州经济技术开发区工业垃圾处理设施	25 吨		私营企业合作	私营企业	聚龙轻工有限公司	215	2006 年 1 月签订特许经营协议，期限 3 年	聚龙公司负责焚烧炉的日常运行管理、运行费用由其承担，焚烧炉产生的蒸汽供其使用	25	

续表

城市	企业或项目名称	规模或能力	总资产（万元）	改革方式	股本或投资结构	引入的企业名称	引入的社会投资（万元）	是否签订特许经营协议、生效时间；特许经营期限	价格或处理费标准、收取方式及改革前后变化情况	改革前后企业总资产变化及生产能力（规模）变化情况	备注
晋江	晋江市垃圾焚烧发电综合处理厂一期工程	600 吨		BOT	私营企业	创冠环保资源开发有限公司	18640	2003 年 12 月签订特许经营协议，期限 30 年	0.59 元/千瓦时	600	
晋江	晋江市垃圾焚烧发电综合处理厂二期工程	1000 吨		BOT	私营企业	创冠环保资源开发有限公司	24400	2007 年 2 月签订特许经营协议，期限 30 年	0.59 元/千瓦时	1000	
石狮	石狮市垃圾焚烧发电综合处理厂一期工程	400 吨		BOT	私营企业	香港鸿峰发展有限公司	7500	2002 年 5 月签订特许经营协议，期限 20 年	50 元/吨	400	
石狮	石狮市垃圾焚烧发电综合处理厂二期工程	1400 吨		BOT	私营企业	香港鸿峰发展有限公司	24756	2006 年 11 月签订特许经营协议，期限 25 年	50 元/吨	1400	

续表

城市	企业或项目名称	规模或能力	总资产（万元）	改革方式	股本或投资结构	引入的企业名称	引入的社会投资（万元）	是否签订特许经营协议、生效时间；特许经营期限	价格或处理费标准、收取方式及改革前后变化情况	改革前后企业总资产变化及生产能力（规模）变化情况	备注
泉港区	泉港区城市生活垃圾无害化处理场	215 吨		BOT	外资控股	上海综合环保有限公司	6050	正在谈判			
南安	南安市垃圾焚烧发电厂一期	300 吨		BOT	私营企业	圣元环保电力有限公司	16200	2006 年 9 月签订特许经营协议 期限 30 年	0.629 元/千瓦时	300	
惠安县	惠安县垃圾焚烧厂	600 吨		BOT	私营企业	创冠环保资源开发有限公司	31000	2008 年 9 月签订特许经营协议 期限 30 年	0.62 元/千瓦时	600	
安溪县	安溪县城市生活垃圾焚烧发电厂	300 吨		BOT	私营企业	创冠环保资源开发有限公司	18000	2009 年 3 月签订特许经营协议 期限 30 年	63 元/吨	300	
永春县	永春县生活垃圾无害化处理厂扩建项目	200 吨		政府投资运营	—	—	0	—			

注：本次调查数据截至 2009 年 7 月 31 日。

从表 8 - 16 可以看出，26 个项目中有 17 个项目采取的是 BOT 形式，私营企业合作的有 3 个项目，分别是芜湖垃圾焚烧热电厂项目、莆田市环卫处、泉州经济技术开发区工业垃圾处理设施的民营化项目；政府投资运营的项目有 2 个，分别是泉州市室仔前生活垃圾卫生填埋场和永春县生活垃圾无害化处理厂扩建的民营化项目。采取 TOT 形式的只有 1 个（明溪县垃圾处理场项目）。

为了更深入地解析垃圾处理行业民营化的实际，下面我们对一些代表性垃圾处理项目进行具体分析。泉州经济技术开发区工业垃圾处理设施民营化之前，垃圾日处理能力为 25 吨/天。民营化时引入聚龙轻工有限公司，引入的社会投资为 215 万元，2006 年 1 月签订特许经营协议，期限为 3 年，聚龙公司负责焚烧炉的日常运行管理，运行费用由其承担，焚烧炉产生的蒸汽供其使用，改革之后，企业日增加垃圾处理能力（规模）25 吨/天。

晋江市垃圾焚烧发电综合处理厂一期工程民营化前，日垃圾处理能力为 600 吨/天，引入创冠环保资源开发有限公司进行 BOT 的改革形式，引入社会资本 18640 万元，2003 年 12 月签订特许经营协议，期限为 30 年，收费标准为 0.59 元/千瓦时，改革后的日处理能力增加 600 吨/天；晋江市垃圾焚烧发电综合处理厂二期工程改革前的日处理能力为 1000 吨/天，采取 BOT 的民营化形式，引入创冠环保资源开发有限公司，社会资本为 24400 万元，2007 年 2 月签订特许经营协议，期限为 30 年，收费标准为 0.59 元/千瓦时，改革后垃圾日处理能力增加 1000 吨/天。

石狮市垃圾焚烧发电综合处理厂一期工程民营化前的日处理能力为 400 吨，采取 BOT 的改革形式，引入香港鸿峰发展有限公司，引入社会资本 7500 万元，2002 年 5 月签订特许经营协议，期限为 20 年，收费标准为 50 元/吨，改革后日增加垃圾处理能力 400 吨；石狮市垃圾焚烧发电综合处理厂二期工程民营化前日处理能力为 1400 吨，引入香港鸿峰发展有限公司，社会资本为 24756 万元，2006 年 11 月签订特许经营协议，期限为 25 年，收费标准为 50 元/吨，改革后日增加垃圾处理能力 1400 吨。

南安市垃圾焚烧发电厂一期改革前的日处理能力为 300 吨/天，采用 BOT 的改革形式，引入圣元环保电力有限公司，社会资本为 16200 万元，2006 年 9 月签订特许经营协议，期限 30 年，收费标准为 0.629 元/千瓦时，改革后日增垃圾处理能力 300 吨。

惠安县垃圾焚烧厂民营化前的日处理能力 600 吨，采取 BOT 的改革形式引入创冠环保资源开发有限公司，社会资本为 31000 万元，2008 年 9 月签订特许经营协议，期限 30 年，收费标准为 0.62 元/千瓦时，民营化后的日处理能力增加 600 吨。

安溪县城市生活垃圾焚烧发电厂改革前的日处理能力为 300 吨，引入创冠环保资源开发有限公司进行 BOT 改革，社会资本为 18000 万元，2009 年 3 月签订特许经营协议，期限 30 年，收费标准为 63 元/吨，民营化后日增加垃圾处理能力 300 吨。

垃圾处理行业民营化的具体方式包括利用外商直接投资、吸收民营资本投资、特许经营制度推行等。考虑到垃圾处理行业利用外商直接投资、吸收民营资本投资、特许经营制度推行的总体状况数据相对缺乏，以下我们对垃圾处理行业利用外商直接投资、吸收民营资本投资、特许经营制度推行的几个典型案例进行深度分析，以期为垃圾处理行业选择多样化的民营化方式、更好地推进和实施民营化改革提供经验借鉴。

四 垃圾处理行业利用外商直接投资的案例分析

（一）黄金山垃圾焚烧发电项目民营化背景[①]

在民营化改革之前，黄石市生活垃圾处理场存在布局不合理、垃圾处理工艺落后、无害化处理率低、垃圾处理经费投入不足、投入方式单一等问题。为彻底改善和解决黄石市生活垃圾处理方面存在的问题，2007 年在黄石市政府的关心支持下，黄石市城管综合执法局就垃圾焚烧发电厂的选址问题，进行了多次调查摸底，经过反复对比论证，拟定在黄金山工业新区牛角山颈处。

（二）黄金山垃圾焚烧发电厂项目民营化过程

2008 年年初，黄石市城管综合执法局经过市政府授权，通过组织专家组采取竞争性谈判的方式，择优选择了综合实力较强，垃圾补贴费合理的创冠环保（国际）有限公司为黄石市黄金山生活垃圾焚烧发电项目的投资

---

① 程琳：《黄金山生活垃圾焚烧发电项目正式签约》，黄石市城乡建设信息网（http://www.hsjgw.gov.cn/content/3a97bab90ca949e29e791613d32df7c9.htm）。

商，建设新型生活垃圾焚烧发电厂。2008 年 8 月 7 日，黄石市城管综合执法局与创冠环保（国际）有限公司正式签订了黄石市黄金山生活垃圾焚烧发电厂 BOT 项目特许经营权协议，这标志着黄石市生活垃圾焚烧发电项目全面启动，至此黄石市最大的环保市政工程招商引资项目正式落户黄金山工业新区。

黄金山垃圾焚烧发电厂是湖北省第一座生活垃圾焚烧发电厂，该项目运营期 27 年（含建设期 2 年），总投资概算 4 亿元（其中一期 2.87 亿元），工程建设用地面积 89.9 亩，设计处理能力为：一期 800 吨/日；终期 1200 吨/日。设置生活垃圾焚烧生产线二条，为 2×400 吨/日，装机容量为 2×7.5MW，年发电量 8943 万千瓦时（上网电量 7154 万千瓦时）。

（三）黄金山垃圾焚烧发电厂项目民营化的效果

传统的填埋垃圾处理方式，对于土地资源有限的黄石市造成巨大的资源消耗，而通过焚烧后，垃圾可以减容 90%，减量 80%。该项目建成后每年将焚烧 26.7 万吨生活垃圾，预计发电量可达到预期标准，相当于每年节约 4.77 万吨标准煤，同时可大量减少燃煤所排放的二氧化碳。该项目从 2008 年年底开工建设，于 2010 年 6 月建成投入试运行。黄石市及大冶市的所有生活垃圾实现了无害化处理，生活垃圾无害化处理率达到 100%。另外，垃圾焚烧后发电也实现了较好的社会效益。一方面，由于焚烧垃圾代替燃煤发电，带来二氧化碳减排；另一方面，每天采用焚烧代替填埋处理 800 吨的生活垃圾，大量甲烷气体得到减排。同时，可解决垃圾在填埋过程中产生的渗沥液、恶臭、地下水污染等问题，实现无害化处理的目标。

黄石市黄金山垃圾焚烧发电厂项目在国内同类项目中，率先采用次高温、次高压二段往复式垃圾焚烧炉及双尾气（静电除尘 + 布袋除尘）技术，在实现生活垃圾充分焚烧处理的同时，还可保证尾气的环保排放。凭借这两项创新技术的应用，黄石项目被建设部列入 2010 年度科技示范工程项目（市政公用工程类），成为同类项目建设的表率。并且采用先进的 DCS 自控控制系统和"半干式反应塔 + 活性炭吸附 + 布袋除尘器工艺"的烟气处理工艺，同时使用烟气排放在线监测系统加强监测，保证烟气排放得到完全有效的控制，优于国家环保部门的标准。同时建设渗沥液、飞灰、废渣等配套处理设施，保证这些排放物按照中国国家环保部门的标准得到环保处置。

五 垃圾处理行业吸收民营资本投资的案例分析

(一) 吸收民营资本投资的民营化模式

20 世纪 90 年代后期，中国垃圾发电刚刚起步。深圳、珠海等城市垃圾发电厂均由政府投资，每年需投入大量资金。温州市伟明环保工程有限公司以"民间资本"形式，"进军"一向由政府"贴钱"的基础设施产业，开创了国内垃圾焚烧发电项目由民营企业投资运行的先例[①]。温州市选择了"BOT 模式"，即温州市政府将消费性公益事业改为生产性经济事业，出让垃圾处理的经营权、收益权，让企业成为市场的主要角色，谁投资谁受益；而项目的投资者在规定的经营期限结束后，将此项目的产权和经营权无偿移交给政府。

该公司从 2000 年开始，采用 BOT 方式相继投资建设温州东庄垃圾发电厂、温州临江垃圾发电厂、温州永强垃圾发电厂和苍南垃圾发电厂等 4 座电厂，其中温州东庄垃圾发电厂投资 0.9 亿元，日处理垃圾 385 吨，发电功率 4500 千瓦，于 2000 年 11 月 28 日并网发电，是国内首家全部采用国产化设备、由民营企业投资建设、使用自主开发的炉排和烟气处理系统的发电厂；温州临江垃圾发电厂投资 1.8 亿元，日处理垃圾 600 吨，发电功率 12000 千瓦，为科技部"国家高技术研究发展计划（'863'计划）"示范工程；温州永强发电厂投资 3 亿元，日处理垃圾 900 吨，发电功率 15000 千瓦，被国家发展和改革委员会列入"国家重点技术改造国债专项资金"项目。该三座发电厂布局于温州城区的西、南、东部，其同时运行将解决城区全部生活垃圾处理难题。该公司借鉴国外先进的焚烧工艺，结合中国城市生活垃圾低热值、高含水量的特点，研制开发了拥有自主知识产权的"HMW 二段往复式炉排"与居国内同类产品领先水平的"半干式中和反应塔和覆膜布袋过滤器烟气处理技术设备"，其中"HWM 二段往复式炉排"被推荐为"浙江省优秀科技产品"。

(二) 政府监管模式：政府减负、企业获利

在 BOT 模式中，由于温州临江垃圾焚烧发电厂民营企业承担了垃圾处

---

① 温州东庄垃圾发电厂工程案例参见俞洪新《成功探索我国垃圾发电产业化之路——记温州市伟明环保工程公司》，温州市经济建设规划院，2004 年 9 月 24 日。

理投资、运行的主要角色，其设计日处理垃圾 600 吨，总投资 1.8 亿元，全部由伟明环保工程有限公司投资建设、经营管理，政府的主要职能则只是对企业的建设和运营进行严格监督，以确保其工程质量和处理达标排放，完全避免了任何投资运营风险，节约了巨额财政支出，同时给予一些政策支持，政府只是无偿提供项目用地。

（三）温州东庄垃圾发电厂民营化的效果

（1）市场化运作取得了良好的经济效益。公司按 BOT 市场化运作方式，把公益性环保基础设施变成企业行为，采用多元化投资渠道，实行企业化管理，通过上网售电和垃圾收费，取得了良好的经济效益。在市场化运作模式下，政府只要严格监督、控制垃圾处理过程排放指标及相应政策，避免投资经营风险，支持企业依法运作即可。

（2）选择了研制符合中国国情的先进国产设备及技术。温州东庄垃圾发电厂采用的焚烧发电工艺，是在借鉴国外先进焚烧工艺的基础上通过分析比较，结合中国城市生活垃圾低热值、高含水量的特点，推出了完全符合国家对垃圾焚烧的技术要求。在烟气净化方法上，采用自行研制的半干法中和反应塔和覆膜高效布袋过滤器。使排入大气中的烟气完全达到国家环保总局规定的排放标准。采用国产设备不仅为在中国全面推广垃圾焚烧处理技术奠定了基础，促进了中国环保产业的发展，而且大幅度降低了垃圾发电厂的投资成本和运行成本。

（3）实现了垃圾焚烧发电的经济、社会效益"双赢"。长期以来，垃圾处理在中国似乎一直是无利可图的"赔钱买卖"，完全靠政府补贴，地方对建设环保基础设施缺乏积极性。而温州市伟明环保工程有限公司将高科技引入城市生态建设，把公益性的环保基础设施变成了企业行为，并通过过硬的技术设备和良好的经营状况，实现了垃圾焚烧发电的经济、社会效益的"双赢"。

六 垃圾处理行业特许经营制度推行的案例分析

（一）佛山市高明垃圾填埋场特许经营制度推行项目

1. 佛山市高明垃圾填埋场特许经营制度实施的概况

2004 年，佛山市城镇生活垃圾无害化处理率仅为 31.4%，佛山市政府提出垃圾无害化处理率必须达到 80% 以上。为此，佛山市政府采用 BOT 模式建设和运营高明苗村白石坳生活垃圾卫生填埋场（以下简称"高明垃圾填埋场"）①。

高明垃圾填埋场（一期工程）占地约 1433 亩，总库容为 2398 万立方米，总投资约 5.6 亿元，设计处理能力 2000 吨/日。该垃圾填埋场完全按照 BOT（建设—运营—移交）模式进行建设和运营。2005 年 10 月投入试运行，特许经营期为 30 年，政府按每吨垃圾支付垃圾处理费。该垃圾处理场是广东省较早并且较为成功的 BOT 模式运作例子之一。

2. 佛山市高明垃圾填埋场特许经营制度实施的监管

垃圾处理行业引入市场化运作后如何监管这个问题，是各地政府部门深化改革市政公用事业过程中遇到的共同难题。目前，政府对这个行业的管理仍然处于弱势，特别是垃圾处理方面的专业技术人员以及熟悉经济财务法律环保等综合知识的人才比较缺乏，在监管方面人才和技术更显不足；因此，尽快适应这种高标准的运营监管，配备专业技术人才，建立有效的监管机制，行使政府对特许经营权协议的监管责任是政府必须面对的需要迫切解决的问题。佛山市公用局按照佛山市政府的要求，经过反复调研论证，大胆提出采用公开招标的方式选择具有垃圾处理管理经验的中介机构对苗村填埋场实施日常运营过程中技术及环保层面监管，政府则着重从法律法规和政策层面上进行宏观的管理的设想。

2007 年 12 月，佛山市公用局率先在全国进行填埋场监管服务的政府采购，对应标单位的要求主要包括：要求应标单位对填埋场的建设和运营进行全面的监管，包括施工组织管理、运营监管、环境监测、安全应急、经济、技术及法律支持等各方面工作；应标方所组建的监管组负责人必须具有大学本科或以上学历且具备卫生垃圾填埋场的运营管理经验；监管组成员须具有大学专科以上学历且具备公用事业特许经营项目的法律、财务、技术和经济方面经验；监管组成员一经确定未经业主许可不得更换，监管组负责人不允许更换，否则须赔付合同金额的 50% 给业主；监管组每月 10 日前向业主提供月度监管报告，于下年度第 1 月提供上年度年度监管报告。

---

①　佛山市垃圾填埋场特许经营案例参见佛山市公用事业管理局《佛山市以 BOT 模式建设和运营高明苗村垃圾填埋场的做法和经验》，环卫科技网（http://www.cn-hw.net/html/32/200711/4901.html）。

在"公开、公正、公平"的原则下，经过法定程序，广州恒发环境科技公司和广州市环境卫生研究所的联合体最终中标，成为代表政府方进驻苗村填埋场实施现场监管的专业机构，在全国首开先河，开始了中国垃圾填埋场专业化监管的新实践。自 2008 年 3 月由中标单位组成的监管组正式进驻填埋场开展监管工作以来，严格依据有关法律法规和《特许经营协议》等法律文件，结合填埋场实际，制定监管程序、监管标准、监管措施和应急预案，明确监管机构和人员的职责范围，初步形成一套完整的监管条例实施专业化监管，为政府对填埋场的管理提供法律服务和技术支撑。

根据特许经营权协议，佛山市政府制定了与运营商经济挂钩的《运营监管手册》，实行分项评分制度，即检查不达标的项目，扣除分数，相应扣减垃圾处理运营费。主要包括：

（1）现场巡查。监管组每月根据《监管手册》中的环境保护、运营技术标准和指标等 6 个方面共 21 项进行打分考核评价和监管。同时，每日对现场运营和建设项目进行巡查，巡查点覆盖全场，如发现营运公司有不符合中国有关法律、法规的要求或《特许经营权协议》的规定时，根据《监管手册》向营运公司提出纠正、改进要求并监督其改进或采取补救措施的落实情况，同时将处理结果写进当月监管月报或单独以书面形式向公用局报告。如在此过程中发现营运公司未按要求作出相应改进或采取补救措施，监管组则根据《特许经营权协议》的规定，向公用局提出采取进一步措施的建议，并根据公用局的指示采取下一步行动。

（2）技术咨询。监管组根据公用局的要求对营运公司所发函件提供技术咨询，编写相关的书面报告和建议提交给公用局参考。

（3）法律咨询。监管组与专业律师事务所合作，通过对《特许经营权协议》的认真研读，结合填埋场项目的实际，提出了多项法律建议，并主动对合同法律风险进行了分析，专门提出了风险控制方法和预案，平时也对日常的法律事务提供有力的支持。监管组根据《特许经营权协议》、《垃圾处理协议》、《监管手册》及相关国家条例、规范提示公用局行使相应的权利和义务，并编制相关的书面报告、通知和建议，提交给公用局批准和备案。监管组除按要求对威立雅公司的建设和运营履行全面的监管职责外，还根据公用局需要，对垃圾运输车辆情况及场区周边环境进行每月两次的抽样调查，尽可能地减少因垃圾水滴漏、垃圾洒漏、垃圾车行驶超速所造成的对填埋场周边环境的影响，确保填埋场的正常运行。

特许经营后一年半的监管工作实践表明，监管组有力配合政府方面的工作，高明垃圾填埋场运行朝着好的方向进一步发展。该监管模式的实践初步显示出以下优点：政府可以从具体繁杂的监管业务中解脱出来，有利于集中力量实现强化宏观调控、政策导向等政府职能；监管组在运营商和政府之间建立反馈及时、信息共享的沟通平台，对运营商提出的实际问题及时予以解决；对日常运营的各项指标及时督促检查，有利于提高日常监管的效率；监管组的专业化功能，能有效实现监管目标，对运营商提出的各种计划和问题进行科学分析和提出处理建议，有利于保障政府决策的科学性，取得更好的社会效益、环保效益和经济效益。

3. 佛山市高明垃圾填埋场特许经营制度推行的效果

高明垃圾填埋场从 2005 年 10 月 1 日开始试运行以来，已取得了明显效果：一方面，环境效益显著。由于严格按照国家卫生填埋场标准进行建设和运营，高明垃圾填埋场的各项环境监测指标均达标。该填埋场运营后，佛山市关闭了五个区的 25 个简易垃圾处理场（厂），大部分垃圾运往苗村填埋场处理，解决了垃圾出路。另一方面，经济效益可观。（1）采用 BOT 方式建设、运营垃圾填埋场缓解了政府投资过程资金不足的困难，既避免了政府的债务风险，又能尽快地解决垃圾处理的问题。从长远来看，因为填埋场捆绑了运营商的利益，使它们严格按规定技术标准操作运营，尽量提高填埋密实度，以增加填埋场的库容。（2）由于严格的管理、规范的作业，为填埋气的利用提供了有利条件，利用清洁能源机制，开发填埋场沼气发电项目。若按每天处理 1500 吨垃圾来计算，每吨垃圾可以产气 168 立方米，产气寿命可达到 12.5 年，填埋气平均回收率 75% 计算，每年产气 6900 万立方米，可发电约 7400 万度，除供给苗村填埋场自用外，还可上网卖电，收入按六四分成，这样政府以沼气作为投入，获得 60% 的利润分成。高明垃圾填埋场的实践已经证明，BOT 模式一方面可以有效地规范政府部门的行为，提高垃圾处理项目管理水平；另一方面可以通过市场化的运作方式，加快城市公用设施建设的步伐，造福于民。

（二）北京市高安屯生活垃圾焚烧厂特许经营制度推行项目①

1. 北京市高安屯生活垃圾焚烧厂项目背景

在民营化改革之前，北京市城市生活垃圾长期、稳定消纳未能得到根本解决，垃圾处理系统现状给环境造成二次污染，垃圾处理设施严重滞后于城市发展建设，没有形成有效垃圾管理机制等。北京高安屯生活垃圾焚烧厂是北京市第一个垃圾焚烧处理项目，为引进国外垃圾焚烧先进技术，建设具有国际先进管理水平的垃圾焚烧厂，较大程度地改变环卫工作的落后面貌，北京市对高安屯生活垃圾焚烧厂项目实施了特许经营制度。

2. 北京市高安屯生活垃圾焚烧厂特许经营制度过程②

1998 年 11 月 12 日，国家发展计划委员会以计投资（1998）2265 号文件正式批准北京高安屯生活垃圾焚烧厂项目立项。当时的建设内容是：新建 2 台 600 吨/日垃圾焚烧炉，配套安装 2×1.2 万千瓦汽轮发电机组及辅助设施，股东为北京市朝阳区环境卫生局、北京华联达公司等 8 家。建设部、环境保护总局、财政部、中国华北电力集团公司等也相应作了批复。而当时金州控股集团有限公司作为进口设备的代理方，于 1999 年年初介入、参与并知晓了该项目的情况。

2000 年 11 月 17 日，国家发展计划委员会以"计投资（2000）2199号"文件正式批复同意项目的可行性研究报告。在该报告中，建设内容调整为：新建 2 台 672 吨/日垃圾焚烧炉，新建 1 台 2.5 万千瓦汽轮发电机组及辅助设施，股东变更为北京国朝国有资产运营公司、北京华联达环保能源技术开发有限责任公司、北京首创股份有限公司、赤壁金同投资管理公司等 4 家公司。项目的可行性研究报告批复后，由于种种原因，项目实际上处于停滞的状态，甚至有夭折的可能。在此紧要关头，金州控股集团有限公司经过大量的调查研究，大胆介入此项目。2002 年 4 月 27 日，北京国朝国有资产运营有限公司、金州控股集团有限公司、北京金州工程有限公司、北京华联达环保能源技术开发有限责任公司签署了关于北京高安屯垃

---

① 案例来源：北京市推进基础设施建设市场化国际论坛，经典案例《地铁奥运支线 BT 项目》，http：//www. bjpc. gov. cn/zt/sheshi/anli08. htm。

② 参见徐向东《北京高安屯生活垃圾焚烧厂项目实录》，http：//house. focus. cn/msgview/121/95970302. html。

圾焚烧有限公司的合资合同。这标志着北京高安屯生活垃圾焚烧厂项目从此迈上一个新台阶，掀开了一个崭新的页面。

金州控股集团有限公司介入该项目后，立即组织国内外的专家对项目重新进行细致科学的调查、研究和分析。根据北京市朝阳区现有垃圾量的调查和科学的预测，以及大量富有成效的工作，对原可行性研究报告进行了重大调整：将焚烧炉容量改为 2×800 吨/日，汽轮发电机组容量确定为 2×17.5 万千瓦，垃圾焚烧工艺采用往复式机械炉排技术，烟气处理系统采用半干法＋袋式除尘器＋活性炭喷射系统以及非接触性催化还原脱氮工艺组成的烟气净化工艺。项目估算总投资也相应进行了调整。并根据新的情况于 2002 年 6 月上报了北京高安屯生活垃圾焚烧厂项目可行性研究报告之调整建设方案补充报告。

2003 年 1 月 29 日，国家发展计划委员会以"计投资（2003）138 号"文件正式批复同意：明确由上述四家股东组建中外合资经营有限责任公司进行项目的投资、建设和运营，并对新的建设内容进行了确认。北京市对外经济贸易委员会、中国华北电力集团公司、北京市规划委员会、北京市物价局、首都机场集团公司、北京市商务局等先后作了相应的批复。2003 年 5 月 26 日，北京市工商行政管理局颁发了《企业法人营业执照》，标志着北京高安屯垃圾焚烧有限公司正式成立。从此，北京高安屯垃圾焚烧有限公司作为项目公司，正式开始进行项目的实施工作。其重要的里程碑如表 8－17 所示。

表 8－17　　　　　　　北京高安屯垃圾焚烧有限公司民营化过程

时间	事件
2003 年 6 月 23 日	北京高安屯垃圾焚烧有限公司与北京国电华北电力工程有限公司签署了项目建设工程设计合同。正式委托北京国电华北电力工程有限公司进行项目的初步设计和施工图设计工作
2003 年 7 月 16 日	金州控股集团有限公司代表北京高安屯垃圾焚烧有限公司，与北京市朝阳区市政管理委员会正式签署了《垃圾供应协议》。同日，中国华北电力集团公司以华北电集设〔2003〕46 号文件审定同意项目发电机组接入系统设计审查，接入电厂 110 千伏电网；北京市物价局以京价（商）字〔2003〕312 号文件签发了《关于承诺北京高安屯垃圾焚烧厂上网电价的函》，对该项目建成投产后的上网电价原则进行承诺

时间	事件
2003 年 10 月 7 日	经过谈判，北京高安屯垃圾焚烧有限公司、中化国际招标有限责任公司与日本株式会社田熊公司签署关于项目的设计、调试及技术服务合同。正式委托日本株式会社田熊公司开展项目的垃圾焚烧工艺和烟气处理系统工艺的基础设计工作和详细设计工作。该合同根据国内生活垃圾焚烧项目的实施经验，将项目的建设风险与外商进行最合理化的调配
2003 年 10 月 29 日	在北京市朝阳区楼梓庄乡高安屯项目工地举行项目开工仪式
2004 年 6 月 1 日	北京市规划委员会审定通过了项目设计方案，2004 年 6 月 24 日，取得中华人民共和国建设用地规划许可证
2004 年 9 月 6 日	北京市规划委员会召开了关于北京高安屯生活垃圾焚烧厂项目工程初步设计审查会
2004 年 10 月 29 日	取得了北京市规划委员会颁发的中华人民共和国建设工程规划许可证
2004 年 12 月 9 日	国家环境保护总局以〔2004〕522 号文件审批通过新的北京高安屯生活垃圾焚烧厂项目环境影响报告书
2004 年 12 月 18 日	北京高安屯垃圾焚烧厂项目桩基础工程正式开始施工

资料来源：笔者根据相关资料汇总整理。

北京高安屯生活垃圾焚烧厂项目采用 BOOT（Build - Own - Operate - Transfer）模式即建设—拥有—经营—移交模式运作，由金州控股集团有限公司控股，北京金州工程有限公司、北京国朝国有资产运营有限公司、北京华联达环保能源技术开发有限责任公司和中国对外经济贸易信托投资有限公司于 2003 年 5 月参股组建北京高安屯生活垃圾焚烧有限公司（项目公司），属于中外合资企业，对北京高安屯生活垃圾焚烧厂项目进行投资、建设、运营，合资经营期限为 50 年。

北京高安屯垃圾焚烧厂为北京 2008 年奥运会提供市政及环保基础设施配套服务。该项目可研批复总投资 7.5 亿元，项目资本金 2.5 亿元，由企业投资。项目公司由美国金州控股集团有限公司、中国对外经济贸易信托投资有限公司、北京金州工程技术有限公司等股东按各自股份比例以现金入股，北京国朝国有资产运营有限公司以土地作价入股。除注册资本外，其他资金通过国内商业银行以项目融资形式贷款 5 亿元解决。

3. 国家对北京市高安屯生活垃圾焚烧厂项目政策支持

（1）项目建成后，垃圾焚烧发电厂提供垃圾处理服务，并利用焚烧余热发电，政府支付垃圾处理费，并保证焚烧发电厂电力上网销售，投资者由此回收成本并获得合理回报。特许经营者和政府签订的《垃圾补贴协议》和《购售电协议》是项目成功运营的经济保障和利润来源，95 元/吨的垃圾补贴和 0.74 元/度的电价为项目提供了运行资金。特许经营期届满后，投资者按照协议规定，将垃圾焚烧发电厂的所有权和经营权无偿移交给政府。

（2）"协议照付"原则。"协议照付"原则是特许经营项目中重要的信用保证形式。在垃圾焚烧发电厂的运行期，政府或其授权机构必须按照《垃圾补贴协议》规定向垃圾焚烧发电厂提供垃圾和接受垃圾处理服务，并支付垃圾处理费；如果政府未能按照协议规定向垃圾焚烧发电厂提供垃圾，政府同样要按预先约定支付垃圾处理费。设置"最低（年）垃圾供应量"是实施"协议照付"原则的主要措施。

（3）政府将遵守"协议照付"原则，同时力求"物尽其用"，根据实际情况，合理规划垃圾处理设施。根据规划和有关协议，垃圾焚烧发电厂在一定区域内通常具有独占性。垃圾焚烧发电厂特许经营模式的独占性还表现为对同一区域内扩建或新建垃圾处理项目的种种优先权。

（4）据国家税务总局有关规定，垃圾处理企业可享受所得税方面的优惠政策。

4. 北京市朝阳区环保局对高安屯垃圾焚烧厂项目的监管措施[1]

在高安屯垃圾焚烧厂项目通过环境保护验收后，为确保各项污染物长期稳定达标排放，保证周边地区环境安全，社会稳定，北京市朝阳区环保局按照国家环保部的要求，采取 6 项措施，加大对北京高安屯垃圾焚烧厂的监管力度。

（1）加强日常监管监测。加强焚烧炉运行状况及污染物治理设施运行状况监督，督促企业落实污染物治理措施，污染物达标排放。

（2）依法开展排污申报登记工作。落实排污申报登记制度，准确申报

---

[1]　朝阳区环保局：《区环保局强化高安屯垃圾焚烧厂环境监管》，2010 年 9 月 2 日，http://www.bjchy.gov.cn/affair/gysy/8a24f09a294a323b012ad06e99212265.html。

污染物排放量，依法征收排污费，督促企业稳定达标。

（3）实时在线监控污染物排放状况。接驳高安屯垃圾焚烧厂烟气连续在线监测系统，对接收到数据进行分析，对焚烧工况和污染物治理设施运行情况进行实时监控。

（4）改善居民生活环境，做好社会维护稳定工作。发挥属地管理职能，密切关注周边群众的反映，依法处理相关环境信访案件。

（5）提高企业自律意识。督促高安屯垃圾焚烧厂建立企业环境监督员制度，通过强化企业内部管理，从源头保障设施正常运行，稳定达标，减少污染物排放。

（6）加强联合执法，建立联动机制。与区市政市容委、朝阳循环经济产业园管理中心建立联合监管机制，及时沟通情况，共享管理资源，形成齐抓共管良好局面。

七　垃圾处理行业民营化现状的简要评述

从中国垃圾处理行业民营化现状的总体调查与案例剖析可以看出，中国垃圾处理行业民营化无论在改革领域、改革次序、改革力度、改革比例、改革方式等都体现出较为清晰的特征，现将具体特点归纳如下：

（1）中国垃圾处理行业民营化的领域比较全面，且垃圾焚烧发电的民营化项目逐渐增多。垃圾处理行业的收集、运输、处理等业务环节都进行了民营化，比如北京、温州、黄石等城市垃圾处理行业民营化领域涉及收集、运输、处理等业务环节；佛山等城市在垃圾收集、运输等环节进行了民营化。北京、温州、黄石的案例都是垃圾焚烧发电项目的民营化，佛山市的案例是卫生填埋项目的民营化。

（2）不同垃圾处理业务环节民营化的先后次序有差别。有些环节民营化进行得较早，有些环节则较晚。其中垃圾处理环节民营化较早，体现在技术设备的引进、对垃圾焚烧厂、卫生填埋厂、垃圾发电厂的投资建设等方面；垃圾收集、运输的民营化较晚，从本课题组掌握的文献资料看，这方面的民营化案例较少。典型的例子是佛山市和北京市的垃圾处理行业特许经营制度推行使得垃圾收集分类、运输等环节层层细化，实行了民营化的运作模式。不同垃圾处理业务环节民营化的先后次序存在差别，据我们分析其原因在于，垃圾处理环节的投资金额需要量大，或者需要引进国际先进技术，这导致民营化的动机较强。而垃圾收集、运输环节投资金额需要少，引入先进技术的迫切性也不明显，民营化的动机较弱。

（3）垃圾处理行业不同业务环节民营化的深度有差别。例如，垃圾处理环节的民营化比例较高，民营化形式较为丰富，包括外商直接投资、吸收民营资本、特许经营制度的推行；垃圾收集、运输环节的民营化比例较低，只有少数城市（如北京市）在垃圾处理行业的收集、转运环节实施了吸收民营资本改革。

（4）BOT方式成为垃圾处理行业民营化的主流模式。在我们对部分城市和地区的实地调查中发现26个地区的民营化项目中，有17个项目采取的是BOT的民营化形式，BOT比例约占65%；其他方式相对较少，其中3个项目采取的私营企业合作形式，比例约为10%；政府投资运营项目有2个，比例约为7%；还有4个项目采取的是吸收民营资本的形式，比例大致为18%。

（5）不同垃圾处理业务环节民营化的方式也存在差别。有的业务环节以吸引外资为主体，有的环节是以国内民营资本参与为主体。例如，垃圾处理环节（垃圾焚烧厂、卫生填埋厂的建设）的大部分项目采取的是吸引外资及先进技术、装备等；而垃圾收集、运输和转运等环节主要是吸收国内民营资本、特许经营等民营化方式。

（6）垃圾处理行业民营化绩效的评价较少。纵观垃圾处理行业的民营化案例资料，各案例中更侧重分析民营化的形式、模式、动因，以及从理论上分析民营化对垃圾处理行业的促进作用，而对民营化实际绩效进行全面评价的资料文献还是较为少见。垃圾处理行业民营化的绩效如何评价，中国垃圾处理行业民营化是否实现了预期效果，本章下一节讨论。

第三节　城市垃圾处理行业民营化实践的绩效评价

一　垃圾处理行业民营化绩效评价的指标体系

参考本书第三章城市公用事业民营化绩效评价的指标体系，民营化绩效评价的一级指标包括垃圾处理行业发展水平指标、垃圾处理收费水平指标、垃圾处理质量达标水平指标、垃圾处理行业运营效率水平指标、垃圾处理普遍服务水平指标。设计评价指标的原则是尽可能选择能从《中国统计年鉴》、《中国城市建设统计年鉴》等年鉴上获得相应数据的指标，或者能直接通过实地问卷调查获得第一手数据的指标。这有利于各实际部门对垃圾处理行业民营化绩效评价时能够方便地获取相应的数据。

（一）垃圾处理行业发展水平的评价指标体系

从行业发展水平角度对垃圾处理行业民营化绩效进行评价时，主要包括以下几个指标：垃圾清运量、垃圾清运量增长率、垃圾清运能力、垃圾处理公用设施固定资产投资、垃圾处理公用设施固定资产投资增长率、市容环境卫生建设资金支出、市容环境卫生建设资金支出增长率、垃圾无害化处理厂座数、环卫专用车辆设备数量。这些指标大致能够反映民营化前后，垃圾处理行业总体发展水平是否存在较大变化。表 8 - 18 是垃圾处理行业发展水平的评价指标体系。

表 8 - 18　　　　　　　　垃圾处理行业发展水平的评价指标体系

一级指标	二级指标	指标说明及测量方式
垃圾处理行业发展水平	垃圾清运量	总体垃圾清运量水平，定比量表
	垃圾清运量增长率	垃圾清运量动态水平，定比量表
	垃圾清运能力	垃圾清运总体能力水平，定比量表
	垃圾处理公用设施固定资产投资	垃圾处理公用设施总体固定资产投资水平，定比量表
	垃圾处理公用设施固定资产投资增长率	垃圾处理公用设施固定资产的动态投资水平，定比量表
	市容环境卫生建设资金支出	总体市容环境卫生建设资金支出水平，定比量表
	市容环境卫生建设资金支出增长率	市容环境卫生建设资金总体动态支出水平，定比量表
	垃圾无害化处理厂座数	总体垃圾无害化处理厂座数，定比量表
	环卫专用车辆设备数量	总体环卫专用车辆设备数量水平，定比量表

（二）垃圾处理收费水平的评价指标体系

垃圾处理收费水平的评价指标包括如下内容：垃圾处理总体收费价格

水平（静态水平价格）、垃圾处理收费增长率（动态价格水平）。当然，评估收费水平时要扣除垃圾处理行业的投入价格指数和社会通货膨胀率等外生因素导致的物价水平变动。表8-19为垃圾处理收费水平的评价指标体系。

表8-19　　　　　　　　垃圾处理收费水平的评价指标体系

一级指标	二级指标	指标说明及测量方式
垃圾处理收费水平	垃圾处理总体收费水平	静态收费水平，定比量表
	垃圾处理收费增长率	动态收费水平，定比量表

（三）垃圾处理服务质量水平的评价指标体系

具体来说，垃圾处理服务质量水平的评价指标主要包括如下内容：垃圾处理的总体服务水平、垃圾处理无害化率、垃圾处理减量、资源化水平。在这些指标数据中，垃圾处理无害化率可以直接通过统计年鉴获得相应的数据，其他数据需要对具体垃圾处理企业进行问卷调查获得。表8-20为垃圾处理服务质量的评价指标体系。

表8-20　　　　　　　　垃圾处理服务质量水平的评价指标体系

一级指标	二级指标	指标说明及测量方式
垃圾处理服务质量水平	总体服务水平	垃圾处理的总体服务水平，定序量表
	垃圾处理无害化率	总体垃圾处理无害化率水平，定比量表
	垃圾处理减量、资源化水平	总体垃圾处理减量、资源化水平，定比量表

（四）垃圾处理行业运营效率水平的评价指标体系

直接反映垃圾处理行业运营效率水平的一个评价指标为平均利润率。当然利润率并不是唯一的指标，且有的时候利润率高并不等于运营效率高（如高额利润可能来自于垄断地位），利润率低也并不完全归因为运营效率低（如可能由于政策性亏损）。除了利润率指标外，还有管理水平、运营成本、技术水平等指标。这些指标能够较合理地反映民营化对垃圾处理行业运营效率水平的影响，但这些指标从目前公开的统计数据中还得不到权威数据，只能通过实地调查获得。此外，还有其他反映运营效率水平的评价指标（如垃圾分类收集水平、分类垃圾处理效率等），但考虑到简单实用性和数据可获得性，我们没有加入。表 8 - 21 是垃圾处理行业运营效率水平的评价指标体系。

表 8 - 21　　　　垃圾处理行业运营效率水平的评价指标体系

一级指标	二级指标	指标说明及测量方式
垃圾处理运营效率水平	平均利润率	垃圾处理场的平均盈利情况，定比量表
	管理水平	垃圾处理场的管理水平，定序量表
	运营成本	垃圾处理场的平均运营水平，定比量表
	技术水平	垃圾处理场的平均技术水平，定序量表

（五）垃圾处理行业普遍服务水平的评价指标体系

具体来说，垃圾处理行业普遍服务水平的评价指标主要包括以下内容：垃圾处理各个环节的设备充足水平、产品普及率。表 8 - 22 为垃圾处理行业普遍服务水平的评价指标体系。

表 8 - 22　　　　垃圾处理行业普遍服务水平的评价指标体系

一级指标	二级指标	指标说明及测量方式
垃圾处理行业普遍服务水平	垃圾处理各个环节的设备充足水平	总体垃圾处理各环节的设备充足水平，定比量表
	产品普及率	产品总体普及率，定比量表

（六）垃圾处理行业民营化绩效的评价指标设计总结

垃圾处理行业民营化绩效的评价指标设计总结如表 8 - 23 所示。

最后需要注意的是，由于垃圾处理行业具体情况在不同城市间是千差万别的，不同城市数据可获得性也不一样。因此在评价特定城市的垃圾处理行业民营化绩效时，一定要根据实际情况选择符合该城市具体特征的评价指标。我们所设计的有些指标可能需要充实，有些指标则可以根据需要简化处理。

表 8-23   垃圾处理行业民营化绩效的评价指标体系设计

	一级指标	二级指标	指标说明及测量方式
民营化结果评价指标	垃圾处理行业发展水平	垃圾清运量	总体垃圾清运量水平，定比量表
		垃圾清运量增长率	垃圾清运量动态水平，定比量表
		垃圾清运能力	垃圾清运总体能力水平，定比量表
		垃圾处理公用设施固定资产投资	垃圾处理公用设施总体固定资产投资水平，定比量表
		垃圾处理公用设施固定资产投资增长率	垃圾处理公用设施固定资产的动态投资水平，定比量表
		市容环境卫生建设资金支出	总体市容环境卫生建设资金支出水平，定比量表
		市容环境卫生建设资金支出增长率	市容环境卫生建设资金总体动态支出水平，定比量表
		垃圾无害化处理厂座数	总体垃圾无害化处理厂座数，定比量表
		环卫专用车辆设备数量	总体环卫专用车辆设备数量水平，定比量表
	垃圾处理收费水平	垃圾处理总体收费水平	静态收费水平，定比量表
		垃圾处理收费增长率	动态收费水平，定比量表
	垃圾处理服务质量水平	总体服务水平	垃圾处理的总体服务水平，定序量表
		垃圾处理无害化率	总体垃圾处理无害化率水平，定比量表
		垃圾处理减量、资源化水平	总体垃圾处理减量、资源化水平，定比量表
	垃圾处理运营效率水平	平均利润率	垃圾处理场的平均盈利情况，定比量表
		管理水平	垃圾处理场的管理水平，定序量表
		运营成本	垃圾处理场的平均运营水平，定比量表
		技术水平	垃圾处理场的平均技术水平，定序量表
	垃圾处理普遍服务水平	垃圾处理各个环节的设备充足水平	总体垃圾处理各环节的设备充足水平，定比量表
		产品普及率	产品总体普及率，定比量表

二 垃圾处理行业民营化绩效评价的实证分析

为深入分析城市垃圾处理行业民营化的绩效情况,本部分将分别从中国垃圾处理行业发展的整体水平、收费水平、服务质量、运营效率、普遍服务等角度进行实证研究,对民营化前后的绩效进行梳理和评判,并分析其深层次原因。

(一) 垃圾处理行业发展水平的总体评价

中国城市垃圾的清运量变化情况如图8-3所示①。

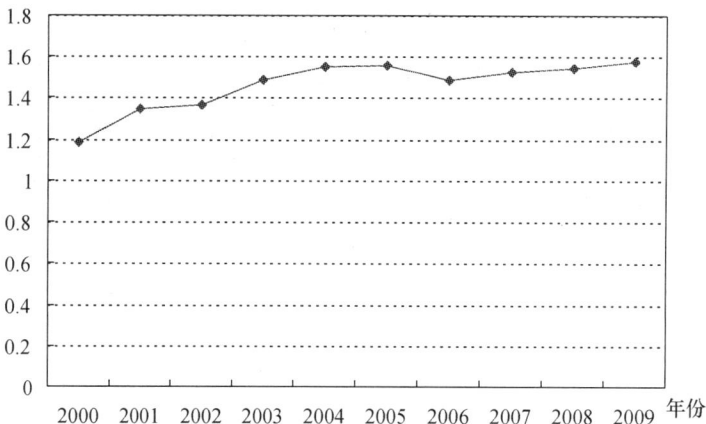

图8-3 2000—2009年中国城市垃圾清运量(亿吨)

可以看出,中国城市垃圾清运量呈缓慢上升的趋势,由2000年的不足1.2亿吨上升到2009年的1.6亿吨。其中2001年、2002年增长最快,2006年有下降趋势。2000—2009年中国城市垃圾清运量年平均增长率为3.31%,2008年城市垃圾清运量增长率仅为1.92%,这说明中国垃圾处理行业清运量增长非常缓慢。据我们推测,其中一个可能的原因在于垃圾处理方面的投资力度不足导致垃圾清运设施匮乏、清运能力不足。

另据调查,很多城市(特别是城郊接合部)仍有大量的垃圾没有得到

---

① 《中国统计年鉴》(2010),中国统计出版社2010年版,第395页。

及时清运、清理。一些城市由于垃圾场越建越远，中心城区垃圾清运运输成本急剧上升，甚至出现"垃圾有处倒却没法运"的尴尬困境①。这也从一个侧面表明垃圾处理行业的总体发展水平还有待提高，民营化有较大空间。

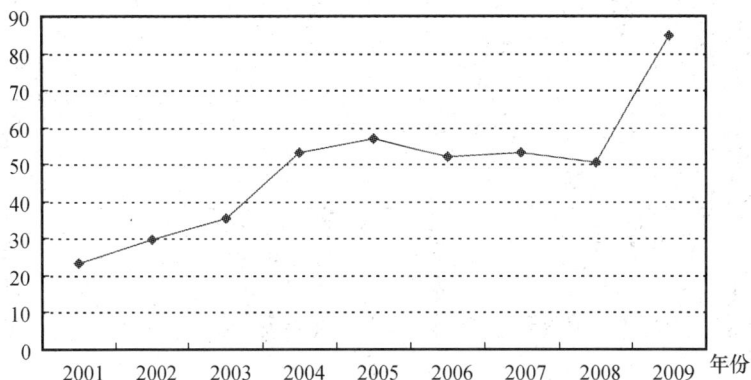

图 8-4 中国垃圾处理行业历年公用设施建设固定资产投资（亿元）

从图 8-4 可以看出，中国垃圾处理行业历年公用设施建设固定资产投资的额度从 2001 年的 23.5 亿元增加到 2009 年的 84.6 亿元，8 年间平均年增长率为 32.52%，2009 年增长率为 67.2%，说明垃圾处理行业的投资力度增加较快；但总体投资规模仍然偏小。这一方面说明中国垃圾处理设施固定资产的投资还远远不够，另一方面也说明了民营化对公用设施建设固定资产投资的促进作用还有待进一步提高。

从图 8-5 可以看出，中国历年城市市容环境卫生建设资金支出从 1990—2000 年是逐年递增的，2001 年出现了较大幅度的下降，之后在 2005 年达到了 422 亿元的最大值，随后在下降的基础上逐年缓慢增长，到 2009 年达到 272 亿元。总体上，中国城市垃圾处理行业的发展基础还是相对比较薄弱，对环境建设资金投入还是在较低的水平上波动。市容环境卫生建设资金支出是反映民营化的重要指标，因为民营化会增加民营资本的投入，

---

① 参见彭岚、段明明、武成《奋力"突围"江城垃圾出路何在》，《楚天金报》2007 年 5 月 3 日第 7 版。

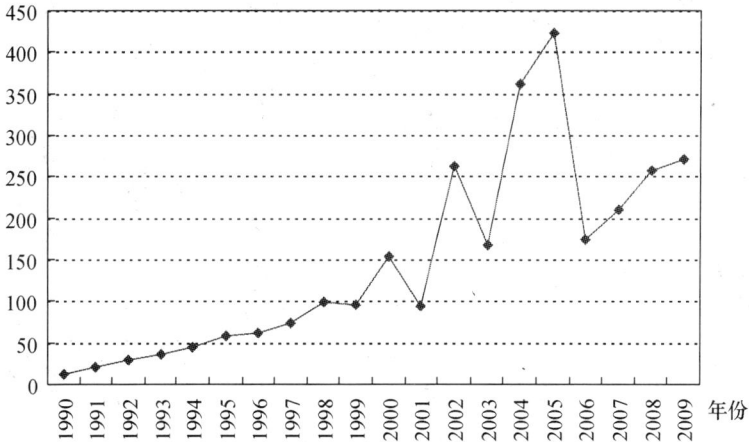

图 8-5   中国历年城市市容环境卫生建设资金支出（亿元）

支出的数额较小意味着垃圾处理行业总体发展水平还不够，民营化还有待进一步推进。因此，垃圾处理民营化对城市市容环境卫生建设资金支出有一定影响（反映在城市市容环境卫生建设资金支出增长速度较快），但垃圾处理行业总体发展水平还不够，民营化还有待进一步推进。

从图 8-6 可以看出 1990—2009 年的 20 年中，中国的城市垃圾无害化处理厂的座数也经历了一系列复杂的变化，先是快速上升阶段，从 1990 年

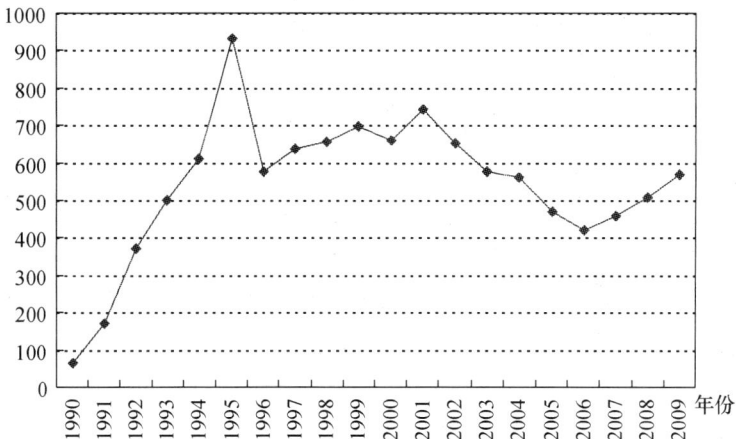

图 8-6   1990—2009 年中国城市垃圾无害化处理厂座数

的不足 100 座上升到 1995 年的最大值 932 座，然后是快速的下降，降低到 1996 年的不足 600 座。在经历了一个上升的阶段后，中国垃圾无害化处理厂的数量在 2006 年达到了最小值 419 座，到了 2009 年回升到了 567 座。中国城市垃圾无害化处理厂座数的波动式变化反映了垃圾处理行业民营化对无害化处理厂的建设影响较小。由于无害化处理厂的数量反映了垃圾处理能力和垃圾处理质量，这两项指标较小意味着民营化绩效不高。虽然 2006—2009 年出现了较小幅度的上升，但是，总体来讲，垃圾处理能力和处理质量仍然只是在较低的水平上。

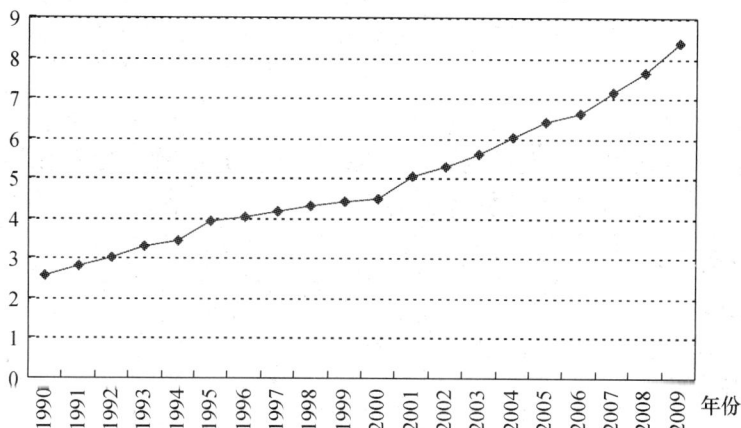

图 8-7 1990—2009 年中国市容环卫专用车辆设备总数变化情况 (万台)

从图 8-7 可以看出，中国市容环卫专用车辆设备总数一直呈直线上升趋势，从 1990 年的 2.5 万台上升到 2009 年的约 8.5 万台，增加了近 6 万台；其中 1996—2000 年的增长量较小，2001—2009 年增长量不断波动，2009 年增长量最大。

从垃圾处理行业发展水平及其增长的上述总体数据我们可以得出这样的结论，无论是垃圾处理行业固定资产投资、垃圾无害化处理厂座数、市容环卫专用车辆设备等都有了一定的发展和壮大，但是与垃圾处理行业的发展需要还有很大差距。可见，一方面，垃圾处理行业的整体发展水平仍旧远远不够；另一方面，民营化对垃圾处理行业发展的促进作用依然不够。

下面进一步分析垃圾处理行业总体发展中民营化改革所产生的影响。根据本课题组的问卷调查，受调查的 240 家垃圾处理企业总资产为 3127988 万元，非国有资本进入的企业（共 62 家）总资产为 1408212 万元，占总数的 45.02%，如表 8 - 24 所示。非国有资本控股的企业（共 51 家）总资产为 1276406 万元，占总数的 40.81%，非国有资本参股的企业（共 11 家）总资产为 131805 万元，占总数的 4.21%。此外，非国有资本控股的企业（共 51 家）分别控制了垃圾处理场总面积的 3.10%，年垃圾处理收入的 54.49%，"十一五"期间固定资产投资额的 41.17%，服务人口数的 35.67%，年垃圾处理量的 40.49%。可以看出，非国有资本控制下的总资产数、注册资产、垃圾处理收入、固定资产投资额、服务人口数、年垃圾处理量等远远超过其企业相对数量。而其控制的垃圾处理场总面积、职工人数却远远小于其企业数量。这一方面显示了民营的垃圾处理企业相对来说效率较高。另一方面也表明，民营化促进了垃圾处理行业总体发展水平的提高（显著提高了垃圾处理行业的总资产额、注册资产额、总体处理量、服务人口数、投资额等），如图 8 - 8 所示。

表 8 - 24　　　　　　　　垃圾处理行业中非国有资本的控制比例

	企业数量（个）	总资产（万元）	注册资产（万元）	职工人数（人）	垃圾处理场总面积（平方米）	年垃圾处理收入（万元）	"十一五"期间固定资产投资额（万元）	服务人口（万人）	年处理量（万吨）
240 家	240	3127988	1063041	45908	110222914	216579	1396076	18070	454285
比例（%）	100	100	100	100	100	100	100	100	100
62 家进入	62	1408212	592453	6152	4942079	123514.2	696107.9	6855.46	184117.3
比例（%）	25.83	45.02	55.73	13.40	4.48	57.03	49.86	37.94	40.53
51 家控股	51	1276406	452438	5211	3412173	118023.7	574808.9	6445.46	183942.8
比例（%）	21.25	40.81	42.56	11.35	3.10	54.49	41.17	35.67	40.49
11 家参股	11	131805	140015	941	1529907	5490.5	121299	410	174.5084
比例（%）	4.58	4.21	13.17	2.05	1.39	2.54	8.69	2.27	0.04

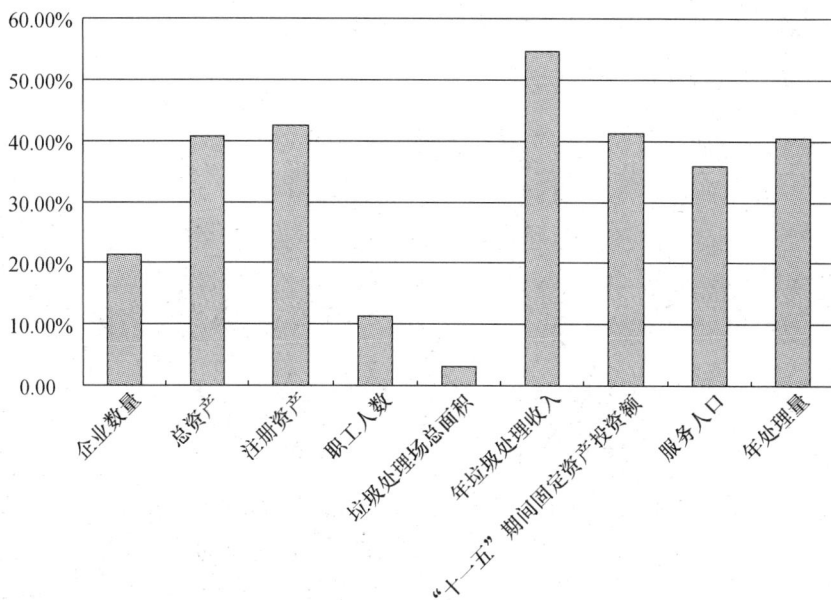

图 8-8 非国有资本对垃圾处理产业的控制程度

（二）垃圾处理收费水平的总体评价

实施垃圾收费制度是垃圾处理民营化的一个基础条件。具体来说，它有以下几点好处：（1）垃圾处理收费能够补偿投资和运营成本；（2）使人们排放垃圾的私人成本接近社会成本，从而减少垃圾的产生；（3）有利于加强人们对城市垃圾处理的监督；（4）有利于吸引社会资本参与城市垃圾处理行业。由于不同城市经济发展水平及垃圾处理行业民营化的步伐不一致，各城市在实施垃圾处理收费制度上也存在着一定差异。在中国 36 个大中城市中，已经有 25 个城市开始征收垃圾处理费，开征垃圾处理费的时间有一定差别，但多数是 2003 年以后。这也反映了中国民营化政策的影响（因为中国于 2002 年颁布施行了《关于实行城市生活垃圾处理收费制度促进垃圾处理产业化的通知》、《关于印发推进城市污水、垃圾处理产业化发展意见的通知》两项规范性文件）。另外，从表 8-25 中可以看出多数城市的垃圾处理收费标准都是在每户每月 5—8 元，几乎所有城市采取的都是定额收费制。

表 8 - 25   **25 个大中城市居民生活垃圾处理收费标准**

城市	常住人口 （元/每户每月）	开始征收时间 （年）	城市	常住人口 （元/每户每月）	开始征收时间 （年）
深圳	13.5	2006	青岛	6	2006
厦门	10	2006	太原	5	2002
重庆	8	2003	南京	5	2001
成都	8	2004	郑州	5	2007
昆明	8	—	天津	5	2001
南宁	7	2003	广州	5	2002
大连	6	2006	银川	4	2004
福州	6	2003	北京	3	1999
西宁	6	2007	石家庄	3	2008
长春	3	2006			

城市	常住人口（元/每人每月）	开征年份（年）
西安	2	2005
哈尔滨	1.5	2003
合肥	1	2000
兰州	1	2008

城市	其他交费计量方式	开征年份（年）
杭州	40 元/每户每年	2006
乌鲁木齐	市民用 1 吨水，就要缴纳 1 元的生活垃圾处理费	2003

资料来源：曹娜：《我国城市生活垃圾处理收费价格研究》，硕士学位论文，中国地质大学（北京），2010 年 5 月。

以几个代表性城市为例，深圳是中国经济较为发达的城市，垃圾处理收费相对较高，每月每户要交 13.5 元，开征年份为 2006 年；兰州市开征年份为 2008 年，常住人口收费标准为 1 元/户·月；杭州市开征垃圾收费年份为 2006 年，常住人口收费标准为 40 元/户·年[1]。

---

① 刘新宾、景兴宇：《垃圾处理产业基础研究报告》，内部研究报告，北京威士曼投资顾问有限公司，2010 年 9 月 30 日。

　　总体上看，中国已经实施垃圾处理收费的 25 个大中城市的收费标准普遍偏低，大大低于垃圾处理成本。比如宁波市现行垃圾处理费标准折算，每吨垃圾收取的垃圾处理费用为 26 元，而垃圾从源头收集到最后焚烧的成本却需要 52 元[①]。北京市的垃圾收费标准也很低，垃圾处理收费有上调的倾向。北京市对垃圾进行计量收费，对学校、餐馆、写字楼等非居民单位产生的垃圾进行分类，由 1999 年制定的 25 元/吨，变更为餐厨垃圾 25 元/吨，其他垃圾 90 元/吨，2012 年餐厨垃圾收费 50 元/吨，其他垃圾 135 元/吨，到 2013 年餐厨垃圾 90 元/吨，其他垃圾 180 元/吨，3 年内将增长 7 倍[②]。

　　为了更好地反映民营化对垃圾处理收费的影响，本课题组调查了不同运营模式的垃圾处理费差异。图 8 - 9 和表 8 - 26 为不同运营模式的垃圾处理费比较。从图 8 - 9 可以直观地看出，特许经营模式（这是民营化的一种主要模式）的垃圾处理费远远高于主管部门负责运营、政府指定企业或单位

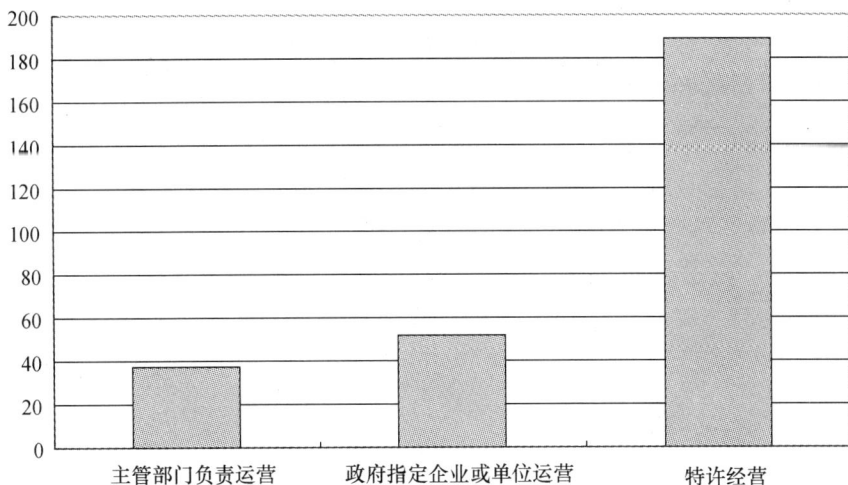

图 8 - 9　不同运营模式的垃圾处理费差异

　　① 曹娜：《我国城市生活垃圾处理收费价格研究》，硕士学位论文，中国地质大学（北京），2010年 5 月。

　　② 赵媛媛：《居民垃圾收费价格今年不上调》，《北京青年报》2011 年 3 月 31 日第 8 版。

机构运营两种模式。后面这两种模式往往是事业单位或国有企业。我们进一步用单因素方差分析（One - way ANOVA）分析运营模式对垃圾处理费的影响。结果显示，不同运营模式的垃圾处理场确实在垃圾处理费上存在显著影响（F 值为 4.644，显著性水平为 0.011）。

表 8 - 26　　　　　　　　　不同运营模式的垃圾处理费差异检验

运营模式	样本量（个）	均值	F 值	显著性水平
主管部门负责运营	56	36.88		
政府指定企业或单位机构运营	53	51.49	4.644	0.011
特许经营	41	189.28		

　　总体上说，垃圾处理行业民营化一方面促进了城市开征垃圾处理费（表现在很多城市都是在市场化改革后开征垃圾处理费）；另一方面，也促进了各垃圾处理场提高垃圾收费水平。由于原来国有企业垄断经营时垃圾收费普遍较低，远远低于垃圾处理成本，主要依靠财政补贴和政策性亏损弥补垃圾处理企业的经营亏损。垃圾处理民营化后，必然会促进收费水平逐渐接近于垃圾处理的合理成本。在垃圾收费普遍较低的情况下，民营化带来的开征垃圾处理费或收费价格提高这一变化对垃圾处理行业还是具有积极意义。

　　（三）垃圾处理服务质量水平的总体评价

　　总体上，根据本课题组对垃圾处理企业的问卷调查结果，绝大多数的受访企业（82.6%）都认同民营化改革（实施特许经营）对提高垃圾处理服务水平的影响"非常显著"或"显著"。另外有 10.1% 的受访企业认为民营化改革（实施特许经营）对提高垃圾处理服务水平的影响"一般"，只有 7.2% 的受访企业认为民营化改革（实施特许经营）对提高垃圾处理服务水平的影响"不太显著"，如图 8 - 10 所示。可见，总的来说，民营化改革显著提高了垃圾处理企业的服务水平。

　　垃圾处理服务质量具体体现在垃圾处理无害化处理率的提高，以及垃圾收集、转运和处置的过程中减少对环境的污染等方面。图 8 - 11 是中国垃圾无害化处理率的变化情况。可以看出，2003 年中国城市垃圾无害化处理率为 51%，2003—2009 年呈现出不断提高的态势，2009 年达到 71%。

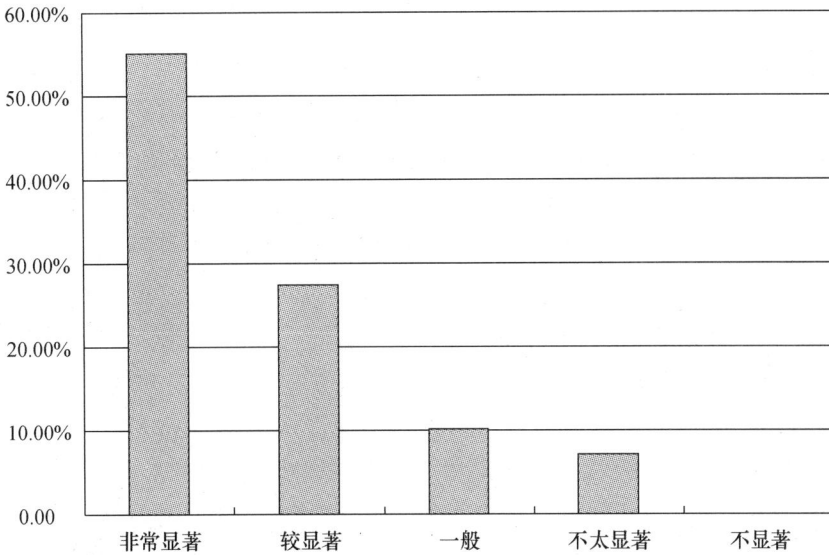

图 8 - 10　特许经营对垃圾处理服务水平提高的影响

这显示，随着垃圾处理行业的民营化，总体上垃圾处理服务质量水平上升，无害化率提高、质量达到较高的环保标准。

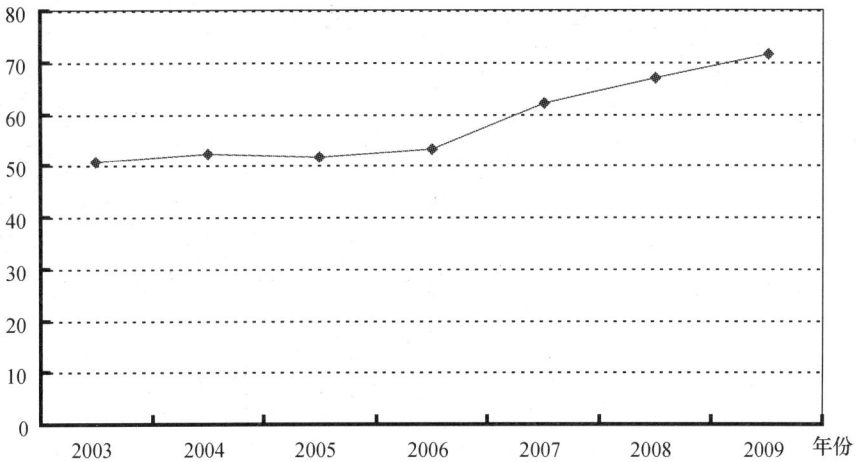

图 8 - 11　2003—2009 年中国城市垃圾处理无害化率（%）

　　下面我们以武汉和东莞两市的具体案例来详细说明民营化对垃圾处理服务质量的影响。以武汉市垃圾处理行业民营化过程为例，2001—2004 年，武汉市原有的填埋场存在的先天不足问题使得垃圾处理方式只能属于简易填埋范畴，全市生活垃圾无害化处理率面临着骤降到空白的窘境①。为解决资金投入不足等问题，2003 年 9 月，利用荷兰政府混合贷款与荷兰荷隆美公司合作兴建的二妃山填埋场投产（外商直接投资形式的民营化模式），总投资 1.39 亿元，设计日处理规模 800 吨，正式结束了武汉市垃圾无害化处理率长期低迷的状态，垃圾无害化处理率增长了 23%。2007 年，陈家冲填埋场（特许经营项目）投入使用，总投资 4.6 亿元，日处理能力达到 2000 吨，在 2008 年建设部组织的新一轮检查中被评为国家 I 级卫生填埋场，全市垃圾无害化处理率达到 55%。2010 年，武汉市形成"5 焚烧 + 2 填埋"的垃圾处理格局，总处理能力达到 9200 吨，无害化处理率达到 95% 以上，资源化利用率达到 30% 以上。由武汉市的垃圾处理行业发展可以看出，垃圾处理民营化改革促进了服务质量的提高（特别是无害化处理率的提高），民营化绩效十分显著。

　　在东莞市，未进行垃圾处理行业民营化之前，东莞市平均每天产生一万吨的原生垃圾，垃圾处理方式只有填埋和焚烧发电两种。垃圾焚烧发电厂在扩建过程中因环保问题屡遭市民质疑，而垃圾填埋场大多设施配套严重滞后，达不到国家要求的标准，垃圾填埋占用后的土地几乎全部成为废地。为解决城市垃圾问题，东莞采用 BOT 的民营化方式新建垃圾处理厂项目一期工程②。垃圾处理厂位于东莞市南城区，采用北京中科通用能源环保有限责任公司开发的循环流化床垃圾焚烧发电系统，充分利用垃圾中的热值资源，产生蒸汽发电用以补偿运营期的部分费用，全年处理 38 万吨垃圾，预计发电量可达到 22680 万度，上网电量 18000 万度③。用地规模按日处理 3000 吨垃圾规划，为 175214 平方米，第一期工程设计日处理 1000 吨

　　① 喻晓：《改革开放三十年来垃圾处理的变化与发展》，武汉市环境卫生科学研究院，武汉城市管理系统纪念改革开放三十周年征文，2008 年。
　　② 参见陈奕启 等《珠三角垃圾围城：东莞垃圾填埋场全部不合标准》，http：// home. sun0769. com/news/dgls/t20100506_ 827984_ 4. shtml。
　　③ 参见中科集团北京中科通用能源环保有限责任公司《循环流化床垃圾焚烧发电工艺介绍——东莞市市区垃圾处理厂工程实例》，2007 年 3 月，http：//www. docin. com/p - 100136595. html。

垃圾，提供用地 83375 平方米，可处理目前东莞市区每日产生的 50% 的城市生活垃圾；项目采用循环流化床垃圾焚烧发电工艺，建设 3 台日处理 400 吨垃圾的循环流化床（CFB）焚烧锅炉；配两台 15MW 的凝汽式汽轮发电机组，使垃圾处理实现了减量化、无害化和资源化，能有效控制二次污染，对周围环境的影响极小，具有较好的环境效益。由此可见，东莞垃圾处理项目的民营化过程提高了垃圾处理服务质量水平。

（四）垃圾处理行业运营效率水平的总体评价

垃圾处理行业运营效率水平首先反映在企业的平均利润率方面。图 8 - 12 反映了不同性质的垃圾处理企业平均利润率情况，可以看出，事业单位的垃圾处理企业平均利润率为 - 2.86%（处于亏损状态），国有及国有控股企业的平均利润率为 4.45%，而民营和外资企业（包括港澳台资等其他类型企业）的平均利润率为 15.6%。另外，不同运营模式的垃圾处理场平均利润率情况如图 8 - 13 所示。主管部门负责运营模式（一般为事业单位）的垃圾处理场平均利润率为 - 9.4%（处于亏损状态），政府指定企业或单位运营模式（一般为国有企业）的垃圾处理场平均利润率为 4.7%，而特许

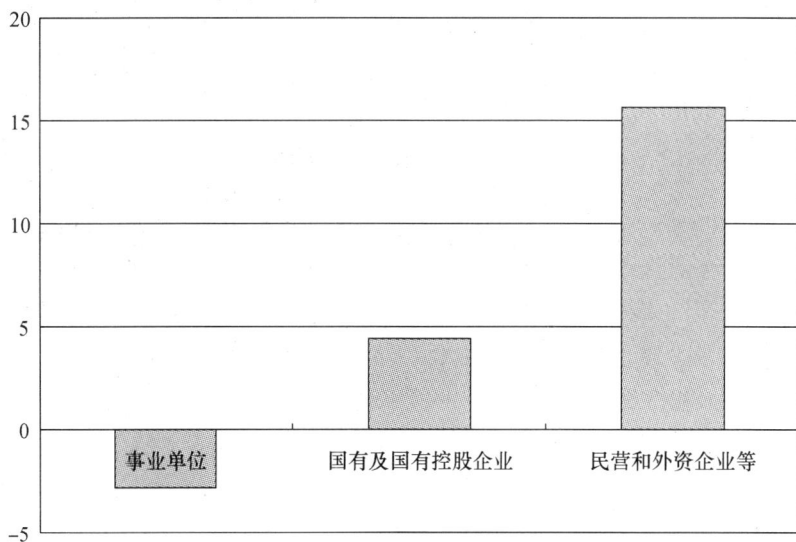

图 8 - 12　不同性质的垃圾处理企业平均利润率比较（%）

经营模式的垃圾处理场平均利润率接近6%，远远超过前两类模式。从这一简单比较中可见，民营化确实提高了垃圾处理行业的运营效率水平。

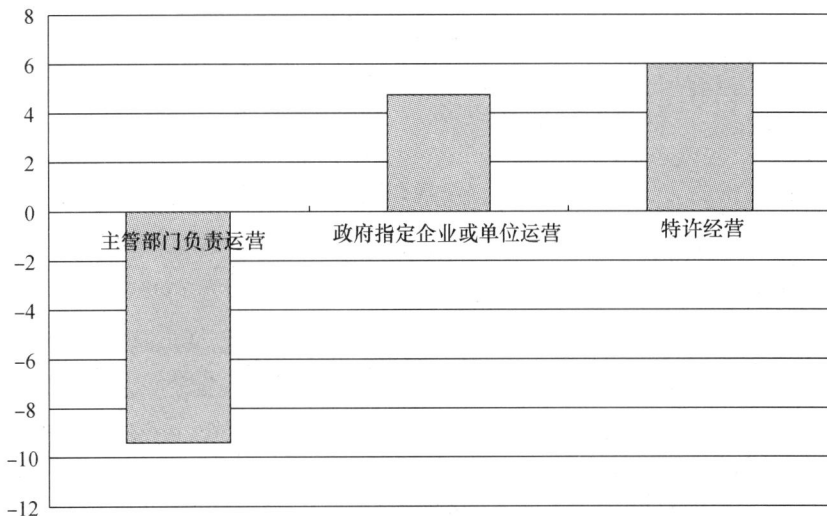

图8-13　不同运营模式的垃圾处理场平均利润率比较（%）

　　垃圾处理行业的运营效率可以用垃圾处理企业的运营成本下降、管理水平提高、技术水平提高等具体指标评价。根据本课题组对垃圾处理企业的问卷调查结果，绝大多数的受访企业都认同民营化改革（实施特许经营）提高了垃圾处理企业的运营效率水平。如图8-14所示，超过65%的受访企业认为民营化改革（实施特许经营）对处理成本下降的影响"非常显著"或"显著"，超过85%的受访企业民营化改革（实施特许经营）对管理水平提高、技术水平提高的影响"非常显著"或"显著"。与之相对，认为民营化改革（实施特许经营）对运营成本下降、管理水平提高、技术水平提高"不显著"或"不太显著"的比例非常低，只有不到15%。可见，总体上民营化改革提高了垃圾处理企业的运营效率水平。

　　下面以江苏省南京市环卫作业为例，具体分析民营化改革对垃圾处理运营效率的影响。江苏省南京市2011年推行垃圾源头分类收集，优化垃圾

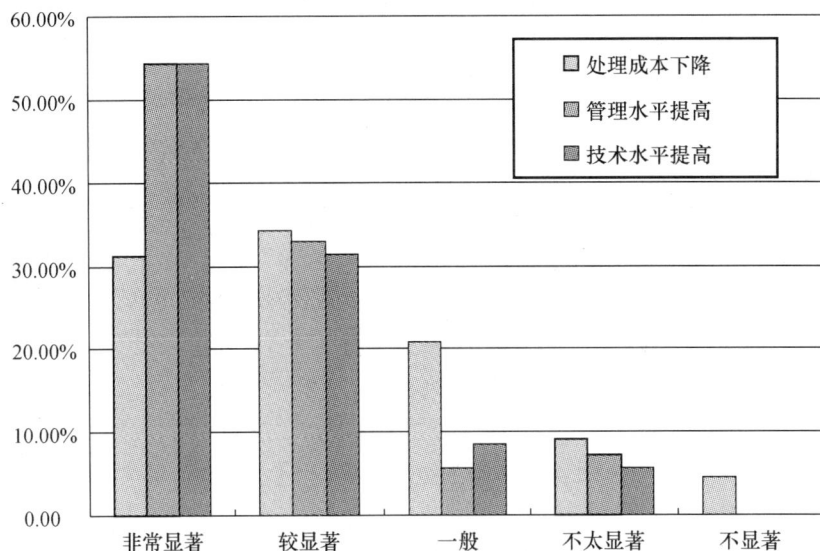

图 8-14　特许经营改革对垃圾处理企业运营效率的影响

收运处置体系①。江南八区每区选择有代表性的、组团规模较大的两个社区开展垃圾分类的试点工作；在垃圾末端处理系统建设上，除了在江北建设垃圾焚烧发电厂外，江南再建立一座静脉产业园，实现垃圾焚烧、餐厨垃圾处理、渣土处置、废旧电池系统处理，提高了垃圾处理行业的运营效率②。2009 年，南京市鼓楼区投入 570 万元，将中央路、湖南路、山西路、中山（北）路、模范马路、广州路、虎踞路等 18 条道路的清扫保洁工作承包给"玖生环保"。这一服务外包的尝试，总体被认为是成功的。2011 年，南京市在白下、建邺两区试点环卫作业市场化改革。环卫体制改革后，一个区内所有的环卫设施，包括养护和维护以市场化的方式进行服务外包（民营化的一种模式），然后制定考核制度。若能够达到标准，按照管养经费标准拨款给公司。若达不到考核标准，对公司管养经费扣罚。南京环卫

---

① 参见南京市政局《江苏省南京市启动环卫作业市场化改革试点》，http：//www. xinan. gov. cn/ xaszj/hydt/webinfo/2011/03/1300182768097427. htm。

② "静脉产业"是由日本学者提出的概念，又称固体废弃物资源化产业，运用先进的技术，将生产和消费过程中产生的废物转化为可重新利用的资源和产品。

体制的民营化改革改变了传统体制下大量经费被老体制人员占用等诸多弊端，提高了垃圾处理行业的运营效率。

（五）垃圾处理行业普遍服务水平的总体评价

垃圾处理行业普遍服务水平主要以垃圾处理各个环节的设备充足度、服务涉及面等指标为特征。以下以深圳市为例，考察垃圾处理行业民营化前后的普遍服务水平的变化情况，从而揭示出民营化对垃圾处理行业普遍服务水平的影响。深圳市的垃圾收运设施大多建成于 20 世纪 80 年代中后期，客观上存在设施简陋、设备落后、数量不足等问题，已无法承担垃圾量剧增的现状，"环卫设施（设备）不环卫"的现象也越来越突出①。主要表现在：一是环保性能差。原有垃圾转运站实际上只是手推车汇集点，只有一个简易的垃圾倾倒平台，收集垃圾时，十几辆敞开式手推车排成长队，污水滴漏、恶臭散发；压缩装运时，污水横溢，噪声扰民，既影响了周边市容环境，又易造成交通堵塞。二是开放时间短，转运能力小。由于原有转运站不具备临时储存功能，收运时间决定于垃圾运输车的调度，一般每天只能收运两次，每次只能开放 1 个多小时。因此，造成了不少区域生活垃圾当天无法及时清运。三是垃圾运输过程中污染严重，车辆的档次越来越低、车况也越来越差，垃圾运输车辆残旧、破损比较突出，严重污染了市容环境。

深圳市的垃圾清运业务有 65% 是以企业承包的市场化方式运营（这是类似于民营化的一种形式）。2004 年 7 月，深圳市政府决定在全市范围内用 3 年时间建设 418 座美观实用、生态性良好的垃圾转运站，并配置具有国际先进水平的环保型转运设备，构建城乡一体化的现代垃圾收运系统。截至 2006 年年底，全市共落实了垃圾转运站建设资金 5.27 亿元，已建成 161 座，有 49 座正在施工中，有 68 座办理了报建手续，准备开工，另有 140 座正在办理用地、报建手续。新型垃圾转运站（公厕）的建成使用，显著地改善了片区的市容环境，赢得广泛好评。新建垃圾转运站优势明显。表现在：一是科学规划，垃圾转运站布点覆盖全市，建设标准城乡一体化；二是扩大转运能力和服务半径，转运能力由原来的每天 16 吨/站左右提高到

---

① 深圳垃圾处理普遍服务评价案例来源参见深圳市环境卫生管理处《以垃圾转运站建设为切入点，推进垃圾收运系统变革》，http://www.cn-hw.net/html/31/200801/5658.html。

60 吨/站以上，彻底解决了垃圾运力不足问题。同时，垃圾转运站布点数量由全市 2268 个减少到 418 个，减少了日常维护和管理成本；三是实行全天候连续作业，垃圾随时来随时压缩，消除手推车排长龙的现象；四是采用带防漏装置集装箱运输，解决垃圾车沿途污水滴漏问题；五是实行室内作业，作业噪声控制在 75 分贝以下，配置了除臭设施，对于距居民区较近的站点设置负压抽风除臭系统，解决了臭气、噪声扰民问题；六是采用标准设计方案，全市范围内均按标准方案建设，并按统一标准进行管理，提升了特区外宝安、龙岗两区的垃圾收运水平；七是 80% 的站点附建公厕，提高了土地利用率，附建公厕 335 座，将缓解公厕不足的问题。可见，民营化（清运业务外包）使得垃圾处理行业服务覆盖面扩大，普遍服务水平有了显著提升。

三　垃圾处理行业民营化绩效评价的结论

通过考察民营化对垃圾处理行业整体发展水平、服务质量、收费水平、运营效率、普遍服务等方面的影响可以看出，垃圾处理行业民营化不仅对垃圾处理行业总体发展水平，而且对收费水平、服务质量、运营效率、普遍服务等方面都产生了积极的促进作用。具体体现在：

第一，民营化使得垃圾处理服务质量和技术水平得到很大的提高。垃圾处理行业引入外商直接投资和民营资本，不仅提供了大量的先进技术和设备，还扩大了融资渠道，使得垃圾处理行业能够在加大投资的基础上实现垃圾处理技术的提升，这些使得垃圾处理更好地实现了减量化、无害化和资源化，提高了垃圾处理的质量水平。

第二，民营化提升了城市垃圾处理普遍服务水平。以深圳市的垃圾清运业务外包为例，新的垃圾中转站的建立，使得垃圾处理服务的覆盖面得到大幅上升，垃圾处理民营化有效提高了垃圾处理普遍服务水平。

第三，民营化在较大程度上提高了垃圾处理行业的运营效率和收费水平。在垃圾处理行业运营效率和垃圾处理收费方面，民营化使得垃圾处理行业运营效率有了较大的提升（南京市就是一例）；另外，垃圾处理行业民营化总体上促进了城市开征垃圾处理费（表现在很多城市都是在市场化改革后开征垃圾处理费），或者促进了各城市提高垃圾处理收费水平。

但是，中国垃圾处理行业民营化处于初级阶段，民营化还存在一些问题或不足。具体表现在：

第一，民营化对垃圾处理行业总体发展水平的影响较小。随着中国近年来的城市垃圾清运量和处理量不断上升，对垃圾处理行业的投资力度、垃圾处理厂（场）的建设、无害化处理厂的建设、环境卫生的资金投放等方面都与垃圾处理行业发展的要求存在着较大的差距。因此，今后一段时期内应进一步加大垃圾处理行业民营化改革的步伐，以推动垃圾处理行业的快速发展。

第二，垃圾收费改革的滞后影响民营化的绩效。目前，中国垃圾处理收费体制还未完全由行政性收费转变为经营性收费，从 25 个大中城市的数据中可以看出垃圾处理收费水平远远低于垃圾处理成本，并且收缴率很低，民营化势必要求制定出合理的垃圾处理收费制度，垃圾收费水平远低于垃圾处理成本也影响了民营化的绩效。

第三，政府高效的管制是确保民营化绩效的前提条件。垃圾处理民营化要想在总体上不断推进，就需要从民营化所需的融资渠道、垃圾处理收费制度方面着手，还需要对垃圾处理行业民营化过程加强管制。例如，对垃圾处理民营企业的进入管制、服务质量、环保标准等方面进行控制和协调，因此只有这样才能发挥出垃圾处理行业民营化对总体发展水平、服务质量、收费水平、普遍服务、运营效率协调统一的正向促进作用，进而全面提高垃圾处理行业民营化的绩效水平。

第四节　城市垃圾处理行业民营化的管制政策

在垃圾处理行业民营化以后，为确保新的垃圾处理行业格局有序运营并实现民营化的目标，政府还需要对垃圾处理行业的进入与退出、价格、质量和环保标准等进行相应的管制。政府在垃圾处理行业民营化之后需要制定和实施的管制政策主要内容如下：

一　进入与退出管制政策

将垃圾处理行业由政府全权控制的形式转变为使民营企业参与进来，

首先要考虑的一个问题就是对民营企业进入的管制。垃圾处理行业的进入管制具有两重性，其一是由垃圾处理行业的技术经济特征所决定的，需要对新进入的垃圾处理企业实行严格的控制，从而避免在垃圾处理行业出现重复建设和过度竞争的状态；其二是对新进入的垃圾处理民营企业实行控制并不意味着禁止新企业进入垃圾处理行业，政府部门应该适时允许通过直接或间接的途径使得有资质、合适的垃圾处理民营企业进入，从而实现发挥竞争机制的作用。具体的管制政策思路是根据不同的业务类型制定出不同的管制政策。垃圾处理行业不同业务领域的进入与退出管制政策如表8－27所示。

表8－27　　　　　垃圾处理行业不同业务领域的进入退出管制政策

业务领域	技术经济特征	进入管制政策	退出管制政策
垃圾收集业务	竞争性	竞争性招标、特许投标制度、避免过度竞争	使用特许经营的方式允许新的企业取代退出企业
垃圾运输业务	竞争性	竞争性招标、特许投标制度、避免过度竞争	使用特许经营的方式允许新的企业取代退出企业
垃圾填埋处理业务	自然垄断	BOT、特许经营	确保垃圾处理能力稳定
垃圾焚烧处理业务	自然垄断	BOT、特许经营	确保垃圾处理能力稳定

（1）对于街道清扫、垃圾收集与回收利用等竞争性业务领域，政府适宜采取放开市场的政策，采用公开竞争招投标选择区域性的作业经营者。例如，可以把城市城区分成若干个区域，分别实行竞争性招标，对象包括国内外各种类型的企业。它们与政府签订合同后完全按民营化模式运作，政府根据作业质量标准进行管制。对于竞争性的领域在进入管制时要控制新进入企业的数量，避免重复建设和过度竞争。一方面，对原环卫作业事业单位，在清产核资、明晰产权的基础上实行企业化改制，使其尽快成为自主经营、自负盈亏的法人实体和市场主体。暂时可以通过议标、邀标的方式直接授予其特许经营权，逐步过渡到通过竞争投标的方式竞争特许经营权；另一方面，采用特许投标制度，通过公开竞争招投标方式引进合资、合作、外资、民资等多种成分的运营企业，经资格认证后进入市场，参与

竞争，逐步建立起统一高效的环卫运作模式。

（2）对于垃圾卫生填埋、焚烧发电等有一定自然垄断性质的业务领域，由于存在较为显著的规模经济性，不考虑其他因素的情况下，政府制定进入管制政策时，应当适当控制进入壁垒。例如，可以规定垃圾处理厂的最小投资建设规模，同时限制小规模垃圾处理厂的投资建设，进而能够在保持规模经济的条件下实现市场的有序竞争。通过限制特许权的发放严格控制进入垃圾处理业务领域的企业数量，一定城区范围内只允许一家企业从事垃圾处理业务。为实现规模经济，亦可以几个城市联合起来组建区域性的大规模垃圾处理企业，这对于降低垃圾处理成本，从而实现区域性的规模经济有着重要的现实意义。当然，考虑市场对垃圾处理能力的需求因素，假设某个城市的人口及垃圾产生量较小，也可以根据实际情况建设小规模的垃圾处理厂。

具体操作上，对于现有的垃圾处理企业，可以通过竞争投标的方式拍卖特许经营权。新建垃圾处理企业，可以通过 BOT 等方式选择特许经营者。当然，为避免具有垄断地位的垃圾处理企业滥用垄断权力，对其要加强收费价格、处理质量的管制。建立市场准入管制政策后，垃圾处理企业依据管制政策执行运营，不具备相应资格的企业不得从事垃圾处理行业，垃圾处理行业的在位企业要加强垃圾处置质量。

（3）政府应消除不必要的制度性壁垒，使有资质、合适的垃圾处理民营企业能够较容易、低成本地进入垃圾处理行业。对拟进入垃圾处理行业的企业来讲，政府要在两个方面进行管制，第一是政府须制定严格的资格审查与经营许可制度，重点考察新进入企业是否具有相应的技术、资金和管理运营能力；第二是要提高审批的效率，对于符合进入要求的垃圾处理企业尽快能够进入垃圾处理行业，降低进入的时间成本。

（4）政府管制者除了制定与完善市场进入管制政策外，也需要制定和完善市场退出政策，明确市场退出程序和应对措施，以确保垃圾处理服务的稳定性。由于城市垃圾处理带有一定的公益性质，与公众利益直接相关，所以垃圾处理企业有责任提供稳定的垃圾处理服务。如果原垃圾处理企业缺乏相应能力不适合继续提供垃圾处理服务，政府应通过特许经营方式选择新的垃圾处理服务经营者，从而确保垃圾处理服务的稳定供应。

二 垃圾收费和处理价格管制政策

从整体和长期的角度来看，政府对垃圾处理行业价格管制的目标是提高垃圾处理企业的运营效率、促进社会分配效率、鼓励来自社会各界的投资。根据经济学的帕累托最优理论，政府进行管制的价格应该是由垃圾处理收费的边际成本来决定，然而垃圾处理行业具有一定的规模经济性，这使得按照边际成本进行定价的垃圾处理企业必然处于亏损的状态，从而抑制社会资本进入垃圾处理行业。因此，需要合理制定垃圾处理企业的价格管制政策确保企业获得补偿平均成本。

（1）街道清扫、垃圾收集等业务属于竞争性业务，政府可以放开价格管制，通过采用竞争性招投标选择区域性的垃圾收运经营者，充分发挥竞争机制在价格形成中的积极作用，提高竞争性垃圾收集、转运的效率。垃圾处理行业不同业务领域的处理价格管制政策如表 8 – 28 所示。

表 8 – 28　　　　　　　垃圾处理行业收费和处理价格管制政策

业务领域	垃圾处理价格管制政策	垃圾收费管制政策
垃圾收集业务	放开价格管制，发挥市场机制的作用	垃圾收费变动时，要广泛征求城市居民的意见，召开包括城市居民和政府管制者在内的垃圾收费价格听证会，从而确定垃圾处理收费的合理水平
垃圾运输业务	放开价格管制，发挥市场机制的作用	
垃圾填埋处理业务	按照平均成本定价为主，间接的特许投标制、进行适当补贴、强化成本管制	
垃圾焚烧处理业务	按照平均成本定价为主，间接的特许投标制、进行适当补贴、强化成本管制	
垃圾堆肥处理业务	按照平均成本定价为主，间接的特许投标制、进行适当补贴、强化成本管制	

（2）垃圾卫生填埋、焚烧发电等垃圾处理业务有一定的自然垄断性质，这些垃圾处理业务特征使得价格管制成为重点。这里的价格管制既包括垃圾处理收费价格管制，还包括其附加产品（如生产的电力、沼气等）价格管制：一是沼气等附加产品处于竞争性市场中，其价格完全由竞争市场决定，政府完全可以放开价格管制。需要注意的是，垃圾处理企业的总体环境、社会、经济效益良好，是一项公益性很强的事业，但由于建设、运营

成本较高，仅靠自身经营难以达到收支平衡，因此，政府补贴必不可少。政府可以根据处置的垃圾数量或者电力、沼气等附加产品的产量给企业相应的补贴，以鼓励利用垃圾焚烧发电或填埋气体发电。二是针对具有自然垄断性质的垃圾处理环节，根据美国等经济发达国家的经验，将垃圾处理行业的收费管制价格与运营的平均成本挂钩，实现垃圾处理企业的盈亏相抵。但是在信息不对称的情况下，根据平均成本定价会导致企业虚报成本而人为地获得更多的利润，政府还需要制定合理的激励性管制价格。特许投标制提供了较为可行的方法，它通过将垃圾处理行业的独家经营权交给最低报价的垃圾处理企业，这样最终的垃圾处理收费水平会更大程度地接近最小成本。

（3）在具体的价格管制实践操作中，通过建立垃圾处理成本定期监审制度，完善相关定额和标准、定期公布经营状况和成本信息等措施，及时掌握企业经营成本状况。尤其是政府应充分应用区域间成本比较和绩效评价（如与本区域其他城市进行垃圾处理成本比较与评价），全面把握企业的真实成本，通过比较统计数据向企业施加压力促进其提高效率，建立健全成本约束机制。最终为政府制定垃圾处理收费价格提供依据，防止垃圾处理收费不合理上涨。

（4）另外，对垃圾处理收费管制还要防止垃圾收费过高的问题，因为对垃圾处理收费的高低直接关系到社会公众的切身利益得失。如果垃圾处理收费过高，就会使得老百姓的利益受到侵害。因此，在垃圾处理收费问题上，应该广泛征求城市居民的意见，垃圾处理收费变动的时候，要召开包括城市居民和政府管制者在内的价格听证会，在代表性利益相关者的意见达成一致的情况下确定垃圾处理收费的合理水平，使得垃圾处理收费水平既能够确保垃圾处理行业运营的资金来源，也能够维护广大城市居民的切身利益，防止垃圾处理收费过高对整个社会福利产生负面影响。

三 质量和环保标准管制政策

垃圾处理行业是与居民生活息息相关的行业，垃圾处理的服务质量和环保标准控制显得十分重要。垃圾处理行业民营化后，如果没有相应的质量和环保标准的管制，追求自身利益最大化的垃圾处理企业为了使成本最小化，就有可能产生一种忽视或简化填埋渗滤液处理、焚烧尾气处理等的动机，其结果必然造成二次污染。因此，政府必须加强垃圾处理质量管制，减少垃圾焚烧或填埋过程中容易导致的环境污染和破坏。垃圾处理行业质量和环保标准的管制政策思路如下：

（1）在街道清扫、垃圾收集与回收利用等竞争性业务领域运用市场力量促使垃圾处理企业自觉提高质量。在街道清扫、垃圾收集与回收利用等业务领域，要培育市场竞争力量，最大限度地运用市场机制的自发调节，从而促使垃圾处理企业自觉提高垃圾处理的质量。如果某些垃圾回收企业达不到行业的平均质量标准，那么必然会被更高质量的企业所取代，这样在垃圾回收和街道清扫领域的有效竞争能够自觉提高其运营质量。

（2）完善现行的垃圾处理作业质量和无害化处理指标体系。中国现行的环保标准主要有：《生活垃圾填埋污染控制标准》（GB16889－1997）、《生活垃圾焚烧污染控制标准》（GB18485－2001）、《生活垃圾卫生填埋技术规范》（CJJ17－2004）、《生活垃圾焚烧处理工程技术规范（CJJ90－2009）》、《城市生活垃圾卫生填埋场运行维护技术规程》（CJJ93－2003）、《生活垃圾填埋场无害化评价标准》（CJJ/T107－2005）、《生活垃圾填埋场环境监测技术标准》（CJ/T3037－1995）等。环保标准管制在消除垃圾处理负外部性方面具有较大的确定性、权威性、直接性、强制性的特点，对中国的生活垃圾处理行业起着积极的作用。但总的来说，中国现阶段的作业质量和无害化处理指标体系还不够完备，这导致人们对垃圾无害化处理的概念模糊，政府也很难对垃圾处理标准实行有效管制。因此，环保标准管制要进一步完善现行的垃圾处理作业质量和无害化处理指标体系。

（3）对垃圾处理设施建立环境监测系统，实时监测各垃圾处理设施在运营过程中的污染物排放情况和对周围环境的影响。管制机构应当围绕垃圾收集和转运的高效率、处理过程的无害化率和及时率等质量指标进行常规性的检查和监督。具体的监测工作可以委托具有计量资格的第三方检测单位进行定期监测，由政府管制者对监测数据进行汇总分析，根据标准提出分析处理意见。检测结果应纳入考核评价体系，以此确定垃圾处理费用的支付。还可以建立居民投诉和反馈机制以监督垃圾处理行业加强自身的运营质量。此外，在垃圾处理质量管制实践中，建设部门和环保部门应加强管制职能的整合和协调，以更好地发挥管制效能。

（4）政府制定质量和环保标准管制政策时，应注意以下几点：第一，对于通过特许经营制度刚刚进入城市垃圾处理领域的企业，由于其缺乏相应的运作管理经验，因此政府应对其实行严格的质量和环保标准管制，确保处理质量。而经过一段时间适应后，政府可以相应减小质量和环保标准管制的力度。第二，由于垃圾处理企业对环境的影响往往是长期的，因此，对垃圾处理的质量管制相应的也应该是长期的。例如，政府对垃圾填埋场的质量管制不仅要求保证当前的环境质量，而且应要求其在垃圾填埋场关闭后若干年内（如30年）继续管理，以保证未来环境质量的可预期性。第三，从动态的角度来看，随着人们对城市居住环境要求的不断提高，垃圾处理需要达到的最低质量要求应该不断提升。因此，政府的质量管制政策应满足社会不断上升的要求，与经济社会发展水平保持一致。

垃圾处理行业不同业务领域质量和环保标准管制政策如表8－29所示。

表8－29　　　　垃圾处理行业不同业务领域质量和环保标准管制政策

业务领域	技术经济特征	质量和环保标准管制政策
垃圾收集业务	竞争性	培育市场竞争力量、发挥市场机制的作用，从而提高垃圾收集的效率和效果
垃圾运输业务	竞争性	培育市场竞争力量、发挥市场机制的作用，从而提高垃圾运输的效率和降低运输成本
垃圾填埋处理业务	自然垄断	行政命令直接控制环保标准，并且随着社会的要求不断加强质量管制
垃圾焚烧处理业务	自然垄断	行政命令直接控制环保标准，并且随着社会的要求不断加强质量管制
垃圾堆肥处理业务	有一定垄断性	行政命令直接控制环保标准，并且随着社会的要求不断加强质量管制

四　不同环节间的协调管制政策

垃圾处理行业从收集、转运到处理是一项系统性的工程，需要行业内不同业务间的密切配合，否则一旦某个环节出现了问题，就会导致整个垃圾处理行业低效率的状态。例如，垃圾堆肥厂的高效运行需要垃圾分类收集（而不是混合收集）以及垃圾收集、中转、运输与处理间的有效衔接，只有这样，才能保证堆肥产品的质量和销路。又比如，垃圾焚烧发电厂一旦点火工作，其所依赖的生活垃圾原料，必须源源不断地足额供应，否则将会影响焚烧炉工作寿命和影响向电网提供稳定的供电水平。垃圾处理行业在政府独家一体化经营的情况下，各业务间的协调是政府（国企）内部的事情。但是，垃圾处理行业民营化后，不同的业务领域由不同的民营企业经营，这就非常有必要制定垃圾处理行业不同业务和不同企业间的协调管制政策，以保证垃圾处理行业的高效率和稳定运营。

（1）加强垃圾收运系统内部协调与优化。垃圾收运系统是城市垃圾全过程管理中的重要组成部分。要实现垃圾源源不断足额供应，必须建立一个完整、高效的垃圾收运系统。然而，目前垃圾收运系统内部的不协调也较常见。根据杭州市环卫科研所的调查分析①，承担垃圾收运的环卫事业单位从属于不同级别、不同区域的行政部门，由于受到行政管理条块的限制，相互之间因利益分配和管理界限的制约而难以协调。各个环卫企业仅仅承担各自领域的环卫作业任务，实力弱小，市场开拓不够，这导致垃圾收集、中转、运输各环节重叠与脱节并存，设备闲置与短缺并存，人力和物力不能有效调配和利用。最终导致成本提高、服务质量低劣，出现"卫生死角"和"城郊接合部垃圾"等老大难问题。因此应清除体制性障碍，建设跨行业的规模较大的垃圾处理企业，使得垃圾收集、运输、转运环环相扣，实现垃圾收运系统内部协调运营。

（2）加强垃圾收运系统和垃圾处理系统之间的协调。垃圾处理是城市环境卫生工作的重要组成部分，应把垃圾处理设施建设规划纳入城市（区）环境卫生工作规划，进而纳入城市（区）发展总体规划。做到垃圾处理设施发展建设与城市（区）发展建设同时规划、同时建设、同时验收并投入使用。加快城区垃圾中转站整合，完善大中型垃圾中转站布局，统一规划建设市区垃圾收运、处理体系。此外，出台相关政策鼓励居民从源头节约消费、节约资源，推进垃圾分类收集，以鼓励居民和企业参与分类收集、

---

① 沈雪海、俞觊觎：《城市垃圾处理产业化的现状和对策》，《杭州科技》2003 年第 3 期。

分类运输、分类处理，加强对垃圾的循环回收和综合利用。垃圾分类工作在中国部分大中城市已经正式展开。根据 2011 年 4 月 1 日起实施的《广州市城市生活垃圾分类管理暂行规定》，广州市将生活垃圾分为可回收物、餐厨垃圾、有害垃圾和其他垃圾四类，并规定了各类垃圾的标志和收集容器颜色。按照"先易后难、循序渐进、分步实施"的原则，广州市确定了 16 条街道、6 个社区和部分生活小区，以及市、区党政机关，城区约 1500 所中小学校、733 个农贸市场等地先行先试，以点带面，逐步推广生活垃圾分类[①]。

（3）垃圾处理方式有填埋、焚烧、堆肥等多种，应制定合理的管制政策加强各种处理方式的协调。通过对各种垃圾处理方式的协调管制，有利于促进再利用、资源化，从而以最低的社会总成本进行垃圾处理。管制政策应致力于：首先，从源头尽量减少垃圾产生（减量化）。例如国家 2008 年实施的限塑令，规定塑料袋是有偿使用，这在一定程度上能够减少垃圾塑料袋的产生量；其次，对于不可避免产生的垃圾要尽量加强回收利用（垃圾直接再利用是第一选择，垃圾焚烧回收燃料是第二选择）。例如在设计垃圾箱的时候，要分为可回收和不可回收两类；最后，对不能回收利用的垃圾一定要确保处理过程不污染环境。很多发达国家都出台了相关的法律法规。以瑞典为例，政府通过法律和经济手段促进垃圾废弃物的回收再利用以尽量缩减垃圾填埋的数量，同时促进垃圾的减量化、资源化和无害化。目前，约有 40% 的家庭垃圾通过回收作为原材料或作为肥料被重新利用，40% 的垃圾通过焚烧发电被重新利用。只有大约 20% 的家庭垃圾和焚烧后的灰渣通过垃圾填埋的方式进行处理，而且这一比例还在逐年下降。2002 年瑞典政府颁布了对可燃废弃物禁止填埋的规定，到 2005 年对有机垃圾也禁止填埋。垃圾填埋则是将无机垃圾（如建筑垃圾、玻璃等）、非有害一般垃圾（如城市生活垃圾、焚烧后的灰渣、轻度污染的土壤等）、有害废弃物（如严重污染的土壤等）分别填埋处理[②]。

在中国，在两种主要垃圾处置方式（卫生填埋、焚烧）中，由于垃圾填埋占用土地较多，垃圾减容效果差，同时城市土地稀缺，因此，需要制

① 参见朱子荣《生活垃圾分类工作将在中国大中城市陆续展开》，《国际在线》2011 年 4 月 12 日。
② 参见中华《瑞典污水垃圾处理的经营体制》，《环境经济》2004 年第 9 期。

定相应的管制政策优先支持垃圾焚烧发电。特别是要避免垃圾焚烧发电厂"吃不饱"。重庆同兴垃圾焚烧发电厂"吃不饱"垃圾的尴尬说明了这一点。重庆主城区正式运营的有两家垃圾处理场：同兴垃圾焚烧发电厂和长生桥垃圾卫生填埋场。每处置一吨垃圾，政府补贴长生桥填埋场48元垃圾处置费，同兴发电厂的垃圾处置费是每吨69.9元。政府为了少交垃圾处置费，减少垃圾运输费用，甚至将约800吨垃圾乱倒在一些临时垃圾填埋点。与此同时，两家正式运营的垃圾处理厂都"吃不饱"。同兴垃圾焚烧发电厂投产后不到一个月还达不到协议规定的1200吨的日供应量[①]。

　　（4）在垃圾处理行业民营化过程中，相关管制主体之间也存在一定的利益冲突，主要表现为以下几个方面：在垃圾填埋场的建设问题上，涉及隔离带的居民搬迁以及周边居民和填埋场的冲突问题；城市垃圾处理场建设和运营的冲突等。这些冲突会在根本上妨碍垃圾处理行业的民营化。解决以上问题必须借助政府的力量（有些问题需要跨部门协调才能得到解决），制定相关法律法规，才可以提供清晰的法律和政策依据。此外，垃圾处理行业民营化过程中协调管制政策不仅包括垃圾处理行业运营的不同环节的协调管制，而且对于垃圾处理行业利益集团冲突的协调管制也是政府需要注意的问题。垃圾处理行业的协调管制政策如表8-30所示。

表8-30　　　　　　垃圾处理行业不同环节间的协调管制政策

业务环节	不同环节的协调管制政策
收运系统内部	组建具有跨行业、规模大的垃圾处理企业，从而优化收运系统内部的协调性
垃圾收运系统和垃圾处理系统之间	出台相关政策鼓励垃圾分类收集、分类运输，加强垃圾的循环回收和综合利用
不同处理方式之间	减少垃圾产生量，加强垃圾回收利用，优先支持垃圾焚烧发电
不同利益主体之间	依据政府的力量制定解决不同利益群体利益冲突的相关法律法规，使得垃圾处理争端问题的解决具有法律依据

---

① 参见李月《要经济还是要环保？垃圾发电厂"吃不饱"》，《市场报》2005年8月5日第5版。

第九章

深化城市公用事业民营化改革的基本思路

深化城市公用事业民营化在中国不仅已具有经济基础，而且符合国家的政策导向，因此已成为大势所趋。本书前面的内容主要是从实证的角度系统总结了中国城市公用事业民营化改革的基本成效和产生的负面效应，这为有效推进民营化改革提供了实证资料。在此基础上，本章将从五个方面讨论深化城市公用事业民营化改革的基本思路，主要观点是：构建城市公用事业民营化的法规政策体系，城市公用事业结构重组是民营化的基础，对城市公用事业实行分类民营化政策，选择城市公用事业民营化的有效途径，加强城市公用事业民营化的政府责任。这些主要观点可作为深化中国城市公用事业民营化改革的基本思路。

第一节　构建城市公用事业民营化的法规政策体系

一　城市公用事业民营化的法规政策

为保证城市公用事业民营化的有效性，必须要有相应的法规政策为依据。在这方面，经济发达国家为我们提供了可资借鉴的基本经验。经济发达国家对城市公用事业民营化都是以立法为先导，这使民营化具有明确的法律依据和实施程序。以英国自来水产业为例，英国在20世纪80年代就开始对自来水产业实行民营化改革，作为民营化的必要准备，1986年，英国环境部发布了对英格兰和威尔士的地区水利局（这些国有地区水利局全面负责包括自来水供应、污水处理等业务活动）实行民营化的"白皮书"和由伯明翰大学斯蒂芬·李特查尔德教授所作的关于对民营化后的地区水利局进行经济管制的报告①。1989 年，英国颁布了《自来水法》，1991 年，又颁布了《水产业法》和《水资源法》，并分别在 1999 年和 2003 年，根据民营化和政府管制的动态需要，对相关法规作了修订，通过这些法律，对英国自来水产业民营化的主要方面作了规定。表 9 - 1 总结了英国自来水产业民营化的主要法律及其重要内容。同时，英国在 1986 年颁布的《燃气法》，也明确规定废除英国煤气公司的独家经营权，允许民营化，并设立煤气供应管制办公室。

表 9 - 1　　　　　　　英国自来水产业民营化的主要法律及其重要内容

法律名称和时间	重要内容或新增内容
1989 年《自来水法》	建立"自来水服务管制办公室"作为自来水产业的经济管制者，负责审定各自来水公司的价格及收益；建立"国家江河管理局"；建立"自来水顾客服务委员会"；允许 10 个地区自来水公司民营化，并对一些实施措施赋予法律依据
1991 年《水产业法》	主要针对经济管制。将水资源取用、处理、使用、污水、消毒、再利用等过程整合，置于同一管理架构之下。此外，为避免现存 10 家水公司因相互并购，造成 OFWAT 在评估各公司经营绩效时的比较数据数量减少，该法对水公司超过 3000 万英镑的并购案设有特别限制及规范
1991 年《水资源法》	明确国家江河管理局在新体制中的职权
1999 年《水产业法》	对 1991 年《水产业法》作若干修正，包括加强保护消费者的权益，提高水务公司对用户停止供水的限制；并赋予水务总监更多权力以改善各水公司的价格机制
2003 年《自来水法》	对 1991 年《水产业法》、1991 年《水资源法》等法案的补充与修正

资料来源：OFWAT, "Privatisation and the History of the Water Industry", http：//www. ofwat. gov. uk/ infonotes/in18. pdf, May, 2002b。转引自陈富良主编《规制与竞争前沿问题》第一辑，经济管理出版社 2004 年版，第 95 页。引用时有增删。

　　在中国城市公用事业民营化的法规政策制定方面，显然落后于实践，与经济发达国家的"以立法为先导"的民营化改革理念形成很大的反差。中国城市公用事业的民营化实践至少开始于 20 世纪 90 年代，如在 1992 年

---

① Department of the Environment, 1986, *Privatisation of the Water Authorities in England and Wales.* Cmnd 9734, London：HMSO; Littlechild, S. C. , 1986, *Economic Regulation of Privatised Water Authorities*, London：HMSO >.

6月，上海市就成立了凌桥自来水公司，公开向社会发行股票，募集资金2亿多元，这是中国自来水产业中首家实行的股份制企业，1997年该企业实现税后利润4540万元①。又如，第一章提到的新奥燃气集团是河北一家以罐装液化气起家的民营企业，从1994年就进军城市管道燃气行业。但从中国城市公用事业民营化的法规政策现状看，在第一章讨论城市公用事业民营化的政策导向时曾指出，宏观层面上，党和国家已相继出台了有关鼓励民营经济发展，扩大民营企业经营范围，非公有资本进入法律法规未禁入的基础设施、公用事业及其他行业和领域的政策。国务院及其有关部门还制定了一系列与城市公用事业民营化相关的规章。但这些法规政策只是从总体上鼓励民营企业进入新的投资领域，缺乏城市公用事业民营化的针对性。

虽然在城市公用事业方面，国务院曾颁布《城市供水条例》（1994年7月）、《城市道路管理条例》（1996年6月）等行政法规，建设部曾颁布《城市燃气管理办法》（1997年12月）、《城市生活垃圾管理办法》（1993年8月）等部门规章，但这些法规大多数是在中国城市公用事业原有管理体制下制定的，缺乏改革导向性，更与城市公用事业民营化无关。而且，不少内容已不符合中国城市公用事业的现状，需要加以修订。建设部在2002年12月制定并下发了《关于加快城市公用事业市场化进程的意见》，在2004年3月又颁发了《城市公用事业特许经营管理办法》，在2005年9月还颁发了《关于加强市政公用事业监管的意见》，这三个法规对中国城市公用事业民营化具有一定的导向性，并发挥了指导作用。但为了增强权威性，需要提高立法的层次，在现有法规的基础上，对一些重大问题进行深化，由国务院颁布法规。在条件成熟时，还可由全国人大颁布《城市公用事业法》，根据城市公用事业的技术经济特征，城市公用事业改革的目标等因素，为城市公用事业民营化确立法律框架，这些法律的主要内容至少应包括：城市公用事业民营化的目标、程序；规定城市公用企业经营许可证的基本内容，明确企业的责权利关系；对价格、服务质量、新企业进入行业的条件、竞争企业间的关系等重要政策问题作出规定。从而为城市公用

---

① 参见陆伟、许晓波《筹资多元化　水源滚滚来》，《文汇报》1998年5月16日。

事业民营化提供明确和直接的法律依据。

二　城市公用事业民营化法规的实施细则

进入 21 世纪以后，党和国家出台了一系列鼓励和支持民营企业进入包括城市公用事业在内的垄断性行业和其他领域的法规政策，但在一些行业和领域并未取得预期的政策效果，其中一个重要原因是，一些法规政策缺乏配套的"实施细则"，从而使这些法规政策停留在"半空"中，许多民营企业看得到，但难以进入在政策层面上已开放的行业和领域。这被称为"玻璃门现象"。这说明城市公用事业民营化的法规政策效果，在相当程度上决定于法规政策的相关"实施细则"。法规（特别是法律）具有稳定性、原则性等特点，如何将法规精神真正转化为实践，这需要有一个"中间变量"，即法规的"实施细则"。这是因为：（1）由于某些法规仅仅确立了一个抽象的目标，并没有详细的法规条款指导实施，这就需要通过相关的"实施细则"对其作进一步的阐述，才能有效地进入实施阶段。（2）有的法规条款不易理解，或者存在不同的理解，为了使法规顺利实施，需要通过"实施细则"明确告知公众对这些法规条款的解释。（3）法规的实施往往涉及社会各方面的利益，需要公众的参与和支持，这也需要通过"实施细则"，告知公众法规的实施程序，公众了解和参与的途径。

由于中国国土面积大，地域辽广，城市公用事业又具有地域性，而且涉及广大消费者和社会公众的利益，因此，全国人大和国务院制定的法律法规不可能对城市公用事业民营化的具体问题作出明确的规定，甚至一般不会对城市公用事业民营化问题单独制定法律法规。只是在相关法规中对城市公用事业民营化作出原则规定，这在至今为止的法规中得到印证，虽然在相关法规中涉及城市公用事业民营化问题，但在党中央、人大和国务院制定的法规政策中，都没有单独对城市公用事业民营化作出规定。如在2010 年 5 年国务院颁布的《关于鼓励和引导民间投资健康发展的若干意见》（简称"新三十六条"）中，明确鼓励和引导民间资本进入并参与交通运输、水利工程、电力、石油天然气、电信、土地整治和矿产资源勘探开发等基础产业和基础设施领域的建设；鼓励和引导民间资本进入市政公用事业和政策性住房建设；鼓励和引导民间资本参与发展医疗事业、发展教育和社会培训事业、社会福利事业、文化、旅游和体育产业等社会事业领域；鼓励和引导民间资本进入金融服务领域；鼓励和引导民间资本进入商贸流通领域；鼓励和引导民间资本进入国防科技工业领域。这是最近与城市公用事业民营化相关的国务院法规，在这一法规中，涉及许多国家鼓励和引导民间资本进入的领域，城市公用事业只是其中的一个领域，针对城市公用事业，这一法规也只是提出一些较为原则的鼓励和引导意见。至于如何鼓励和引导民营企业进入城市公用事业，这需要通过国务院有关部门和地方政府制定有关"实施细则"才能得到真正落实。

笔者认为，在促进城市公用事业民营化的有关法律法规的"实施细则"制定主体中，虽然国务院有关部门（主要是住房和城乡建设部）可以通过制定"实施细则"对有关国家法律法规进行细化，事实上，建设部在2002年12月出台的《关于加快市政公用行业市场化进程的意见》中，已对城市公用事业民营化作了比国务院"新三十六条"较为详细的意见，但因各地城市公用事业的具体情况存在较大的差异，建设部也难以提出适合全国的，又十分具体的意见。因此，制定城市公用事业民营化的有关法规的"实施细则"的主体，主要是地方政府，而在地方政府中，城市政府是最为重要的"实施细则"制定主体。这是因为，任何一个省（自治区）的各城市之间在城市基础设施、经济发展水平等方面存在一定的差别，更为重要的是，城市政府是城市公用事业的主要投资者和管理者，最了解本城市公用事业的实际情况，最关心本城市公用事业的发展和社会公众对其的评价。因此，国家有关促进城市公用事业民营化的法规政策的效果如何，关键决定于城市政府是否能制定切实可行的有关"实施细则"。但在政策实践中，一些城市政府会出现急于求成的倾向，可能产生"过度民营化"问题；另一些城市政府则会担心民营化后政府难以控制城市公用事业；还有一些城市政府则出于地方保护主义，不希望外地民营企业进入，等等。这些都会在"实施细则"中体现出来，从而影响法规政策效果。这需要上级政府和主管部门加以指导。

三 城市公用事业民营化的法规政策体系

城市公用事业民营化的法规政策，在政策层级上涉及党和国家层次的法规政策，省和自治区的法规政策和城市政府的具体政策；在政策内容上，涉及社会经济、政治、法律、政府管理体制等方面，在经济领域又涉及产权制度、财政、税收、价格、投资等。因此，为促进城市公用事业民营化的有效性，应形成纵向一体化、横向协调的法规政策体系。从长远的角度看，这一法规政策体系，从纵向上由全国人大制定《城市公用事业法》或类似的法律，对适用全国城市公用事业的基本问题、改革导向等作出法律规定。它可作为城市公用事业的法规政策体系的核心；在此法律的基础上，可由国务院出台有关行政法规，对城市公用事业改革（包括民营化）、管制制度等重要问题作出规定；必要时，由国务院城市公用事业相关部委（主要是建设部）制定有关规章，对城市公用事业的一些技术性问题（如城市公用事业民营化的特许经营制度等）作出规定。在地方政府层级上，根据国家的法律法规政策和本地的实际情况，由省级政府制定相关的地方性法规。最后，城市政府根据上级法规政策，根据本城市的具体特点制定促进城市公用事业民营化的相关地方性法规或政策，作为实施细则。从而在纵向上形成由国家法律法规政策、省级法规、规章或政策和城市政府制定的具体政策组成的法规政策体系。而在近期内，可先由国务院制定包括城市公用事业民营化内容的《城市公用事业条例》，在条件成熟后再由全国人大制定《城市公用事业法》。在法规政策内容上，各层级的法规政策都应包括和城市公用事业民营化相关的社会经济、政治、法律等方面的内容。

第二节　城市公用事业结构重组是民营化的基础

一　城市公用事业结构重组的目标

许多学者认为[1]，对包括城市公用事业在内的垄断性产业实行市场结构重组有许多明显的好处，这有利于新企业的进入与发展，有利于检验新市场和形成各种服务的市场价格，有利于促进管制效率，并为企业建立一套

---

① Newbery, D. M., 1999, *Privatization, Restructuring and Regulation of Network Utilities.* The MIT Press, p. 186.

用以评价绩效的财务标准。有的学者则认为[1]，政府将垄断企业分割为若干家地区性经营企业，能为竞争创造空间，这种市场结构重组能带来三方面的好处：（1）促进企业间的竞争，提高经营效率；（2）缩小企业过大的规模，增强企业的运行能力；（3）为比较不同企业的绩效创造条件。笔者认为，从深层次而言，对城市公用事业实行市场结构重组的基本目标是，形成有效竞争的基本格局，为民营化改革创造市场条件。这是因为，在城市公用事业民营化中通常遇到的一个难题是：在一个垄断性城市公用行业由一家垂直一体化经营的垄断企业主导的情况下，新企业很难进入，即使进入以后，也难以同原有垄断企业开展公平竞争。因为垄断企业可以通过在自然垄断性业务和竞争性业务间采取交叉补贴战略[2]，以掠夺性定价方式把新进入的竞争对手驱逐出去。为破解这一难题，许多先行改革的国家在城市公用事业民营化中，都在不同程度上对城市公用行业实行市场结构重组，实现自然垄断性业务与竞争性业务相分离的政策。

二　城市公用事业市场结构重组政策的基本类型与主要模式

（一）城市公用事业市场结构重组政策的基本类型

城市公用事业市场结构重组可以分为狭义和广义的市场结构重组这两种基本类型。狭义的市场结构重组是指政府以法律和行政手段，在短期内对特定城市公用行业的市场结构作重大调整，把原有的垄断性市场结构改造成为竞争性市场结构，以形成有效竞争的格局。主要表现形式是对具有绝对市场垄断力量的主导性垄断企业实行纵向、横向分割政策。广义的市场结构重组，还包括政府对特定城市公用行业实行放松管制政策，允许一定数量的新企业进入城市公用事业，通过在特定城市公用行业增加企业数量，以逐渐改变市场结构，把垄断性市场结构改造成为竞争性市场结构。但从国内外的实践看，政府通过放松进入管制以改变市场结构，最终形成竞争性市场结构，这往往需要一个较长的、艰苦的过程。因此，对规模较大的城市公用事业来说，可并用狭义和广义的市场结构重组政策，共同发

---

①　Asha Gupta, 2000, *Beyond Privatization.* Macmillan Press LTD. , p. 30.

②　本章第三节将对城市公用事业自然垄断性业务和竞争性业务的区别及其性质作较为详细的讨论。

生作用。狭义的市场结构重组政策的作用是，政府在短期内运用强制性的管制政策措施，通过较大幅度地重组或调整原有的市场结构，以形成有利于有效竞争的市场结构框架。但要从动态上保持有效竞争的格局，就必须采取放松进入管制（广义的市场结构重组）政策。

（二）城市公用事业市场结构重组政策的主要模式

在城市公用事业市场结构重组政策的两种基本类型下，政府可采用多种市场结构重组的具体模式。限于篇幅，本书着重讨论以下四种市场结构重组政策的主要模式[①]。

1. 放松进入管制与加强接入管制模式（简称"接入管制模式"）

这种市场结构重组模式的特点可用图 9 - 1 加以说明。

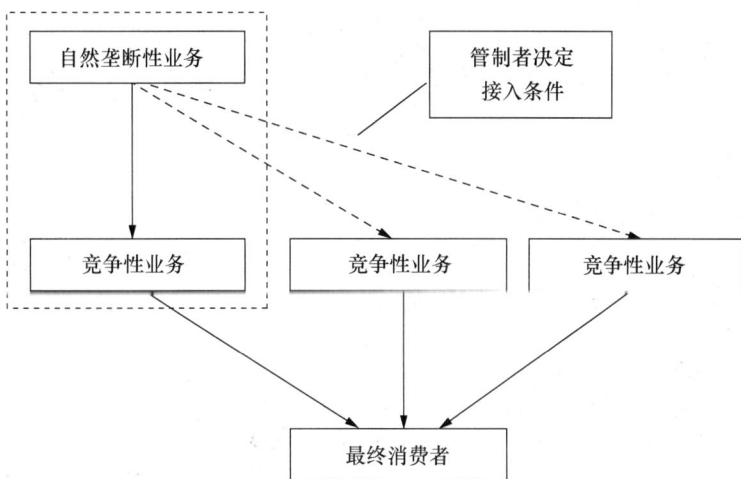

图 9 - 1　接入管制模式

由图 9 - 1 可见，在保持原有企业实行自然垄断性业务和竞争性业务垂直一体化经营的前提下，政府采取放松进入管制政策，允许一部分新企业进入竞争性业务领域；同时，政府制定接入条件（如收费标准等），强制性

----

① 参见王俊豪《自然垄断产业市场结构重组的目标、模式与政策实践》，《中国工业经济》2004 年第 1 期。

要求原有垂直一体化企业向竞争企业公平地提供接入服务；最后，经营竞争性业务的所有企业向最终消费者提供服务。这种市场结构重组模式的优点是能保持原有企业的范围经济性。这要求政府管制者采取有效的管制政策措施，以防垂直一体化垄断企业采取各种拒绝向竞争企业提供接入服务的反竞争行为。但许多政府管制实践证明，这对管制者来说是一道难题，而且，管制效果并不理想。

2. 自然垄断性业务与竞争性业务相分离模式（简称"所有权分离模式"）

这种市场结构重组模式的特点可用图9-2表示。

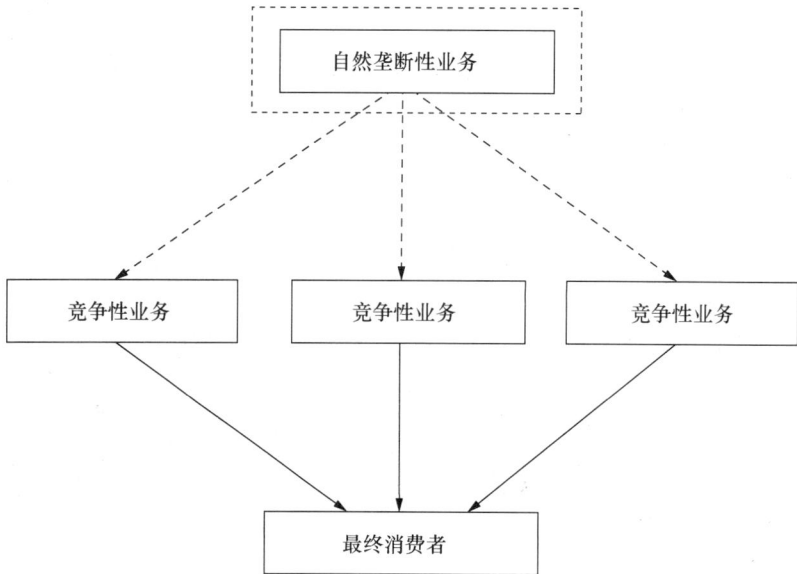

图9-2　所有权分离模式

图9-2意味着政府对某一城市公用行业原有的垂直一体化垄断企业实行分割政策，由一家企业经营自然垄断性业务，由若干家企业经营竞争性业务，经营自然垄断性业务的这家企业不能同时经营竞争性业务。显然，这种市场结构重组政策的优点是，有利于消除实行第一种市场结构重组政策时，垂直一体化经营企业在竞争性业务领域可能采取的歧视行为，即对

本企业的经营单位和其他竞争企业采取差异性行为，以排斥竞争企业。因此，这有利于促进竞争性业务领域的公平竞争。其主要缺点是可能会在一定程度上牺牲范围经济性。

3. 竞争性业务领域的企业共同拥有自然垄断性业务经营企业模式（简称"联合所有制模式"）

可用图9－3描述这种市场结构重组模式的特点：

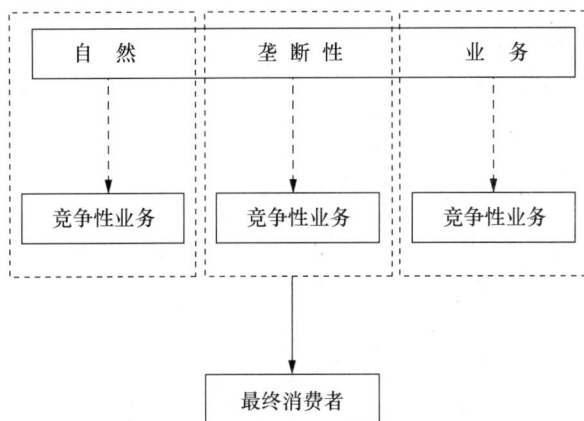

图9－3　联合所有制模式

由图9－3可见，像前一种市场结构重组模式一样，首先对原有垂直一体化垄断企业实行分割政策，由一家企业经营自然垄断性业务，多家企业经营竞争性业务，但经营自然垄断性业务的那家企业由经营竞争性业务的那几家企业共同所有，每一家企业都拥有一定的股份。这种市场结构重组模式的主要优点是，有利于保持自然垄断业务与竞争性业务的高度协调性，消除自然垄断性业务经营企业和竞争性业务经营企业间的矛盾；也有利于自然垄断性业务经营企业能对最终消费者需求变化作出快速的反应。但这种市场结构重组模式也存在一些明显的缺陷：一是竞争性业务领域的企业往往会联合排斥新企业占有自然垄断性业务经营企业的股份，这就要求政府管制者作出行政协调；二是这些具有共同利益的竞争性企业可能会达成某种合谋协议，利用自然垄断性业务对局外企业采取歧视政策，以排斥新的竞争企业；三是假如联合所有制中的企业数量很多，就可能导致这种联合所有制太松散，从而产生公司治理结构问题。

4. 自然垄断性业务由一个独立机构控制模式（简称"经营权分离模式"）

这种市场结构重组模式的特点可借助图9-4来说明。

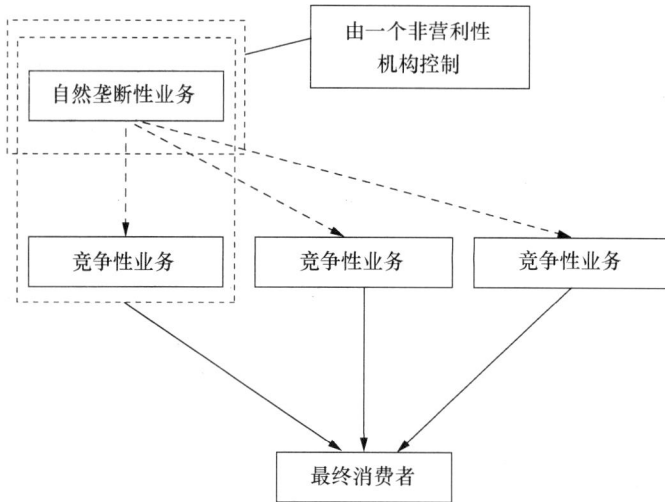

图9-4　经营权分离模式

从图9-4可见，这种市场结构重组模式的特点是，在所有权方面保持原有垂直一体化垄断企业的完整性，但其自然垄断性业务由一个非营利性的独立机构控制，即实行所有权与经营权的分离。这种模式实际上是前面三种市场结构政策的"混合物"，其特性取决于这个对自然垄断性业务拥有控制权的独立机构的性质：如果这个独立机构受政府管制者支配，则这种市场结构重组模式就类似于前面的"接入管制模式"，不同的是这个独立机构能比政府管制者掌握更多的有关信息，并可采取多种控制手段。假如这个独立机构由竞争性业务经营企业的代表组成，则这种市场结构重组模式就类似于前面的"联合所有制模式"。如果这个独立机构是完全独立的，则这种市场结构重组模式就类似于前面的"所有权分离模式"。这种市场结构重组模式的优点是，由于自然垄断性业务由独立机构所控制，这就有利于消除自然垄断性经营企业（单位）采取反竞争行为的可能性，竞争性业务领域的经营单位和其他竞争企业一样，公正地接受自然垄断性业务经营企业（单位）所提供的服务。其缺陷是，由于自然垄断性业务由没有利润动机的独立机构所控制，这往往使自然垄断性业务经营企业（单位）缺乏创新和努力提高生产效率的刺激。

　　由上面的讨论可见，四种市场结构重组模式各有利弊，为便于政府管制者根据特定城市公用事业的特点而作出合理选择，总结如表9－2所示。

表9－2　　　　　　　　　　四种市场结构重组模式的比较

重组模式	优点	缺点
接入管制	维护范围经济性；避免巨大的分割成本	需要大量接入管制工作；一体化企业往往会采取多种反竞争行为
所有权分离	有利于消除企业的歧视行为和内部业务间的交叉补贴行为；可减少政府管制	在一定程度上牺牲范围经济性；需要付出一定的分割成本
联合所有制	有利于保持自然垄断性业务与竞争性业务之间的协调性；有利于消除企业的歧视行为	联合体成员企业可能会联合排斥局外企业，可能出现合谋行为；可能产生公司治理结构问题
经营权分离	有利于控制企业的歧视行为和反竞争行为	独立机构缺乏利益动机会导致创新和提高效率的刺激不足

第三节　对城市公用事业实行分类民营化政策

　　城市公用事业不是铁板一块，而是由多种不同类型的具体城市公用行业组成的，有的行业是自然垄断性行业，有的是竞争性行业；即使在自然垄断性行业中，也可进一步分为自然垄断性业务和竞争性业务领域。通过对城市公用事业分类，就能发现整个城市公用事业存在许多竞争空间，而在竞争性领域，民营企业具有较高的效率，这就为民营企业进入城市公用事业提供了潜在空间。

一 两类不同性质的城市公用事业

城市公用事业由多种行业组成，各特定行业具有不同的特点。根据特定行业在提供产品或服务过程中是否必须通过输送管网，我们可以把城市公用事业分成网络型城市公用事业和无网络型城市公用事业这两种基本类型。

（一）网络型城市公用事业的特点

城市自来水、污水处理、管道燃气、供热、城市公交（特别是轨道公交）等行业尽管提供的产品或服务完全不同，但这些行业的共同特点是，在向消费者提供产品或服务的整个供应链中，必须通过一定物理输送网络，才能完成整个生产供应过程。所以，这类城市公用事业和电信、电力、铁路运输产业一样，也被称为网络型产业。网络型城市公用事业是一个城市公用事业的主要基础设施行业，具有以下基本特点：

1. 投资额大、投资回收期长

网络型城市公用事业以城市自来水管网、污水处理管网、燃气管道网、供热管网和城市公交道路网为核心基础设施，这些基础设施必须具有一定的覆盖面才能产生效用，而且，这些基础设施的造价较高。另外，这些基础设施的建设周期较长，即使投入使用后，也不能通过向消费者收取高价而在短期内收回投资成本。这些都决定了网络型城市公用事业的投资额大，而且投资回收期长。

2. 资产专用性强，沉淀成本大

网络型城市公用事业的资产专用性很强，其基础设施建成后，只能用于提供特定的产品或服务，而且不能转作他用。例如，自来水等行业的管网一旦埋设，就难以再起用于其他地方或其他用途，因此，其沉淀成本很大。

3. 规模经济显著、外部性明显

在可容纳的范围内，网络型城市公用事业的消费量越大，单位成本就越低，边际成本呈递减状态，呈现出显著的规模经济。而且，网络型城市公用事业具有明显的外部性，网络型城市公用事业的发展，能优化城市的生产和生活环境，为促进整个城市社会经济发展提供更好的基础条件，从而产生正外部性。当然，如果网络型城市公用事业管理不善，也可能产生水污染、空气污染、噪声污染等负外部性问题。

（二）无网络型城市公用事业的特点

无网络型城市公用事业是指那些提供产品或服务过程中无须管网系统支持的城市公用事业，主要包括垃圾收集与处理、园林绿化、道路与河道养护、道路照明、环卫等行业。这些行业的基本特点是：

1. 其功效具有公共产品性质

无网络型城市公用事业似乎和城市生产与居民生活没有直接的联系，因此，通常难以向企业和城市居民收费。大多属于非经营性行业，其产生的功效具有类似于公共产品的性质。这也是多数城市没有对这些行业实行民营化的重要原因。

2. 具有外显性

无网络型城市公用事业是一个城市的"脸面"，在美化城市、吸引旅游者、为城市居民提供舒适、优雅、卫生的生活环境等方面具有特别重要的作用。

二　网络型城市公用事业中不同业务领域的性质

（一）自然垄断基本理论

网络型城市公用事业中的物理网络是自然垄断的物质基础，因此，网络型城市公用事业又被称为自然垄断性城市公用事业。直观地看，特定城市的自来水、管道燃气等行业中的管道输送业务由一家企业经营比两家或更多企业经营效率更高，而从理论上分析，这导源于这些行业的自然垄断性。

经济学家们对自然垄断有不同的描述，如克拉克森（Clarkson）等经济学家主要是从规模经济的角度来说明自然垄断产业的技术经济特性的[1]。沃特森（Waterson）则认为，自然垄断是这样一种状况：单个企业能比两家或两家以上的企业更有效率地向市场提供相同数量的产品[2]。而夏基（Shar-

---

[1]　Kenneth W. Clarkson and Roger Leroy Miller, 1982, *Industrial Organization*：*Theory*, *Evidence and Public Policy*. McGraw – Hill Book Company, p. 119.

[2]　Waterson, M. , 1988, *Regulation of the Firm and Natural Monopoly*. Oxford：Basil Blackwell.

key）和鲍莫尔（Baumol）等著名学者则认为，自然垄断最显著的特征是其成本函数的弱增性（subadditivity）[1]。

如果某一行业中的企业只提供单一的产品，则这一行业具有自然垄断性的基本条件是，在一定的范围内，由一家企业提供产品比多家企业共同提供产品具有更高的效率。若以 Q 表示产量，以 C 表示成本函数，以 $C(Q)$ 表示一家企业提供产量 Q 所发生的各种成本；为方便起见，假定其他企业的成本函数也为 C，如果产量 Q 由 K 家企业共同生产，企业 i 的产量为 qi，则 K 家企业生产 Q 产量的成本之和为：

$$C(q_1) + C(q_2) + \cdots + C(q_k) = \sum_{i=1}^{k} C(q_i) \tag{9-1}$$

则该行业在产量 Q 范围内存在自然垄断性的充要条件是：

$$C(Q) < \sum_{i=1}^{k} C(q_i) \tag{9-2}$$

在上式中，$Q = \sum_{i=1}^{k} q_i, k \geq 2$。 $\tag{9-3}$

为进一步说明规模经济与成本弱增性的关系，我们以图 9 - 5 加以说明：

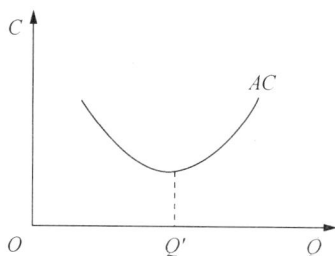

图 9 - 5　单个企业的平均成本曲线

图 9 - 5 显示了单个企业的平均成本曲线。在产量达到 Q' 之前，平均成本是不断下降的，当产量超过 Q' 后，平均成本就开始上升。即当产量小于

① William W. Sharkey, 1982, *The Theory of Natural Monopoly.* Cambridge University Press, pp. 4 - 5; W. J. Baumol, 1977, "On the Proper Cost Tests for Natural Monopoly in a Multiproduct Industry". *American Economic Review*, December 1977.

Q'时存在规模经济，产量大于Q'时则存在规模不经济。

成本弱增性所要讨论的是，由一家企业提供整个产业的产量成本较低还是这家企业与另外的企业共同提供相同产量的成本较低。显然，当产量小于Q'时，由一家企业生产能使成本最小化，所以，在这一产出范围内，成本当然是弱增的。为了考察当产量大于Q'时能使成本最小的方案，我们可引进两个企业的最小平均成本函数，在图9-6中，我们假定这两个企业具有相同的生产效率，则AC_2就是这两个企业的平均成本曲线，而AC_1则是从图9-5中复制过来的单个企业的最小平均成本曲线。

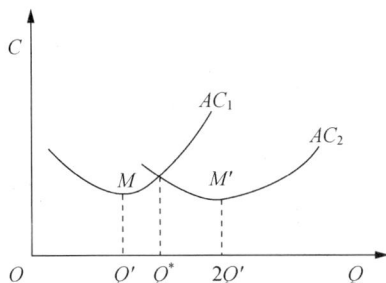

图9-6　两个企业的平均成本曲线

在图9-6中，AC_1和AC_2在产量为Q^*点处相交，Q^*点决定了成本弱增的范围，当产量小于Q^*时，由单个企业生产成本最低，所以，在此范围内成本函数是弱增的。值得注意的是，成本弱增性是描述自然垄断经济特征的最好方法，尽管在产量Q'与Q^*之间存在规模不经济，但从社会效率看，由一个企业生产效率最高。由此可见，规模经济并不是自然垄断的必要条件，决定自然垄断的是成本弱增性。根据自然垄断的成本弱增性程度，我们还可以将自然垄断分为"强自然垄断"和"弱自然垄断"。在成本弱增的前提下，在平均成本持续下降，平均成本大于边际成本的范围内（即在图9-6中，当产量小于Q'时），被称为"强自然垄断"；而在成本弱增的前提下，在平均成本呈上升趋势，边际成本大于平均成本的范围内（即在图9-6中，产量在Q'与Q^*之间时），被称为"弱自然垄断"。

（二）网络型城市公用事业中的自然垄断性业务和竞争性业务

从整体上而言，在城市自来水、污水处理、管道燃气、供热、城市公交（特别是轨道公交）等网络型城市公用事业中，都具有以物理网络为物质基础的自然垄断性业务，因此，这些行业被称为自然垄断性行业。但这并不等于这些行业的所有业务都是具有自然垄断性质的。事实上，这些行业既有自然垄断性业务，又有竞争性业务（非自然垄断性业务），例如，城市自来水行业包括自来水生产、管道输送和销售三个主要业务领域，其中只有自来水管道输送属于自然垄断性业务，而自来水生产和销售则是竞争性业务。从大量的国内外文献资料看，多数学者认为，城市公用事业中自然垄断性业务是指那些固定网络性操作业务，如自来水供应、污水处理、管道燃气等行业中的管道输送业务，其他业务则属于竞争性业务。

进一步分析，在这5个行业的自然垄断性业务中，按照自然垄断程度，自然垄断性最强的是自来水和污水管道网络业务，这是因为，自来水是所有居民的生活必需品，没有替代品，而且需要整个城市联网供应自来水，然后集中实行污水处理；其次是燃气和供热管道网络业务，因为管道燃气和供热具有电力等替代品，并不是生活必需品，特别是供热系统可在较小范围内独立运行；自然垄断性最弱的是城市公交道路网络业务，它和其他网络业务相比具有特殊性：一是因为城市公交道路除城市主干道路外，建设成本相对较低，并可根据需要容易改道；二是因为在城市公交道路网络业务中，即使同一条线路也可由两家或更多家企业同时运作，成本弱增性并不明显。

表9-3列出了城市自来水、污水处理、管道燃气、供热、城市公交（特别是轨道公交）这5个网络型城市公用事业的两类不同性质的业务领域。

值得一提的是，由于网络型城市公用事业具有动态性，随着技术的进步和市场范围的扩大，其自然垄断性业务和竞争性业务领域也会作相应调整。因此，表9-3只是根据目前和可预见的将来的技术经济特征，对上述5个网络型城市公用事业的两类不同性质的业务作了粗略的划分。其目的是为后面具体讨论城市公用事业分类民营化作必要的准备。

三 城市公用事业的分类民营化

（一）城市公用事业民营化的一个基本原则

本书第一章第三节已论证，中国改革开放以来的实践证明，在竞争性行

表9-3 网络型城市公用事业的自然垄断性业务与竞争性业务

行业名称	自然垄断性业务	(潜在) 竞争性业务
自来水	自来水管道网络	自来水生产、销售业务等
污水处理	污水管道网络	污水收集、处理业务等
管道燃气	燃气管道网络	燃气生产、储存、销售业务等
供热	供热管道网络	热能生产、销售业务等
城市公交	城市公交道路网络	公交车辆运行、票务业务等

业,民营企业的效率通常高于国有企业。经济发达国家的学者对国有企业与民营企业的效率比较问题也作了大量的研究,已有的研究结果基本上支持在竞争环境下,民营企业通常比国有企业具有较高的效率,而在垄断性环境下,国有企业与民营企业的整体效率(生产效率与社会分配效率的综合)不存在多大的差别。因此,综合国内外实践和研究成果,并考虑到网络型城市公用事业的自然垄断性和对城市的重要影响,笔者主张在竞争性或可竞争性的行业或业务领域实行民营化改革,允许部分民营企业进入;而在竞争机制难以发挥作用的自然垄断性业务领域,则应由国有企业为经营主体,以保证城市政府对整个城市公用事业的控制力。这可作为城市公用事业民营化的一个基本原则。

(二) 城市公用事业的行业特点与分类民营化

由于城市公用事业可分为不同类型,不同类型的城市公用事业具有不同的可竞争性,在网络型城市公用事业中又可分为自然垄断性和竞争性业务领域。因此,根据城市公用事业民营化的基本原则,应对城市公用事业实行分类民营化政策。

1. 适合民营化的城市公用行业和业务领域

前面已作了讨论,无网络型城市公用事业是由那些在提供产品或服务过程中无须管网系统支持的城市公用事业,虽然目前这些行业由于难以收费等因素而多数由政府独家经营,但如果城市政府放松进入管制,这些行业完全是可竞争的,因而具备民营化的条件。虽然从整体上说,网络型城市公用事业是自然垄断性的城市公用事业,但其中的竞争性业务领域,虽然是从生产到消费整个"供应链"中必不可少的环节,但它们在网络型城市公用行业处于从属地位。由于在竞争性领域，民营企业通常比国有企业具有较高的生产效率，因此，政府对网络型城市公用行业的竞争性业务领域，可实行放松进入管制政策，允许一批民营企业有序进入，逐渐使它们成为网络型城市公用行业竞争性业务领域的经营主体。

综合上面的讨论，无网络型城市公用事业和网络型城市公用事业中的竞争性业务领域适合民营化，政府应鼓励民营企业进入。

2. 适合国有企业经营的城市公用行业和业务领域

由于网络型城市公用事业既有自然垄断性业务领域，又有竞争性业务领域（见表9-3），其中，自然垄断性业务是网络型城市公用行业的核心业务，其规模经济与范围经济非常显著，在相当程度上决定整个行业的运行效率，是网络型城市公用行业的关键性业务领域，因此，自然垄断性业务领域应由一家或少数几家国有企业控制。与此相适应，应该以国有企业作为经营主体。当然，在实践中，即使在网络型城市公用行业的某些自然垄断性业务领域，也不是要求完全由国有企业经营，在国有企业掌握控制力的前提下，可允许民营企业适度进入，以产生"鲶鱼效应"，激活国有企业的竞争活力。

综上所述，国有企业与民营企业在城市公用事业布局的基本格局是：民营企业主要分布在无网络型城市公用事业和网络型城市公用事业中的竞争性业务领域，民营企业可以作为这些行业和业务领域的经营主体；国有企业主要分布在网络型城市公用事业中的自然垄断业务领域，但即使在这一领域，也可吸收民营企业参股，形成以国有企业为主体的混合所有制企业作为经营主体。这可放大国有资本的功能，既有利于提高国有经济的控制力，同时，也有利于发挥民间资本的积极作用。

第四节 选择城市公用事业民营化的有效途径

一 城市公用事业民营化的主要途径

（一）特许经营

在城市公用事业的一个比较普遍现象是，在特定时期内，某一公用行业（如城市自来水行业）或其中的某一业务领域（如自来水输送管网），具有自然垄断性，成本效率要求只存在一个企业独家经营。但在缺乏竞争的状况下，这个垄断企业就可能会采取制定垄断价格或降低服务质量等行为。因此，怎样既保持单一企业生产经营的成本效率又避免企业的垄断行为，这就构成了政府管制者的两难选择。特许经营就是强调在政府管制中引进竞争机制，通过招标的形式，在特定城市公用行业或业务领域中让多家企业竞争独家经营权（即特许经营权），在一定质量要求下，由提供较低报价的那家企业取得特许经营权。因此，可以把特许经营权看作是对愿意以较低价格提供产品或服务的企业的一种奖励。采用这种方式，如果在投标阶段有比较充分的竞争，那么，价格可望达到平均成本水平，获得特许经营权的企业也只能得到正常利润，从而使最有效率的企业按其平均成本或近于平均成本定价，向市场提供产品或服务。

特许经营的实际应用效果，在相当程度上决定于如何正确处理特许投标中的竞争不足、特许投标后的资产转让、特许经营合同的款项与管理等关键问题。

1. 特许投标中的竞争不足问题

特许投标中竞争不足问题原因主要在于：一是信息不充分，投标者难以掌握足够的信息以理性制定投资决策。二是存在投标者串通合谋的可能性，特别是当投标者数量很少时，这种可能性就更大。三是某家企业在竞争特许经营权中拥有战略性优势，其他企业就不愿与它竞争。

2. 特许投标后资产转让问题

假定企业 A 到目前为止拥有特许经营权，企业 B 刚在竞争中战胜了企业 A 而取得了下一时期的特许经营权。如何处理企业 A 的资产是必须面临的问题。为避免重复投资，要求获得特许经营权的企业 B 从企业 A 那里接收这些资产。因此，如果资产包含沉淀成本，企业 A 和企业 B 之间达成合适的资产转让价格所产生的讨价还价和仲裁成本将会很大。

3. 特许经营合同的款项与管理问题

如果特许经营合同是有关一种质量、品种、需求、生产技术等十分明确的产品和服务，那么，合同双方签订合同就相对简单，也不存在管理上的困难。但如果存在与产品、服务有关的技术与市场的不稳定性，那么，确定特许经营合同的具体款项就是一项十分复杂的工作，而且，在合同执行过程中需要较为严格的监督和管理。

此外，还必须考虑特许经营合同的有效期。从合同款项和管理上存在的困难而言，短期合同似乎比较合适，因为这会减少将来需要处理的意外情况。但高频率地组织竞争特许经营权会产生巨大的交易费用。因此，授予经营权具有一定的风险，特许经营的条件或使投资者获取过高的收益率，或因收益率过低不能提供充分的激励机制，或因缺乏有效的约束机制，那些不能拥有生产设施或对合同的续签预期不确定的民营企业，有可能为了短期目的而使资产迅速折旧，并使投资者不能合理地维修资产和提供业务。

因此，为保证特许经营的有效性，应在特许投标阶段有较为充分的竞争；同时，为避免特许投标后的资产转让问题，可采取由政府负责资产投资，而让企业仅仅是竞争纯粹的特许经营权；此外，对行业或业务领域的合理选择也十分重要，政府应首先考虑对质量和品种比较明确，需求与技术比较稳定的对象实行特许投标，这也有利于解决特许经营合同的款项与管理问题。

（二）企业股票上市

城市公用事业具有投资需求大、投资回收期长等特点，单独一家企业难以满足这种投资需求；同时，作为传统体制的延续，目前中国许多城市公用行业还是由城市政府独家经营的，实质上仍是实行政企合一的体制，存在体制性低效率问题。因此，通过城市公用事业上市，发行股票，不仅是通过吸收社会资本以满足城市公用事业的巨大投资需求，从体制层面看，更为重要的是，城市公用企业上市过程就是对原有城市公用企业实行政企分离，形成股份制企业，建立现代企业制度的过程，通过资本的监督机制，促使企业提高效率。

事实上，通过企业上市也是经济发达国家对包括城市公用事业在内的垄断性产业实行民营化的最为重要的途径。例如，1986年12月，英国政府通过股票上市，对原国有独资企业英国煤气公司实行民营化，在股票市场上融资77.2亿英镑，同时，将英国煤气公司转制为股份制企业。1989年12月，英国政府又通过股票上市，对10个地区性自来水公司实行民营化，融资额达37.4亿英镑，并使这10个自来水公司成为股份制企业。在中国，不少城市公用企业也通过城市公用企业上市而取得成功。例如，根据有关上市公司信息，第二章表 2 - 2 显示，截至 2010 年 11 月，中国已有 30 家城市公用事业上市公司，涉及水务、燃气、城市公交、供热等行业。其中，18家公司在 20 世纪 90 年代已上市。有的城市公用企业已达到相当大的融资规模，如"原水股份"和"城投控股"的累计融资额都已达到 112.1 亿元。

由于城市公用事业的重要性，城市政府可通过持股比例来把握对上市公用企业控制程度，与之相对应，上市公用企业可分为两种类型：一是政府控股公司。这主要适合于从事自然垄断性业务的国有企业，需要政府持有一定的股份，掌握控制权；二是政府参股公司。对从事竞争性业务的国有企业，政府可以将大部分股份转让给民营企业或个人，政府只是适当参股，并按持股的多少享受权利和承担义务。无论哪一种类型，都要求城市公用企业按现代企业制度要求进行管理和运行，自觉接受资本市场和广大股民的监督，不断提高经营效率。

（三）公开发行债券

债券是政府或企业向社会公众筹措资金而发行的一种固定收益的有价证券。许多城市公用事业项目需要短期内建成，投资额大，城市政府和相关公用企业难以筹到足够的资金。而通过股票市场融资的审批程序复杂，融资条件严格，需要有一个较长的过程。从成本角度看，在中国目前的融资环境下，企业债券融资的成本相对低廉。与股票承销相比，企业债券承销费率较低，同时，由于债券融资具有避税功能，债券利息在所得税前列支，这无疑降低了所得税计税金额，也降低了企业融资成本。这些都为债券融资的发展提供了良好的基础。而且，股票市场融资的前提是企业整体上市，不适合特定项目。因此，针对投资额大的特定城市公用事业项目，通过发行专项建设债券的方式吸收民间资本，这是解决城市公用事业建设资金缺口的有效途径。

在城市公用事业领域，根据债券的不同发行主体，可分为城市政府债券和公用企业债券这两种主要形式。如果某个城市公用事业项目由城市政府投资，则由政府发行政府债券，最后由政府支付本息；而如果这个项目是现有公用企业的开发项目，则由该企业发行企业债券。但是，由于城市公用企业通常为政府所有，因此，发行企业债券往往需要政府担保，利用政府的信誉。同时，无论是政府债券还是企业债券，都用于城市公用事业领域，因此，都属于城市公用事业债券。

由于认购债券能取得高于银行存款利息的固定收益，而且，按投资的稳健程度分析，债券比股票投资更能获得长期稳定的现金流，减少投机带来的风险，便于资产组合的风险管理。这对许多投资者有一定吸引力，发行债券的结果是，大量民间资本进入城市公用事业领域，参与城市公用事业的建设。因此，发行债券是城市公用事业民营化的又一途径。

值得重视的是，发行债券是城市公用事业在政府或国有企业控制下，通过资本市场融资的一种方式，但债券融资要求融资主体管理规范，到期还本付息，对政府和企业会形成硬约束。因此，这对提高城市公用事业项目的投资效益和管理水平都有较大的促进作用。同时，债券的上市转让、债券收益水平及企业偿债能力都要受到企业资本运营的影响。因而企业改造重组，建立现代企业制度，特别是建立现代企业的资本运作模式，同样是关系到企业发行债券成败的关键。此外，在债券市场上，由于企业债券的市场价格可以反映出企业的经营业绩、企业的实力和竞争能力，为了获得投资者的信任，经营者必须促使企业不断提高技术，改善内部经营管理，并重视企业投资效益的提高，通过提高企业实力把握债券价格的变动，获得企业的发展资金。

（四）BOT 项目融资

BOT 是英文 Build – Operate – Transfer 的缩写，通常直译为"建设—经营—转让"。BOT 是对城市公用事业基础设施项目（如自来水厂、污水处理厂）的投资、建设和经营的一种方式，以政府和民营企业之间达成协议为前提，由政府向民营企业授予特许权，允许其在一定时期内筹集资金建设某一项目，并经营管理该项目，政府有权对民营企业提供的产品或服务的数量、质量和价格等进行管制，在满足特许协议的条件下，使民营企业能获取一定的利润。当特许期结束时，项目经营企业按约定将该基础设施无偿移交给政府。

随着城市化和城市基础设施水平的不断提高，城市公用事业的基础设施投资需求与政府可能提供资金之间的差距日益扩大，如果仅依靠政府直接投资，则受到政府财政的限制；而发行政府债券又受政府负债规模等因素的限制。另外，由政府提供基础设施建设资金，普遍存在投资配置不当、浪费和效率低下等问题。而且，政府承担了巨大的投资风险和商业风险。

BOT 作为一种创新型项目融资方式，它的最大优点在于，能运用市场竞争机制，充分利用民营企业或民间资本的力量，完成城市公用事业项目的建设，并在政府管制下经营项目，项目从建设到移交的全过程始终是在政府的特许、支持和管制下运行的，政府并没有放弃对基础设施项目的最终所有权，一旦委托经营期满，政府不仅保持对基础设施的所有权，而且可以新的特许经营程序，将该基础设施授予效率更高的新企业经营。

为保证 BOT 项目融资的有效性，需要政府做好一系列管理工作，例如，通过招标方式优选 BOT 项目中标企业，并通过设计和运用有效的激励机制，促使企业努力降低成本，提高效率而取得较多的利润。这是保证 BOT 项目融资的有效性的基础。又如，由于政府和民营企业达成有关 BOT 协议，尽管 BOT 协议的执行全部由项目中标企业负责，但政府自始至终都拥有对该项目的控制权，在立项、招标和谈判三个阶段，政府的意愿起着决定性的作用。特别在长达二三十年的履约阶段，政府应做好监督检查工作，对项目经营中价格、质量等实行有效管制，以保证社会公众的利益。

与 BOT 相类似的还有 TOT，它是 Transfer – Operate – Transfer 的缩写，直译为"转让—经营—转让"。第一个"转让"是政府通过一定的程序和条件，将已有的城市公用事业项目（如某个自来水厂）转让给特定民营企业，按照政府与企业之间的特许协议，该企业经营一定时期后又完好无损地转让给政府或相关企业经营。其他方面与 BOT 大致相同。

（五）国有企业与民营企业合资经营

不少城市政府在城市建设中一方面迫切需要解决资金、技术和管理等方面的问题，另一方面又想掌握政府的控制力，对此，实行国有企业与民营企业合资经营便成为城市公用事业民营化的可行选择。这对外资企业而言，由于城市公用事业是城市的基础设施行业，以合资形式经营，能确保政府对这些行业一定程度的控制力；对于许多国内民营企业来说，由于目前单独进入城市公用事业在资金、技术和管理经验等方面都有一定的困难，因此，城市政府可采取国有企业与民营企业以合资合作的形式共同经营城市公用事业。

国有企业与民营企业合资经营不仅能解决城市建设中的资金短缺问题，

而且，通过合资经营还有助于增强市场意识，引进先进技术和管理经验，对转换城市公用企业的经营机制，实现政企分离，建立现代企业制度等都有很大的促进作用。早在 2002 年 8 月，法国通用水务公司以超出 7.6 亿元评估价近两倍的溢价收购了上海自来水浦东公司的一半股权，组成了上海浦东威望迪自来水有限公司，在上海浦东新区正式挂牌成立，新组成的合资公司合资双方股份各占一半，董事长由中方担任，总经理由法方担任。上海市政府通过出售部分股权，对上海自来水浦东公司进行中外合资的资本结构改造，这是国内第一次将自来水公司制水、管网输配及用户管理等"一体化"环节全部向外国企业开放的范例。

为提高合资经营的有效性，城市政府应积极改善投资环境，保障民营企业投资的合法权益，增强政策的透明度，为民营企业提供较为充分的信息。要维护合资经营协议的严肃性，不能因为政府换届或原当事人变动而违约。另外，在合资合作过程中要维护政府、社会公众和消费者的整体利益，对合资中涉及的资产债务、各种有形和无形资源等要进行科学评估，不能操之过急，更不能作为政绩工程而引进外资。在实践中，确有一些城市因急于引进外资，与外国企业签订了固定甚至很高的回报承诺、包销承诺、承担汇率风险等对中方十分不公平的合同条款。其结果是造成合资企业亏损，或是产品或服务价格大幅度上涨，或需要政府拿钱补贴。这些现象应引起城市政府的高度重视。

（六）民营企业独资经营

本章第三节已对城市公用事业的分类民营化问题作了较为详细的讨论，由于无网络型城市公用事业主要是由竞争性城市公用行业组成的，就是在许多网络型城市公用行业中，也可细分为自然垄断性业务领域和竞争性业务领域。由于在竞争环境下，民营企业通常比国有企业具有更高的效率。因此，从理论上而言，许多竞争性的城市公用行业和业务领域，都适合民营企业独资经营。其实现形式是通过拍卖、收购等方式将部分竞争性领域的国有企业的资产出售，转变产权关系，改组成民营企业，由国有国营转变为民有民营。这是城市公用事业民营化的最彻底的途径。从民营企业的经济实力看，中国已有一大批实力较强的民营企业。这又为民营企业独资经营城市公用事业提供了经济基础。

民营企业独资经营城市公用事业后，必将与同一领域的国有企业形成直接竞争关系，从而使国有企业处于一个竞争性环境中，竞争力量会促使国有企业提高效率；即使在不同的经营领域，民营企业的进入也会通过比较竞争，间接促进国有企业提高效率。因此，随着民营企业的发展和鼓励民营企业进入的相关政策的落实，民营企业独资经营将成为城市公用事业民营化的重要途径。

目前，完全以独资的方式进入城市公用事业的民营企业还不多，其中一个重要原因是需要转变对民营企业的观念。根据传统观念，由于城市公用事业涉及广大民众的利益，从不同角度反映一个城市的形象，因此认为，如果让民营企业独资经营，民营企业所提供的产品或服务，在质量、价格、安全性等方面可能难以控制。但事实上，只要政府选择有实力、信誉好的民营企业，完全可以避免这种问题；相反，实践证明许多民营企业会比国有企业更有效地向社会提供城市公用产品或服务。

二　多种民营化途径的组合与优选

（一）多种民营化途径的组合

1. 城市公用事业的多样性与民营化途径的组合

一个城市的公用事业具有多样性，如前所述，城市公用事业由多种行业组成，根据特定行业在提供产品或服务过程中是否必须通过输送管网，可以把城市公用事业分成网络型城市公用事业和无网络型城市公用事业这两种基本类型，其中，无网络型城市公用事业基本上属于竞争性行业；在网络型城市公用事业中，又可分为自然垄断性业务领域和竞争性业务领域。进一步分析，各个城市公用行业和业务领域又包括许多公用事业项目。由于不同的城市公用行业、不同的业务领域和不同的项目之间都存在或大或小的差别。与此相适应，这就要求对城市公用事业民营化应采取多种有效途径。

对于网络型城市公用事业的自然垄断性业务领域，由于政府需要对其掌握控制力，而且，其网络建设和运行需要大量的资金，因此，宜采取公用企业股票上市和发行债券的民营化途径；而对于竞争性城市公用行业和业务领域，可采取国有企业与民营企业合资经营，甚至民营企业独资经营的民营化途径；对于具体的城市公用事业项目，则可采取特许经营、BOT 项目融资等民营化途径。此外，就是在同一城市公用行业、同一业务领域和同类项目中，由于处于不同的时期，民营化环境条件存在差异，客观上也要求以不同的途径实行民营化，在不同时期民营化的组合也应存在差异，需要作动态调整。例如，由于城市公用事业民营化是一个渐进的过程，在民营化初期，民营化所需要的市场条件还不成熟，相关法规政策还不完善，因此，国有企业与民营企业合资经营便成为常见的途径。在各种条件比较成熟时，可多采取民营企业独资经营，民有民营的途径。就是对同一民营化途径，在不同发展时期，民营化的程度也存在差别。例如，由于目前中国股票市场还有待完善，许多城市公用企业尚未实现政企分离，建立现代企业制度，这只能是少数城市公用企业才能采取股票上市吸收大量的民间资本；即使是上市公司，在上市初期，政府也需要持有较多的股份，以控制民营化的程度。

2. 多种民营化途径的交叉组合

除了与城市公用事业的多样性相适应，需要多种民营化途径的组合外，在各种民营化途径中还存在交叉组合关系。例如，在 BOT 项目融资中，包含政府与企业的特许经营关系，它是以政府和民营企业之间达成协议为前提，由政府向民营企业授予特许经营权，允许其在一定时期内筹集资金建设某一项目，项目建成后特许经营该项目而从中取得合理的利润，只有在特许经营期满后项目经营企业才按约定将该基础设施无偿移交给政府。这样，BOT 就是实行特许经营的一种具体形式。与 BOT 相类似的 TOT，也是通过政府与企业之间的特许协议，政府将已存在的某一城市公用事业项目（如某个污水处理厂）交给民营企业经营，到期后再归还给政府。因此，本质上也属于特许经营。又如，在实行 BOT 项目融资时，如果项目建设资金是由政府所有的国有企业和民营企业共同出资，这就属于国有企业与民营企业的合资经营。

（二）民营化途径的优选

前面讨论的城市公用事业民营化途径具有不同的特点，需要具备各自的条件，同时，城市公用事业具有多样性和复杂性，这决定了任何一种途径都不能完全适应城市公用事业民营化的需要，而要根据特定公用行业、业务领域、公用企业和项目的需要，选择合适的民营化途径，并在城市范围内形成最合理的组合。表9-4列出了6种主要民营化途径的优点、需要的条件和主要适用范围，可供选择民营化途径时作参考。

表9-4   **六种主要民营化途径的比较**

民营化途径	优 点	条 件	主要适用范围
特许经营	运用竞争机制选择高效率经营企业	需要严密的、具有预见性的特许经营合同；需要政府对价格、质量等实行有效管制	适用面较广，特别适用于产品和服务较为标准化的行业和项目
股票上市	利用股票市场筹措大量资金；促进建立现代企业制度	要求企业具备严格的上市条件	主要适用于规模较大，管理规范，效益较好的公用企业
发行债券	发行和融资成本较小；投资者的风险也较小	需要政府提供担保；需要有较好的企业信誉	适用于较大建设项目融资
BOT	运用市场机制选择资金实力强，经营管理经验丰富的企业	需要对项目建设与经营企业实行动态管理和管制	适用于新建项目的建设与管理
合资经营	能保持政府的控制力；促进国有企业提高经营管理水平	需要通过协议保证合资双方的良好合作关系	适用于政府希望控制的重要领域的项目
独资经营	实现民有民营，充分发挥民营企业的作用；对国有企业形成比较竞争	需要建立较为完善的国有资产转让程序，防止国有资产流失	一般适用于规模较小的竞争性企业和项目

第五节　加强城市公用事业民营化的政府责任

城市公用事业民营化只是改变了城市公用产品提供的方式，即由原来的政府（国有企业）直接提供转变为由市场（民营企业）提供。从城市公用事业的基本特征看，城市公用事业在城市经济发展和社会生活中具有基础性地位，其提供的产品和服务是城市生产部门进行生产和人们生活的物质基础；这些产品和服务不仅是城市居民的生活必需品，需求弹性较小，而且是介于公共物品和私人物品之间的准公共产品，具有公益性的特点；同时，城市公用事业是由众多行业集合而成的综合系统，并作为一个整体提供其特殊的产品和服务，其建设和经营都要从整体上考虑。这些特征都决定了城市政府在城市公用事业建设和发展中具有不可推卸的重要责任。如果在城市公用事业运行中发生较为严重的问题（如由于某种原因，造成自来水或燃气供应中断），就会引发骚乱现象，甚至会演变为严重的政治问题，影响社会稳定。因此，城市公用事业民营化后，并不能减少政府责任，恰恰相反，在许多方面需要加强政府责任。

一　制定与实施有关法规政策的责任

由于法规政策是制度性公共产品，政府是唯一的提供者，也是唯一的责任人。城市公用事业民营化的顺利推进，需要各级政府制定与实施有关法规政策，为鼓励民营企业进入城市公用事业，创造公开、公平的市场竞争环境提供法规政策依据。对此，建设部作为城市公用事业的国务院主管部门，曾先后颁布了《关于加快城市公用事业市场化进程的意见》（2002年）、《城市公用事业特许经营管理办法》（2004年）、《关于加强市政公用事业监管的意见》（2005年），这三个规章对促进中国城市公用事业民营化发挥了较好的政策导向作用。当然，为提高法规政策的可行性，在现有法规政策的基础上，需要专题研究城市公用事业民营化的一些重大问题，并根据具体公用行业特点制定新的规章政策。同时，为增强法规政策的权威性，提高立法的层次，需要国务院颁布相关法规，进一步推动和规范城市公用事业民营化。在条件成熟时，还可由全国人大颁布《城市公用事业法》。而在特定时期，在全国统一的国家法规政策下，城市政府在制定与实施有关公用事业民营化法规政策方面更是直接的责任者。城市政府不仅需要根据国家的有关法规政策，制定适合本城市公用事业民营化的具体法规政策，更为重要的是，城市政府是具体实施各个层次法规政策的责任者。由于城市政府最充分、最全面掌握本城市公用事业的有关信息，最关心本城市公用事业的发展和社会公众对其的评价，因此，城市政府是制定与具体实施城市公用事业民营化法规政策的双重责任者。事实上，一个城市公用事业民营化的成效，和这个城市政府的法规政策制定能力和执行能力密切相关。

特别值得一提的是，根据前期在城市公用事业民营化中产生的负面效应和存在问题，城市政府需要特别关注具有法律意义的特定公用事业项目特许经营合同的签订和执行问题。由于特许经营合同在较长时期内决定城市公共利益和民营企业利益，城市政府要事先论证对哪些公用事业项目应该实行民营化，并按照科学的招投标程序，筛选高效率企业作为特许经营者。而在较长的特许经营期内，企业的主要权利和义务，应承担的主要责任等都要在特许经营合同中加以明确。另外，城市政府对特许经营企业实行有效管制的主要依据也是特许经营合同。因此，加强对城市公用事业特许经营合同的管理十分重要。但在实践中，一些城市政府在特许经营合同管理已出现不少问题①，例如，少数城市政府对特许经营合同不够重视，短短几页纸，没有对特许经营的基本问题作出必要的规定；更有甚者，有的企业看透政府急于变现拿到投资项目的心理，在签订股权转让协议的同时就取得特许经营权，并没有签订特许经营合同。又如，一些特许经营企业出于自身利益，其经营活动偏离了特许经营合同规定的要求；而且，由于许多项目的特许经营期可长达 30 年之久，而城市公用产品的市场和技术是动态变化的。这些都要求城市政府对特许经营合同的执行情况实行动态检查和评估，以及时发现问题，适时调整特许经营合同中不适应的某些条款。但在实践中，不少城市政府缺乏对特许经营合同执行情况的检查评估制度，出现严重的问题后才和特许经营企业进行谈判，由于城市公用产品的不可替代性，需求弹性小，在信息不对称中政府又处于劣势地位，因此，特许经营企业往往是谈判的赢家，最终因政府责任缺失而使社会公众利益受到损害。这从反面说明了城市政府在实施公用事业民营化有关法规政策中的重要责任。

二　制定与实施城市公用事业发展规划的责任

城市公用事业是城市经济和社会发展的物质基础，其投资形成的城市基础设施是整个城市的物质骨架，具有专用性强、沉淀成本大、使用时间

---

① 参见徐宗威《公权市场——中国市政公用事业特许经营》，机械工业出版社 2009 年版，第 243 页。

长等特点，特别需要城市政府从长计议，根据本城市经济和社会发展的总体要求，前瞻性预测城市公用事业的总体需求和具体公用产品的分类需求，科学地制定与实施城市公用事业的中长期总体发展规划和各公用行业的发展规划，形成科学合理的规划体系。这是城市政府的一个基本责任。

城市公用事业民营化，不仅不能削弱城市政府在城市公用事业发展规划的制定与实施方面的责任，而且，要加强这方面的政府责任。这是因为：

（一）城市政府制定的公用事业发展规划是决定民营化的总体规模和范围的重要依据

城市政府根据城市公用事业发展规划确定公用事业的总体建设规模和各公用行业的建设规模，其建设规模必须要和投资能力相适应。在社会主义市场经济体制下，由于城市政府财政越来越集中于公共服务和社会管理方面的支出，能用于城市公用事业建设方面的财政支出相对减少，但随着城市经济和社会的发展，城市公用事业投资又具有刚性需要，这样，城市公用事业的投资需要额和政府能在城市公用事业领域的财政支出数量必然存在一定的差额，如果政府决定这个差额由民营资本来弥补，这个差额就决定了民营化的总体规模。同时，由于城市公用行业之间在基础条件、需求规模、政府控制的程度等方面存在较大的差异，这又决定了民营资本在各公用行业的分布状况，从而决定了民营化在各公用行业分布的范围。可见，城市公用事业民营化对政府制定城市公用事业发展规划的科学性提出了新的要求，客观上促使政府加强在制定城市公用事业发展规划方面的责任。

（二）城市公用事业民营化要求政府加强对实施城市公用事业发展规划的控制力

民营化的一个必然结果是在城市公用事业领域形成多种所有制主体的竞争性经营格局，出于自身利益和声誉的考虑，各经营主体往往努力扩大企业经营的地域范围和市场份额，而扩大投资则是实现这些目标的最直接的途径，从而会产生投资冲动。因此，为保证城市公用事业发展规划的有计划实施，要求政府对企业投资城市公用事业进行必要的引导和合理控制，以符合城市公用事业整体发展的需要，促使城市公用事业各行业间协调发展。同时，城市公用事业民营化后，在同一行业的不同业务领域也往往由不同所有制企业经营，如在水务行业的民营化实践中，民营企业通常经营可竞争性的自来水厂和污水处理厂等业务领域，而具有自然垄断性质的自来水和污水处理管网业务多为城市政府所有的国有企业经营，这要求城市政府通过政策引导，按照城市公用行业的发展规划，实现不同业务间协调发展。但在现实中，一些城市采取 BOT 等民营化途径建成了现代化的污水处理厂，但收集污水的管网建设严重滞后，造成污水处理厂利用率低，由此造成的亏损往往由政府承担。这说明如何引导和控制城市公用事业发展规划有计划地实施，对城市政府是一件富有挑战性的工作，需要加强这方面的政府责任。

三　城市基础设施的投资责任

本章第三节讨论城市公用事业分类民营化政策的一个基本结论是：城市公用事业可分为垃圾收集与处理、园林绿化、道路与河道养护、道路照明、环卫等无网络型城市公用行业和自来水、污水处理、管道燃气、供热、城市公交等网络型城市公用行业两大类，网络型城市公用行业又可分为自来水、污水、燃气、供热管道网络、城市公交道路网络等自然垄断性业务和自来水生产与销售、污水收集与处理、燃气生产与销售、公交车辆运行与票务等竞争性业务两大领域，由于民营企业在竞争性领域比国有企业具有较高的效率，而在市场失灵的自然垄断性领域（也是城市重要的基础设施领域），需要国有企业掌握控制权。因此，民营企业主要适合经营无网络型城市公用行业和网络型城市公用事业中的竞争性业务领域；城市国有企业主要经营网络型城市公用事业中的自然垄断性业务领域。

但从城市基础设施的投资责任看，无论是适合民营企业经营的竞争性领域还是以国有企业为经营主体的自然垄断性领域，城市政府都是主要投资者，需要承担主要的投资责任。这是因为，垃圾收集与处理、园林绿化、道路与河道养护、道路照明、环卫等无网络型城市公用行业，多数是不向使用者收费的，即提供的基本上是纯公共产品。虽然这些公用行业适合民营企业经营，但其物质基础设施都是城市政府长期投资形成的，民营企业只是承包这些公用行业的经营权，政府按照其承包的数量和质量给予一定的报酬，在这些公用行业民营化后并未改变城市政府对其基础设施的投资主体地位，仍然承担主要的投资责任。

在适合民营企业经营的网络型竞争性业务领域，其民营化可分为两种情况：一是通过对原来的自来水厂和污水处理厂等基础设施的转让，民营企业取得其特许经营权，但城市政府还是其基础设施的投资者和所有者。二是通过 BOT 等形式，民营企业投资建设自来水厂和污水处理厂等基础设施，在特许经营期内经营这些基础设施并取得一定的投资回报，特许经营期满后将资产和特许经营权一起归还给政府。在这种情况下，民营企业似乎是这些基础设施的投资者，政府无须承担投资责任。但在民营化实践中，民营企业在较长的特许经营期内要补偿成本，取得满意的投资回报，政府（国有企业）往往以较高的价格收购其产品，或是提供较优惠政策使其取得较多的利润，由此造成的损失通常由国有企业承担或由政府补贴。因此，这实际上是民营企业一次性投资，政府逐年归还的做法，政府只是一个隐性的投资者，在长期中还是实际承担了投资责任。而在国有企业为主要经营者的网络型城市公用行业的自然垄断性领域，由于城市公用事业具有公益性和外部性等特点，这决定了城市政府所有的国有企业不能以利润最大化为经营目标，与此相适应，政府往往对国有企业实行微利政策，在特定公用行业的发展阶段甚至采取企业亏损加政府补贴政策，这实际上决定了国有企业无力投资城市公用事业的管道网络，真正的投资者还是城市政府。可见，城市政府是城市重要基础设施的投资者，即使在城市公用事业民营化之后，也不能改变城市政府对重要城市基础设施的投资责任。

综上所述，从总体上而言，城市公用事业民营化并不能实质性地改变城市政府在城市基础设施方面的投资主体地位，仍然需要承担城市基础设施的投资责任。

四 维护社会公众利益的责任

在一个城市中，由于社会公众人多面广、组织松散、在信息不对称的城市公用事业各种交易活动中处于信息劣势方，因此，需要政府代表社会公众，维护社会公众的利益。城市公用事业民营化在许多方面会涉及社会公众利益，需要政府加强维护社会公众利益的责任。

社会公众的核心群体是广大消费者。在特定城市工作和生活的社会公众（包括本城市居民和外来人员）都是城市公用产品的直接消费者。在国有企业垄断经营城市公用事业的体制下，从理论上而言，由于国有企业是政府所有的企业，其生产经营目标和社会公众利益是高度一致的。但城市公用事业民营化后，一些民营企业成为城市公用事业的经营主体，它们以利润最大化为主要目标，而且在某个业务领域具有一定的垄断力量，在没有外在约束的情况下，民营企业有可能采取提高价格、降低质量水平以减少成本等经济行为。这要求政府对民营企业经营的公用产品价格实行有效管制，用激励性的管制方法促使企业提高效率，降低成本，以在一定的管制价格水平下取得较多的利润。但在刚性的价格管制下，一些民营企业有可能会降低质量水平，以减少成本。而且，消费者对许多城市公用产品的质量难以觉察。因此，城市公用事业民营化后，政府对公用产品质量的管制更为重要。这要求政府按照有关公用产品的质量标准，建立城市公用产品质量监测制度，对企业提供的产品质量实施定点、定时监测，并及时将产品质量检查、监测、评估结果和整改情况以适当的方式向社会公布，接受社会公众监督，以切实维护广大消费者的利益。这是政府维护社会公众利益的首要责任。

除了消费者利益外，政府维护社会公众的利益还体现在许多方面，例如，在城市公用事业民营化过程中要防止国有资产流失，国有资产是以广大纳税人的钱投资形成的，这要求政府在民营化过程中要通过科学的招投标程序，加强对民营企业的资质审查，选择高效率企业作为特定公用事业项目的特许经营者，以合理的价格转让特许经营权，并在特许经营期满后，将保值增值的国有资产完好地交还给政府。这实质上是维护社会公众利益的具体体现，也是政府维护社会公众利益的重要责任。

五　安全保障和应付突发事件的责任

城市公用事业的安全保障主要体现在公用产品的供应安全保障和在生产、输送和消费过程中的安全保障这两个方面。改革开放以来，经过长期的城市公用事业建设和发展，多数城市在公用产品供应安全保障方面的问题已基本解决。但随着城市公用产品使用范围的不断扩大和使用数量的大幅度增加，在生产、输送和消费过程中的安全保障问题成为主要问题。特别是城市公用事业民营化后，一些民营企业在进入市场之初，在提供公用产品和指导浪费方面往往缺乏经验和专业人才，安全保障问题更为突出。这客观上要求政府加强对公用产品的安全保障责任。政府通过制定有关法规政策，明确经营者的安全责任，指导经营者建立健全安全评估和风险管理体系，监督企业建立和完善各项安全保障制度，严格执行安全操作规程，采取必要的安全保障措施，及时采取措施消除隐患。同时，城市政府还要组织力量，对安全隐患较大的公用产品（如燃气）的安全状况定期进行监督检查，针对各种安全隐患，要求有关经营者及时采取整改措施，尽可能避免发生安全事故。

同时，由于各种不可抗力因素（如自然灾害）的影响，在城市公用事业中会产生许多突发事件，对此，民营企业往往难以应付。因此，城市政府始终负有应付突发事件的责任，政府有关部门要根据城市公用产品的特点和发生突发事件的可能性，制定应付各种突发事件的预案。突发事件后，政府有关部门应当根据各自职责，立即采取措施防止事件扩大，根据有关情况启动突发事件应急预案，尽可能减少突发事件造成的各种损失。

六　对特殊群体和特殊事件的政策性补贴责任

由于城市公用事业具有公益性，在一些业务领域难以通过收费补偿成本，从而形成政策性亏损。在国有企业垄断经营特定城市公用行业的体制下，是通过行业内不同业务间的交叉补贴（即以收费高的业务弥补收费低或不能收费的业务）或通过政府财政补贴解决这种政策性亏损的。城市公用事业民营化后，民营企业主要进入收费较高并能盈利的业务领域，这使原来国有企业的交叉补贴机制失效，但由于政策性亏损依然发生，这必然只能通过政府财政补贴解决政策性亏损，从而增加了政府财政的政策性补贴支出。因此，城市公用事业民营化不仅不会减少政府的政策性补贴责任，恰恰相反，客观上需要加强政府在这方面的责任。

造成政策性亏损的原因是多方面的，例如，每个城市都存在一定的弱势群体，他们是城市公用事业的普遍服务对象，要求政府制定普遍服务政策，对这些弱势群体提供一定的补贴。如在城市公共交通行业，根据国家有关法规政策，城市政府要对公共交通实行经济补贴、补偿政策，通过建立规范的成本费用评价制度和政策性亏损评估制度，对公共交通企业的成本和费用进行年度审计与评价，合理界定和计算政策性亏损，并给予适当补贴。对公共交通企业承担社会福利（包括老年人、残疾人、军人免费乘车，学生和成人持月票乘车等）和完成政府指令性任务所增加的支出，定期进行专项经济补偿。这种政策性补贴政策同样适用于其他公用行业。又如，由于特殊事件造成的城市公用产品成本暴涨，但不能在售价中得到补偿而造成的亏损，政府也有进行补贴的责任。如在城市管道燃气行业，在非常时期（例如，冬季特别寒冷时期）由于气源紧张导致的上游气源价格上升，而短期民用或非民用气价不宜频繁调整，这时政府应给予管道燃气经营企业相应的补贴，以弥补由于气源价格上升而销售价格不能及时调整造成的亏损。

七　实行有效政府管制的责任

城市公用事业实行民营化改革后，相当数量的民营企业进入城市公用行业，成为经营主体。但民营企业主要以利益最大化为经营目标，同时，尽管从理论上民营企业主要经营可竞争性业务，但在一定的地域范围和特定的业务领域，民营企业仍然具有一定的垄断力量，在无外部约束的情况下，有可能通过提高价格、降低质量等手段增加企业利润，损害消费者利益。但政府不能用过去管理国有企业的方式去管理民营企业。这就要求政府转变职能，从城市公用事业的直接经营者，转变为竞争性经营的组织者，对民营企业实行有效管制，创造一个公平竞争的市场环境。对于国有企业，政府也要改变原有传统的管理方式，模拟市场竞争机制，尽可能采取激励性的管制方式，刺激国有企业提高效率。因此，城市公用事业民营化要求政府加强管制责任，建立以完善的管制法律制度、高效的管制机构和有效的监督机制为核心内容的城市公用事业管制体系，以维护社会公共利益为目标，对城市公用事业的市场准入、价格、质量、安全、标准、竞争秩序等实行全方位管制，对城市公用事业民营化实行全过程管制，以保证城市公用事业民营化的顺利推进[①]。

---

① 本书第五章专题探讨了城市公用事业管制体系和主要管制政策，为避免重复，这里不展开讨论。

　　深化城市公用事业民营化涉及多方面的内容，除前面讨论的五个方面的基本思路外，需要特别强调的是，由于城市公用事业民营化的不断推进，必然要求改革城市公用事业管理体制，城市政府要从城市公用产品或服务的直接经营者，转变为竞争性经营的组织者。由于民营企业比国有企业具有明显的趋利性，政府又不能直接干预民营企业的日常生产经营活动，因此，必须加强与市场经济体制相适应的政府管制，对民营企业的行为实行有效管制，以消除民营化可能带来的各种负面效应，政府通过运用激励性管制方法与手段，引导民营企业围绕社会公众利益而高效率地开展经营活动。

参考文献

1. 白让让、郁义鸿：《激励设计对中国自然垄断产业的启示》，《改革》2004 年第 6 期。

2. 白让让：《边缘性进入与二元管制放松》，上海三联书店、上海人民出版社 2006 年版。

3. 保罗·R. 伯特尼、罗伯特·N. 史蒂文斯：《环境保护的公共政策》，上海三联书店、上海人民出版社 2004 年版。

4. 曹剑光：《法学视角下公共服务民营化改革剖析——问题、现状及规制研究》，《重庆工商大学学报》（社会科学版）2010 年第 6 期。

5. 曹廷求、崔龙：《国有企业民营化的政府动机：2003—2008 上市公司样本》，《改革》2010 年第 8 期。

6. 陈剑、夏大慰：《规制促减贫：以公用事业改革为视角》，《中国工业经济》2010 年第 2 期。

7. 陈明：《城市公用事业民营化改革的复杂性研究》，《经济管理》2008 年第 14 期。

8. 陈明：《中国城市公用事业民营化研究》，中国经济出版社 2009 年版。

9. 仇保兴、王俊豪等：《市政公用事业监管体制与激励性监管政策研究》，中国社会科学出版社 2009 年版。

10. 仇保兴、王俊豪等：《中国市政公用事业监管体制研究》，中国社会科学出版社 2006 年版。

11. 戴璐：《部分民营化改革的研究述评与理论启示》，《中央财经大学学报》2010 年第 8 期。

12. 戴维·M. 纽伯里：《网络型产业的重组与规制》，人民邮电出版社

2002 年版。

13. 丹尼尔·F. 史普博：《管制与市场》，上海三联书店、上海人民出版社 2003 年版。

14. 丹尼斯·C. 缪勒：《公共选择理论》，中国社会科学出版社 1999 年版。

15. 冯中越、宋卫恭：《城市公用事业的市场化改革与政府管制研究》，《北京社会科学》2009 年第 2 期。

16. 傅涛等：《中国城市水业改革实践与案例》，中国建筑工业出版社 2006 年版。

17. 高伟娜：《中国自来水产业的普遍服务与管制政策》，《东北财经大学学报》2008 年第 4 期。

18. 郜建人、叶玲：《城市市政公用事业市场化的路径选择》，《重庆大学学报》（社会科学版）2004 年第 2 期。

19. 郝二虎：《公用事业的产权制度改革》，《经济体制改革》2008 年第 4 期。

20. 何孝星：《加快推进我国经营性公用事业民营化问题研究》，《经济学动态》2003 年第 10 期。

21. 胡鞍钢、过勇：《从垄断市场到竞争市场：深刻的社会变革》，《改革》2002 年第 1 期。

22. 黄继忠主编：《自然垄断与规制：理论和经验》，经济科学出版社 2004 年版。

23. 纪宣明、陈似海：《公用事业类上市公司经营绩效的实证分析与评价》，《宏观经济研究》2004 年第 8 期。

24. 建设部课题组：《市政公用事业改革与发展研究》，中国建筑工业出版社 2007 年版。

25. 姜润宇：《城市燃气：欧盟的管理体制和中国的改革》，中国市场出版社 2006 年版。

26. 剧锦文、韩晓芳等：《民营经济、民间资本与经济政策》，中国财政经济出版社 2004 年版。

27. 剧锦文：《非国有经济进入垄断产业研究》，经济管理出版社 2009

年版。

28. 李广子、刘力：《上市公司民营化绩效：基于政治观点的检验》，《世界经济》2010 年第 11 期。

29. 李青：《我国市政公用事业特许经营实施障碍与对策》，《山西财经大学学报》2008 年第 5 期。

30. 李晓蓉：《中国经济转型时期的竞争特征与反托拉斯政策研究》，《经济研究》2007 年第 1 期。

31. 李珍刚：《城市公用事业市场化中的政府责任》，社会科学文献出版社 2008 年版。

32. 刘戒骄：《自然垄断产业的放松管制和管制改革》，《中国工业经济》2000 年第 11 期。

33. 刘戒骄：《公用事业：竞争、民营与监管》，经济管理出版社 2007 年版。

34. 刘戒骄：《垄断产业改革——基于网络视角的分析》，经济管理出版社 2005 年版。

35. 柳学信：《中国基础设施产业市场化改革风险研究》，科学出版社 2009 年版。

36. 卢洪友：《中国城市公共事业经营管制机制研究》，经济管理出版社 2007 年版。

37. 吕薇：《产业重组与竞争》，中国发展出版社 2002 年版。

38. 马英娟：《政府监管机构研究》，北京大学出版社 2007 年版。

39. 马芸、赵会茹：《委托—代理理论在电力普遍服务管制政策中的应用研究》，《华北电力大学学报》（社会科学版）2006 年第 1 期。

40. 孟昌：《行政性进入壁垒下的租金与逆向激励》，博士学位论文，中国社会科学院研究生院，2008 年。

41. 潘岳：《谈谈环境经济新政策》，《环境经济》2007 年第 10 期。

42. 戚聿东：《我国自然垄断产业分拆式改革的误区分析及其出路》，《管理世界》2002 年第 2 期。

43. 戚聿东：《中国自然垄断行业改革的现状分析与政策建议》，《经济学动态》2004 年第 6 期。

44. 戚聿东:《垄断行业改革报告》,经济管理出版社 2011 年版。

45. 戚聿东等:《自然垄断产业改革的产权模式》,《财经问题研究》2007 年第 3 期。

46. 戚聿东主笔:《中国经济运行中的垄断与竞争》,人民出版社 2004 年版。

47. 乔治·J. 施蒂格勒:《产业组织和政府管制》,上海三联书店、上海人民出版社 1989 年版。

48. 青峰:《行政管理体制改革新思维》,法律出版社 2008 年版。

49. 让·雅克·拉丰、让·梯若尔:《电信竞争》,人民邮电出版社 2001 年版。

50. 让·雅克·拉丰、让·梯若尔:《政府采购与规制中的激励理论》,上海三联书店、上海人民出版社 2004 年版。

51. 邵宁:《我国城市公用事业市场化改革中的风险分析》,《安徽工业大学学报》(社会科学版) 2010 年第 3 期。

52. 石宏博:《城市公用事业企业市场化改革实践中存在问题的实证研究——以国内某地区燃气公司的市场化改制过程为例》,《现代经济信息》2011 年第 12 期。

53. 宋平平:《中国城市公用企业经营绩效评价研究》,博士学位论文,吉林大学,2010 年。

54. 宋则:《中国垄断现象的特殊性及特殊对策》,《财贸经济》1999 年第 2 期。

55. 唐要家、刘大伟:《公用企业滥用行为与混合型管制改革》,《财经科学》2007 年第 2 期。

56. 唐要家:《反垄断经济学》,中国社会科学出版社 2008 年版。

57. 唐要家:《市场势力可维持性与反垄断》,经济管理出版社 2007 年版。

58. 田中景:《发达国家公用事业市场化的两难困境——以邮政事业为例》,《国家行政学院学报》2011 年第 1 期。

59. 涂国前、刘峰:《制衡股东性质与制衡效果——来自中国民营化上市公司的经验证据》,《管理世界》2010 年 11 期。

60. 汪贵浦：《改革提高了垄断行业的绩效吗？对我国电信、电力、民航、铁路业的实证考察》，浙江大学出版社 2005 年版。

61. 王芬、王俊豪：《中国城市水务产业民营化的绩效评价实证研究》，《财经论丛》2011 年第 5 期。

62. 王建明、李颖灏、贺爱忠：《价格上限管制理论与实践评述》，《社会科学战线》2007 年第 4 期。

63. 王建明、李颖灏：《价格上限管制的应用：理论基础、关键问题和实施对策》，《经济评论》2006 年第 5 期。

64. 王建明：《城市垃圾管制的一体化环境经济政策体系研究》，《中国人口·资源与环境》2009 年第 2 期。

65. 王金存：《破解难题：世界国有企业比较研究》，华东师范大学出版社 1999 年版。

66. 王俊豪、王建明：《中国垄断性产业的行政垄断及其管制政策》，《中国工业经济》2007 年第 12 期。

67. 王俊豪、王建明：《我国城市污水与垃圾处理的市场化改革及其管制政策》，《财经论丛》2005 年第 2 期。

68. 王俊豪、周小梅：《大部制背景下垄断性产业的管制机构改革——以中国电力管制机构改革为例》，《中国工业经济》2008 年第 7 期。

69. 王俊豪、周小梅：《中国自然垄断产业民营化改革与政府管制政策》，经济管理出版社 2004 年版。

70. 王俊豪：《垄断性产业管制机构的几个理论问题》，《经济理论与经济管理》2008 年第 5 期。

71. 王俊豪：《特许投标理论及其应用》，《数量经济技术经济研究》2003 年第 1 期。

72. 王俊豪：《英国公用事业的民营化改革及经验教训》，《公共管理学报》2006 年第 1 期。

73. 王俊豪：《中国城市公用事业民营化的若干理论问题》，《学术月刊》2010 年第 10 期。

74. 王俊豪：《中国基础设施产业政府管制体制改革的若干思考》，《经济研究》1997 年第 10 期。

75. 王俊豪：《中国垄断性产业管制机构的改革》，《中国工业经济》2005 年第 1 期。

76. 王俊豪：《A—J 效应与自然垄断产业价格管制模型》，《中国工业经济》2001 年第 10 期。

77. 王俊豪主编：《管制经济学原理》，高等教育出版社 2007 年版。

78. 王俊豪：《论自然垄断产业的有效竞争》，《经济研究》1998 年第 8 期。

79. 王俊豪：《英国政府管制体制改革研究》，上海三联书店 1998 年版。

80. 王俊豪：《政府管制经济学导论——基本理论及其在政府管制实践中的应用》，商务印书馆 2001 年版。

81. 王俊豪等：《深化中国垄断行业改革研究》，中国社会科学出版社 2010 年版。

82. 王俊豪等：《中国垄断性产业的结构重组、分类管制与协调政策》，商务印书馆 2005 年版。

83. 王俊豪等：《中国垄断性产业管制机构的设立与运行机制》，商务印书馆 2008 年版。

84. 王俊豪等：《中国自然垄断经营产品管制价格形成机制研究》，中国经济出版社 2002 年版。

85. 王俊豪主笔：《中国政府管制体制改革研究》，经济科学出版社 1999 年版。

86. 王乐夫、陈干全：《我国政府公共服务民营化存在问题分析——以公共性为研究视角》，《学术研究》2004 年第 3 期。

87. 王世权：《国企和谐民营化的归因模型：基于南钢股份和通钢股份的案例分析》，《南开管理评论》2011 年第 2 期。

88. 王廷惠：《竞争与垄断：过程竞争理论视角的分析》，经济科学出版社 2007 年版。

89. 魏伯乐、奥兰·扬、马塞厄斯·芬格：《私有化的局限》，上海三联书店 2006 年版。

90. 夏大慰：《政府规制：理论、经验与中国的改革》，经济科学出版社 2003 年版。

91. 肖兴志、陈长石:《我国垄断行业规制效果评价体系探讨》,《财政研究》2008 年第 12 期。

92. 肖兴志、宋晶:《政府监管理论与政策》,东北财经大学出版社 2006 年版。

93. 肖兴志、孙阳:《中国电力产业规制效果的实证研究》,《中国工业经济》2006 年第 9 期。

94. 肖兴志:《中国自然垄断产业规制改革模式研究》,《中国工业经济》2002 年第 4 期。

95. 肖兴志:《自然垄断产业规制改革模式研究》,东北财经大学出版社 2003 年版。

96. 肖兴志等:《中国垄断产业规制效果的实证研究》,中国社会科学出版社 2010 年版。

97. 谢德明:《金字塔结构下两权分离损害企业绩效吗?——基于民营化后上市公司经济效果的实证研究》,《现代管理科学》2010 年第 12 期。

98. 邢秀凤:《城市水业市场化研究》,中国水利水电出版社 2007 年版。

99. 徐宗威:《公权市场》,机械工业出版社 2009 年版。

100. 闫海、姜丽:《市政公用事业特许经营的行政接管》,《城市问题》2011 年第 6 期。

101. 严若森:《国有企业民营化改制的现实约束及其困境摆脱》,《改革》2010 年第 5 期。

102. 杨松:《首都城市公用事业市场化研究》,中国经济出版社 2010 年版。

103. 杨振宇:《公用事业市场化的跨区域运作及其市场边界》,《改革》2010 年第 11 期。

104. 应松年:《论依法行政的基本条件》,《国家行政学院学报》2008 年第 4 期。

105. 于良春、李勇:《中国自来水产业发展及相关产业组织政策》,《山东大学学报》2006 年第 5 期。

106. 于良春、张伟:《强自然垄断定价理论与中国电价规制制度分析》,《经济研究》2003 年第 9 期。

107. 于良春:《论自然垄断与垄断产业的政府规制》,《中国工业经济》2004 年第 2 期。

108. 于良春等:《自然垄断与政府规制》,经济科学出版社 2003 年版。

109. 余大章:《企业民营化改革:国外企业民营化对中国的启示》,中国轻工业出版社 2000 年版。

110. 余晖、秦虹:《公私合作制的中国试验》,世纪出版集团、上海人民出版社 2005 年版。

111. 余雁刚:《城市化进程中的公用事业投融资策略——深圳的经验与启示》,《中国城市经济》2005 年第 11 期。

112. 鱼曼曼:《公用事业民营化中的政府规制失灵分析》,《中国城市经济》2011 年第 11 期。

113. 张春虎:《中国自来水产业市场化改革研究——以广东省自来水产业为例》,暨南大学出版社 2009 年版。

114. 张春霖:《超越传统的私有化模式——评玻利维亚的资本化改革》,《经济社会体制比较》1999 年第 2 期。

115. 张红凤:《西方规制经济学的变迁》,经济科学出版社 2005 年版。

116. 张昕竹、让·拉丰、安·易斯塔什:《网络产业:规制与竞争理论》,社会科学文献出版社 2000 年版。

117. 张昕竹:《城市化背景下公用事业改革的中国经验》,知识产权出版社 2008 年版。

118. 张昕竹主编:《中国规制与竞争:理论和政策》,社会科学文献出版社 2000 年版。

119. 张越:《城市生活垃圾减量化管理经济学》,化学工业出版社 2004 年版。

120. 张卓元:《张卓元改革论集》,中国发展出版社 2008 年版。

121. 赵长茂、李东序:《市政公用事业市场化改革的依据与路径》,中共中央党校出版社 2008 年版。

122. 郑鹏程:《行政垄断的法律控制研究》,北京大学出版社 2002 年版。

123. 植草益:《微观规制经济学》,中国发展出版社 1992 年版。

124. 中国基础设施产业政府监管体制改革课题组：《中国基础设施产业政府监管体制改革研究报告》，中国财政经济出版社 2002 年版。

125. 中国经济改革研究基金会、中国经济体制改革研究会联合专家组：《中国反垄断案例研究》，上海远东出版社 2003 年版。

126. 中华全国工商业联合会、中国民（私）营经济研究会主编：《中国私营经济年鉴（2007—2008 年)》，中华工商联合出版社 2008 年版。

127. 周林军等：《中国公用事业改革：从理论到实践》，知识产权出版社 2009 年版。

128. 周令、张金松、刘茜：《中国供水企业绩效评价系统研究》，《中国给水排水》2006 年第 2 期。

129. 周小梅：《论自来水产业的市场结构重组及其管制政策》，《工业技术经济》2007 年第 10 期。

130. 周耀东：《中国公用事业管制改革研究》，上海人民出版社 2005 年版。

131. 朱晓林：《中国自来水业规制改革研究》，东北大学出版社 2009 年版。

132. 朱晓艳：《我国电力产业管制治理结构的理论与实证研究》，经济管理出版社 2007 年版。

133. 朱智文：《我国垄断行业改革问题的研究进展与评述》，《经济学动态》2007 年第 1 期。

134. 卓越：《公共部门绩效评估》，中国人民大学出版社 2004 年版。

135. 邹东涛、秦虹等：《社会公用事业改革攻坚》，中国水利水电出版社 2006 年版。

136. 邹燕：《公用事业市场化的特殊性及其含义》，《武汉大学学报》（哲学社会科学版）2010 年第 6 期。

137. 邹燕：《公用事业市场化的战略重组与监管手段》，《改革》2011 年第 4 期。

138. Armstrong, M., S. Cowan and J. Vickers, 1994, *Regulatory Reform：Economic Analysis and British Experience.* Cambridge：The MIT Press.

139. Averch, H. and L. Johnson, 1962, "Behavior of the Firm under Regu-

latory Constraint". *American Economic Review* 52: 1052 – 1069.

140. Bailey, E. E. and W. J. Baumol, 1984, "Deregulation and the Theory of Contestable Markets". *Yale Journal on Regulation* 1: 111 – 137.

141. Barmack, Matthew, Edward Kahn and Susan Tierney, 2007, "A Cost – Benefit Assessment of Wholesale Electricity Restructuring and Competition in New England". *Journal of Regulatory Economics* 31: 151 – 184.

142. Baumol, W. J., 1977, "On the Proper Cost Test for Natural Monopoly in a Multiproduct Industry". *American Economic Review* 67: 809 – 822.

143. Baumol, William J., John C. Panzar and Robert D. Willig, 1982, *Contestable Markets and the Theory of Industry Structure.* New York: Harcourt Brace Jovanovich.

144. Beesley, M. E. and S. C. Littlechild, 1989, "The Regulation of Privatized Monopolies in the United Kingdom". *Rand Journal of Economics* 20 (3): 454 – 472.

145. Beesley, M., 1996, *Regulating Utilities: A Time for Change?* London: Institute of Economic Affairs.

146. Besanko, D. and D. M. Sappington, 1987, *Designing Regulatory Policy with Limited Information.* Chur, Switzerland: Harwood Academic Publishers.

147. Bishop, M., J. Kay and C. Mayer, 1994, *Privatization & Economic Performance.* Oxford: Oxford University Press.

148. Bishop, M., J. Kay and C. Mayer, 1995, *The Regulatory Challenge.* Oxford: Oxford University Press.

149. Boycko, A. S. and R. Vishny, 1996, "A theory of Privatization". *Economic Journal* 106: 309 – 319.

150. Burki, Abid A. and Ghulam Shabbir Khan Niazi, 2003, *The Effects of Privatization, Competition and Regulation on Banking Efficiency in Pakistan*, 1991 – 2000. Chancellors Conference Centre, University of Manchester, paper presented at the Conference on Regulatory Impact Assessment: Strengthening Regulation Policy and Practice.

151. Chone, Philippe, Laurent Flochel and Anne Perrot, 2000, "Allocating

and Funding Universal Service Obligations in a Competitive Market". *International Journal of Industrial Organization* 1: 1247 – 1276.

152. Clark, J. M. , 1940, "Towards a Concept of Workable Competition" . *American Economic Review* 30: 241 – 256.

153. Cowan, Simon, 2002, "Price – Cap Regulation" . *Swedish Economic Policy Review* 9: 167 – 188.

154. Crandall, Robert W. , Leonard Waverman, 2000, *Who Pays for Universal Service?* Washington, D. C. : Brooking Institution Press.

155. Crew, M. A. and P. R. Kleindorfer, 1986, *The Economics of Public Utility Regulation.* London: Macmillan.

156. Demsetz, Harold, 1968, "Why Regulate Utilities" . *Journal of Law and Economics* 11: 55 – 65.

157. Derthick, M. and P. J. Quirk, 1985, *The Politics of Deregulation.* Washington, D. C. : Brookings Institution.

158. Dieter, H. and T. Jenkinson, 1997, "The Assessment: Introducing Competition into Regulated Industry" . *Oxford Review of Economic Policy* 13: 1 – 14.

159. Foster, C. D. , 1992, *Privatization, Public Ownership and the Regulation of Natural Monopoly.* Oxford: Blackwell.

160. Goel, Rajeev K. , 2000, "Price – Cap Regulation and Uncertain Technical Change" . Applied Economics Letters 7: 739 – 742.

161. Gormley, W. F. Jr. , 1983, *The Politics of Public Utility Regulation, Pittsburgh.* University of Pittsburgh Press.

162. Graeme A. Hodge, 2000, *Privatization: An International Review of Performance.* Westview Press.

163. Green, R. J. and D. M. Newbery, 1992, "Competition in the British Electricity Spot Market" . *Journal of Political Economy* 100: 929 – 953.

164. Gupta, Asha, 2000, *Beyond Privatization.* London: Macmillan Press LTD. .

165. Hemming, R. and A. M. Mansoor, 1988, *Privatization and Public En-*

terprises. Washington, D. C. : International Monetary Fund.

166. Hemphill, Ross C. , Mark E. Meitzen and Philip E. Schoech, 2003, "Incentive Regulation in Network Industries: Experience and Prospects in the U. S. Telecommunications, Electricity and Natural Gas Industries". *Review of Network Economics* 2 (4): 316 – 337.

167. Henney, A. , 1987, *Privatize Power: Restructuring the Electricity Supply Industry*. London: Centre for Policy Studies.

168. Hodge, Graeme A. , 2000, *Privatization: An International Review of Performance*. Westview Press.

169. Jacobzone, S. , C. Choi and C. Miguet, 2007, *Indicators of Regulatory Management Systems*. OECD Working Papers on Public Governance, OECD Publishing.

170. Kagami, M. and M. Tsuji, 2000, *Privatization, Deregulation and Economic Efficiency*. Cheltenham: Edward Elgar Publishing Limited.

171. Kay, J. A. , C. Mayer and D. Thompson, 1968, *Privatization and Regulation: The U. K. Experience*. Oxford: Oxford University Press.

172. Kessides, Christine, 1993, *Institutional Options for the Provision of Infrastructure*. World Bank Discussion Papers, Washington D. C. , October 1.

173. Kirkpatrick, Colin and David Parker, 2007, *Regulatory Impact Assessment: Towards Better Regulation?* Cheltenham, UK; Northampton, MA: Edward Elgar.

174. Lewis, Tracy R. and David E. M. Sappington, 1989, "Regulatory Opinions and Price – Cap Regulation". *Rand Journal of Economics* 20(3): 405 – 416.

175. Littlechild, S. , 1983, *Regulation of British Telecommunications Profitablity*. London: HMSO.

176. Loube, Robert, 1995, "Price – Cap Regulation: Problems and Solutions". *Land Economics* 71 (3): 286 – 298.

177. Mirabel, Francois and Jean – Christophe Poudou, 2004, "Mechanisms of Funding for Universal Service Obligations: the Electricity Case". *Energy Econom-*

ics 26: 801 – 823.

178. Mueller, Milton L. Jr. , 1997, *Universal Service: Competition, Interconnection and Monopoly in the Making of the American Telephone System*. Cambridge: The MIT Press.

179. Newbery, D. M. , 1999, *Privatization, Restructuring and Regulation of Network Utilities*. Massachusetts: The MIT Press.

180. OECD, 2001, *Restructuring Public Utilities for Competition: Competition and Regulatory Reform*. Organization for Economic Cooperation and Development.

181. Ordover, Janusz, Russell W. Pittman and Paul S. Clyde, 2001, *Competition Policy for Natural Monopolies in a Developing Market Economy*. Antimonopoly Law Handbook.

182. Peltzman, S. and C. Winston, 2000, *Deregulation of Network Industries: What's Next?* Washington D. C. : Brooking Institution Press.

183. Prajapati Trivedi, 2000, *How to Implement Privatization Transactions: A Manual for Practitioners*. Danbury, Rutledge Books, Inc. .

184. Pryke, R. , 1982, "The Comparative Performance of Public and Private Enterprise". *Fiscal Studies* 3: 68 – 81.

185. Robinson, C. , 2002, Utility Regulation and Competition Policy. Glasgow: Edward Elgar Publishing Limited.

186. Rohlfs, Jeffrey H. , 1996, *Regulating Telecommunications: Lessons from U. S. Price – Cap Regulation*. The World Bank Group: Public Policy for the Private sector.

187. Sharkey, W. W. , 1982, *The Theory of Natural Monopoly*. Cambridge: Cambridge University Press.

188. Shleifer, A. , 1985, "A Theory of Yardstick Competition". *Rand Journal of Economics* 16: 319 – 327.

189. Sorana, Valter, 2000, "Auctions for Universal Service Subsidies". *Journal of Regulatory Economics* 18: 33 – 58.

190. Stigler, George J. , 1971, The Theory of Economic Regulation. *Journal*

of Economics and Management Science 2 （1）：3 – 21.

191. Sugden, R. , 1993, *Industrial Economic Regulation*：*A Framework and Exploration.* London：Routledge.

192. Vickers, J. S. and G. K. Yarrow, 1988, *Privatization*：*An Economic A-nalysis.* Cambridge：The MIT Press.

193. Viscusi, W. K. , J. M. Vernon and J. E. Harrington, Jr. , 2005, *Economics of Regulation and Antitrust.* 4th Edition, Massachusetts：The MIT Press.

194. Waterson, M. , 1988, *Regulation of the Firm and Natural Monopoly.* Oxford：Basil Blackwell.

195. Weizsacker, Ernst Ulrich von, Oran R. Yong and Matthias Finger, 2006, *Limits to Privatization*：*How to Avoid too Much of a Good Thing.* London：Earthscan.

图书在版编目(CIP)数据

中国城市公用事业民营化绩效评价与管制政策研究/王俊豪等著. —北京:
中国社会科学出版社,2013.3 (2015.12 重印)

(国家哲学社会科学成果文库)

ISBN 978 - 7 - 5161 - 0820 - 8

Ⅰ. ①中… Ⅱ. ①王… Ⅲ. ①公用事业—经济体制改革—研究—中国
Ⅳ. ①F299. 241

中国版本图书馆 CIP 数据核字(2012)第 079662 号

出 版 人	赵剑英	
责任编辑	卢小生	
责任校对	徐 楠	
封面设计	肖 辉	郭蕾蕾
责任印制	戴 宽	

出 版	中国社会科学出版社
社 址	北京鼓楼西大街甲 158 号
邮 编	100720
网 址	http://www.csspw.cn
发 行 部	010 - 84083685
门 市 部	010 - 84029450
经 销	新华书店及其他书店

印刷装订	环球印刷(北京)有限公司
版 次	2013 年 3 月第 1 版
印 次	2015 年 12 月第 2 次印刷

开 本	710 × 1000 1/16
印 张	25
字 数	409 千字
定 价	66. 00 元